| 博士生导师学术文库 |

A Library of Academics by
Ph.D.Supervisors

经济思想与哲学

————•————

马　涛　著

光明日报出版社

图书在版编目（CIP）数据

经济思想与哲学 / 马涛著 . -- 北京：光明日报出
版社，2024.7
ISBN 978 - 7 - 5194 - 7245 - 0

Ⅰ.①经… Ⅱ.①马… Ⅲ.①经济哲学—文集 Ⅳ.
①F0-53

中国国家版本馆 CIP 数据核字（2023）第 089163 号

经济思想与哲学
JINGJI SIXIANG YU ZHEXUE

著　　者：马　涛

责任编辑：史　宁　陈永娟　　　　责任校对：许　怡　李佳莹
封面设计：一站出版网　　　　　　责任印制：曹　净

出版发行：光明日报出版社

地　　址：北京市西城区永安路 106 号，100050

电　　话：010-63169890（咨询），010-63131930（邮购）

传　　真：010-63131930

网　　址：http : // book. gmw. cn

E - mail：gmrbcbs@ gmw. cn

法律顾问：北京市兰台律师事务所龚柳方律师

印　　刷：三河市华东印刷有限公司

装　　订：三河市华东印刷有限公司

本书如有破损、缺页、装订错误，请与本社联系调换，电话：010-63131930

开　　本：170mm×240mm

字　　数：404 千字　　　　　　　印　　张：22.5

版　　次：2024 年 7 月第 1 版　　　印　　次：2024 年 7 月第 1 次印刷

书　　号：ISBN 978 - 7 - 5194 - 7245 - 0

定　　价：99.00 元

目 录
CONTENTS

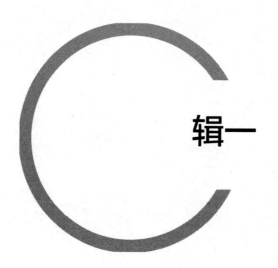

辑一

中西方传统经济思想的理论成就与启示

就经济思想史的研究现状而言，相对于中西方古代经济史比较性研究成果的丰富性，"轴心时代"① 之后到英国古典经济学诞生之前的时期，除先辈学者胡寄窗外，中西方传统经济思想的比较研究鲜有人论及。在自然经济向商品经济的历史大转变中，中西方地理环境、文化传统、经济制度和经济发展阶段的不同，导致中西方传统经济思想的特点有诸多不同。在人类文明起源的"轴心时代"，中国先秦和古希腊罗马作为文明古国，都有着丰富灿烂的文化遗产。关于这一时期中西方传统经济思想的理论成就在笔者已有所论及的基础上，本文拟对"轴心时代"后到西方近代资本主义崛起前的中西方传统经济思想的理论成就进行比较研究，抛砖引玉，引出这些分析对构建中国特色社会主义政治经济学可能的启示。

一、中国传统经济思想的理论成就与历史影响

关于中国古代经济思想的成就，胡寄窗在其所著的《中国古代经济思想的光辉成就》中曾加以系统性总结。他从 59 方面概要地将中国古代的财政思想、租税原则、货币制度、价格理论等经济思想，与西方经济思想中的某些概念进行对比，得出中国古代经济思想的成就"足以使那些'言必称希腊'的人惊为奇迹"② 的结论。这些理论成就包括：《史记·货殖列传》中记载的"平粜"市场价格政策理论，即粮价在一定范围内实行浮动的价格理论，这直至近现代才为国际上接受；司马迁对农、工、商各业盈利能力的看法，同一千七八百年以

---

① 20 世纪 40 年代末德国学者卡尔·雅斯贝斯（Karl Jaspers，1883—1969）提出自公元前 800 年至公元前 200 年，在世界三个非同一般的地区，延绵不断地抚育着人类文明的伟大传统开始形成——中国的儒道思想、印度的婆罗门教和佛教、以色列的一神教以及希腊的理性主义，人类精神的觉醒实现了人类历史上的一次突破性的进展。直至今天，人类仍然附着在这种基础之上。

② 胡寄窗. 中国经济思想史：上 ［M］. 上海：上海财经大学出版社，1998：8.

后威廉·配第（William Petty）的结论相同；公元前 2 世纪，桑弘羊创行的"平准"措施在世界上实属稀有；王莽所创行的"市平"措施，是世界历史上最早而又粗具体系的价格规定；公元 8 世纪，唐代刘晏创设了世界上最早的商业情报网；公元 8 世纪，唐代杨炎创立的"量出制入"的财政原则和租税负担能力原则，西方直到 19 世纪末才有人提出；公元 12 世纪的"称提"之术，是世界货币发行历史上最早出现的兑换纸币理论；等等。

尽管长期处在自然经济的农业社会，但中国古代很早就有人研究在其缝隙中成长起来的商品市场和价格运行的规律性，如《管子》一书提出，任何商品价格的变化都呈现为一种动态的均衡运动。为什么会出现商品价格的波动？《管子》一书从供求论的角度提出"物多则贱，寡则贵"① 的命题，认为只要市场上商品的供求发生了变化，就会引起价格的变化；认为市场上价格的波动是一种常态，"衡者，使物一高一下，不得常固"②。引起市场上价格波动的因素很多，四季和天时的变化都会影响市场上商品的供求。如"岁有四秋"，故"物不得有常固"③；如"岁有凶穰，故谷有贵贱"④。而对农业自然经济靠天吃饭引起粮价波动的规律性认识，在欧洲要晚得多。保罗·萨缪尔森（Paul Samuelson）在其《经济学》中写道："17 世纪的英国作家格雷戈里·金曾经发觉当农产品歉收时，食物价格上涨，而当丰收时，农民所得的价格较低。"⑤《管子》还认识到了民间储藏会改变商品市场的供求数量，引起物价变动，如"物臧则重，发则轻"⑥，"散则轻，聚则重"⑦。《管子》还提出政府税收也会影响物价变化，如"令有徐疾，物有轻重"⑧，即政府可以通过让百姓使用货币缴税的方法影响物价，百姓为了取得货币就必须把自己的产品拿到市场上出售，如政府要求缴税的期限短，就会在短时间内造成大量产品涌向市场，导致供给大量增加，在需求有限的情况下产品价格下跌。如政府规定缴税的期限长，产品就不会在短期内大量上市，供给不会大量增加，对价格影响不大。汉儒贾谊在发展《管子》"轻重论"的基础上提出，政府可以通过货币的敛散调控物价："铜毕归于上，

①　黎翔凤. 管子校注：卷二十二：国蓄 [M]. 北京：中华书局，2004：1274.
②　黎翔凤. 管子校注：卷二十四：轻重乙 [M]. 北京：中华书局，2004：1467.
③　黎翔凤. 管子校注：卷二十四：轻重乙 [M]. 北京：中华书局，2004：1467.
④　黎翔凤. 管子校注：卷二十二：国蓄 [M]. 北京：中华书局，2004：1264.
⑤　萨缪尔森，诺德豪斯. 经济学：上 [M]. 高鸿业，译. 北京：商务印书馆，1979：92.
⑥　黎翔凤. 管子校注：卷二十三：揆度 [M]. 北京：中华书局，2004：1381.
⑦　黎翔凤. 管子校注：卷二十二：国蓄 [M]. 北京：中华书局，2004：1274.
⑧　黎翔凤. 管子校注：卷二十三：地数 [M]. 北京：中华书局，2004：1368.

上挟铜积以御轻重，钱轻则以术敛之，重则以术散之，货物必平。"① 政府除利用法令影响物价变化，还可以通过控制某些产品或对某些产品征税影响价格。《管子·轻重丁》中载有："君守布则籍于麻，十倍其贾。"② 意思是，由于国家控制了布，只需要征收麻税即可使丝织品的价格上涨。同样的道理，也可以通过"籍于布则抚之系"，即课布税而影响丝价，使之上涨。这说明《管子》的作者已经意识到了一种商品价格的变化可以影响到另一种商品价格的相对变化。这种相对价格变化（替代效应和互补效应）的概念，在西方由奥地利学派提出来时已是 19 世纪末 20 世纪初。《管子》还论证了价格的变化也会反过来影响市场商品的供求及其流向，如"重则见射，轻则见泄"③，"物重则至，轻则去"④。但也"有以重至而轻处者"⑤，意思是，物品价高而运至此地，但"物多则贱"导致价格下跌，如再运走可能更不合算，只好低价就地出售了。《管子》这一市场价格呈现动态均衡波动的思想，在西方 19 世纪洛桑学派出现前的欧洲，似乎还不曾有人论述过。在西方充分发展的市场经济中，静态和动态的均衡分析已成为西方经济学的重要分析框架。

如果说《管子》一书是从"轻重论"的角度讨论市场价格变化的，那么主张"放任论"的思想家则是从维护市场竞争的角度探讨了市场的价格变化。司马迁的"善因论"就是最好的代表。他在《货殖列传》中引计然的话说："论其有余不足，则知贵贱。贵上极则反贱，贱下极则反贵。"⑥ 这就揭示了市场供需法则的运作规律。这种市场机能就像一只看不见的手，将社会经济导向最适状态："故物贱之征贵，贵之征贱，各劝其业，乐其事，若水之趋下，日夜无休时，不召而自来，不求而民出之。岂非道之所符，而自然之验邪？"⑦ 这种价格机能的作用能够自发调节社会经济各部门之间的均衡，社会经济的运行和发展也都可以受到自发的调节："故待农而食之，虞而出之，工而成之，商而通之。此宁有政教发征期会哉？人各任其能，竭其力，以得所欲。"⑧ 司马迁虽然反对政府控制经济和国家垄断经营，但不否认政府在稳定物价方面的责任和作用。《货殖列传》中有一段引述范蠡处理市场价格的记载："夫粜，二十病农，九十

---

① 班固.汉书：卷二十四：食货志：下 [M]. 北京：中华书局，1962：1156.
② 黎翔凤.管子校注：卷二十四：轻重丁 [M]. 北京：中华书局，2004：1501.
③ 黎翔凤.管子校注：卷二十二：山权数 [M]. 北京：中华书局，2004：1303.
④ 黎翔凤.管子校注：卷二十三：揆度 [M]. 北京：中华书局，2004：1381.
⑤ 黎翔凤.管子校注：卷二十三：揆度 [M]. 北京：中华书局，2004：1381.
⑥ 司马迁.史记：卷一二九：货殖列传 [M]. 北京：中华书局，1982：3256.
⑦ 司马迁.史记：卷一二九：货殖列传 [M]. 北京：中华书局，1982：3254.
⑧ 司马迁.史记：卷一二九：货殖列传 [M]. 北京：中华书局，1982：3254.

病末。末病则财不出，农病则草不辟矣。上不过八十，下不减三十，则农末俱利，平粜齐物，关市不乏，治国之道也。"① 意思是：如果粮食的价格（"粜"）每石低到二十，价格过低则不利于农业的发展；如果上升到九十，粮价过高则不利于工商业的发展。因此，政府有责任把粮食的价格控制（"平粜"）在"上不过八十，下不减三十"的合理区域，以促进农业和工商业的均衡发展。

中国古代政府的官员借鉴这一价格理论，通过吞吐物资、调节供求，成功地平抑了市场粮价。如《汉书·食货志上》记载了李悝的主张："粜甚贵伤民，甚贱伤农；民伤则离散，农伤则国贫。故甚贵与甚贱，其伤一也。善为国者，使民毋伤而农益劝。"② 李悝的"平粜"论主张，丰收之年政府收购粮食，"使民适足，贾平则止"；灾荒之年政府出售丰收之年收购的粮食，"故虽遇饥馑水旱，粜不贵而民不散，取有余以补不足也"。这一主张"行之魏国，国以富强"。③ 桑弘羊也利用这一价格理论，提出了他的平准措施。史载汉武帝元封元年（公元前 110 年），桑弘羊"置平准于京师，都受天下委输。……大农之诸官尽笼天下之货物，贵即卖之，贱则买之。如此，富商大贾无所牟大利，则反本，而万物不得腾踊。故抑天下物，名曰'平准'"④。平准是一种稳定物价的政策，核心是利用市场供求的波动来稳定物价。具体做法是在市场价格下跌时，由国家向市场收购；在市场价格大涨时，则由国家将之前收购掌握的商品物资向市场抛售，以压低市场上的价格。国家实行平准的好处是既可以稳定市场的价格，保证市场上商品物资的供应充足，又可以防止奸商操纵物价，还可以增加国家的财政收入。王莽也进行过"市平"的经济实践。公元 1 世纪，王莽创行"市平"措施对物价进行调控。《汉书·食货志下》载，王莽"市平"政策规定："五均市"（当时推行都市经济管制政策的各大城市）应以一年四季的"中月"（阴历二、五、八、十一月）的价格为基础，按各种重要商品（五谷及丝帛）的质量定为上、中、下三种价格，这种价格体系即为"市平"。"市平"体系反映市场实际价格状况，不由政府主观意志决定。各种指定的重要商品均按这一标准价格出售，但允许在十分之一的限度内波动。超过限度则政府进行干预，按"市平"价格抛售该种商品。重要商品的市场价格若下跌到成本以下，官府则按其成本进行收购，以保护生产者的积极性。以上措施仅限于民生相关的重要必需品，如五谷丝帛，其他商品价格随行就市。可以说，王莽的"市平"

---

① 司马迁. 史记：卷一二九：货殖列传 [M]. 北京：中华书局，1982：3256.
② 班固. 汉书：卷二十四：食货志：上 [M]. 北京：中华书局，1962：1124-1125.
③ 班固. 汉书：卷二十四：食货志：上 [M]. 北京：中华书局，1962：1125.
④ 司马迁. 史记：卷三十：平准书 [M]. 北京：中华书局，1982：1441.

制度是世界经济史上最早且粗具体系的价格调控制度，西方无论是古希腊时期还是中世纪都未曾有过。又如宋神宗时赵抃治越州，两浙旱蝗，米价踊贵，诸州皆榜道路，禁止增价，人多饿死。"赵抃揭榜于通衢，令民有米增价以粜，于是米商辐辏，越之米价顿减，民无饥死。"① 赵抃揭榜于通衢，通过放开米价来促使市场供给增多，成功地使米价自动回落，同时也解决了灾民粮食短缺的难题。

中国古代思想家十分重视消费对经济的拉动作用。如《管子·乘马数》提出要善用刺激消费来发展生产的政策主张："若岁凶旱水泆，民失本，则修宫室台榭……故修宫室台榭，非丽其乐也，以平国策也。"② 大意是，每逢灾荒之年，政府就要鼓励修建宫室台榭等奢侈消费行为，使穷苦百姓有工做，以缓灾民之苦。《管子》书中专门有一《侈靡》篇，讨论消费问题，提出鼓励富人奢侈消费有助于发展经济，因为它可以使贫苦人有事可做，"富者靡之，贫者为之"③。为此甚至可以在鸡蛋上画图，再煮了吃；在薪柴上雕上花，再用来烧火做饭。这一刺激富人奢侈消费的经济观念，与当代凯恩斯主义的经济学主张十分相近。中国经济史上有人做过政策实践，并取得了很好的成效。沈括的《梦溪笔谈》卷十一记载，宋仁宗皇祐二年（1050 年）范仲淹"领浙西"任职杭州，恰逢杭州岁饥。为救饥荒，范仲淹"纵民竞渡，太守日出宴于湖上，自春至夏，居民空巷出游"，同时鼓励富家、寺院大兴土木，以刺激经济。监司参奏他"不恤荒政，嬉游不节，及公私兴造，伤耗民力"，范仲淹上奏辩解，自称"所以宴游及兴造，皆欲以发有余之财，以惠贫者。贸易、饮食、工技、服力之人，仰食于公私者，日无虑数万人，荒政之施，莫此为大"。范仲淹的这一救荒政策收到了很好的效果，"是岁两浙唯杭州晏然，民不流徙，皆文正之惠也"④。明代的陆楫分析了刺激消费与发展商业之间的关系，他认为民风的奢侈创造消费，才使得商业发展，否则工商业生产就没有市场，又侈谈什么发展？⑤ 他提出富人的奢侈消费有利于发展经济，使民易生，故不应禁止。总之，管仲、陆楫等古代思想家发现了消费对于经济的拉动作用，却囿于时代所限，没有发现正

---

① 脱脱，等．宋史：卷一七八：食货志：上：六［M］．北京：中华书局，1985：4337.
② 黎翔凤．管子校注：卷二十一：乘马数［M］．北京：中华书局，2004：1232-1233.
③ 黎翔凤．管子校注：卷十二：侈靡［M］．北京：中华书局，2004：652.
④ 沈括．梦溪笔谈：卷十一：官政一［M］．北京：中华书局，2015：114.
⑤ 陆楫分析消费与发展商业之间的关系："有见于市易之利，而不知所以市易者，正起于奢。使其相率而为俭，则逐末者归农矣，宁复以市易相高耶？"他认为，富人的奢侈消费造就了许多贫者就业的机会。参见陆楫．兼葭堂稿：卷六：杂著［M］．陆郯刻本．1566（明嘉靖四十五年）：4a.

确的消费路径。

自宋代以后，纸币的出现改变了中国货币流通的格局。无论是货币调控思想还是货币基本理论的探讨都取得了领先世界的成就。胡寄窗所提的公元 12 世纪的"称提"之术，是世界货币发行史上最早出现的兑换纸币理论。据《宋史·食货志》载，"称提"这一术语自南宋初即开始流行，后来日益成为讨论纸币发行问题的惯用名词。胡寄窗根据宋、元学者提到"称提"的许多事例概括出以下四条原则：第一，发行兑换纸币须规定最高发行额；第二，要有一定数量的准备金作为兑现之用；第三，纸币须分届发行，一般以三年为一届，到时发行新钞且收回旧钞；第四，防止钞币贬值的补救措施，如临时设置大量现金保证钞票的回收，借以稳定钞币价值。有时亦可以由政府出售有价证券以回笼钞票，稳定币值。可以说，这一货币发行的原则是世界货币发行史上最早出现的纸币兑换理论。除分届发行外的其他各项原则，至今仍是资本流通下货币发行兑换纸币必须遵行的原则。欧洲大规模纸币发行始于 1720 年（法兰西），为中国提出"称提"发行理论 600 年之后。[①] 而元代叶李制定的《至元宝钞通行条画》"是我国乃至于世界范围内第一次出现的纸币条例"[②]，总结了宋元时期关于纸币"称提"的思想。在货币流通理论方面，宋代的沈括和张方平已经认识到货币流通速度与货币流通量成正比的关系[③]；周行己提出发行纸币"常以二分之实，可为三分之用"[④]，纸币的发行并不需要十足准备金；叶适还提出了劣币驱除良币的思想。这些思想成就都要早于西方，标志着当时的中国对纸币的理论认识和管理经验已达到领先世界的水平。

中国古代经济思想在先秦到两宋时期的成就，与西方中世纪中前期相比并不逊色，在某些问题上应该说还处于领先地位[⑤]，只是在中世纪中后期，西方随着文艺复兴和宗教改革走上了资本主义发展道路，中国传统经济思想与西方相比才逐渐落后了。但中国传统经济思想在历史上对法国的重农学派[⑥]以及亚当·

① 胡寄窗. 中国古代经济思想的光辉成就［M］. 北京：中国社会科学出版社，1981：64-65.
② 胡寄窗. 中国经济思想史：下［M］. 上海：上海财经大学出版社，1998：250.
③ 沈括的货币流通思想参见赵靖. 中国经济思想通史：第 3 卷［M］. 北京：北京大学出版社，1997：243；张方平的货币流通思想参见萧清. 中国古代货币思想史［M］. 北京：人民出版社，1987：159.
④ 周行己. 上皇帝书［M］//周行己. 浮沚集：卷一. 北京：中国书店，2018：24.
⑤ 石世奇. 中国经济学说辉煌的过去与灿烂的未来［J］. 经济学家，1995（02）：30-36.
⑥ 谈敏. 法国重农学派学说的中国渊源［M］. 上海：上海人民出版社，1992：8-9.

斯密（Adam Smith）的古典经济学的形成都产生了重要影响。① 当代奥地利学派的经济学家弗里德里希·奥古特斯·冯·哈耶克（Friedrich August von Hayek）就十分推崇中国古代的经济思想。1966 年 9 月，他在朝圣山学社（Mont Pelerin Society）东京会议上所做的《自由主义社会秩序诸原则》讲演中，曾引用《老子》中的"我无为，而民自化，我好静，而民自正"，阐述他的自发秩序理论。② 哈耶克晚年的《致命的自负》一书第七章中，还引用了孔子的"言不顺……则民无所措手足"作为画龙点睛的引语，以论证人类社会的自发秩序和自由选择思想。③ 20 世纪 30 年代，美国罗斯福新政的《农业调整法》，其思想基础之一就源自中国古代的常平仓制度。④ 儒家传统的义利观念深刻影响到了当代东亚的日本与韩国的社会发展。早在 17 至 18 世纪，日本大阪的朱子学派就对儒家的义利思想进行了日本式的诠释，提出商人采用正当经营的方法获取利润就是"义"。他们还根据儒家伦理确立了大阪"町人"的商业道德，即守信、自律、节俭、储蓄以及敢于创新等。这些思想给后来日本的明治维新和近代化提供了思想上的准备。被誉为"日本经营之神"的松下幸之助就是一个典型的"大阪商人"。被誉为日本"近代企业之父"的涩泽荣一，其撰写的《论语与算盘》一书提出了"士魂商才""义利合一"的观念，明确把《论语》作为从事商业活动的价值观基础，是历史上运用儒家思想进行企业管理探索的名著。在近代化与现代工业的起飞中，韩国是世界上保留儒家思想最完整的国家，儒家思想影响着韩国企业管理阶层、工人阶层等的思想意识，形成了韩国特色的企业文化。中国传统经济思想之所以能取得辉煌的成就，是因为反映了中国封建社会长期的繁荣史。相比欧洲，中国封建社会土地买卖自由度较高，官营手工业作坊色彩浓厚，出现了许多繁华的商业大都市，形成了大小不等的多层次集市贸易，这必然会促进市场交易和价格理论的发达。在中国古代的封建社会中，商品经济的发展，商品经济、自然经济和封建政治、经济制度的碰撞，是推动中国古代经济思想发展的重要动力。

---

① 莱斯利·杨（Leslie Young）认为，中国的"自然秩序"概念很早就传到了欧洲，斯密的"看不见的手"正是这一概念在政治经济学的体现，从而产生了自由放任的思想。参见 YOUNG L. The Tao of Markets：Sima Qian and the Invisible Hand［J］. Pacific Economic Review，1996（02）：137-145.

② 熊逸. 春秋大义［M］. 西安：陕西师范大学出版社，2007：345-346.

③ 哈耶克. 致命的自负［M］. 冯克利，胡晋华，等译. 北京：中国社会科学出版社，2000：121.

④ 李超民. 中国古代常平仓思想对美国新政农业立法的影响［J］. 复旦学报（社会科学版），2000（03）：42-50.

二、西方传统经济思想的理论成就与历史影响

继古希腊之后，西方也产生了许多影响深远的经济思想，提出过许多有价值的经济观念。如中世纪的"经院学者们试图为他们的道德判断找到理性的论点，以便在自然法的基础上开拓思想。为此，他们必须发展和分析经济概念。他们被引导着去探索是什么决定了商品的价值，是什么决定了制定价格的时候竞争的作用。他们还探索了货币的本质，并对新的商业制度的发展给予了关注。他们使用了预期利润、预期亏损、机会成本的概念，虽然不是人人都承认，但这些概念可以证明利息支付的合理性。因此，虽然经院派关注的焦点在道德方面，但他们有能力并确实分析了经济运行方式"[1]。如自然法概念就是中世纪经济思想中一个十分重要的理论成果，它被解释为涵盖了统治世界的无所不包的前提并反映了事物的本质，成为检验人为的实在法效力的试金石。在托马斯·阿奎那（Thomas Aquinas）看来，自然法是一套规则，是由自然强加在所有人身上并且不可改变的，也是符合社会需要或便利的。阿奎那明确肯定私有产权制度与自然法相一致；人性的特点就是关心自己的财产多于关心别人的财产；私有财产产生秩序，因为"如果财产划分清楚，就不会为如何使用公共财物而争吵，就会维持良好的社会秩序"。[2] 在莫利纳那里，自然法还等同于健全的理性，自然的公正就是事物的性质迫使我们要做的事，这就"明确地把自然法与我们根据公共利益所做的理性判断结合在了一起，而所谓公共利益则是我们在研究工作中或实践中所观察到的各种具体情形下的公共利益，无论是个人契约还是社会制度"。[3] 市场经济制度的本质，就是基于法制的自由契约权利的经济。中世纪经院学者在这些问题上提出的观念与见解至今都有极大的影响。如美国《独立宣言》中明确提到"自然法和自然之神的法律"[4]。从法制史的角度来说，自然法概念还影响到了欧洲大陆法系和英美法系，强调财产权利和契约构成了西方世界一切法律体系的支柱，至今仍是现代权利概念特别是个人权利概念直接的来源。英国律师布莱克顿在 13 世纪重新阐述了这个观点。洛克在牛

---

[1] 巴克豪斯. 西方经济学史 [M]. 莫竹芩，袁野，译. 海口：海南出版社，2007：47.

[2] 熊彼特. 经济分析史：第 1 卷 [M]. 朱泱，孙鸿敬，李宏，译. 北京：商务印书馆，1996：145.

[3] 熊彼特. 经济分析史：第 1 卷 [M]. 朱泱，孙鸿敬，李宏，译. 北京：商务印书馆，1996：170.

[4] 斯皮格尔. 经济思想的成长 [M]. 晏智杰，刘宇飞，王长青，等译. 北京：中国社会科学出版社，1999：31.

津主持对自然法的讨论，宣称保护财产是政府的首要目的。西方的商法或称商业习惯法也是建立在自然法的基础之上的。当代的法律条文中包含的许多关于合理价格、合理价值和理性人等的说教，都包含自然法影响的内容。① 经院哲学家们在探讨私有财产等问题的时候，其实就是在提供基于自然法的理念。他们一直在关注由强迫而引起的不公正以及补偿受迫害者等问题，并在探讨这些问题的过程中发展和区分了许多经济概念。

除了在自然法影响下提出的经济法治化和契约观念，伴随着欧洲中世纪经院学派提出的公平价格思想，也对后世的经济思想产生了深远的影响。公平价格理论的特点是对许多重要经济问题的研究都强调以"公平"这个概念作为出发点，努力从"正义""公平"的角度考察市场交换中的"价格"问题，其对前人价格思想的超越在于把公平价格放到一个正义论的伦理框架中来审视。熊彼特（Schumpeter）对此有如下评论：经院学者"不是把公平价格等同于正常竞争价格，而是等同于任何竞争价格。只要存在这种价格，则不管将给交易双方带来什么样的后果，支付和接受这种价格都是'公平的'。如果商人支付和接受市场价格而获利，那当然很好，如果因此而亏损，那是运气不好，或者是由于无能而受到的惩罚，但无论是获利还是亏损，都应是市场机制不受阻碍地运行的结果，而不应是公共机构或垄断企业操纵价格的结果。莫利斯反对哪怕是有限度地操纵价格，赞成商人在物品短缺时从高额竞争价格中获利，无疑是出于伦理方面的判断。但他的这种态度表明他觉察到了商业利润的有机职能和产生商业利润的价格波动的有机职能，这标志着在分析上向前迈进了一大步"。② 他认为这里包含了"19世纪的自由放任主义相关联的那些理论的起源"③。"公平价格"学说的理论意义在于讨论社会经济问题时，既注意到了商品的"效用"主观价值问题，也考虑到了"成本"的客观价值问题，效用和成本共同构成了公平价格的基础，如阿奎那提出公平价格是商品与商品或商品与货币之间的均等。这种均等是以生产上所耗费的劳动量为转移的，是由生产成本决定的。这种与生产上耗费的劳动量相等的价格就是"公平价格"。阿奎那在《神学大全》中对成本问题的讨论除了注意到商品的劳动成本，还考虑到了诸如补偿运输、

---

① 斯皮格尔. 经济思想的成长 [M]. 晏智杰，刘宇飞，王长青，等译. 北京：中国社会科学出版社，1999：31.

② 熊彼特. 经济分析史：第1卷 [M]. 朱泱，孙鸿敬，李宏，译. 北京：商务印书馆，1996：154.

③ 熊彼特. 经济分析史：第1卷 [M]. 朱泱，孙鸿敬，李宏，译. 北京：商务印书馆，1996：154.

储存以及可能的风险等成本。与前人相比，阿奎那对成本价格的理解更加多元化了。他在讨论商人贱买贵卖的合法性时明确强调，如果商人对物品不做任何加工即以较高价格出售是非法的和不公平的，但如果商人在买到原料后进行了加工，投入了劳动和费用，那就要另当别论。他还强调公平价格"公度性"的主观性基础，提出公平价格取决于从物品所得到的效用的大小（主观评价），认为"可售物品的价格并不以它们的自然等级为依据，而是以它们对人的有用性为依据，因为有的时候一匹马比一个奴隶还要卖得贵。因此，一个卖者或买者并没必要去了解所售物品的那些隐蔽着的性质，而只要知道那些使它适于人用的性质"。① 一种商品与另一种商品交换是为了在主观上满足交换者直接的生活消费需要，主观效用的大小也就决定了人们对这种物品的需求度。因此，物品的公平价格不是绝对固定的，而是取决于某种评价，包括正面效益的评价和负面损失的评价："公正的价格将是这样的，即不仅要考虑到将要出卖的这件物品之本身，而且还要考虑到卖者在放弃了它时所蒙受的损失。"② 阿奎那认为，公平价格还受到供求关系的影响，认识到了竞争性市场机制的存在，肯定了商人在物品充裕从而便宜的地方买进然后再运输到昂贵的地方卖出以赚取利润的合理性。阿奎那认为，公平价格就是市场的价格，由需求和供给决定，在讨论中已涉及了诸如效用价值论、劳动价值论和供求价值论等观念，意识到了人的主观需要和生产成本对价格形成的基础性地位，其中有的提法已接近了西方经济学中新古典经济学派的概念。

现代西方学者卢浮尔教授认为，阿奎那的见解是"如果生产者不能在其产品销售中收回他的费用，则工艺与手工业必将不能存在。换言之，市场的价格不可能长期低于成本"。他还认为，阿奎那已经认识到了市场价格可能趋于"和成本相符，或是在这一点上像钟摆一样左右摆动"。卢浮尔随后在另一处进一步强调："的确，这是一个惊人的理论，因为它既具有现代特色，又完全符合后代政治经济学理论，即在自由竞争制度下，市场物价围绕生产成本波动，犹如钟摆左右摆动一样。"③ 卢浮尔的评价也许拔高了，因为阿奎那首先是一个基督教的神学家，而不是一个经济现象的分析家，他未必能提出类似新古典经济学家

① 门罗. 早期经济思想：亚当·斯密以前的经济文献选集［M］. 蔡受百，等译. 北京：商务印书馆，1985：50.
② 门罗. 早期经济思想：亚当·斯密以前的经济文献选集［M］. 蔡受百，等译. 北京：商务印书馆，1985：46.
③ 巫宝三. 欧洲中世纪经济思想资料选辑［M］. 傅举晋，吴奎罡，等编译. 北京：商务印书馆，1998：441.

马歇尔那样的价格决定理论，但阿奎那确实在探讨公平价格问题时已经考虑到了"亏损"的因素，因为阿奎那提到如果现行市场价格不足以收回产品成本时，商人就可以合法地索取比市场上一般价格高的价格来弥补他的损失。这说明在阿奎那的思想中隐含着一种长期竞争价格的观念，这一思想观念确实向新古典经济学的价格理论接近了一步。

13世纪后期，经院学者奥利维提出价值由稀缺、有用性以及满意性三个因素决定。稀缺是指相对人的需求而言供给不足。它会导致一种产品越短缺价格就越高；相反，产品越充裕价格就越低。有用性是指一个物品所拥有的满足人类效用的客观能力。满意性是一个产品在消费者看来的主观合意性。奥利维还探讨了"价值悖论"问题，即水或者面包这样的物品是生活必需品，具有较高的使用价值，但它们通常在市场上价格较低；黄金或钻石不是生活必需品，使用价值较低，但在市场上拥有极高的交换价值。奥利维提出这一现象和物品的"稀缺性"有关。在探讨价格决定的过程中，他提出效用的概念是相对供给而言的，这实际上开启了边际效用理论的先河。奥利维得出结论：一件物品的价格不是由物品所具有的客观质量决定的，而是由市场上的各种主观偏好的相互作用决定的。这种稀缺性和有用性决定价值的重要认识，已接近西方经济学中新古典经济学派和奥地利学派的提法。奥利维还将效用分成有用性和满意性，认为后者才是具有决定性的。这些忽视商品及其生产劳动二重性的观点，后来被新古典经济学全盘继承。奥利维还最先将"资本"概念引进了经济思想，视其为投入于商业冒险活动的一笔货币资金。当一种投资的利润在借贷过程中被放弃的时候，对贷款收取利息是合理的。

强调劳动在价值创造中的作用是中世纪经济思想的一大成就。基督教关于劳动神圣的教义在中世纪得到了发展，它以《旧约》和《新约》中的箴言为基础，以工匠出身的基督本人为榜样，认为只有劳动才能真正得到上帝的赞扬和称颂，劳动被提高到了无可置疑的神圣地位，用上帝的光芒唤起了在封建压迫下教徒们的劳动热情。在基督教的这一教义下，"劳动具有双重的利益——一是获得与上帝共同致力于实现其神圣目标的特权，二是得到自我约束和帮助他人的机会"。"当教会宣布基督是木匠的儿子，他的12信徒也都是普通工人时，世人才了解到，劳动不仅是必需的而且也是光荣的。修士们用自己的榜样证实了这一点，并因而使劳动阶级获得了他们在古代社会中被剥夺的尊严。体力劳动也成了神圣化的源泉。……《基督教警世者》中说道：'既然圣人们都亲自参加劳动，基督徒们就该明白，要用光荣的劳动来给上帝增光行善，来拯救自己的灵魂。'劳动同日常祈祷紧密结合起来使基督徒的生活臻于完美之境。"① 中世纪经院学者在谈到生产时经常涉及"工具""功力"和"必需品",即后来西方古典经济学所说的土地、劳动、资本"三要素",把劳动与土地、资本相提并论。经院学者强调,土地是一切财富的最终源泉,但须通过人类的劳动才能获得它所能生产的东西。只有劳动的使用带来了产品,个人的所得才算是正当的。经院学者从劳动还延伸到了分工。他们提出,不能认为只有体力劳动才值得尊重,脑力劳动者的劳动也应得到充分评价,各种劳动都应是同样值得尊敬的。阿奎那说:"因为对人类生活来说,许多东西都是必要的,而任何人都无法做到自给自足,因此有必要进行分工;于是有的成为农民,有的成为工人,有的成为营造工,等等;又因为人类生活不仅意味着物质上的财富,而且更意味着精神上的财富,所以有必要使某些人从世俗事务中解脱出来。人类的这种分工是符合天意的。"②

　　商品流通是资本的起点,货币作为商品流通最后的产物,成为资本最初的表现形式。14—16 世纪,西欧封建社会内部开始出现了新的城市中心,这成为促进商品经济和金融业发展的温床,以大宗海陆贸易为基础,地中海沿岸率先露出了资本主义曙光。③ 早在 12 世纪,城市共和国威尼斯就创立了证券金融市场,代表了欧洲金融史上的一个分水岭。1174 年,威尼斯为了筹划与君士坦丁堡的战争而组建了一支舰队,曾向城中的居民发行了债券,承诺未来偿付。④ 威尼斯证券市场的确立,开创了让城邦政府通过发行流动性债务支持赤字开支的做法,在威尼斯成为一个商业帝国的过程中发挥了重要的作用。债券的发行创造了市民与城市之间的贷款人—借款人关系,不是使债权集中在少数投资者手中,而是使所有威尼斯公民成为城邦债权人。这一金融创新使得政府在有需要的时候能够迅速集中金融资源,并将其转换成军事资产。处在这一时期的中国宋朝则明显不同,政府在面对外部侵略的军事危机时发行了大量的纸币,以通货膨胀来应对财政危机,而不是将政府预算赤字转到未来。这也是中西方之后

① 巫宝三. 欧洲中世纪经济思想资料选辑 [M]. 傅举晋,吴奎罡,等编译. 北京:商务印书馆,1998:378-379.
② 巫宝三. 欧洲中世纪经济思想资料选辑 [M]. 傅举晋,吴奎罡,等编译. 北京:商务印书馆,1998:379-380.
③ "根据最可靠的历史记载,开化最早的乃是地中海沿岸各国。"参见斯密. 国民财富的性质和原因的研究 [M]. 郭大力,王亚南,译. 北京:商务印书馆,1972:18.
④ 戈兹曼. 千年金融史 [M]. 张亚光,熊金武,译. 北京:中信出版社,2017:147.

"大分途"① 的一个重要原因。经院学者在经济思想上的另一贡献是对货币价值和高利贷做了进一步的思考。中世纪的货币是由硬币构成的，统治者常常通过铸造不足值货币的办法来让货币贬值，以谋取铸币收益。经院学者奥雷斯姆对通过货币贬值来掠取民间财富手段的批判，在今天看来仍有现实意义。在对高利贷的讨论中，经院学者借助对"无偿消费借贷"的讨论，对可转让资产的资本定义提出了具体要求，他们关于风险溢价的概念仍是所有现代资产估值模型的基础，将资本的替代性用途作为收益基准的概念成为一个关键的资产估值工具。②

　　文艺复兴之后，出现了批判封建神学、经院哲学，推崇实验科学的新哲学思潮。人们对世俗利益的追求取代了中世纪以来对上帝的奉献和对来世的寄托，经济伦理由以神为中心演变为以人为中心，主张顺人之性、尽人之欲，强调人性的解放，以满足人的需要和发展。西方文艺复兴孕育的勇于探索的理性精神激励着科学领域的不断创造，宣告了17世纪科学革命时代的到来。理性精神在方法论上强调，以科学诉诸事实，用归纳方法形成假设，解释观察的结果，然后用逻辑的推理演绎出推论，再用实验加以检验。这种方法被弗朗西斯·培根（Francis Bacon）称为"新工具"，不仅推动了知识体系科学化的根本变革，还引导着人类去认识和征服自然，从而形成了东西方文化的差距。笛卡尔的"怀疑论"二元世界观中的机械唯物主义方法论主张，把每个难题尽可能地分成细小部分予以论证界定，从简单、最容易认识的对象开始，力求实现数学概念的确定性和可靠性，然后一步步上升到复杂的认识。在这一哲学思想的帮助下，且随着早期资本主义的发展，西方传统经济思想发生了根本性转变，开始领先于中国。

　　法国学者米歇尔·福柯（Michel Foucault）从知识考古学的视角对文艺复兴、科学革命与西方近现代经济观念之间的关系进行过分析。他提出：从文艺复兴末期到近代西方旧知识转型为新学科知识的形成过程中曾经历了三个阶段，即16世纪末到17世纪中叶以"相似性"作为建构知识空间原则的文艺复兴认识型（又译为"知识图式"）、17世纪中叶与18世纪以"同一性和差异性"为原则的古典认识型和19世纪初以来以"有机结构"为原则的现代认识型。第一

① 本文没有采用目前史学界流行的由彭慕兰提出的"大分流"说，是因为笔者认为中世纪中国与西欧的历史发展从来没有"合流"过，也就不存在所谓的"分流"。近代之前，中西方的历史发展各有自己的不同路径，故用"分途"一词。
② 戈兹曼. 千年金融史［M］. 张亚光，熊金武，译. 北京：中信出版社，2017：179.

个阶段开创了古典时代,第二个阶段标志着现代性的开始。① 近代西方科学革命的实质,即新认识型体系取代旧认识型体系的兴起过程,也是研究范式的转换过程。福柯试图根据线索发现连续性、回归和重复的现象差异,寻找认识图式的转换和过渡机制。他认识到,在经济思想上,货币流通首先成为财产分析的对象,后来才能成为政治经济学的研究对象。在文艺复兴认识型向古典认识型的转型中,财富论就受到了以"同一性和差异性"为原则的古典认识型的支配,斯密对财富和劳动"同一性和差异性"的分析②,大卫·李嘉图(David Ricardo)由劳动、交换转向有关经济人、生产的深度研究,"这是一个具有完全崭新形式的因果系列的创立"③。他们的许多经济分析的观念(如理性经济人)构成了西方经济学的出发点。文艺复兴之后古典时期经济观念转变的特点,是以经济过程中当事人的利益追求为动力,经济过程中怎样获得最大利益为目的,体现了新型资产阶级为追求更大的经济利益(福利)而改造世界的进取精神,经过重商主义和英国工业革命的洗礼,最终诞生了英国古典经济学。

三、中西方传统经济思想的理论贡献与启示

概括而言,中国传统经济思想理论成就主要集中在西方经济学所探讨的"宏观"领域,西方传统经济思想的理论成就主要集中在"微观"领域,这与中西方文明起源的地理环境和制度背景有关。

英国历史学家汤因比在对世界人类几大文明起源问题的研究中提出,人类第一代文明起源于对自然生存环境的各种"挑战与回应"。他认为"华夏文明所应付的自然环境的挑战,甚至可能比两河流域及尼罗河谷的挑战还要凌厉。在中国人将之转变为华夏文明摇篮的那一片旷野上,不但有沼泽、丛林和洪水的严酷考验,而且还有恶劣气候的考验"④,"大一统"的华夏文明,就是中国先民对黄河流域的自然挑战所表现出的回应。华夏文明起源于内陆型的地理环境,位于亚洲东部、太平洋西岸,北面是西伯利亚荒原,西边是阿尔泰山、喀喇昆仑山以及沙漠戈壁,西北为帕米尔高原,西南是喜马拉雅山,东面自黑龙江东

① 福柯. 词与物:人文科学考古学 [M]. 莫伟民,译. 上海:上海三联书店,2001:10-11.

② 福柯. 词与物:人文科学考古学 [M]. 莫伟民,译. 上海:上海三联书店,2001:293-294.

③ 福柯. 词与物:人文科学考古学 [M]. 莫伟民,译. 上海:上海三联书店,2001:331.

④ 汤因比. 历史研究:上卷 [M]. 陈晓林,译. 台北:桂冠图书股份有限公司,1978:221.

岸沿海直至东南沿海则是浩瀚的大海。这一地理环境造成了华夏文明与其他文明的天然隔膜。黄河是华夏文明的摇篮，促生了中华民族从大禹开始就利用黄河及其支流兴修水利、发展农业灌溉的农耕文明，同时黄河泛滥的灾害又威胁着先民的生存和社会经济的稳定。中华民族历史上诞生的第一个王朝——夏，正是起因于黄河治理的成功。对于亚细亚生产方式，马克思认为，在亚洲由于气候和土壤的性质，公共灌溉工程成为必要，东方（包括中国）中央集权国家的产生与此地理环境的"挑战与回应"有关："气候和土地条件……使利用水渠和水利工程的人工灌溉设施成了东方农业的基础。……在东方，由于文明程度太低，幅员太大，不能产生自愿的联合，所以需要中央集权的政权来干预。"[①]内陆的地理环境还面临北方游牧民族的侵扰，促使中华民族自西周至秦始皇统一中国前后，不断修建和维护长城，以强化对北方游牧民族的防御实力。公元前221年，秦始皇灭六国、除分封制、建郡县制，统一中国，通过统一货币、文字、车轨和思想，建立了中央集权制的国家。在"大一统"中央集权体制的政治规制下，中国传统经济思想呈现出政治支配经济的鲜明特点，从治国平天下的政治目标出发管理经济活动。这是在自然经济条件和地主—小农剥削关系下，中国大一统国家政权的产物。这使得中国传统经济思想具有国家本位的特点，关注重点是围绕财政收入的土地、赋税和货币制度，"轻重论"占据国家经济政策走向的主导地位，并对中国古代经济的发展发挥了重要作用。

在"大一统"中央集权的体制下，中国的国家治理方式与西方俨然不同。具体言之，中国的政治是单中心的，中央政府具有至高无上的威权。在国家发展的历程中，宗法血缘关系在国家基层治理上发挥着不可替代的作用。中西方的发展道路从"轴心时代"的文明起源阶段就走向了不同的始发途径，并持续影响之后的发展。中央集权、地方郡县、官员代理构成了中国传统政治体制的主要特征。秦汉以来，历代王朝始终围绕强化中央集权体制这一核心问题演变。中央集权政府的存在，从经济发展政策上看，有助于推行政府主导的行业政策、引导发展方向。从战国时代起，以"轻重论"为代表的"国家干预"理论就开始占据着经济政策思想的主导地位，同时，以"善因论"为代表的市场价格论也对稳定社会经济发挥了一定的作用。中国历史上多次出现过的"治世"和"盛世"，例如，"文景之治""贞观之治""开元盛世""康乾盛世"等，都同将"轻重论"与"善因论"二者有机结合的经济政策导向有关。据美国学者麦

---

① 中共中央马克思恩格斯列宁斯大林著作编译局. 马克思恩格斯全集：第9卷 [M]. 北京：人民出版社，1961：145.

迪逊在《中国经济的长期表现：公元 960—2030 年》和《世界经济千年史》中的估算，"中国的 GDP 在公元元年占世界 GDP 总量的 26.2%，在 1000 年占 22.7%，在 1500 年占 25%，在 1600 年占 29.2%，在 1700 年占 22.3%，在 1820 年占 32.9%"①。可见，中国的经济增量长期位居世界领先地位。美国学者安德烈·贡德·弗兰克提出，15—19 世纪中期的世界经济秩序，名副其实的是以中国为中心的。中国是地球上最富庶、人口最多的帝国，17 世纪的中国社会要比同时期欧洲的大部分国家更富庶，直到 18 世纪以前，亚洲大部分地区的平均收入和生产力都要高于欧洲的大部分地区，即使是欧洲最发达的地区，如英格兰和荷兰在当时也只是刚刚赶上中国的水平，完全否定了传统的"西方中心论"。② 虽然麦迪逊给出的中国古代的 GDP 占世界 GDP 统计数据颇有争议，弗兰克的"中国中心论"也仅为一家之说，但不可否认的是，在西方历经产业革命崛起之前，中国并不比西方落后。从现象看，近代中国的落后是因为错失了产业革命带来的"全球化"历史机遇。"随着新航路与新大陆的发现，人类历史上第一次实现了东半球与西半球'一体化'，第一次出现了'全球化'。在西方人的眼中，晚明时代的中国是当时世界上毋庸置疑的强国，葡萄牙、西班牙、荷兰等欧洲国家以及它们的殖民地，在与中国的贸易中始终处于逆差的地位，占世界产量三分之一甚至更多的白银流入了中国。无怪乎弗兰克要大声疾呼，1500—1800 年世界的经济中心不在欧洲而在中国。这样的辉煌，何以很快就销声匿迹了？仅此一点，就值得国人深入地探讨。"③ 西方汉学家兰德斯也持这一观点："起初，当中国和别的国家领先于世界时，几乎所有的知识传播都是单向的，即从欧洲之外传到欧洲。这是欧洲了不起的优点，与中国不同，欧洲是学习者，并且的确从早期中国的发明和发现中受益匪浅。"④

西方文明起源于古希腊，古希腊文明地处地中海的爱琴海区域。古希腊特有的海洋文明和地理环境，使古希腊成为城邦社会。与这一城邦社会相适应，古希腊思想家探讨经济问题考察的重点是如何实现家庭的财富增值，讨论的多

---

① 刘逖. 前近代中国总量经济研究（1600—1840）：兼论安格斯·麦迪森对明清 GDP 的估算 [M]. 上海：上海人民出版社，2010：22.
② 美国学者安德烈·贡德·弗兰克在其名著《白银资本——重视经济全球化中的东方》一书中还坚持认为 1500—1800 年的"经济全球化中的东方"是世界的经济中心，认为当时全球经济中心在中国。参见弗兰克. 白银资本：重视经济全球化中的东方 [M]. 刘北成，译. 北京：中央编译出版社，2000：27，166-167，169.
③ 樊树志. 晚明史：下卷 [M]. 上海：复旦大学出版社，2003：1078-1079.
④ 兰德斯. 国富国穷 [M]. 门洪华，安增才，董素华，等译. 北京：新华出版社，2010：378.

是家庭如何处理生产、交换、分配和消费等微观问题。经济思想的特点表现为私人家庭本位，关注的重点是财富的内在属性与增值，以追求财富和效益为核心。古希腊之后罗马统一了地中海，共和政体达到强盛，强劲的军事扩张为向帝国跃进奠定了基础。罗马帝国后分裂为东、西两部分。处于氏族制度晚期的日耳曼人大迁徙，于5世纪末加速了西罗马奴隶制帝国的灭亡，建立了封建等级森严的新型封建国家，被视为欧洲中世纪的开始。中世纪的西欧缺少统一的政府、法律和货币，分裂成众多孤立的、自给自足的城镇、庄园和领地，它们各自拥有包括司法、行政等独立的领主权。封建生活的碎片化为西欧经济领域从国家政治力量中分离出来创造了条件，西欧的地方贵族、庄园主和教会只关注自己封地的城镇、庄园和领地的经济效益。在此背景下，中世纪的西欧面对多层级政治关系和多样性经济生活复杂交错的多变性，极大地丰富了古希腊经济思想，更加关注封建经济领主的财富积累，探讨的多是诸如商品和价值、分工与交换等经济学的核心问题，视野领域包括关注自然法、私有产权与契约、公平价格等问题。15、16世纪，以英、法为代表的君主制近代民族国家形成，重商主义盛行，羽毛正在丰满的商人与市民阶级于17世纪末在政治上强大起来，18世纪末一度成为法国的主人，引爆了资产阶级革命，到19世纪在产业革命尚未确立的地方商人资产阶级已成为世界上占主导地位的政治力量。随着这些重大转变，西方传统的经济思想开始关注国家在经济发展中的作用。但西欧多是小国，内部商人资产阶级、教会和世俗君主之间发生利益纠葛，存有诸多利益矛盾，加之出现了新式的信用、银行、信贷关系，可以独立地自行解决经济事务，所以国家干预反被视为障碍，商业资本首先在城市行会管辖不到的农村家庭副业中出现，这时包买商向小手工业者供给原材料乃至工具，给予一定酬金或工钱，然后收取成品，进而转向面对国外市场的工场手工业专业化生产。西欧的国家治理所需要的政治与经济政策的统筹能力都远不能与"大一统"的中国相比，这就导致了中国传统经济思想在宏观方面相较西方传统经济思想要丰富得多。

中国传统经济思想强调"国家本位"，对"经济"的讨论多是围绕治理大一统国家必须解决的庞大中央政府财政收支稳定发展这一中心问题展开，如土地、财政及农工商关系。中国历史上经济结构的治理必然重视国家垄断经营以及国家对土地和金融的控制，通过扩大社会经济中的国家比重来充裕国家财政。汉武帝时期就开始依靠政府对自然资源的垄断，建立起了一系列产品的国营专卖制，汉代之后，历代王朝基本上都继承了这一体制。汉武帝还把货币的发行权掌控在中央政府手中，以增加国家对经济的控制力。自南宋国家正式发行会子到 19 世纪中叶，所有主张发行纸币的政策思想几乎都把纸币的发行视为增加国家财政收入和稳定经济的重要手段。"国家本位"还表现在强调封建国家在经济发展中的作用。在中国传统经济思想中，以管仲为代表的国家引导经济的"轻重论"一直占据主导地位，汉代桑弘羊是运用"轻重论"管控经济的典范，历代统治者都不同程度地继承和延续了"轻重论"的理论和政策。在中国历史上最重要的经济文献如《管子》首篇《牧民》，论述了经济对国家治理的重要性。春秋战国时代的百家对政府管控经济的职责并无异议，不同的是对政府介入经济深浅程度的认知。自汉代的《盐铁论》以来，中国传统经济思想对政府的经济职责以及政府如何承担这份责任已形成基本共识。这与西方近代以来政治与经济分离的发展道路显著不同。在近代资本主义发展过程中，先后在国际贸易中占据主导地位并受到中华文化影响的日本、韩国等经济体，都在不同程度上推行政府主导的产业政策与市场机制有机结合，依靠国家力量发展科学、教育和规模经济，成为在 20 世纪 60 至 70 年代世界经济增长最快的国家和地区。"轻重论"在经济调控上强调"阴阳平衡"，追求中庸的辩证思维，优点在于用整体的、联系的、发展的观点分析问题，认为整体大于部分之和，要坚持阴阳平衡不偏不倚的"执两用中"。从经济政策的调控来看，政府常常不仅着眼于经济规律的探讨，还注意与此相关的政治、伦理等问题。"轻重论"不仅突出了对经济的调控，更看重的是对政权维护的政治考量。结合中国传统经济政策思想的历史发展而言，在不同历史时期的经济改革中都有一条主线贯穿在各种政策措施之中，那就是强调平衡和谐的主线，依据"执两用中"的原理争取达到均衡，故能转向而不脱轨、转体而不变性，守住中国历史发展的文化根基，与西方强调理性分析的形式逻辑思维完全不同。

在中国传统文化中，儒家思想占据着主导地位。儒家重"礼"的财富占有经济观念有助于维护"大一统"的国家治理和延续，作用到经济结构上就形成了国家财富（资本）和民间财富（资本）占有的混合结构，强调二者之间须维持一定的比例。中国古代经济所有制结构既重视国家资本以及国家对土地和金融的控制，通过扩大社会经济中的国有比例增加收入来充裕国家财政，又强调给民间资本的发展留出充分的空间，如在工商业经济上，呈现出三层财富资本结构共存：顶层永远是国家资本，底层的都是自由民间资本，中层则是国家和民间的互动合作。这一财富资本结构中凡是关系到国民经济支柱的领域，国家一定占据主导地位，但同时也给民间资本留出经济空间，中间层面上国家与民间资本也有互动，有合作也有竞争。① 汉代《盐铁论》就试图对国家与民间资本经营的范围进行明确的界定，以维持政府与市场的平衡，试图通过这三层资本结构，维持政府与市场之间的平衡，履行政府经济管理的责任。这三层资本共存的结构决定了在中国，市场一定要服从国家治理规则的规制，而有别于西方分散的经济体，从海陆贸易发展起来的，最终由资本主导的自由市场。儒学强调行"仁政"，实现"富国裕民"目标是国家的责任。自汉武帝"罢黜百家，独尊儒术"后，儒家学说被历代政府推崇为治理国家的意识形态，它强调把经济活动放于政治秩序和伦理规范的约束之下，力图使追求实际物质利益的经济行为同时也能成为一种合乎社会伦理的道义，"富国裕民"成了中国传统经济政策的最基本的指导思想。中国传统经济政策和制度设计都体现了这一特点。

中国特色社会主义政治经济学体系是以中国经济为研究对象的经济学，即立足中国国情，基于"中国道路"实践的理论总结，并在这一前提下建立起的有别于西方经济学的概念体系。中国道路"脚踏中华大地，传承中华文明"②，这就决定了中国道路的选择与中国国情以及特定的历史文化传统有关，中国道路的成功也显示出了中华文明的底蕴和生命力。"中国道路"具体到经济模式上的一个鲜明特点是强调"一个强大的、中央集权的政府"③，这使得中国在应对经济危机方面要远较西方成功，中央集权政府在面对经济潜在危机时有能力快速做出重大而复杂的经济决策，中国道路在经济模式上的另一个鲜明特点是强调国家对经济的导向和调控。④ 西方经济学自创立以来在如何处理市场与政府的关系上学派之间各执一词，争论的核心无非是市场和政府之间是不是此消彼长的替代关系。中国经济的奇迹归功于改革开放及改革开放中有效市场和有为政府的共同发挥作用，有为政府能更好地发挥作用又归功于自秦汉以来形成的中央集权体制和政府对经济的管控能力（如西汉桑弘羊的盐铁官营和宋代王安石变法），历史地形成了的远超西方世界的治理体系和治理能力，并使得中国古代社会经济能领先于同时期的西方。中国传统经济思想强调"轻重"调控，强调经济活动必须服从于国家的治理，重视治理国家需要解决的各种经济政策就是这一治理体系在处理市场与政府关系问题上的中国智慧和理论概括。自改革开放以来，中国道路在经济发展的实践中不断丰富和完善对市场和政府关系的认

① 郑永年. 大趋势：中国下一步［M］. 北京：东方出版社，2019：11.
② 中共中央关于党的百年奋斗重大成就和历史经验的决议［N］. 人民日报，2021-11-17（01）.
③ 福山. 福山：中国模式的特征与问题［J］. 社会观察，2011（01）：1.
④ 郑永年. 国际发展格局中的中国模式［J］. 中国社会科学，2009（05）：5.

知，建立了既要发挥市场在资源配置中的决定性作用，同时也更好地发挥政府作用的理论框架，在处理市场与政府关系方面完成了对西方经济学理论的超越，在宏观调控有力、有度、有效的同时又能确保微观主体的活力。

中国经济思想史是中国国情长期演变中对所处历史情况的具体反映，是在新的历史条件下总结中国经济发展在东西碰撞中的经验教训，是从中西传统经济思想史的比较分析中推陈出新，弘扬优秀文化，并对其革故鼎新的改造，而其中所包含的理论智慧理应对中国特色社会主义政治经济学体系的建构具有重要的启示意义。

（本文首次发表于 2022 年 7 月 9 日《经济研究》等主办的"2022 中国经济学思想与理论研讨会"，删节版刊载于《社会科学》2023 年第 6 期）

中西方传统经济思想特点的比较

一、引言

　　就国内经济思想史学科的研究而言，有关中国传统经济思想与欧洲传统经济思想进行比较的研究成果，代表性的论著有胡寄窗的《从世界范围考察十七世纪以前中国经济思想的光辉成就》、唐任伍的《中外经济思想比较研究》，代表性论文有巫宝三教授的《中西古代经济思想比较研究绪论》《谈谈研究中国早期经济思想的意义、现状和前景》和叶世昌的《中国传统经济思想的特点》等。《从世界范围考察十七世纪以前中国经济思想的光辉成就》是针对西方学者"没有一个东方国家有任何东西可以与西方国家中世纪僧侣们所做出的良好开端的经济分析相比拟"论断提出的挑战，作者从《周礼》中所反映的市场管理原则、《礼记·礼运篇》的大同思想、先秦的国家货币流通基金制度、《管子》侈靡的消费观、先秦时代的货币数量说等方面，科学系统地把中国古代经济思想和西方古代经济思想进行比较，论证了中国古代经济思想的成就以及对世界经济思想的贡献。《中外经济思想比较研究》是对中国与西方经济思想进行专题性比较的研究论著。内容既涉及中国古代各派经济思想和各时代经济思想的比较，也涉及部分中西经济思想的比较；时间跨度既涉及古希腊，也涉及西方近现代；研究内容既有经济思想，也有管理思想。巫宝三的《中西古代经济思想比较研究绪论》提出古代中国与古希腊、罗马的社会发展具有四方面的共同点和三方面的不同点。①《中国传统经济思想的特点》一文提出中国古代社会有着不同于西方社会的特点，也有反映中国古代社会特点的独特的经济思想。作者将这些特点概括为四方面：以"治国平天下"为目标；以自然经济结构为模式；以国家调节经济为理想；以解决财政问题为重点。巫宝三和叶世昌教授的上述比较研究性结论对本文的研究有所启发，本文可视作上述研究结论的进一步深化。

二、国家本位与家庭本位

"本位"指经济研究的出发点和制定经济政策的立足点。中国传统经济思想的主流具有明显的国家本位特点，这与西方以家庭为本位有所不同。所谓国家

---

① 四个共同点表现为：（1）中西方都是自然经济占主导地位，农业是最重要的生产部门。（2）商品生产和货币经济都早已产生。（3）政权都被操纵于土地贵族。（4）古代中国和古希腊、罗马都创造了具有各自特点的灿烂文化。三个不同点表现为：（1）土地关系上，古希腊、罗马是土地私有，直接生产者是奴隶，全部产品为土地所有者占有；古代中国直接生产者既要在公田上做无偿劳动，又要在授予的份地上劳动，公田产品归公侯，份地产品归劳动者，后经过"初税亩"等一系列改革，土地私有制逐步确立，封建租佃关系逐渐形成，剥削关系从劳务地租向实物地租转化。（2）在商品生产和货币经济方面，古希腊、罗马较中国古代发达。（3）古希腊通过梭伦改革，在政权构成上所有公民都享有政治权力。罗马帝国通过改革，传统的血缘关系为财产关系所取代，后随着新兴的骑士阶级的兴起，富有的工商阶层得以参政。中国古代则是宗法制与土地所有制相结合，形成了政治上的绝对君权和官僚制度、经济上的封建地主制下的小农经济和官营工商业。在上述分析中西方社会经济发展异同的基础上，巫宝三教授进一步对两种经济思想的异同进行了比较，提出：（1）在古代中国和古希腊、罗马学科尚未分立时，思想家往往既是哲学家、政治思想家，也是经济思想家。经济思想都是从哲学、政治思想中派生出来的，但因东西方哲学观念的不同，从中引出的具体经济问题和主张也不同。（2）古代中国和古希腊、罗马的思想家都十分重视农业生产，但古希腊、罗马思想家所主张的重农指的是重视管理好奴隶主大庄园的生产，中国古代所主张的重农是指以国家为主体的发展农业生产的政策，即提出国家应采取什么样的政策来鼓励和调动农民的生产积极性，以促进农业生产的发展。（3）商品交换、货币、市场和价格等在古代中国和古希腊、罗马都已存在，但两者发达的程度和工商业者的社会地位有所不同，因而反映在思想家上的交换思想也有所不同。如古希腊的重农轻商思想主要是为奴隶制自然经济做辩护，未形成占统治地位的思想，也未成为国家的法定政策。在古代中国则不同，"重农抑商"的思想和政策对整个国家的经济发展产生了重大的影响。《谈谈研究中国早期经济思想的意义、现状和前提》一文提出了中西方早期经济思想的不同特点主要表现在古希腊、罗马思想家论述的农业经济是奴隶经济，中国早期经济思想没有关于奴隶劳动的论述；古希腊、罗马思想家论述农业的主要内容是关于农业经营和对于奴隶的管理，中国古代思想家重视农业生产的论述主要是旨在加强封建国家的经济实力。古希腊、罗马思想家虽有轻视商业的论述，但并未将其设为实际政策从而使工商业的发展受到很大影响，而在古代中国从商鞅开始"抑商"已成为封建国家的一项重要政策，对工商业的发展有很大的消极影响。

本位，是指分析经济问题多从国家的立场出发，关注国家的利益。中国古代经济思想家的思想的中心点都是密切联系思考如何治理国家的。国家本位的这一特点，也决定了中国传统的经济思想大多考虑的是宏观问题。西方现代经济学传入中国之前，中国传统经济思想的这一国家本位特点延续长达两三千年之久，历史影响至今仍在。

中华文明起源于黄河流域，中华民族自形成之日起就面临着治黄的挑战。正是在黄河治理的基础上，中华文明诞生了最早的国家形态——夏王朝。夏商周三代，延续的都是一个有利于治水的大一统的政治格局。经过短暂的春秋战国的分裂动荡，秦始皇统一中国，改西周分封制为郡县制，进一步强化了中央集权的政治体制，建立了完善的中央集权的大一统帝国。大一统帝国统治的基础是小农经济和建立在小农经济基础上的宗法血缘关系。大一统帝国的体制既有利于治黄水利工程的实施，也有利于克服小农经济的分散性而把财富集中起来，从而创造相对高的生产力水平以造就都市经济的繁荣。大一统、强有力的中央集权国家的存在也是以小农为基础的中国古代文明所产生的政治和社会条件。中国传统经济思想就是在这一大一统国家的背景下孕育发展起来的。中国古代所谓的"经济"就是经邦济世（或经世济民），讨论的就是治理大一统国家需要解决的诸多经济政策问题，诸如农工商之间的关系、国家财税和土地等问题，这就与西方早期经济思想所讨论的诸如个人家庭如何处理生产、交换、分配和消费等微观问题明显不同。纵观中国古代经济思想史，历代思想家们集中讨论的课题主要是土地、货币和财政，这三大问题讨论的出发点都是实现治国平天下这一本位目标。

土地问题是中国古代经济思想史上讨论得最多的，土地兼并造成了与国家利益相悖的大土地所有者的出现，进而会危及国家政权的稳固，所以中国古代关于土地问题的讨论往往是围绕如何抑制土地兼并所展开的。中国古代对于货币的起源、职能等问题的讨论也往往围绕着治国平天下这一目标展开，如《管子·山至数》明确强调，货币的职能是让统治者"操谷币金衡，以定天下"。历代王朝关于货币发行权、货币价值的轻重乃至货币形式等种种问题的讨论也几乎都是为了解决国家的财政经济危机。大一统的中央集权构成了中国古代社会丰富的财政思想的政治制度基础，也是财政体系形成的制度保证。统治中央集权的大国必须有庞大的统治机构、众多的官吏和足够的军队，自然需要庞大的财政开支。财政是国家机构的经济基础，财政状况的良好直接关系到国家政权的巩固。解决好财政问题对中国这个大一统国家意义重大，自然就成为中国历代思想家和政治家关注讨论的重点。秦汉以后的思想家们对于如何实施专卖、赋税征收等财政问题的讨论十分丰富。中国历史上发生过许多次诸如西汉的盐铁会议、唐代两税法改革以及宋元明清关于货币问题的朝野争论，这些都是围绕财政经济问题产生的。当然，对如何解决好国家的财政（中国传统经济思想家所说的"理财"）问题，中国传统经济思想中有着不同的认识，如王安石等把"理财"简单地理解为增加国家的财政收入，叶适等则把"理财"理解为增加社会财富的生产和价值创造。

中国传统经济思想中形成的以治国平天下为核心的经济观念，出发点是维护大一统的国家政治秩序，因此强调经济活动必须是在维护现存国家政治秩序下进行，强调必须用政治手段和伦理规范来引导经济活动，以避免危及政治秩序。大一统国家的经济基础是小农自然经济，中国传统经济思想中的"重农抑商"观念就反映了这一社会经济结构的特点和对这一社会经济结构的维护。春秋时期，管仲把人们的职业分成士、农、工、商，也就是"四民"，强调经济发展必须使一个国家的农业人口占较大比重，商人人口比重不能占比过高，就反映了这一农业经济的社会特点。在小农经济占主导地位的封建社会，农业是解决人们生存的基本保障，又是富国强兵的基础。农业发展不好，人们吃饭出了问题，社会就会不稳定，国家政权也就不能稳固。因此，重农自然成了中国传统经济思想的一个特点。不论是先秦还是秦汉以后，不论是儒家学者还是其他学派的学者，都把重农放在经济发展中的首位。从战国中期开始，在法家学派的经济思想中出现了"抑商"的观念。他们认为，私人工商业的收入较高，如果不加以抑制，弃农经商的人就会增多，必然会影响到农业的生产，商品经济的发展还会瓦解传统的自然经济基础，危及大一统中央集权的国家统治。秦汉之后，"重农抑商"（抑私商）成了中国传统经济思想和经济政策的主流。直至宋代，随着江浙地区商品经济的发展，才出现了以陈亮、叶适为代表的功利学派为改变商人社会政治地位的呐喊声。明中期后的思想家延续了浙东功利学派的这一观念，黄宗羲进一步提出了"工商皆本"的口号，反映出这一时期商业经济形态的变化和商人社会地位的提升。

古希腊的商业文明形成于公元前 800 年—公元前 500 年，也称作希腊的"古风时代"，它相当于中国先秦的春秋时期（公元前 771 年—公元前 403 年）。在之后的古典时代（公元前 500 年—公元前 336 年），古希腊的商业文明和民主政治都到达了繁荣的高潮阶段。古希腊的地理特点是促成古希腊商业文明的一个重要因素。古希腊地区没有丰富的自然资源，其地理环境地处地中海东部，地理范围包括希腊半岛、爱琴海诸岛、爱奥尼亚群岛和小亚细亚半岛西岸地区，这里没有肥沃的大河流域和广阔的平原。由于希腊地处巴尔干半岛最南端，三面环海，山多地少，土地贫瘠，不仅限制了农业生产力的提高，而且还把农业地区分隔成了互不相连的小块区域，这限制了雅典农业的发展。由于临海和多山，海上的舟楫交通相对发达。古希腊人生活在彼此隔离的村落中，这些村落通常坐落在易于防卫的高地附近，高地上既可设立供奉诸神的庙宇，又可作为遭遇危险时的避难所，这些高地后来发展成"城邦"。到了公元5世纪，包括黑海在内的整个地中海地区环布繁盛的希腊殖民地，成为与母邦一样的海外城邦。这一独特的地理环境为希腊商品经济的活跃和发展创造了有利的条件，也是古希腊商业文明能够达到鼎盛的重要经济基础。因为商业贸易的发展，希腊出现了一些较大的商业中心，如雅典、米利都和科林斯等都是当时重要的商贸中心城市，雅典城市的外港庇里尤斯港一直是对外贸易的中心。

这一地理和经济形态的特点使得西方传统思想家谈论经济问题时往往呈现出一种以家庭（或庄园）为本位的特点，多从家庭角度谈论经济问题，如古希腊的商业文明使得西方传统的经济思想从开始就呈现出一种以奴隶主私人经济为本位的特点，考察的重点是如何使奴隶主家庭的财富增值。在古希腊，经济学就被视作奴隶主的家政经济学。作为奴隶主经济的代言人，他们的着眼点是如何通过经营管理来增加奴隶主的财富收入。因此在古希腊形成了以家庭为单位使用奴隶进行生产的奴隶制生产方式，也产生了最早的一门叫作 oikovouia 的学问，即家庭管理学或译经济学，这也是英语中 economy 的来源。在古希腊的这门学问中，研究探讨的核心是什么是财富、怎样才能获取财富以及从这一观念来认识分析经济现象并做出判断，如从色诺芬到亚里士多德，讨论的都是什么是财富以及如何进行财富增值。色诺芬就详细论述过财富的来源，强调财富主要来源于农业和商业。亚里士多德在《政治学》第1卷中把"家政管理"作为他政治学的组成部分，比色诺芬更加精确地规定了"家政管理"的研究对象和任务。他认为"家政管理"包括两个内容：一是研究家庭成员中的"主与奴，夫与妻，双亲与子女"的关系；二是研究"生财之道"。同时他把生财之道分成两种：一种是属于家务管理的一部分，即通过收集生活所需要的自然产品，如放牧、狩猎和耕种，它来源于大自然的赐予，是一种人们凭借天赋能力以觅取生活的必需品的自然方式，通过这种方式积累起对于家庭具有使用价值的财富，功能是满足生活的必然需求；另一种是"货殖"，即无限制地追求货币增值，反映了人们收获货币财富的欲望。

在古希腊的城邦制度下，城邦很小，不需要庞大的常备军，也不需要类似中国那样从中央到地方庞大的各级行政官吏体系，国家的财政职能也就被大大弱化了。这导致在西方不可能产生类似古代中国那样成熟的国家财政和赋税的政策思想。在古希腊的经济学说中，几乎找不到类似中国古代那样较完整的国家财政的政策思想就是例证。柏拉图在他的《理想国》的设计中虽然也提到农业应该成为理想国的经济基础，国家应该从农业获得收入，但他并没有从国家财政的立场上展开论述。在其他思想家的著作中，相关的论述也往往非常少见。① 到了西方的中世纪时期，在封建领主制经济的形态下同样如此。

三、抑兼并与重私有产权

诞生在黄河流域的中华民族，其文明从一开始就与农业有着不可分割的紧密联系，华北中原地区发现的磁山文化和仰韶文化都证明中国远古的先民一踏入文明社会的门槛就和农业文明紧密联系在一起。在古代中国，农业一直是最基本的生产部门，土地是最基本的生产资料，所以土地所有权不论是在奴隶社会还是在封建社会的农业生产中都构成了一切经济关系的基础。中国古代从春秋战国以来关于土地问题的思考和学说异常丰富，两千多年来一直争论不休，成了中国传统经济思想讨论的重点。

中国古代的土地制度分土地国有、地主土地所有和自耕农土地所有三种基本形式。西周时期，是以农村公社为基础的土地国有制，《诗经·小雅·北山》描述的"溥天之下，莫非王土"就是这一历史时期土地制度的真实写照。在这一土地国有制下，既无土地的自由买卖，也无所谓土地兼并现象的发生。春秋战国以后，地主土地所有制占据了支配地位。这一转型开始于春秋中叶的商鞅变法，它打破了西周以来"田里不鬻"的传统，实现了土地的自由买卖，中国封建社会也从封建领主经济开始向地主经济形态转变。战国之后，土地的自由买卖构成了中国封建社会地主土地所有制最基本的特点，也是随后出现土地兼并的重要原因。在中国封建社会，土地兼并的发展具有明显的阶段性和周期性特点。大地主进行土地兼并不仅使大批自耕农丧失土地，沦为佃户和流民，而且也损害了中小地主的利益。在古代中国，由于大地主和大官僚合一，他们可以通过各种途径和形式把本身应该承担的赋税和徭役转嫁到自耕农和中小地主的身上。② 随着土地兼并的加剧，破产的自耕农群体像滚雪球一样越滚越大，在

---

① 张忠民. 古代中西方经济政策思想历史导向之比较［J］. 社会科学，1994（02）：2.
② 明人范景文曾对这一情况有生动描述，他说："所岌实非真大户，何也？大户之钱能通神，力能使鬼，不难幸免；而兔脱雉罹，大半中人耳。中人之产，气脉几何？役一著肩，家便立倾。一家倾而一家继，一家继而一家又倾，辗转数年，邑无完家矣。"参见范景文. 革大户行召募疏［M］//金简. 明臣奏议：卷三十九. 清乾隆武英殿聚珍版丛书本：1106b.

走向破产的过程中自耕农不断沦为佃户或雇农，导致国家赋税的缩减，影响到国家的财政收入。地产权的频繁变动导致的社会经济的经常性破坏和政治间歇式动荡，构成了中国封建社会特有的现象①，土地制度自然也成了历代思想家关注的重点。中国古代思想家们为了解决由土地兼并所引发的社会和政治危机，先后提出了很多的方案，主要有井田、限田和均田。汉儒董仲舒是第一个看到土地自由买卖而导致兼并的思想家，他认为土地的兼并是社会上贫富悬殊的原因之一，由此提出了限田论主张。自董仲舒提出限田主张后，限田及类似的主张成为以后各封建王朝重要的土地思想或政策，历代都不断有人提出。继董仲舒后，西汉末王莽进行的王田制改革，在经济思想史上颇有影响。王莽认为，西汉中晚期以来社会矛盾的加剧和产生冲突的症结就是土地兼并造成的贫富分化，消除土地兼并的唯一办法就是废除土地私有制，对土地实行国有化政策，由国家授田给无田地的农户，禁止私人进行买卖。王莽的土地国有化政策因严重脱离了封建社会的客观现实，实施不久即宣告失败。西晋占田制是王莽之后封建地主政权和思想家们企图解决土地兼并问题的又一次重要的尝试。占田制的土地改革方案一方面对贵族和官僚占田的数量以及世族荫附的劳动力人数进行限制，另一方面对一般人民实行占田课田②。这些土地分配方案都有阻止土地兼并的限田要求，贡献在于把西汉以来的思想家要求解决土地兼并矛盾的呼声具体体现为法令的规定，是对西汉以来解决土地兼并问题思想和方案的综合发展。北朝时期的李安世提出的均田思想也有代表性，其特点是将土地分配与封建租税结合起来，既有授田规定，也有还田的方案，明确分得土地即须负担租税，还田即免租税。均田制把租税的缴纳与土地的还授相结合，确定了土地的使用者和国家之间的依附关系，不仅解决了土地的兼并问题，还解决了封建国家的财政赋税问题。从宋代开始，由于宋初推行"不抑兼并"政策，宋中期以后土地兼并现象又开始泛滥，土地问题再次引起思想家们的普遍关注，但所提出的解决方案都没有超出井田、限田和均田的范围。明代丘濬的"配丁田法"是对历代限田主张的总结和发展，他利用加大财税负担作为缓和土地兼并的手

---

① 宋人董煟曾论及土地兼并给社会带来的动荡说："自田制坏而兼并之法行，贫民下户极多，而中产之家，赈贷之所不及。一遇水旱，狼狈无策，只有流离饿殍耳。"参见董煟. 救荒活民书：卷一 [M]. 清嘉庆墨海金壶本：6b.

② 课田是占田中应以课税的形式缴纳地租的土地。占田制规定"男子一人占田七十亩，女子三十亩。其外，丁男课田五十亩，丁女二十亩。次丁男半之，女则不课"。（《晋书·食货志》）方案中的男子占田七十亩、女子占田三十亩是占有土地的最高限额，不一定是实际授田的数量。

段是有新意的创见。和丘濬一样，王夫之也主张在租税制度上采取措施，如按土地自种或佃耕实施有差别的征课来抑制土地的兼并。总之，在中国传统经济思想中，通过国家的宏观调控手段来抑制土地兼并一直占据着土地政策的主导地位。

西欧则不同。西方中世纪占统治地位的经济形式是封建庄园制的领主经济，它以严格的等级制度与人身依附关系为基础，贵族领主阶级内部各等级之间存在着严格的人身依附关系。在这种领主制度下，财富拥有的多少与其政治地位高低一致，低级领主必须对高级领主承担一定的义务。政治上等级制度稳固了地产权，地产权的稳固反过来又进一步强化了等级制度，两者相互作用。同时，西欧实行的长子继承制也有助于减少土地的流转。这导致西欧中世纪虽然也存在一定程度的土地买卖现象，但没有形成规律，更没有对整个封建社会产生根本性的影响。西欧中世纪社会存在的土地买卖其性质也和古代中国不同，没有造成土地的集中，土地兼并的对象是在领主和教会之间。在西欧中世纪，教会是最大的土地所有者之一，教会为取得领主的保护也往往把其地产分给贵族。封建贵族的土地在西欧中世纪还出现了愈来愈分散的趋向。造成这一现象的原因有很多，其中一个重要的是大封建领主占有土地的义务是率领一定数目的骑兵为国王服军役，领主为了得到足够数目的骑士就需要把自己的土地转封给骑兵。这就是马克思所说的封建主的权力不是由他的地租的多少，而是由他的臣民的人数决定的，后者又取决于自耕农的人数。这也是中西方封建制时期经济形态的主要区别。

在领主经济制度下，因为古代中国土地制度和经济形态不同，没有出现由土地产权的频繁变动而引发的周期性经济危机和政治危机，思想家关注讨论得更多的是私有土地产权的保护问题，如亚里士多德和西塞罗（Cicero）以至于中世纪的神学家阿奎那，都对保护土地私有权进行过很好的分析。亚里士多德捍卫土地的私有财产，强调土地私有比公有更具有生产力，当一个人致力于自己的财产时会产生最大的兴趣和最多的关注。亚里士多德认为商业贸易的经济体要求以产权清晰的私有产权制度为支撑。他支持一种允许经济激励发挥较大作用的私有制经济，捍卫一切阶级的私有财产，强调私有制比公有财产具有更大的生产力，这是因为众人拥有的财产很少受到精心照料，人们倾向于首先考虑自己的利益。他认为私有制起源于个人的本性，即起源于人对自己的天赋之爱。① 他分析产权的模糊必然会导致大家对公共事务的漠不关心，如果没有了私人财产，人们也就没有机会表现出这种能增进人们之间的敬爱友爱的美德。亚里士多德同时强调财产私有还有利于社会的和谐和公民道德水平的提高，这是因为如果产权不清，就会导致分配不均，有些人多劳而少得，势必对少劳而多得者产生不平之鸣。人们生活在一起，共同享有事物时必然会引起困难，然而在私有制中这些问题可以得到避免。在古罗马，西塞罗在经济思想上的一项重要贡献是强调建立国家的基础"正义"就是保护私有财产，在历史上第一次明确提出国家具有保护土地私有财产的职能。他强调维护私有制，认为国家的正义就是以保护私有财产为主要内容的，在历史上第一次明确建立国家和政府的主要目的就在于保护个人的私有财产。他给国家的定义是"共和国是人民的财产"，人们对国家的要求是自己的财产不受侵犯。他给人民的定义是：人民"是一个许多人在共同法律下组成的联合体，并且这个联合体是为公众利益组成的。……它如此组成以便享有共同的利益"。西塞罗在经济思想史上的另一重要贡献是对古希腊自然法学说的介绍。按照西塞罗的自然法观点，所有人在财产上都是平等的。正是基于这一对私有产权肯定的观念，他对当时罗马出现的"取消债务"运动表示了反对，认为不尊重个人的财产权将会产生社会的混乱，也不公正。他强调自由的个人与自然的秩序，这是西塞罗自然法思想对经济学观念的贡献。马歇尔就这一观念对经济制度的深刻影响给予了积极的评价："我们现在的经济制度中许多好的和坏的方面都可以间接地从罗马特别是斯多葛派的影响中得到说明。一方面个人在处理自己事务方面的放任自由，另一方面不容许在法律体系所确立的权利的掩护下有任何一点粗暴，而这是确定不移的，因为它的主要原则是公平合理的。"② 熊彼特也给西塞罗自然法思想以高度的评价："自然法这一理想包含这样一个发现，即社会状况方面的事实——在最有利的情形之下唯一地——决定了事情发生的某种先后次序，即逻辑上一致的过程或状态，或者说，如果不干扰社会状态方面的事实，让它们自由发展，它们就

---

① 亚里士多德说："人们一旦认为某一事物为他自己所有，他就会感到无比的快乐；因为自爱出自天性，而非徒劳的情感，尽管自私应当受到责难。但自私并非真正的自爱，而是爱得超过了应当的限度，就像贪财者对金钱的喜爱一样；可以说，所有人都喜爱这一类东西。"参见颜一．亚里士多德选集：政治学卷［M］．北京：中国人民大学出版社，1999：39.

② 马歇尔．经济学原理：下卷［M］．陈良璧，译．北京：商务印书馆，1965：381.

会决定事情发生的某种先后次序。这是用现代术语表达自然法概念。"①

四、轻重论与增值论

中国传统经济思想的本位特性决定了中国传统经济思想关注的重点是国家在发展经济中的作用，鼓励经济放任还是统制经济的争论构成了中国传统经济思想的一条核心主线。早在两千多年前的春秋战国时期就形成了放任论与轻重论两大思想体系，西汉后进一步发展成型，贯穿于中国传统经济思想的始终。这两大思想体系之中，与国家本位特点相应，轻重论的国家统制主义一直居于中国传统经济思想的主流支配地位。中国古代关心经济问题的思想家，除孔子、孟子和司马迁这些民间学者的代表性人物之外，在朝执政者大都主张国家干预经济，把国家干预作为基本的经济政策。

先秦时期的孔子和孟子都是放任主义经济政策的提倡者。孔子心目中的经济社会是一种自由竞争经济。在这一自由竞争的经济中，政府对经济的干预应降至最低，创造条件去鼓励人民从事财富的生产。政府的职能缩小了，机构也就不必庞大，所以他主张"薄税敛"。孔子提出发展经济的原则是"惠而不费"，即鼓励老百姓去从事能够满足他们物质利益的经济活动，政府却又没有为此而花费什么成本（"因民之所利而利之，斯不亦惠而不费乎?"《论语·尧曰》）。孟子也把经济的发展看作私人的事情，主张采取鼓励民间经济发展的"富民"政策，保护其"恒产"。儒家的代表性人物虽因生活的时代特点有所不同，在经济思想方面也有所变化，但在倡导经济放任和富民思想上基本上是一脉相承的。汉儒司马迁的善因论是中国古代经济思想史上自由放任论的一面旗帜。司马迁自由主义的经济思想集中表现在他的"善者因之"（《史记·货殖列传》）的政策主张上。"善者因之"强调国家最好的经济政策是听任私人进行生产，在"不害于政，不妨百姓"的前提下鼓励他们"取与以时而息财富"（《史记·太史公自序》）。司马迁的"善因论"有其人性论的基础，他论证说，人们为了求利就会竭尽全力地从事买卖交易的经济活动，货物的价格也就会有规律地由贱变贵，又由贵变贱，从事各行各业的人们从经济活动中去谋利，社会的经济也就会自然地运转起来。基于这一"善因论"，他对汉初的"开关梁，弛山泽之禁"的政策表示赞成，认为这能使"富商大贾，周流天下，交易之物莫不通，得其所欲"（《史记·货殖列传》）。同时反对汉武帝即位后实行的剥

---

① 熊彼特. 经济分析史: 第 1 卷 [M]. 朱泱，孙鸿敬，李宏，译. 北京: 商务印书馆，1991: 173.

夺民营工商业发展的政策，认为这一政策导致汉初繁荣的经济很快衰落到几近崩溃的边缘："商贾中家以上大率破，民偷甘食好衣，不事畜藏之产业。"（《史记·平准书》）

在中国传统经济思想史中占据支配地位的是强调国家干预调节经济的轻重论。调节的方法主要有三种：一是依靠国家政权的强制力量来干预经济；二是用政策来影响人们的经济活动；三是国家直接经营工商业，通过商品货币关系来调节经济。① 以管仲为代表的秦晋法家提出了轻重论，全面论述了国家干预调控经济活动的方法。他们认为，人们的求利活动导致了社会贫富的悬殊，这不利于社会的稳定和国家政权的巩固："夫民富则不可以禄使也，贫则不可以罚威也。法令之不行，万民之不治，贫富之不齐也。"（《管子·国蓄》）轻重论把经济发展中产生的富商大贾看作一种对国家不利的势力，主张国家直接经营工商业、调控经济、抑制富商大贾的经济活动。轻重论讨论的内容是国家干预经济的原理，核心是价格理论和调控经济的政策措施。如国家运用行政手段来垄断市场，左右物价；国家对重要自然资源（如矿山）要进行垄断，实行"官山海"（国家垄断）和部分专营制度，调控物品的轻重，增加国家的收入；国家还必须采取行政手段，即"籍于号令"，和立法等手段加强对商品流通的控制，即所谓"官国轨""通于轨数"。这里的"国轨"是指国家通过调研而形成的干预计划，将国家的经济管理纳入有序的轨道。通过这些"轻重之术"既可以增加国家的财政收入，又可以实现控制经济的目标。桑弘羊可以看作运用轻重论调控经济的典范。轻重论在中国古代产生深远的影响，历代统治者都断断续续不同程度地继承和延续着轻重论的理论和政策，轻重论也成为历代理财家所利用的理论武器。轻重论的主张者都有增加国家财政的目的。

在西方以家庭为本位的经济思想中，是把什么是财富以及怎样去获取财富作为其经济思想关注的主线与核心。苏格拉底、柏拉图和亚里士多德是古希腊经济思想的代表性人物，号称"希腊三贤"。三人都有丰富的财富思想，都探讨过诸如货币、价值和商品交换与分工等经济学的核心问题。甚至"现代经济学的下面一些成分来源于希腊的思想：享乐主义计算、主观价值、递减的边际效用、效率和资源配置"②。其中，又属亚里士多德的理论最有成就。

财富的增值离不开商品的交易与贸易。亚里士多德讨论了商品的交换和贸

---

① 叶世昌. 中国传统经济思想的特点［J］. 财经研究，1985（04）：48-51.
② 埃克伦德，赫伯特. 经济理论和方法史［M］. 杨玉生，等译. 北京：中国人民大学出版社，2001：10.

易，他认为，通过交换，双方当事人的境况会变得更好。亚里士多德把交换看作社会分工的产物，强调交换是维持生活的必备条件。他提出，自然财富和非自然财富的根本区别在于前者是有限的，后者是无限的，其理论贡献是在经济思想史上第一次指出了有限和无限这两种经济形式的运动特征：一是依靠大自然的赐予以获得生活必需品（使用价值）为目的的自然经济；二是依靠经验和技术以获得价值增值为目的的商品经济。亚里士多德在这里用否定的笔调描述的其实正是人类经济史的发展逻辑：自然经济必然向商品经济转变，从以使用价值为目的的小商品经济必然向以价值增值为目的的大商品经济转变。在如何获取财富的方法上，亚里士多德论述了正确的预期和"垄断"是"生财之道"的有效方法。

西方古代经济思想家在讨论财富"增值"的过程时还讨论了商品的使用价值和交换价值。亚里士多德明确提出，所有货物都有两种用途：一是货物本身所具有的能满足人的自然需要；二是可以用来交换其他物品和货币。就像一双鞋，你可以穿，也可以用来交易。其他一切财物的情况也都是如此，可以自己使用和兼易货之用。这就涉及了商品的使用价值和交换价值。亚里士多德还是效用价值论的早期提出者，他强调日常有用的东西胜过不常用的东西。在《优台谟伦理学》一文中，亚里士多德对效用的含义做了如下的论述："每物的效用是它的目的，所以由此可见，效用比品质更好……效用有两层含义。因为有些东西在使用之外有某种另外的效用，例如，建筑的效用有房屋，而不是建筑行为，医生的效用有健康，而不是康复或医治行为；但有些东西的效用就是使用，例如，视力的效用就是看，数学知识的效用就是思考。所以必然地，这些东西的效用就是使用它们，使用比品质更有价值。"[1] 亚里士多德还意识到了稀缺与价值的关系，认为"稀少的东西比丰裕的东西具有更大的好处。这样，黄金是比铁更好的东西，即使它的用途较少，它难以得到，因此得到它更有所值"[2]。对于价值的交换，亚里士多德之前的柏拉图曾涉及这一问题，提出"不要提高价格而是应索取其所值"[3]。但对于"索取其所值"这一等价交换的具体内涵柏拉图没有说明。亚里士多德在《尼各马可伦理学》中讲到公平这一道德范畴时明确提出了等价交换的原则，即两物交换，交易必得其平。在《伦理学》中，

---

① 亚里士多德. 亚里士多德全集：第8卷 [M]. 苗力田，译. 北京：中国人民大学出版社，1992：335-356.
② 亚里士多德. 格言 [M] //埃克伦德，赫伯特. 经济理论和方法史. 杨玉生，等译. 北京：中国人民大学出版社，2001：16.
③ 柏拉图. 法律篇 [M]. 张智仁，何勤华，译. 上海：上海人民出版社，2001：308.

亚里士多德又提出这一等价交换的内涵就是交换的双方都没有盈余或损失。他认为一个人的制作品可以比另一个人的制作品更好。两者要实现交换，就应该使这些东西对等。没有等同性，就没有交换。这种交换的同一性标准是什么？亚里士多德认为是交换双方彼此相互的需要以及同类或相等："如若人们什么也不需要，或者没有同一的需要，也就没有交换或同一的交换。"① 也就是说，交换的原则应以事物的等价平等为基础。价值是用价格来衡量的，价格不论是超过物品的价值还是相反都不符合等价平等的公平原则。亚里士多德在这里所提出的交换需要寻找不均等事物之间的合适比例，如先考虑不同生产者如营造师和鞋匠间各得其利的公正问题，再考虑若干鞋子交换若干房屋的问题，使当事人利益大致相等，这样既考虑了公正，又考虑了价格，这些观点构成了中世纪有着巨大影响的"公平价格"的理论基础。文艺复兴之后，人们对世俗利益的追求取代了中世纪对上帝的奉献和对来世的寄托，人们对财富的思考以及对财富的追求直接催生了资本主义的发展和重商主义、重农学派乃至亚当·斯密古典经济学。在斯密看来，economy 就是追求财富的活动，就是研究什么是财富、怎样才能获得财富的科学。

五、伦理文化与宗教文化

中国传统文化的特点强调"天人合一"。按照这一理论思维，人与自然、社会是一个和谐的统一体，人与万物彼此相连，天地万物融为一体，一切学问的最高意境就在于"究天人之际"，求"万物并育而不相害"（《中庸》）的"道"。《易经·系辞上》强调"天生神物，圣人则之，天地变化，圣人效之"，圣人之所以为圣人，就在于要观察天地万物变化的规则，并使这种规则成为人们道德行为的规范，使得人与天地"道并行而不相悖"。《诗经·烝民》中也强调"天生烝民，有物有则"，强调人、物为天地所生，要与天地合一，按照天地的法则去立身行事。依天人合一论，天人贯通，人道衍于天道，人性的道德礼仪来自天道，人按道德礼仪行事，就可以与天地相合，"可以赞天地之化育，则可以与天地参矣"（《中庸》）。天人合一的理论思维构成了中国传统文化的基础，天人非异，性道合一，如此一来，传统儒家所提倡的礼仪道德就具有了一种宇宙本体论的依据。

天人合一的理论思维使中国传统经济思想具有浓厚的伦理属性。中国传统

---

① 亚里士多德. 亚里士多德全集：第 8 卷 [M]. 苗力田，译. 北京：中国人民大学出版社，1992：105.

经济思想产生于一个以小农经济和宗法关系为基础的大一统的国家内，儒家思想因适应了这一宗法制社会基础的需要从而成为中国传统社会的主流意识形态，得到了历代统治者的推崇。自汉武帝"罢黜百家，独尊儒术"后，儒家学说成为治理国家的意识形态，在这一意识形态的指导下，经济活动从属政治秩序和伦理规范的思想被强化。中国传统的经济思想最终的价值取向不是人的欲望、需要，而是治国平天下的政治道德秩序。中国古代经济思想中对一项经济政策和经济观念的评价往往不是从其可行性的技术分析出发，而是强调要从道德价值的评价出发去研究经济问题。儒家认为，义与利相比较而言是义重于利，道德价值高于物质利益，强调"以义统利""见利思义"（《论语·宪问》），用孟子的话说就是："非其义也，非其道也，一介不以与人，一介不以取诸人。"（《孟子·万章上》）汉以后的儒者继承了先秦儒家的这些义利观念，如董仲舒明确提出要"正其谊不谋其利，明其道不计其功"（《汉书·董仲舒传》）。在这一意识形态的影响下，人们往往把对经济利益的追求和经济活动的"利"与维护社会等级秩序的"义"结合起来，强调把物质财富及人们为追求物质财富所从事的经济活动与伦理规范统一起来，用"义"规范对"利"的追求，由此形成了中国传统经济思想中的"贵义贱利"说。"贵义贱利"不是不要利，而是强调要用义来统利，把人们对私利的追求规范在合乎社会道德规范的范围之内。在中国古代经济思想中的一切经济政策和制度设计，也都体现了这一特点。如安插流民、募民屯耕、体恤民众生计、爱民如子等，都是因为人皆有不忍人之心，仁者爱人之政；主张抑末、困辱私商、严禁奢侈品生产和消费等，也是出于担心破坏社会纯朴、敦厚的道德风气的考虑；财富分配观上提倡均平、抑兼并等，也是因担心财富收入差距过大，人心失衡，会破坏了社会的政治道德秩序。从西周的井田制到孟子提出的"制民之产"，都主张先要保证人民的物质生活，使之"仰足以事父母，俯足以畜妻子"，然后要施之于"谨庠序之教，申之以孝悌之义"（《孟子·梁惠王上》），明显是把经济制度的设计与推进礼仪道德的建设相结合。中国古代经济思想中所提倡的"不违农时""薄赋敛""抑兼并"和"募民屯耕"等经济政策也都是为了体现"仁者爱人"的道德原则。所谓"重本抑末""黜奢尚朴"，其中也都有维持社会风气纯朴道德规范的考虑。

西方则呈现为另一种状况。古希腊人对城邦神的信仰几乎达到了痴迷的地步，中世纪基督教神学更是占据了社会的统治地位，这导致西方传统的经济思想有着浓厚的宗教文化属性。古希腊人的经济思想本身就是与城邦神话联系在一起的，荷马、赫西俄德都把城邦神视为人的社会规范的终极来源，违反了神的旨意是苦难和贫穷的根源。赫西俄德将经济匮乏的原因除归结为神的惩罚，还归结为人德行的堕落，提出正义是人类的美德，合乎正义者理应得到荣华富贵。为了摆脱贫困，荷马祈求于神的帮助。古希腊的思想家不论是色诺芬、柏拉图还是亚里士多德，也都是从神的旨意出发讨论社会的职业分工问题，强调自由人的人生目的是培养神所赋予的善德与追求正义。他们都强调追求财富要合乎公正原则，这一公正的原则就源于神。在《理想国》中，柏拉图明确指出，众人都是神创造的，"彼此都是兄弟"①。柏拉图对神是歌颂的，"在一切创造出来的东西中，世界是最美好的，而在一切原因中，神是最好的"②。以至于西方学者认为，"自几个世纪后开始出现的统治西方的基督教神学，内在本质不过是柏拉图清教理论的延伸罢了"③。马克思也持相同的看法："说基督教里有柏拉图的成分比说柏拉图那里有基督教的成分要正确得多，更何况古代的教父如奥利金和伊里奈乌斯，在历史上部分地是以柏拉图哲学为根据的。"④ 古希腊罗马晚期和中世纪时期，基督教教父思想家奥古斯丁明确宣称财富是上帝的礼物，是一种善。中世纪时代的经济思想则具有基督教神学的特点。如阿奎那的整个学说可以说是披着宗教神学的外衣来为维护僧侣和世俗封建主的利益辩护的，其经济思想代表了西欧封建兴盛时期正统教会的封建主观念和利益。阿奎那的财富观对之后的路德宗教改革有重要的影响，并为路德创造的新教继承，为世俗的牟利活动打开了一扇大门。路德主张用"基督的爱"以及人的"理性良心"来指导经济活动，强调作为基督徒应乐于助人，商人的利润应该合理，主张唯有劳动才是获利的正当手段。加尔文的新教教义在继承路德的"因信称义"理论基础上又复活了奥古斯丁的预定论学说。加尔文认为，基督受死以行救赎不是为全体世人，而是只为上帝预先拣选的人，个人的命运已被预先决定，教会、教皇、教规和圣事等都无法改变。一个人要想获得拯救只有依靠自己的力量奋斗。但如何才能知道自己是上帝的选民？这只有依靠客观的效果来加以证实，这种客观性来自两方面：一是天职观，一是禁欲观。加尔文认为，一个被上帝拣选的人其内心必定充满了对上帝的信仰，他在日常工作中也必定表现出勤奋节俭的美德。新教徒努力工作不仅是为了获得拯救，也是为了"荣耀上

① 柏拉图.理想国 [M].郭斌和，张竹明，译.北京：商务印书馆，2002：128.
② 北京大学哲学系外国哲学史教研室.古希腊罗马哲学 [M].北京：生活·读书·新知三联书店，1957：208.
③ 摩尔.柏拉图十讲 [M].苏隆，译.北京：中国言实出版社，2003：31.
④ 中共中央马克思恩格斯列宁斯大林著作编译局.马克思恩格斯全集：第40卷 [M].北京：人民出版社，1982：141.

帝", 他将这个观念称为"天职观"。人类的活动、人类的职业之所以是神圣的, 就在于响应了上帝的召唤, 上帝召唤即"天职"。从这一天职观来看, 衡量一个选民是否得救的一个重要标志就是看其世俗的职业是否成功, 是否在世俗职业的成功中实现了"荣耀上帝"。在这里, 加尔文强调, 人的生命历程就是响应上帝召唤的过程, 一个人尽天职, 就是对神的召唤的回应。神的召唤是选民的标志, 为了证明自己是选民, 每个信徒都应该有信心、有恒心, 去通过天职, 通过争取和利用上帝给予的每一次获利机会, 以世俗事业的成果来"荣耀上帝"并证明自己是上帝的选民。如此一来, 加尔文一方面论证了世俗工作的神圣性, 另一方面也承认了经济生活变化的现实。从"天职观"中不仅产生了为上帝的荣耀而非自身利益的个人奋斗精神, 还形成了一种有意义的禁欲主义。从这一"禁欲观"来看, 人要想成为选民, 就必须摆脱各种非理性的感官冲动, 去过一种简朴的理性生活, 并且在生活中要严于律己、深刻反省, 反对浪费和奢华。这一禁欲观有助于完成资本的积累。"天职观"和"禁欲观"在经济思想上的重大意义在于把世俗的东西神圣化了, 如把人们的世俗生活和赚钱神圣化了, 它从神学上证明了世俗经营事业的合理性。马克斯·韦伯正是从这里发现了"资本主义精神"的起源, 认为新教伦理既是一种"荣耀上帝"的天职观, 又是一种理性而有系统地追求利润的态度, 是推动理性资本主义发展的最有力的精神杠杆。

六、历史成因

从文化发生学的角度看, 中西方传统经济思想特点的不同根源于中西方文明起源时所面临的地理环境与社会经济形态的不同。中西方社会经济形态的发展在其初始阶段就面临着完全不同的地理环境, 这对中西方的经济生活方式有重要的影响, 也决定了中西方文明的基调。古希腊临海多山, 在这不大的一个地区中, 群山及孤岛把希腊半岛分成若干小块的土地, 找不到类似东方大河流那样的沃野, 农业不可能像古代中国那样发达, 每一个地区都很容易形成一种相对独立的生活环境, 不少地区彼此闭塞。小亚细亚半岛西岸和爱琴海各岛的情况与希腊半岛基本相同。在这样的地理环境中要想建立领土广大的帝国是不可能的, 与这一地理环境相适宜的只能是城邦式的小国。由于多山、夏季少雨, 可耕地面积受到很大限制, 粮食往往不能自足, 必然从黑海沿岸和埃及等地输入, 因此强调对外贸易和交流, 也就造成了古希腊商业文明的繁荣。经过梭伦改革到伯里克利时代, 雅典已经成为一个典型的工商业城邦。古代的中华文明发源于黄河流域, 黄河文明对水利灌溉和控制洪水的需要极易产生威权式的领袖人物。在治水行动中, 中央集权体制逐步取代分散的氏族部落体制已成历史的必然趋势。中原地区的平原广大开阔，军事征服相对容易，也导致酋邦部落的兴起。当酋邦部落转向国家后，便在政体上发展出人类最早的集权主义的政治模式。华夏政治与古希腊相比的主要不同之处就在于政治权威的树立和不断强化。

马克思也注意到了东西方地理环境对东西方社会经济发展的影响，他把东方的社会政治形态概括为"亚细亚"形态来与西方的社会形态相比较。他提出亚细亚生产方式是东方历史中一种特殊的生产方式，具体特征表现为：在亚细亚生产方式下，国家的产生与西方有所不同，国家并非阶级矛盾不可调和的产物，而是作为一个管理者顺应社会需要而诞生的。在亚细亚生产方式下，东方国家普遍具有专制主义特色。他说："在东方，由于文明程度太低，幅员太大，不能产生自愿的联合，因而需要中央集权的政府进行干预。所以亚洲的一切政府都不能不执行一种经济职能，即举办公共工程的职能。"① 恩格斯在谈到东方专制职能时也指出："政治统治到处都是以执行某种社会职能为基础，而且政治统治只有在它执行了它的这种社会职能时才能持续下去。不管……专制政府有多少，它们中间每一个都十分清楚地知道自己首先是河谷灌溉的总的经营者。在那里，如果没有灌溉，农业是不可能进行的。"② 治水促成了强大的中央集权政府的出现，以集权君主为代表的政治权威享有极大的权力。中国在春秋战国时期的社会变革中开始突破了亚细亚生产方式，但中央集权的政治传统保留了下来。王亚南在论述这一影响时指出："我国的地主经济封建制在政治上表现为中央集权的专制主义，在经济上表现为土地得在一定限度内自由买卖，直接生产者——农奴得在一定限度内自由移动，但农工结合的村庄组织和族姓关系仍成为经济的社会基础。这些形式和构成因素，不显然和亚细亚生产方式的诸特征保持有一定程度的关联吗？……秦代完成的政治法律的改制，是在商鞅的社会经济变革的基础上进行的。这样性质的政治经济的'革新'，显然是由君主及其官僚，为了扩大领土巩固政权而结合当时实际情况创制出来的，专制主义就是他们的'生命'。"③ 顾准曾比较古希腊与中国先秦的社会制度传统，发现中国先秦时期走的是一条东方专制主义道路，古希腊走的是一条城邦民主化道路，两者的治理方式完全不同。人类发展的两条道路从公元前六七世纪的文明起源

---

① 中共中央马克思恩格斯列宁斯大林著作编译局.马克思恩格斯全集：第9卷［M］.北京：人民出版社，1961：145.

② 恩格斯.反杜林论［M］.北京：人民出版社，1999：177.

③ 夏明方，杨双利.中国近代思想家文库：王亚南卷［M］.北京：中国人民大学出版社，2015：236.

阶段就开启了不同的发展方向。中西方传统经济思想的特点的不同，就是历史上社会经济结构不同的反映。①

七、结论

总之，在长期的历史演化过程中，中西方经济思想都与自身社会文化高度契合，逐渐内化成各自民族的"文化基因"，对两者不同的经济发展模式产生了深远影响。理解中西方经济思想特点的不同与成因，对于我们厘清经济思想与经济发展模式的内在关联，加深对中西方不同社会体制、经济形态与发展道路差异的认识有重要意义。总体而言，中西方传统经济思想的不同表现在四方面：在研究本位上，中国传统经济思想强调国家本位，西方传统经济思想强调家庭本位；在研究重点上，中国传统经济思想强调抑兼并，西方传统经济思想强调对私有产权的保护；在研究内容上，中国传统思想集中于经济的国家统制，并以国家干预思潮占主导，西方传统经济思想则关注什么是财富以及怎样去获取财富；在文化属性上，中国传统经济思想具有十分浓厚的伦理道德色彩，西方传统经济思想则多带有宗教文化的色彩。这些鲜明的差异深深根植于中西方文明起源时所面临的不同地理环境与社会经济形态，中国得天独厚的自然条件带来了农业经济的高度发达，希腊贫瘠的土地则迫使城邦大力发展商品经济，不同的社会经济形态又进一步导致了思想与制度的不同。因而，中西方传统经济思想的差异从本质来说体现了不同地理环境下演化形成的两种不同类型的社会经济形态间的差异。

（原载《学术月刊》2019 年第 2 期）

---

① 对此问题进一步详细深入的分析讨论，作者有另文论之。

先秦与古希腊经济思想的比较

先秦和古希腊时期都处于卡尔·西奥多·雅斯贝尔斯（Karl Theodor Jaspers）所说的人类文明的轴心时代，无论从发生的时间、达到的规模、繁荣的程度以及对其后世文化发展的影响来看，都有十分重要的相似之处，这种相似之处在世界文明的发展史上可以说是绝无仅有的，堪称世界文明史园圃中遥遥相对而相映生辉的两朵奇葩。但先秦和古希腊文明又都是在相隔甚远的不同地理环境中产生、发展起来的，它们相互之间的差异也与这种地理距离在当时社会发展水平中所导致的双方交往的困难相关。摩尔根在其《古代社会》中提出了一个颇有启发性的观点，他认为在人类早期的文明发展中，愈是早先阶段的文化，地理环境的意义及影响就愈大。这是因为，文化发生得愈早愈同人类的基本欲望直接相关。比较这两大文明在经济思想上的异同，有助于我们加深对中西方经济思想发展规律与特征的认识。

一、先秦与古希腊拥有相近的文明与经济思想

先秦和古希腊文明在产生的时间上极为相近。先秦文明开始于公元前 11 世纪西周王朝的建立，鼎盛于春秋战国阶段，如果以老子和孔子这两位思想家为起点，则先秦诸子百家的主要活动时期是在公元前 6 世纪至公元前 3 世纪的 300 年；古希腊文明则开始于公元前 12 世纪至公元前 2 世纪中期，古希腊学派中从最初以泰勒斯为代表的米利都学派到最后一个希腊化时期以芝诺为代表的斯多葛学派，也经历了大约 300 年时间。这一时期的先秦处于社会大变革期，诸侯林立、战争频仍、大国争霸、新旧交替；而古希腊则处于城邦时期，其中最主要的两个城邦是雅典和斯巴达，城邦之间也相互发生兼并战争。从社会形态来说，先秦处于由奴隶制向地主经济转型期，古希腊则由梭伦开始，到克利斯梯尼基本完成了由氏族社会向城邦民主制社会的转变。

先秦和古希腊作为各自历史上的一个文明高峰，都达到了相近的规模和水平。就先秦而言，这一时期形成了儒、道、墨、法、农、兵等几家学派，涌现

出了诸如孔子、孟子、荀子、老子、庄子、墨子、管子、韩非子等思想家，可谓群星闪烁；古希腊也相继产生了米利都、毕达哥拉斯、爱利亚、智者、犬儒、斯多葛等学派，同样是思想家云集，出现了苏格拉底、色诺芬、柏拉图、亚里士多德等许多思想家，这些思想家不仅自身知识渊博，而且还办学授徒，如苏格拉底、柏拉图和亚里士多德等均在雅典讲学，弟子众多。与此同时，先秦时期的孔子开中国古代办私学之先河，之后墨子、孟子等也都相继招生办学，传播自己的思想。据传，孔子有弟子三千，贤人七十有二。孔子和苏格拉底个人经历也十分类似，如两人都开创了私人讲学的风气，宣传自己思想的主张，他们的思想主张都对后世产生重要的影响，都成为世界人类文化史上重要的理论遗产。先秦思想家和古希腊思想家形成众多学派，各学派之间自由讲学、自由辩论、自由探讨，形成了人类文明史上一个重要的轴心时代。在古希腊，以苏格拉底为首的"希腊三贤"，影响最大；在中国先秦，则以孔子为代表的儒家学派规模最大，影响最深。论规模，古希腊学派流行的结果使得原是运动场的阿卡得米成了柏拉图讲坛的所在地，阿波罗神庙附近的吕克昂成了亚里士多德所领导的学派中心；与此相应，先秦时的稷下学宫也成了各派学者聚集在一起进行学术活动的中心，兴盛时竟有"数百千人"（《史记·田敬仲完世家》）之多。

先秦和古希腊时期，东西方都产生了许多不朽的经典文献。在先秦有《诗经》和《离骚》等诗篇，在古希腊有《荷马史诗》，它们分别是中西方最早的文艺作品，同时也都包含丰富的经济思想，可视作中西方经济思想的发轫。随后，古希腊出现了诸如柏拉图的《理想国》，亚里士多德的《政治学》《伦理学》；中国先秦则出现了《论语》《老子》《孟子》《墨子》《荀子》等著作，这些著作虽然不是专门讨论经济问题的论著，但包含经济问题。这一时期学科分类还没有出现，对经济问题的讨论大多是与哲学、政治问题等结合在一起进行的。值得注意的是，开始出现了专门讨论经济问题的篇章，如古希腊色诺芬的《经济论》，先秦的《荀子·富国篇》等，说明中西方对经济问题的思考都已经出现了专业化的趋势。

古希腊和先秦时期所产生的文明都对后代思想文化的发展有极具相似性的影响，他们的思想观点无论在理论上还是实践上，都对此后的欧洲乃至西方文明、中华文化乃至整个东方文明的发展产生了不可替代的重要影响。希腊文化是整个欧洲乃至西方文化的源头。文艺复兴时期反对基督教的思想武器主要就是古希腊文化。在黑格尔四卷本的《哲学史讲演录》中，古希腊思想就占去了两卷之多，在罗素的《西方哲学史》上下两卷中，古希腊部分也占去了其中大半卷的篇幅，近现代的思想家们在描述某一学科的发展时无不是从古希腊文化讲起的。20世纪初，美国著名学者威尔·杜兰特（Will Durant）在其《世界文明史·希腊的黄金时代》序文中这样写道："在我们的文化中，除机械外，几乎没有一样现世的事物不是从希腊流传下来的。……希腊的文明无一不是我们今日文明的缩影。"① 先秦时期所产生的文明对中国乃至东方后世的影响也同样如此。恩格斯这样评论古希腊的思想家对人类文明的贡献："由于希腊人有时也涉猎于这一领域，所以他们也和其他一切领域一样，表现出同样的天才和创见。"② 恩格斯的评价也同样适用于中国先秦思想家对人类文明史的贡献。如同古希腊文明对欧洲乃至西方文明的影响一样，先秦文明的影响也超出了中国的范围，辐射到日本、朝鲜以及东南亚大部分国家和地区。

先秦与古希腊因所处的历史时期相同，均处于人类文明的初始发展阶段，所以，在经济思想上，双方也有着许多相同之处，这正如马克思所概括的那样："这只是因为一定的现象，如商品生产、贸易、货币、生息资本等，是两个社会共有的。……所以他们的见解就历史地成为现代科学的理论的出发点。"③ 例如，在先秦和古希腊，经济学都没能成为一门独立的学科，都重视农业生产，都对工商业的发展有着一定的探讨，都产生商品交换、货币、市场和价格等经济思想或观念，在关于财富的观念、伦理的财富观和理想社会等方面表现出诸多的相似之处。

人类一旦进入文明社会，就会碰到如何衡量财产的问题，财富的观念也就必然在人的头脑中产生了。在古希腊，财富的观念最先见于公元前12世纪的《荷马史诗》中，在其中已经有了关于田园、农具、家畜等物质财富和奴隶的描述。色诺芬将通过农业获取财富视作体面的方法，把通过货币增值获取财富视作不体面的方法。柏拉图将财富分成三等：第一等是精神财富，如知识及美德；第二等是肉体财富，如健康；第三等才是物质财富。亚里士多德进一步继承了色诺芬的观点，把财富细分成两类：真正的财富和积蓄财富。所谓真正的财富，是指人们为了满足其善良生活所需要的物质商品的使用价值。所谓积蓄财富，是指货币，他是最早把货币看作财富的人，并论证了商品在交换发展过程中对

① 杜兰.世界文明史：希腊的黄金时代［M］.幼狮翻译中心，编译.台北：幼狮文化事业公司，1986：3-4.
② 中共中央马克思恩格斯列宁斯大林著作编译局.马克思恩格斯全集：第20卷［M］.北京：人民出版社，1971：250.
③ 中共中央马克思恩格斯列宁斯大林著作编译局.马克思恩格斯全集：第20卷［M］.北京：人民出版社，1971：250.

于一种本身就有价值的实体给予货币性质的必要性。他认为，人们为了获取财富可以运用各种方式，如可以从大自然通过农、牧、渔、猎等劳动获取财富，也可以通过商品交换和货币交换获取财富。马克思评价亚里士多德是最早分析价值形态的人。[①] 在我国先秦时期，对财富的认识与古希腊相近，并已有了劳动创造财富的模糊认识，如《尚书·盘庚上》记载盘庚的话："若农服田力穑，乃亦有秋……惰农自安，不惜作劳，不服田亩，越其罔有黍稷。"类似的说法还有《管子·八观》篇的"民非作力毋以致财"和《管子·小问》篇的"力地而动于时，则国必富矣"。将货币也视为财富的记载最早见于《史记·殷本纪》，武王灭殷之后曾"散鹿台之钱"，之后的单旗对货币的职能也多有论述，相对而言要早于古希腊时期。

在财富的伦理观即义利的关系上，先秦和古希腊的思想家都有许多相近的观点。柏拉图认为，获取财富不是目的而是手段，财富应来自德行，财富的价值就存在于所有者的德行之中。在《伊里克霞》这一篇以谈论财富问题为主的对话作品中，柏拉图肯定合理占有财富是善，过度占有财富是恶。亚里士多德还提出了人类活动的目的在于收获幸福，所谓财富就是人们为满足其善良生活所需要的使用价值，是达到幸福目的的物质手段。亚里士多德认为，获取财富要使用正当的手段，如通过劳动从大自然获取财富，他称之为"自然的获取财富之术"或"必要的获取财富之术"，否则就是不正当的，不合乎正义的。亚里士多德还专门写有《伦理学》一书，从公平的角度分析商品交换的过程和价值。总之，古希腊的思想家要求人们不从利益而从善、正义、伦理出发去处理经济问题，将人们的经济追求规范在有限的伦理道德范围内，强调德行高于财富、德行统率财富，反对德行屈从于财富而造成堕落。与古希腊相近，先秦时期许多思想家也都探讨过财富的伦理问题，其中尤以儒家为甚。西周时期，芮良夫已开始把财富的获取同伦理观念结合起来。春秋后期，晋大夫丕郑和里克明确提出了"义以生利，利以丰民""夫义者利之足也……废义则利不立"（《国语·晋语》）的命题，"义"成了获取财富的伦理标准。孔子进一步提出了"以义制利"的观念，强调财富的获得必须有伦理上的社会认可，即必须"义以为上""取之有道"："富与贵，是人之所欲也，不以其道得之，不处也；贫与贱，是人之所恶也，不以其道得之，不去也"（《论语·里仁》）；"不义而富且贵，于我如浮云"（《论语·述而》），孔子强调财富的获取必须受到伦理规范

---

① 中共中央马克思恩格斯列宁斯大林著作编译局. 马克思恩格斯全集：第 23 卷 [M]. 北京：人民出版社，1972：74.

的约束，否则就是"恶毒"，不应去追求。《大学》篇发挥孔子的思想，强调"德者，本也；财者，末也"。孟子在上述论述的基础上，提出在伦理规范的"义"和物质财富的"利"发生矛盾和冲突时要坚持以"义"为先的权衡取舍原则："何必曰利，亦有仁义而已矣。"（《孟子·梁惠王上》）

古希腊和先秦的思想家也都有十分相似的"理想社会"设计。古希腊自公元前 6 世纪以来就出现了财产和妻女共有的社会观念，如古希腊的戏剧作家阿里斯托芬在其喜剧《公民大会妇女》中就曾讽刺了当时流行的财产共有、妻女共有的极乐净土，柏拉图继承了这一社会理想，发表了他的《理想国》名著。西方的学者们在谈到柏拉图的《理想国》时往往称柏拉图为"共产主义之父"。在柏拉图的"理想国"里，以道德伦理为基础构建起了一个社会管理的机构，即道德理念的体现者哲学家为社会管理的核心，依次把社会的公民分成三个层次：首先是最高阶层，体现道德智慧或理性的哲学家，构成了国家立法和行政权力的支配阶层；其次是武士阶层，又称守护者；再次是农民、工匠和商人等。

在"理想国"里有两个鲜明的特点：一是财产公有；二是废除家庭实行共妻。为什么财产公有？柏拉图说得非常明确：当今的执政者，皆以谋利之故而置人民利益于不顾，为约束他们必须实现财产公有。柏拉图把财产公有制看作他的"理想国"能够长存的根本和基石。柏拉图认为，在财产公有的基础上实行男女共同劳动和接受共同教育，也只有这样，才能保持统治者人性的纯粹性和理想国中各等级地位的稳定性。因为他们一切公有，只有一身，别无他物，这就使他们之间不会发生纠纷了。因为人们之间的纠纷都是由财产、儿女和亲属的私有造成的。柏拉图坚信，金钱乃万恶之源，没有了家庭，取消了私有财产，他们如入极乐世界，生活得比最幸福的奥林匹克冠军还要幸福。一旦获得了这种幸福，卫国者就不会再怀恋家庭生活，不会受制于一些愚蠢幼稚的快乐观念，从而像损公肥私、损人利己这些腐败行为也不会发生。柏拉图坚信，消灭家庭和私有制才能最终消弭争端，这是建立理智国家实现正义与善必须走的一步。柏拉图在晚年因历经了屡屡失败的政治实践，他坦诚"理想国"很难实现，便在《法律篇》中又提出了"次优"的国家理念。根据抽签将土地和房屋的使用权分配给全体公民，由他们各自进行耕种，同时向公民提供足够数量的奴隶。治理国家不专靠伦理道德而以最善的法律来代替，法律规定的经济任务是追求静止的社会状态，追求简单再生产而不是扩大再生产。公民依据财产的多寡分为四个等级，如果有人发财或变穷，就转入相应的等级。法律禁止任何个人拥有金银，只能拥有日常交换的货币。

与古希腊同时代的先秦也有共同的社会理想。早在《诗经》中就有了"乐土""乐国"的社会理想，诗人们向往一种没有剥削和人人平等的理想社会。儒家经典《礼记·礼运》中提出了"大同"的社会理想："大道之行也，天下为公，选贤与能，讲信修睦。故人不独亲其亲，不独子其子，使老有所终，壮有所用，幼有所长，矜、寡、孤、独、废疾者皆有所养。男有分，女有归。货恶其弃于地也，不必藏于己；力恶其不出于其身也，不必为己。是故谋闭而不兴，盗窃乱贼而不作，故外户而不闭，是谓大同。"儒家的"大同"社会有如下几个特点：一是政治上讲信修睦，选贤与能；二是提倡货不必藏于己、力不必为己的"天下为公"精神；三是实现老有所终，壮有所用，幼有所长，鳏、寡、孤、独、废疾者皆有所养的社会保障，提倡人与人之间不独亲其亲、不独子其子的互助合作关系；四是社会道德文明高度发达，以至于可以做到谋闭而不兴、盗窃乱贼而不作、外户而不闭。与柏拉图一样，儒家先贤也同样意识到"大同"社会很难实现，便退守次之，提出了一个类似于"次优"国的替代方案——小康社会。小康社会"各亲其亲，各子其子，货力为己"，是一个有阶级、有君臣、有等级、有战争的社会，在这一社会里以礼义治天下，"礼义以为纪，以正君臣，以笃父子，以睦兄弟，以和夫妇，以设制度，以立田里，以贤勇知，以功为己。故谋用是作，而兵由此起"。（《礼记·礼运》）"小康"社会是儒家提倡的现实社会理想的具体写照，儒家所提倡的"大同"社会理想现在看来也是难以实现的"乌托邦"，但"天下为公"的"大同"社会毕竟为人类社会的未来发展描绘了一幅最理想的画面，它与古希腊"理想国"相比不但不逊色，甚至还要更胜一筹，比如，"大同"社会是"男有分，女有归"，把男女共享家庭幸福作为大同社会的内容，相较柏拉图的"理想国"的"共妻制"要更合乎理性、更富有人情味。

二、先秦与古希腊经济思想的歧义

马克思强调，一定的经济基础产生一定的经济思想，但"由于无数不同的经验的事实、自然条件、种族关系、各种从外部发生作用的历史影响等，而在现象上显示出无穷无尽的变异和程度差别"①。古希腊和先秦时期虽然处于大致相同的历史时期，但东西方文明的隔绝和不同的地理条件，导致古希腊和先秦社会在相互隔绝的状态中向着不同的社会形态发展演变，这也就必然导致了古希腊与先秦的经济思想在研究内容和理论观念上又有许多的不同。

---

① 中共中央马克思恩格斯列宁斯大林著作编译局. 马克思恩格斯全集：第 26 卷［M］. 北京：人民出版社，1974：892.

古希腊人早期的经济思想是与神话紧密联系在一起的，神话既是古希腊人说明过去的一种独特形式，也是现在和未来必须无条件遵守的有约束力的规范和准则的本原。违反了神的旨意就是苦难和贫穷的根源。在对待劳动的态度上，古希腊的思想家多采取一种鄙视的态度，即便是色诺芬、柏拉图和亚里士多德也都经常在自己的著作中将手工业劳动称为"粗俗的技艺""下等的技艺"或"卑陋的行为"，柏拉图还把统治者比喻为由贵金属和金银铸成，把被统治者比喻为由贱金属铸成，还引"铜铁（铜、铁分别比喻手工业者和农民）当道，国破家亡"的神谕来论证农民和手工业者不具备统治者（哲学王）和辅助者（战士）的天赋。古希腊的思想家从神的旨意出发，认为手工技艺是一种不利于人身心健康的职业，他们强调一个自由人的人生目的是培养神所赋予的善德和追求正义，而手工业劳动旨在贪图物质利益。我国先秦则不然，中国文化自《周易》以来就形成了"天人合一"的人文主义传统，先秦思想家们并没有将人的财富归结为"神"的赐予，而是归结为人工作的辛劳和努力。到了春秋时期，孔子对于大禹能够"躬稼"和"尽力乎沟洫"表示了高度的赞美。墨家则高度肯定劳动，认为人和动物的区别就在于人能进行劳动，他说："今人固与禽兽、麋鹿、蜚鸟、贞虫异者也。……赖其力者生，不赖其力者不生。"（《墨子·非乐上》）恩格斯说："动物仅仅利用外部自然界简单地通过自身的存在在自然界中引起变化，而人则通过他所做出的改变来使自然界为自己的目的服务，来支配自然界。"① 墨子关于劳动的思想与恩格斯的上述思想有一定的相通之处，这十分难能可贵。

从文化发生学的角度看，先秦文明是在大陆地理环境与农业社会中产生、发展起来的，古希腊、罗马文明则是在海洋岛国与商业较为发达的社会中产生、发展起来的，其经济形态是奴隶制经济，农业劳动者是奴隶。而在春秋战国时期，中国社会已处于封建领主制经济向地主制经济的转化时期，因此，在孔子、老子、孟子、墨子等思想家的著作中是看不到诸如色诺芬、柏拉图、西塞罗、瓦罗等思想家那样关于奴隶的论述的。古希腊时期，在经济形态上由于商业文明占据比较重要的地位，对外贸易和商业交换的发展摒弃了旧的氏族血缘关系纽带，使古希腊的社会形态建立起了以地域为划分标志的城邦社会，城邦内实行公民法制。而在中国古代的先秦时期，特殊的地理环境导致了从西周到春秋战国时期的经济形态以农耕经济为主，社会形态上则建立起了以血缘关系为基

---

① 中共中央马克思恩格斯列宁斯大林著作编译局．马克思恩格斯选集：第4卷［M］．北京：人民出版社，1995：383.

础的宗法制度，形成了家国同构的集权专制的社会形态。这两种文明的不同，可以说是具有农业自然经济与城邦商品经济两种不同的社会经济形态的差异。这一东西方社会形态的不同对经济思想的影响表现为在国家的经济政策和起源上双方不同的认识。先秦思想家多强调鼓励耕战，发展经济，主张实施以农为本的强国政策，如法家更主张重农抑商，从商鞅开始，"抑商"已成为封建国家的一项重要政策，抑商的思想和政策对工商业的发展产生了很大的消极影响；古希腊思想家们则强调对外贸易的商品经济的交换，强调重农而不抑商，有的虽有一些轻视工商业的论述，但并没有形成实际的经济政策而使工商业的发展受到很大的影响，这导致古希腊思想家在社会分工、交换和价值理论方面要较先秦思想家的认识更为深刻。

在国家的起源上，古希腊的思想家多认为国家起源于经济生活的需要，凸显了商业繁荣社会的特点。他们认为，国家是基于人类的需要而出现的，没有一个人能自给自足，我们均有许多欲望。既然我们有许多欲望，就需要许多人的供给来加以满足，一个人是这一目的的赞助者，另一个是另一目的的赞助者，这些当事者和赞助者集聚于一地时，这个居民群体即可称为国家。国家起源于商业交换的需要，商业文明社会人们之间需要相互交换，互通有无，这就需要有一个公共机构来为这种交换活动提供服务和仲裁，于是国家就诞生了。而在中国先秦，由于农耕文明的局限，思想家大多认为国家是按"天"为民而设立的，国王是"天子"，代"天"行使管理天下的职能，体现了东方专制主义的特点。农耕小农经济的社会形态强调国家对经济的干预，先秦法家就是这一国家干预主义理论的代表性学派，为了鼓励耕战，他们强调"利出一孔"，富国强兵优先，反对儒家经济自由主义的思想主张和经济政策。

古希腊商业社会高度重视对外贸易，它不但形成了古希腊人开放独立的民族意识和开拓扩张的商业文化，更养成了古希腊人对待世界的开放态度，他们以开放的心态迎接世界，接纳外来的人民和贸易者。正如色诺芬所说的："寄居在我国和来我国访问的人越多，显然就会有越多的商品进口、出口和出售，并且也会使我们获得更多的利润和贡赋。"① 柏拉图重视对外贸易，强调为贸易而增加生产："如果我们派出去的人空手而去，不带去人家所需要的东西换人家所能给的东西，那么使者回来不也会两手空空吗？……那么他们就必须不仅为本城邦生产足够的东西，还得生产在质量、数量方面能满足为他们提供东西的外

---

① 色诺芬. 经济论: 雅典的收入 [M]. 张伯健，陆大年，译. 北京: 商务印书馆，1961:
77.

邦人需要的东西。"① 重视贸易，强调交换，就必然重视分工。古希腊的经济思想家在对分工的分析上有独到的理论成就。色诺芬认为，一个人不可能变成精通一切技艺的专家，他从波斯王举行的宴会上得到启发，认为菜肴要做得精美可口，就必须实行分工："在小城小镇中，比如像床榻、椅子、犁锄以及桌案都是同一个人做的，而且这个人时常还要去盖房子，如果他能够雇佣足够多的人来做这些事情，那么他会极为高兴。而在这里，要一个人来做这十几种手艺，又要做好，是根本不可能的。在大城市，各种特定的手艺都会有方方面面的要求，这样，有了一种手艺就足以谋生了，通常甚至只掌握了某一种手艺的一部分就足够了。"② 柏拉图的认识在色诺芬的分工理论的基础上又有所深化，他从人的本性的角度来说明分工的必要性。柏拉图认为，每个人都有多方面的需求，但是人生来只具有某种才能，因此一个人不能脱离他人而自足自立。一个人与其同时从事很多工作，不如专心于一件工作，这样能做得更好而富有效率。不仅如此，柏拉图还把交换和货币的流通也看作产生分工的原因。相对于古希腊，先秦时期的分工理论更多的是着眼于社会的等级制度，而不是着眼于人的才能与个性禀赋，如管子的"四民分业定居论"也强调分工，但那是为了职业设立的等级世袭："士之子恒为士，农之子恒为农，工之子恒为工，商之子恒为商。"（《国语·齐语》）与西方相近的只有墨子曾提出的"譬若筑墙然，能筑者筑，能实壤者实壤，能欣者欣，然后墙成也。……能谈辩者谈辩，能说书者说书，能从事者从事"（《墨子·耕柱》）。

　　古希腊商业社会的特点是重视贸易和交换，导致古希腊的价值学说要比先秦时期更胜一筹。

　　由于价值理论是近现代经济学说的核心，所以对于价值问题的研究可以说是代表了一个时代和地区经济学理论研究的水平。对于古希腊的价值学说，尤其是亚里士多德的价值学说，马克思给予过很高的评价，他说亚里士多德是"最早分析了价值形式""亚里士多德在商品的价值表现中发现了等同关系，正是在这里闪耀出他的天才的光辉"③。色诺芬曾以笛子为例，最先论述了价值分为使用价值和交换价值。他说："一支笛子对于会吹它的人是财富，而对于不会吹它的人，则无异于毫无用处的石头——除非他卖掉它。"④ 色诺芬还探讨了供

---

① 柏拉图. 理想国 [M]. 郭斌和，张竹明，译. 北京：商务印书馆，2009：61.

② 色诺芬. 居鲁士的教育 [M]. 沈默，译. 北京：华夏出版社，2007：420.

③ 中共中央马克思恩格斯列宁斯大林著作编译局. 马克思恩格斯全集：第 23 卷 [M]. 北京：人民出版社，1972：74-75.

④ 色诺芬. 经济论：雅典的收入 [M]. 张伯健，陆大年，译. 北京：商务印书馆，1961：3.

求对市场价格的影响，他说："当土地农产品价格低廉时，农业就无利可图，许多农民就会放弃耕耘而从事商业、旅店业或借贷业。"① 亚里士多德以鞋子为例对使用价值和交换价值进行了区分："我们所拥有的一切事物都有两种用途，两者都属于事物本身，但方式不同，因为一种用途合乎事物本身，另一种则不然。例如，鞋子就既可用来穿，也可以用来交换物品；两者都是鞋的用途。用鞋从需要鞋的人那里交换金钱或食物的人，的确也是使用了作为鞋的鞋，但这并非鞋所固有的用途，因为鞋做出来并非为了交换。对于其他所有物也同样如此，因为它们全都可以用来交换。"② 亚里士多德对价值问题的讨论更为深入，西方经济学家们在谈论价值问题时往往都会追溯到亚里士多德，他的价值观念可以说是近代经济学价值理论发展的起点。他在讨论了价值有使用价值和交换价值之分后又讨论了商品交换中的价值等价问题，他打比喻说，五张床换一间屋，这就要求床和屋之间有等同性，如果没有等同性，就无法进行交换。但这一等同性是什么？在这个问题上，亚里士多德主张用效用作为交换的标准尺度："一切事物都应用某种同一的东西来度量，这种东西真正说来就是使用，它把一切联结了起来，如若人们什么也不需要，或者没有同一的需要，也就没有交换或同一的交换。"③ 也就是说，双方交换的标准是彼此相互上的需要，即主观效用价值。且不论亚里士多德所得出的结论是否正确，就其能涉及这一经济学理论的核心问题已是了不起的了。与古希腊相比，"中国先秦思想家们在价值价格这一经济领域的探讨要薄弱得多"④。

[原载《徐州工程学院学报》（社会科学版）2013 年第 5 期]

---

① 色诺芬．经济论：雅典的收入［M］．张伯健，陆大年，译．北京：商务印书馆，1961：79.

② 颜一．亚里士多德选集：政治学［M］．北京：中国人民大学出版社，1999：19.

③ 亚里士多德．亚里士多德全集：第 8 卷［M］．苗力田，译．北京：中国人民大学出版社，1992：105.

④ 唐任伍．中外经济思想比较研究［M］．西安：陕西人民出版社，1996：167.

《理想国》与《礼记》社会经济思想的比较

古希腊与同时期的中国先秦都是战乱频繁、世乱年荒的时期，各种社会矛盾十分复杂、尖锐，各种形式的社会经济制度理想的设计也应时而生。随着社会的进步，要求结束动荡、分裂的局面，建立统一、稳定、和谐的社会成为这一时期东西方共同的社会理想。在经济思想领域，古希腊与先秦的思想家们都顺应形势，提出了各自的社会经济制度的设计，这集中反映在柏拉图的《理想国》和先秦儒家典籍《礼记》中，它们一起构成了人类古代社会经济理想的"双璧"。考察《理想国》和《礼记》反映出的社会制度设计，不难发现其中既有许多相近成分，也因历史传统和时代背景的不同有着诸多差异，这些差异一直影响到之后东西方社会经济的发展道路。

对于《理想国》和《礼记》，以往的研究多是从哲学的角度探讨儒家的政治哲学，代表论文有胡伟希的《作为政治哲学的儒家社会乌托邦——兼对〈礼记·礼运〉的分析》[①]；诸多学者对《理想国》与《礼记·礼运》之乌托邦社会理想进行比较研究，代表论文有张海燕的《柏拉图〈理想国〉与〈礼记·礼运〉的乌托邦思想比较研究》、黄小晏的《中西早期和谐观的比较研究——以〈礼记〉"大同社会"与柏拉图"理想国"为中心的考察》、杨晓林的《理想国、大同世界和小康社会——论柏拉图和孔子的政治理想》、刘丹枕的《论柏拉图〈理想国〉的蓝图——兼与孔子的德治思想比较》、朱清华的《本体论的差

[①] 胡伟希. 作为政治哲学的儒家社会乌托邦：兼对《礼记·礼运》的分析 [J]. 哲学研究，2007（07）：85-90.

异——柏拉图的哲人王与先秦圣王的比较》①，这些论文正如其题目所凸显的那样，主要是探讨了《理想国》与《礼记·礼运》的德治思想、正义思想以及治国理念，主要观点是《理想国》与《礼记·礼运》都是在批判现实的改革冲动中做出的理想化设计，都强调社会内部的有序是维持和谐状态的基础。但因文化背景和理论基础的不同，《礼记》推崇"德治"，主张建立在人本主义基础上的和谐社会；而《理想国》则主张"智治"，强调哲学家治国，主张建立在神本主义基础上的和谐社会。也有的论文就《理想国》与《礼记·礼运》的正义观进行了比较。② 但从经济思想特点的角度对《理想国》和《礼记》的比较研究尚未见到。本文研究的主旨在于弥补这一欠缺，通过对《理想国》与《礼记》社会经济思想特点的比较，彰显东西方历史发展道路的不同。

一、《理想国》和《礼记》社会经济制度设计的比较

柏拉图认为，希腊城邦之所以陷入混乱，与财产私有作为追求的目标有关。他认为，私有财产和家庭容易形成人们利己和贪欲的思想，从而引发社会的矛盾和纷争。柏拉图设想建立一个正义、共和的理想城邦，城邦内的经济安排都要服从于"正义"这一原则。城邦内"正义"的体现就是经济上财产共有、政治上的共治和社会福利的共享。城邦的治理者和护卫者（哲学王和护卫国家的战士）因是由金子和银子铸造，所以应实行共产制，以德性来节制自己的私欲，国家的管理者不应该拥有私产，只有这样，才能实现城邦的正义。对管理者而言，应改由国家每年提供生活费用："首先，任何人都不能拥有任何私人财产，除非那是完全必要的东西；其次，任何人都不能有这样的住房和仓库，大家想进而不能进；至于生活必需品，数量根据这些讲节制又勇猛的战场竞争者的需要，按规定，他们将相应地从其他城民那里以工资形式领取，作为保卫城邦的报酬，定额就这么多，到了年终，既无剩余也无短缺；他们每天在一起吃饭，如同营地上的战士一样，过集体生活；金子和银子，我们对他们说，这一来自

① 张海燕. 柏拉图《理想国》与《礼记·礼运》的乌托邦思想比较研究 [J]. 河北学刊，1994 (05)：32-37；黄小晏. 中西早期和谐观的比较研究——以《礼记》"大同社会"与柏拉图"理想国"为中心的考察 [J]. 理论学刊，2008 (05)：109-113；杨晓林. 理想国、大同世界和小康社会——论柏拉图和孔子的政治理想 [J]. 广西民族学院学报（哲学社会科学版），2001 (S2)：154-157；刘丹枕. 论柏拉图《理想国》的蓝图——兼与孔子的德治思想比较 [J]. 贵州大学学报（社会科学版），2006 (06)：16-23；朱清华. 本体论的差异——柏拉图的哲人王与先秦圣王的比较 [J]. 湖南大学学报（社会科学版），2010，24 (03)：11-17.

② 王菁菁. 柏拉图与孔子的正义观：比较与启示 [J]. 行政与法，2013 (06)：79-82.

天神的神圣礼物，将永远存在于他们的灵魂中，他们并不需要人间的金银……否则，当他们有了自己的地产，有了房屋，有了货币，他们将会成为一批家庭管理人和农夫，而不是城邦的卫士，并且会演变成一帮充满敌意的暴君，而不是其他城民的盟友，憎恨人又被人憎恨，暗算人又被人暗算，如此度过自己的一生，害怕自己城邦中的人远远超过害怕外来的敌人，此时，他们和其余的城邦都已跑到了崩溃的边缘。"① 柏拉图的"理想国"强调财产公有制，为防止私人感情妨碍公共精神的建立，还主张平时三餐应就餐于公共食堂，甚至实行共妻共子："所有这些妇女必须属于所有这些男人共有，任何一个女性不得和任何男人单独同居；她们的孩子同样属于共有，父母不知道谁是自己的孩子，孩子也不知道谁是自己的父母。"② 强调只有财产共有才能保持统治者人性的纯洁和社会各等级地位的稳定。统治者成员的一切财产共有，他们之间就不会发生纠纷了。他相信，金钱乃万恶之源，没有了家庭，取消了私有财产，生活就会"非常幸福，胜过奥林匹克冠军们所过的那种幸福生活"③。

柏拉图提出城邦正义的体现是财产共有与当时斯巴达城邦的经济财产制度有关。当时的斯巴达，除奴隶外，所有的公民都生活在公有制的经济体制下。吃饭实行共餐制，禁止货币和金银流通。斯巴达人认为，金银是万恶之源，消灭了金银货币，人们也就不能聚敛财富了，贪婪的人性也会淡化，所有的罪恶也都会远离斯巴达。斯巴达人认为，社会财产公有了，男女的结合也可以做到是出自爱的需要而非私人的占有欲。在柏拉图看来，也如同斯巴达人所想的一样，世俗的金银即罪恶之源，私有制容易加剧私欲的泛滥和纷争，城邦和城邦之间的战争将难以避免。正是基于这一认识，柏拉图才推崇公共食堂共餐制。共餐制是当时斯巴达城邦中的一种制度，斯巴达人希望通过这一制度消除人们对财富的欲望。罗素就认为柏拉图"理想国"中的许多规定，"实际上是在斯巴达已经实现过了的"④。

在"理想国"中，社会各等级的分工有所不同。由手工业者、商人、农民组成的生产者等级专门从事经济活动；第二个等级的战士平时训练，战时保卫城邦的安全；哲学王是城邦的最高统治等级，他们负责管理城邦。财产共有仅适用于城邦的统治阶层，生产阶层则因给城邦提供了一切物质生活资料可拥有

---

① 柏拉图. 理想国 [M]. 王扬，译注. 北京：华夏出版社，2012：128.
② 柏拉图. 理想国 [M]. 王扬，译注. 北京：华夏出版社，2012：180.
③ 柏拉图. 理想国 [M]. 王扬，译注. 北京：华夏出版社，2012：190.
④ 罗素. 西方哲学史及其与从古代到现代的政治、社会情况的联系：上卷 [M]. 何兆武，李约瑟，译. 北京：商务印书馆，1963：160.

私产，但也要有所限制，他们的私有财产还可以在市场上按规定的契约进行交换。奴隶不是公民，处在三个等级之外，只是会说话的工具。"理想国"里有市场存在，自然也就有私人财产的买卖和商人的经商活动。柏拉图之所以不允许第一和第二等级的上层统治阶层拥有私人财产，是因为他们处在社会管理者的地位，若拥有私有财产会败坏他们的道德素质；而之所以允许生产者阶层持有一定的私人财产是为了弥补他们不能从事城邦管理的缺憾，鼓励他们努力从事生产活动。柏拉图认为，城邦的正义就是城邦内的各个阶层各安其位地做好自己的工作，和谐相处，大家在尽心尽力地努力工作的同时也就增加了社会上他人的福利。

在《礼记·礼运》中，孔子提出的社会理想是"大道之行也，天下为公，选贤与能，讲信修睦。故人不独亲其亲，不独子其子，使老有所终，壮有所用，幼有所长，矜、寡、孤、独、废疾者皆有所养。男有分，女有归。货恶其弃于地也，不必藏于己；力恶其不出于身也，不必为己。是故谋闭而不兴，盗窃乱贼而不作，故外户而不闭，是谓大同"。这里的"天下"指人间社会，"公"可理解为公正、公平。《礼运》是《礼记》第九篇，孙希旦注曰："言礼之运行也。"[1] 该篇开头就借用孔子之口说道："大道之行也，与三代之英，丘未之逮也。"郑玄注"大道之行也"曰："谓五帝之时也。"[2] "五帝之时"是指夏以前的原始部落时期，即儒家所称的尧舜时代，此时的社会特点是"天下为公"，社会管理者由公众选举产生，政治事务由有德有才的人来担任，群体内部讲究忠信和睦，把道德教化作为社会治理的基本内容，它要达到的社会理想是价值观念上，人们把财富（"货"）视作公共财物来使用，"恶其弃于地"但不必"藏于己"；人们歌颂劳动，以力"不出于身"为可恶，但出力不是为了自己；劳动不是个人谋生或谋利的手段，而是人们为社会所必须承担的责任，社会则保障每个人"壮有所用"，即保障一切有劳动能力的人就业并充分发挥其才能。在"大同"社会里，人们之间相互关爱，社会承担了对丧失了劳动力的老人和矜、寡、孤、独、废疾者的赡养照顾，及对幼小未成年人抚养的公共事务。孔子盛赞"大同"之世"天下为公"，追求社会的公平、公正。"大同"是一个社会风俗美善与百姓安居乐业的世界，社会公道、公平，群体内部忠信和睦，人际关系上呈现仁爱之心。这是儒家"老者安之，朋友信之，少者怀之"思想的发挥。

《礼记》强调"大同"社会只存在于远古的"五帝之时"，与现实无缘，它

---

① 孙希旦. 礼记集解 [M]. 北京：中华书局，1989：581.
② 阮元. 十三经注疏：礼记正义 [M]. 北京：中华书局，1980：1423.

更推崇维护私有财产和个体利益的"三代之英"的"小康"社会。"三代之英"指夏商周三代的"圣王"禹汤文武成王周公统治的时期:"今大道既隐,天下为家,各亲其亲,各子其子,货力为己。大人世及以为礼,城郭沟池以为固,礼义以为纪,以正君臣,以笃父子,以睦兄弟,以和夫妇,以设制度,以立田里,以贤勇知,以功为己。故谋用是作,而兵由此起。禹、汤、文、武、成王、周公,由此其选也。此六君子者,未有不谨于礼者也。以著其义,以考其信,著有过,刑仁讲让,示民有常。如有不由此者,在势者去,众以为殃。是谓小康。"《礼记·礼运》虽首称"大同",但讲"大同"的只有一小段文字,绝大篇幅讲的都是"小康",阐述"小康"之世制礼作乐的意义。在"小康"社会中,生产资料私有制占据着支配地位,价值观念上强调"货力为己"的个人本位,家庭是占有私有财产的单位,社会特征则是"天下为家""大人世及以为礼",实行宗法世袭制,人"各亲其亲,各子其子",重家庭亲情,家庭和社会的界线明显。这种家庭宗法关系反映在政治制度上则是"大人世及"的君主及贵族世袭制。"货力为己"反映了财产的私有状况。在私有基础上形成的人际关系必然会出现矛盾和斗争,因而社会管理需要通过礼制来调节人们之间的关系,礼就成了治世之本。孔子通过"大同""小康"将人类社会自古至今的发展分为两个不同的阶段,明确概括出这两个阶段在经济、政治、社会组织以及道德习俗等方面的不同。"货力为己"不但在社会内部产生了各种矛盾和冲突,在外部也必然会引发掠夺战争,于是"城郭沟池以为固""谋用是作,而兵由此起",国家也就成了对外进行侵伐或防御的暴力工具。"小康"社会因为存在着私利、争夺、冲突和战争,国家就必须实行一套有效的控制调节制度,这就是"礼"。在《礼运》的作者看来,"大同"社会虽然尽善尽美但离现实太遥远,"小康"虽不够完美但使人感到亲切、现实。这就与《理想国》推崇经济上财产共有、政治上的共治和社会福利的共享的制度设计有了很大的不同。

二、《理想国》与《礼记》中经济形态与经济观念的不同

柏拉图生活在雅典商品经济和对外贸易比较活跃的时期,故《理想国》强调经济生活中的分工与交换,重视对商业贸易和货币的讨论。柏拉图认为,一人而为多数之事不如专心于一事,形成合作分工。他借助苏格拉底的嘴说:城邦之所以产生,"依我看,是因为我们中没有一个人能完全做到自给自足,相反,每一个人(生来)需要很多东西……正因为如此,当某人为了某事招呼另一人,而另一人为另一事又有求于第三人,因为大家需要很多的东西,于是就把许多人集中在一个居住地,作为社会成员和帮手,我们命名这种集体居住点

为城邦"①。柏拉图把城邦的起源归因于专业化和分工，他像亚当·斯密一样阐述分工的理由："一个人与另一人进行交换，如果他换出或换进某一东西，他肯定认为这东西比自己的好。"② 是不是每一个成员都必须把各自的工作贡献给公众呢？"例如，某人是农夫，他为四个人准备粮食，在准备粮食的这份工作上消耗四倍的时间和劳力，让其他的人共享自己的劳动果实，或者，丢下这种工作不管，只用四分之一的时间为自己生产四分之一的粮食，至于其他四分之三的时间，他把一份花在准备房屋上，一份准备衣服，一份准备鞋子，和其他人没有任何相干之处，而是只靠自己生产自己所需的东西？"③ 他得出结论：分工可使每人精专一业，产量可增加，物品也精美。我们最基本的生活需要无非是吃、住、穿等，这都需要由专门的生产者来生产和提供，但一个人不可能提供足够多和足够好的东西，这就需要分工，从而有了诸如农夫、瓦匠和织工的存在。柏拉图还论证分工需要建立在人不同禀赋的基础上："我们每一个人生来并非完全相像，本质上，的确各不相同，事业上，这人擅长做这种工作，那人擅长做那种工作。"④ 柏拉图已经认识到了分工可以提高生产劳动的效率，提高人们生活的质量。每个人在城邦里应该从事与自己的性格禀赋相适合的或自己最擅长的工作。

"理想国"有商业贸易存在。由于人需求的多样性，一国之内缺少某一产品，需要进口，这就要有专司海外贸易的商人，而海上贸易必须用船，因此造船工和驾驶商船的舵手、船员便是不可缺少的了。不仅如此，"如果这个使者空手出发，随身不带点对方所需要的东西，只是从他们那里把这里的人所需要的东西运来，他就算空手而去"。因此，"居住在这里，人不仅有必要为自己生产出足够的物品，而且有必要为那里的人生产出种类上、数量上都为对方所需的物品"。"我们这个城邦就需要更多的农夫和其他手工业者。……还进一步需要一批经营进口和出口货物的使者。这些人即是商人……如果商人的生意发展到了海上，我们将需要另有一批数量很多、精通海上事务的人。"⑤ 柏拉图认为，城邦之间和城邦内部既然存在着分工，就必须有专司输入和输出、从事购买和售卖的商业贸易以及商人了，这就肯定了商业贸易存在的合理性。有了市场，就有交换和货币："为了进行这样的交换，市场和钱币将由此产生。……一方面

① 柏拉图.理想国 [M].王扬，译注.北京：华夏出版社，2012：58.
② 柏拉图.理想国 [M].王扬，译注.北京：华夏出版社，2012：58.
③ 柏拉图.理想国 [M].王扬，译注.北京：华夏出版社，2012：59.
④ 柏拉图.理想国 [M].王扬，译注.北京：华夏出版社，2012：59.
⑤ 柏拉图.理想国 [M].王扬，译注.北京：华夏出版社，2012：60-61.

和那些需要出售某样东西的人用钱进行交换，另一方面和那些需要购买某样东西的人做生意，把钱换回来。……这一需要就会为我们在这个城里造就一批商贩。"① 专业化和分工可以提高效率，为保证分工的有效实施，就必须通过市场配置资源，由货币充当货物交换的媒介。市场交易，互通有无，可以更好地满足每一个人的需要。柏拉图从分工出发看到了分工、交换以及货币和商人之间的关系，提出货币是为交换服务的，是"为了便利交换而设计的一种'符号'"，"他反对使用金银，他认为国内货币拿到国外是无用的……依照这个理论，货币价值原则上与制造货币的材料无关"，熊彼特据此把柏拉图作为货币名目论的"最先为人所知的倡导人"②。

"理想国"中的分工也包括社会职业的分工，城邦需要"有许多人专搞音乐，还有诗人和他们的助手、史诗歌手、戏剧演员、舞蹈家"③，社会职业的分工可以使"理想国"中的人生活得更美好。柏拉图强调，建立城邦就是为了过更好的生活。在这里，人们不仅要穿得好，还要吃得好，他们会有各种调味品，住得也好，还有很好的精神生活，如"喝着葡萄酒，头戴花冠，并唱起颂扬天神的歌曲"。④ 城邦内部也需要进行很好的管理。人们在市场上进行交易，也需要制定许多法律契约。这些法律契约内容包括"关于手艺人的合同、诽谤、人身攻击、呈文上诉、召集审判官，或者，如果市场上或港口有什么税金必须征收或确定，以及一般性的市场管理、城区治安、海港税务制度以及其他所有这样的领域"。⑤ 国家管理和社会分工是为了更好地满足社会各个阶层的需求。

先秦时期是以农业为主的自然经济占据着主导地位，故《礼记》中讨论最多的是土地和赋役问题，对诸如分工、交换、商业贸易以及货币问题的讨论很少见到，彰显了东西方传统经济思想研究重点的不同。

《礼记》对小康社会中土地制度的设计是与政治等级相对应的，体现的是一种分封制的特点，如《王制》篇规定，天子制定爵位，公、侯、伯、子、男，共五等。诸侯有上大夫卿、下大夫、上士、中士、下士，共五等。不同爵位分享不同数量的土地。天子的禄田方圆千里，公、侯方圆百里，伯七十里，子、男五十里。不到五十里的，不能直接参加天子的朝会，附属于就近的诸侯，叫

---

① 柏拉图．理想国［M］．王扬，译注．北京：华夏出版社，2012：58-59，60-61.
② 约瑟夫·熊彼特．经济分析史：第1卷［M］．朱泱，孙鸿敬，李宏，译．北京：商务印书馆，1996：91-92.
③ 柏拉图．理想国［M］．王扬，译注．北京：华夏出版社，2012：64.
④ 柏拉图．理想国［M］．王扬，译注．北京：华夏出版社，2012：62.
⑤ 柏拉图．理想国［M］．王扬，译注．北京：华夏出版社，2012：137.

附庸。天子的三公所拥有的禄田，与公侯相当；天子之卿与伯相当，天子的大夫与子男相当，天子之元士与附庸相当。普通百姓一户可授田一百亩，百亩田地以其土质肥瘠与耕者的勤惰分出等级：上等农夫足以养九口，次等农夫可养八口，三等农夫可养七口，四等农夫可养六口，下等农夫可养五口。［"制：农田百亩。百亩之分：上农夫食九人，其次食八人，其次食七人，其次食六人；下农夫食五人。"（《礼记·王制》）］凡安置民众，须根据土地的广狭确定，使得土地广狭、城邑大小、安置民众的多少配合得当，百姓都能安居乐业。这基本上是周制井田制的缩影。国家分九个州，每州方圆千里。每州建立方圆百里的封国三十个，方圆七十里的封国六十个，方圆五十里的封国一百二十个，共计二百一十个。但每州的名山、大泽不分封给诸侯，属国家所有。八州，每州有二百一十个诸侯国。还有一州是天子的直辖属地。王城内分配给公卿大夫的土地是禄田，不得买卖和继承；王城外分封给诸侯的土地可以世袭［"天子之县内诸侯，禄也；外诸侯，嗣也"（《礼记·王制》）］。

　　《王制》篇对赋役制度也有明确设计，特点是轻徭薄赋："量地远近，兴事任力。凡使民，任老者之事，食壮者之食。""八十者，一子不从政；九十者，其家不从政；废疾非人不养者，一人不从政；父母之丧，三年不从政；齐衰大功之丧，三月不从政；将徙于诸侯，三月不从政；自诸侯来徙家，期不从政。"其政策大意是凡征用民力干活不能太累，伙食标准参照壮劳动力；家有八十岁老人，可有一个儿子不参加公家力役；九十岁，全家人都可以不参加公家力役，以方便供养老人；凡有残疾或有疾病如无人照料而无法生活的，可免一人的力役；居父母之丧，可三年不服公家力役；遇到亲属去世，可三个月不服公家力役；迁移他国，可有三个月不征力役；从其他诸侯国迁移来此居住，可一年不服力役。对农工商也有政策设计，如"古者：公田，藉而不税。市，廛而不税。关，讥而不征。林、麓、川、泽，以时入而不禁。……用民之力，岁不过三日"。政策规定：借农户助耕公田，不再向农户征收赋税；市场，只收交易场所的地皮税而不征收所得税；关卡，只稽查货物是否合法而不收税；山林水泽，只要符合季节法规，允许平民进入从事采伐渔猎；征调百姓从事无偿劳役一年之中不能超过三天。"薄赋敛"的思想在《礼记·檀弓下》"孔子过泰山侧"的一段短文中有生动的体现："孔子过泰山侧，有妇人哭于墓者而哀。夫子式而听之，使子路问之曰：'子之哭也，壹似重有忧者。'而曰：'然，昔者吾舅死于虎，吾夫又死焉，今吾子又死焉。'夫子曰：'何为不去也?'曰：'无苛政。'夫子曰：'小子识之，苛政猛于虎也。'"残暴苛刻的赋敛政令比吃人的老虎还要可怕！《大学》篇则进一步把"薄赋敛"的政策主张进行了理论总结，强调治国"财聚则民散，财散则民聚；是故言悖而出者亦悖而入，货悖而入者亦悖而出"。聚敛之臣搜刮百姓，失民心而动摇国本，比强盗危害更大。《大学》强调要用正确的理财方法，"生财有大道，生之者众，食之者寡，为之者疾，用之者舒，则财恒足矣"。"生之者众""为之者疾"强调增加社会生产，以开其源；"食之者寡""用之者舒"强调控制开支以节其流，轻徭薄赋，放水养鱼。它发挥犹如"百姓足，君孰与不足"的思想，认为轻徭薄赋即可增加百姓的财富，又能得民心，在国家遇到财政困难时，百姓才愿意，也有力量支持国家。百姓手中的财富，就像放在国库中的财富一样，"未有府库财非其财者也"。近人郭嵩焘所说的"岂有百姓困穷而国家自求富强之理"① 颇得儒家理财理想之精粹。《大学》的理财论是从国家治理的角度探讨理财问题的，所探讨的不仅是国家的财政问题（"理国财"），也包括了富民的"理民财"，强调理民财是理国财的基础，因为民富了国才能富。它所谓的"财恒足"不仅是指国库的"财恒足"，而且是指国民财富和国库财用两方面的"恒足"，即荀况所说的"兼足天下"。这一观点与现代经济学中供给学派提出的通过减税富民、增加税基，最终才能增加政府的税收总量（"拉弗曲线"）在理论上是相通的，其理论意义、现实意义都是巨大的。

小康社会中也存在市场，但强调要对其进行严格的管制，凸现的是政府主导的地位。如《王制》篇中对商业市场管制有详细的设计："有圭璧、金璋不粥（鬻）于市；命服、命车不粥于市；宗庙之器不粥于市；牺牲不粥于市；戎器不粥于市；用器不中度，不粥于市；兵车不中度，不粥于市；布帛精粗不中数、幅广狭不中量，不粥于市；奸色乱正色，不粥于市；锦文珠玉成器，不粥于市；衣服饮食，不粥于市。"在上述政策中，严禁大璧玉、金饰玉器等贵重物品上市交易；国君赏赐的衣物、车骑不得买卖；宗庙祭器，不得买卖；祭祀用的牲畜，不得买卖；军用器械，不得买卖；日常器皿不合规格的，不得买卖；军用战车不合规格的，不得买卖；布帛的精粗不合规格的、幅宽不合规格的，不得买卖；色彩不合规范的服装器具，不得买卖；用锦纹、珠玉制成的器物不得买卖；日常必需的衣服、饮食不得买卖。这些禁限规定包括了三种情况：第一，对于表示贵族身份、地位的物品，不许商人经营，不许市场出售，只能由官府手工业或其他官府机构生产，直接供给贵族使用；第二，民间日用的布帛、用器可以出售，但达不到质量标准的禁止出售，以维护市场的秩序；第三，对于最基本的消费品，如"衣服饮食"也禁止出售，是为了维护自给自足的经济。这就与

---

① 郭嵩焘. 郭嵩焘诗文集 [M]. 长沙：岳麓书社，1984：255.

柏拉图的"理想国"中的鼓励对内对外的商业贸易有着很大的不同。

三、简要评论

《理想国》与《礼记》在中西方经济思想史上都有着重要的影响。就西方而论，产生于16世纪的托马斯·莫尔的《乌托邦》就是柏拉图"理想国"在近代的延续和深化。在《乌托邦》一书中，作者指出，财产的私有制是社会罪恶产生的根源："在私有制下，既不可能谈到正义，也不可能谈到社会安宁。每个人尽可能把一切攫取为己有，不管社会财富多么充足，这种财富落在少数人手里，其余的人们的命运就只有贫困……要建立公正的秩序，就必须铲除私有制。一切局部性的改革，都只是治标的办法，不能治好社会的疾病。"① 在对私有制批判的基础上，《乌托邦》设计了理想社会的蓝图，即财产共有、公共消费；人人自觉劳动，以劳动带来的快乐为最大的幸福。"乌托邦"中因财产共有、公共消费，也就不需要货币了，货币只有在对外贸易中才使用。到19世纪又出现了圣西门、傅里叶、欧文三大空想社会主义思想家，他们都主张消灭私有制，实行社会财产公有制。

《礼记》的大同社会不论在中国古代还是在近现代，都同样有深远的影响。道教的《太平经》所提出的财产公有、无盗贼、无战争的理想国，东晋时代鲍敬言的人人都能安居乐业的理想社会，近代太平天国颁布的《天朝田亩制度》，康有为的《大同书》，孙中山的"天下为公"，都浸润着《礼记》大同思想的深厚影响。孙中山在讲民权主义时强调："孔子说'大道之行也，天下为公'，便是主张民权的大同世界。"② 这一影响一直延续到当代的毛泽东。毛泽东在评论康有为的《大同书》时指出："康有为写了《大同书》，他没有也不可能找到一条到达大同的路。资产阶级的共和国，外国有过的，中国不能有，因为中国是受帝国主义压迫的国家。唯一的路是经过工人阶级领导的人民共和国。"③ 中国要实现大同社会只有一种可能，即"经过人民共和国到达社会主义和共产主义，到达阶级的消灭和世界的大同"。④

柏拉图的"理想国"仅是一种理想化的乌托邦式的空想，其中既有斯巴达社会制度的影响，也在许多地方重现了希腊上古以血缘为纽带的原始氏族制共

① 乌托邦 [M]. 戴镏龄，译. 北京：生活·读书·新知三联书店，1956：78.
② 广东省社会科学院历史研究所. 孙中山全集：第9卷 [M]. 北京：中华书局，1986：262.
③ 毛泽东. 毛泽东选集：第4卷 [M]. 北京：人民出版社，1991：1471.
④ 毛泽东. 毛泽东选集：第4卷 [M]. 北京：人民出版社，1991：1471.

产主义社会的某些特征①，其中所设计的共产共妻制既有违人性，也不具可操作性。柏拉图主张在"理想国"中消除私有财产，实行财产共有（这种共有也仅限于统治者内部的共有），不仅在人类文明史上从来没有出现过，将来也不可能实现，因为人类社会历史发展的实践已经充分证明，没有建立在产权清晰界定基础上的市场竞争机制，必然会使人类社会出现整体的经济贫困而无法持续。取消家庭、实行共妻共子，不仅理论上荒谬，更不合人性人情。按照柏拉图的"共妻"学说，在统治者和护卫者内部家庭已经取消，女人为男人共有，因为取消了一夫一妻的小家庭，儿童也为社会共有，婚姻与生育抚养子女不再是私人的事情，而是国家的公事，应当由治理者按照法律制定一些措施，把这些事统管起来。国家设立专门的儿童养育所，配以专职官员和保姆。柏拉图从追求国家至善的角度来论证了妇女、儿童公有的合理性：一是它有利于优生，以保证护卫者在精神和体质上都永远成为公民中的优秀分子，而且要一代强似一代；二是它有利于城邦的团结，认为实行了财产、妻子、子女的公有制度，就不会有"我的"与"非我的"之分，国家也就不会陷入分裂之害了。在公有制的社会里，护卫者既不用为谋取一家私利而操劳，也将摆脱一切罪恶的羁绊，如争执诉讼、结党营私等。这些主张显然仅是产生于哲学家头脑中的空想产物，完全忽略了人性的多面性和情感的丰富性，是不现实的。在以血缘为纽带的氏族制度的残余已经消亡，母权制已经让位于父权制，两性关系上早已脱离了杂交、群婚、对偶婚阶段，并建立了一夫一妻制文明社会的时代，实行共妻制是一种历史文明的倒退。柏拉图晚年所撰写的《法律篇》中财产共有思想有所改变，他虽然认为最好的社会和最好的法律应该是"'朋友之间真诚地共享财产'最大限度地普及到整个城邦"，妇女、孩子、财产全是公有的，个人私有物应从生活中消失，但他承认这很难实现："现在我不知道，这种情况（一个共妻、共儿童

---

① 柏拉图的《理想国》所提出的共产社会的主张在当时的一些文学作品，如伊索克拉底的《布西里士》、欧里庇得斯的悲剧、阿里斯托芬的喜剧中都有所反映。柏拉图可能受其影响，如其中阿里斯托芬的《公民大会妇女》就特别强调社会成员之间的平等，如：要求必须把一切私产收归公有，所有的土地、钱财收归公有；指责一人富别人贫、某人占有许多耕地等；认为某人役使无数奴隶，别人甚至连一个也没有，这实在是不公平的。甚至声称："我要造成人人共享的同一的生活资料。"同时提出一系列母权制的设想，如经济由妇女管理、男女相互公有等。这个喜剧正是在柏拉图创建学园前两年第一次在雅典上演的，当时《理想国》正在酝酿之中。另外，原始公社制度离当时不过数百年，它的许多痕迹尚保留在当时的奴隶制度中。这些可能都是柏拉图"理想国"思想的来源。参见范明生. 柏拉图哲学述评［M］. 上海：上海人民出版社，1984：408.

和共产的社会)是否事实上在今天的某个地方存在着，或者将来什么时候会存在。"① 他退而求其次，提出了建立一个大大降低理想程度的"次优"国的建议。在"次优"国里，国家把"房屋和土地分成相同的份数"分配给公民，"在这些份数中，土地和房屋应该分配得尽可能相等"②。允许私人占有和继承财产，允许奴隶制的存在，因为生产活动要由奴隶来承担，也允许人们"占有供日常交易用的铸币。这是一个人几乎无法避免的，因为他要与做工的人和其他所有必不可少的人保持往来（我们必须付工钱给奴隶和那些为钱而工作的外国人）"。③ 土地分配后不允许变动或进行买卖，"任何买卖他所分配的土地或房屋，他就应该受到与罪行相应的惩罚"④。立法者要确定贫富的限制，避免使人过穷或过富。公民的财产要受到严格的限制，可按财富占有的多少分四个等级，依次为最低财富的四倍、三倍和两倍，如果有人超过这个份额就应将多余的部分交还给城邦，不然便要受到处罚。⑤ 禁止公民从事贸易、手工业和放债活动，这些活动是由暂时居住于城市中的异邦人承担的。允许公民各有妻室，在婚姻问题上也应考虑城邦的利益，最好是富人和穷人结婚。如果富人只和富人结婚，整个城邦居民在财产和地位上便不相等了，但法律对此只能建议，不能强迫。显然，柏拉图的"次优"国，已是一个财产平均分配的类似《礼记》的"小康"社会。

在儒家的理想社会中，秉持的是一种现实主义的倾向，"天下为公""货恶其弃于地也，不必藏于己"是包括全社会成员的（在"理想国"中共产主张仅限于统治阶级内部，被统治阶级则不在考虑范围之内）："货"是财富，"恶其弃于地"说明大同社会里的人对生产成果和社会财富十分关心和爱护，"不必藏于己"又蕴含着社会财富应为全体社会成员共享的奉献精神。"大同"社会也讲"人不独亲其亲，不独子其子""老有所终，幼有所养"，它是以家庭作为社会基本单位的，强调人要"亲其亲""子其子"，只是"不独"而已。"男有分，女有归"，子女和父母之间的血缘关系分得清清楚楚，与柏拉图的"共妻"论相比更符合人性和人情。"大同"社会以家庭作为基本单位，不存在"共妻""兽

---

① 柏拉图.法律篇 [M].张智仁，何勤华，译.上海：上海人民出版社，2001：150.
② 柏拉图.法律篇 [M].张智仁，何勤华，译.上海：上海人民出版社，2001：148，153.
③ 柏拉图.法律篇 [M].张智仁，何勤华，译.上海：上海人民出版社，2001：152.
④ 柏拉图.法律篇 [M].张智仁，何勤华，译.上海：上海人民出版社，2001：156.
⑤ 柏拉图.法律篇 [M].张智仁，何勤华，译.上海：上海人民出版社，2001：148，150，152-153，156.

性的痕迹",取而代之的是个人融于集体之中,对所有社会成员的一视同仁、友爱相处。"大同"社会推崇天下为公的贤人政治、博施济众的仁爱平等、和谐融洽的人际关系、大公无私的财富观念和积极奉献的劳动态度。"小康"社会则反映了周制分封制的特点,强调社会财富的私有产权和家庭的存在,注重政府在经济活动中的调控地位,讲究人伦道德的礼仪、太平安宁的社会秩序,这一文化观念也一直影响着中国社会的历史发展,形成了迥然有别于西方的中国道路。

(原载《复旦大学学报》2017 年第 1 期)

中西方传统财富观的特点
及对近代发展分途的影响

财富范畴，不同学科有着不同解读。在经济学上是指人们对于财富的态度或观念以及为获得财富而采取的行为、途径和方法的诠释，是人们对什么是财富与获取财富行为的价值判断、财富分配及财富生产等方面的认识，它是经济思想史研究的重要组成内容。

当代西方学术界对西方经济思想史中的财富观有许多研究成果，其中可以《新帕尔格雷夫经济学大辞典》为代表。就这些研究成果而言，其特点之一是多集中在亚当·斯密之后西方经济学说中财富观的特点与演变方面，其特点之二是明确地揭示了西方财富观发展演变中产权制度的安排："财富概念以及作为经济学组成部分的有关财富研究的关键要素，存在于财产制度在历史上的出现，它被认为是一种排斥其他人对物质和其他资源的占有的权力，而它对这些物质和资源的占有已取得法定的资格。"[①] 国内学术界有关财富观的研究成果大体可归结为从经济哲学视角和马克思政治经济学视角对财富的解读。学者们就财富范畴的寓意及其社会本质提出以下重要观点：财富范畴是历史的、流变的，是人性欲望的沸腾与社会权力交织的产物，在私有制社会中其社会本质表现为不平等，强调财富范畴具有多维度的释义[②]；主张构建以人为本的财富观，把财富的增长与人的全面发展联系起来，彰显马克思关于财富平等和分配正义的思想。[③] 中国经济思想史研究者对中国传统财富思想的特点也有许多总结，代表性

---

① 杜尔劳夫，布卢姆. 新帕尔格雷夫经济学大辞典：第 8 卷 ［M］. 贾拥民，等译 . 2 版 . 北京：经济科学出版社，2016：637.

② 董必荣. 财富：社会存在本体论追问——全国财富哲学高级研讨会述评 ［J］. 哲学研究，2011（01）：1.

③ 余源培. 构建以人为本的财富观 ［J］. 哲学研究，2011（01）：18-25；何丽野. 马克思关于财富与平等、自由之关系的思想及其现实意义 ［J］. 哲学研究，2013（06）：11-16.

观点认为，中国传统财富思想的特点是在独特的政治伦理背景和儒家思想影响下，人们在财富问题的认识上思考得更多的是如何以适当的手段追求财富，如何协调财富分配中的义利关系，如何正确评价追求财富中的人性，以及如何体现财富分配的公正问题。中国传统财富思想对财富本质的认识中也不乏劳动创造财富的思想，对欲求合理性的朴素阐释以及对言利正当性的道义边界的认识都具有现代的价值。① 但对中西方传统财富观的特点进行比较分析的研究论文可谓凤毛麟角。周家荣提出，中国古代伦理财富观是建立在皇权统治的政治基础与儒学伦理的思想基础上的，西方古代学理财富思想是建立在法制与神权的政治基础、民主理念和宗教文化的思想基础上的，这也是中国古代伦理财富思想没有形成较完备理论体系的重要原因。② 褚俊英也持相近的看法。③ 孙燕则从财富认知观、财富追求观、财富分配观三个角度揭示了先秦儒家和早期犹太财富思想的异同。④

上述文章缺乏就中西财富观的不同对中西方近代经济思想与社会发展分途影响的分析。本文在对中西方传统财富观的比较中依据其主要特点，提出中西方传统财富观的比较呈现出一种伦理财富观和增值财富观的不同特点：伦理财富观则凸显了财富的伦理属性，彰显了伦理道德与物质利益之间的关系，讨论的核心是财富的义利关系，关注的重点是财富分配；增值财富观则凸显了财富对人欲求的满足以及财富增长的动力来源，虽也涉及财富观中正义的讨论，但重点放在了认识财富对人欲求的满足以及欲求的满足是财富增长的动力上，关注的重点是财富创造中的产权制度安排。这一中西方财富观的不同是影响近代中西方经济思想与社会发展分途的重要因素。中西方传统财富观的内容丰富且复杂，上述概括不意味着中国传统财富观忽视财富的内在属性和财富的增长，也不意味着西方传统的财富观不重视财富分配的正义，而仅是就其主要特征比

---

① 周家荣. 中国古代伦理财富思想：形成、内涵与现代意义［J］. 昆明理工大学学报（社会科学版），2008（04）：37-41；顾蓉. 中国古代财富思想的现代价值［J］. 湖北大学学报（哲学社会科学版），2002（06）：40-42；张英姣，孙启军. 论中国古代伦理财富观及其现实转换［J］. 经济研究导刊，2010（24）：6-7.

② 周家荣. 中西古代财富思想的分异与启示［J］. 郑州大学学报（哲学社会科学版），2008，41（06）：59-62；周家荣."足用财富思想"与"增殖财富思想"：中西古代财富思想特性分异的比较及启示［J］. 武汉科技大学学报（社会科学版），2010，12（01）：76-81.

③ 褚俊英. 中西古代财富观的比较与启示［J］. 思想战线，2009，35（03）：123-124.

④ 孙燕. 中外传统财富观比较研究：以先秦儒家和早期犹太财富思想为例［J］. 山东工商学院学报，2020，34（02）：13-20.

较概括而言。本文目的在于抛砖引玉，引发学界的进一步深化讨论。

一

中国封建时代的财富观相较西方同时期要丰富得多，并呈现出伦理财富观的特点。先秦时期，西周封建制生产方式的衰落和新的地主经济生产方式的建立，极大地冲击了旧的思想意识和道德观念。代表不同利益的诸子百家互相争鸣，有力地推动了各种思想观念的发展。人们的财富观念也发生着变化，并产生了争论。这种争论集中在对"义利"关系的认识与财富分配的探讨上。在探讨与争论中，主要形成了儒家的"以义生利"（或曰"贵义贱利"）财富观和法家的"利以生义"（或曰"重利轻义"）两大传统财富观。这两种观点的争论凸显了财富的伦理属性，彰显了伦理道德与物质利益之间的关系，故都可用伦理财富观加以概括。秦汉以后，儒法合流，随着汉武帝"罢黜百家，独尊儒术"政策的实施，儒家"以义生利"的财富观占据了主导地位，但法家"利以生义"的财富观也延续了下来，这两种财富观的争论也一直贯穿了封建社会的始终。

儒家财富观强调"以义生利"，西汉时的董仲舒、司马迁，宋明理学家都是这一观点的代表性人物或学派。"以义生利"的财富观的核心是强调人们对物质财富（"利"）的追求必须受到社会伦理道德规范（"义"）的约束，并将义利关系上升到集体主义和个人主义价值观的高度。

董仲舒承认逐利乃人之本性，肯定满足欲望的必要性以及对维护社会治理的重要性，但担忧欲望过多没有伦理道德规范的约束会产生诸多弊端，因此主张人的欲望必须有所约束。至于怎样节制人们对物质财富的欲望，董仲舒提出用"义"（社会伦理的道德规范）来约束，"以义制利"，"夫万民之从利也，如水之走下，不以教化堤防之，不能止也"[1]。"义"也代表了"天下兴利也"[2]，即社会集体之公利。董仲舒还把义赋予君子，把利归于小人，从而把好义与好利说成君子与小人本性的区别，"夫皇皇求财利常恐乏匮者，庶人之意也；皇皇求仁义常恐不能化民者，大夫之意也"[3]。这显然是脱胎于孔子的"君子喻于

---

① 班固. 汉书：卷五十六：董仲舒传 [M]. 北京：中华书局，1962：2503.
② 董仲舒. 春秋繁露：卷七：考功名 [M]. 上海：上海书店出版社，2012：145.
③ 班固. 汉书：卷五十六：董仲舒传 [M]. 北京：中华书局，1962：2521.

义，小人喻于利"，只是这时"君子"与"小人"的含义已与孔子所处的春秋时代不同，改用"大夫"与"庶民"了。董仲舒强调求"利"乃人之本性，如果没有道德规范约束，大众逐利的行为必然会造成社会的混乱，所以对治国理政的"君子"或"大夫"来说，要推崇以义为先、义大于利，"仁人者，正其道不谋其利"①。

司马迁鼓励人们追求"利"，甚至用求"利"来概括人们之间的工作动力，如"贤人深谋于廊庙，论议朝廷，守信死节隐居岩穴之士设为名高者安归乎？归于富厚也。是以廉吏久，久更富，廉贾归富。富者，人之情性，所不学而俱欲者也"。《史记·货殖列传》中他还列举了在军壮士，攻城先登、陷阵却敌、斩将搴旗、奋勇作战、不避汤火之难者，"为重赏使也"；还有闾巷少年，劫人作奸、违法犯罪，"其实皆为财用耳"；甚至"赵女郑姬，设形容，揳鸣琴，揄长袂，蹑利屣，目挑心招，出不远千里，不择老少者，奔富厚也"，以及"吏士舞文弄法，刻章伪书，不避刀锯之诛者，没于赂遗也。农工商贾畜长，固求富益货也"。② 这些贤人、隐士、廉吏、廉贾、兵士、闾巷少年、赵女郑姬、吏士等的行为活动无不与物质财富的利益相关，司马迁将之归结为"天下熙熙，皆为利来；天下攘攘，皆为利往"的人性规律。他还追索历史，说从有文字记载以来，人都是追求利的，对于物质财富，任何人都是喜爱的。但他认为人们的逐利活动要受到道德规范"义"的约束，否则必有不良后果。他曾感叹："余读《孟子》书，至梁惠王问'何以利吾国'，未尝不废书而叹也。曰：嗟乎，利诚乱之始也！夫子罕言利者，常防其原也，故曰'放于利而行，多怨'。自天子至于庶人，好利之弊何以异哉！"③ 他主张"以德取财"："居之一岁，种之以谷；十岁，树之以木；百岁，来之以德。德者，人物之谓也。"意思是，在一个地方居住一年则以种谷为宜，十年则以种树为宜，百年则以修德为上。修德就是建树良好的道义口碑和声望。就像范蠡，"三致千金，再分散与贫交疏昆弟。此所谓富好行其德者也"④。在司马迁看来，良好的口碑和声望可以为经营者带来更为长远的丰厚利润。

宋代理学家们继承了儒学传统的财富观念，并对"义以生利"有了新的诠释，提出利从义出，取利须合乎义，义的客观标准则是"礼"，即"天理"，

---

① 董仲舒．春秋繁露：卷九：对胶西王越大夫不得为仁［M］．上海：上海书店出版社，2012：158.

② 司马迁．史记：卷一二九：货殖列传［M］．北京：中华书局，1982：3271.

③ 司马迁．史记：卷七十四：孟子荀卿列传［M］．北京：中华书局，1982：2343.

④ 司马迁．史记：卷一二九：货殖列传［M］．北京：中华书局，1982：3271-3272，3257.

"礼即是理也"①，鲜明提出用"天理"来控制人们对财富私欲的追求。求利必须"以仁义为先"，以义制利。理学家对义利关系的理论贡献还在于明确地将义与利的本质提升为公利与私利的关系，如"义与利，只是个公与私也"②。"理者天下之至公，利者众人所同欲。苟公其心，不失其正理，则与众同利；无侵于人，人亦欲与之。"③ 理学家的义利观体现出的是一种集体主义的价值观念，强调的是以国家的大利为本，义利之辨是公私之辨，是集体主义价值观和个人主义价值观之辨：凡符合公利的就是"义"，不符合公利的就是"利"，主张国家利益重于个人利益，群体利益高于个人私利。

明代理学家丘濬明确提出义利关系就是公私关系："然理之在天下，公与私、义与利而已矣。义则公，利则私；公则为人而有余，私则自为而不足。"④ 丘濬认为，"人心好利"，必须以"义"（公）制约"利"（私），政府制度设计和政策制定也应以"义"为标准，"圣人之制事，无往而不以义。惟义是主，择其利于人者，而定为中制。使天下之人，皆蒙其利，而不罹其害焉"⑤。"义"还具有规范、维护等级制度的重要作用，所谓"明其等级""不得以非义相侵夺"，以及"凡贵贱、长幼、多寡、取予之类，莫不各得其宜焉，是则所谓'义'也"⑥。

在中国传统经济思想中还有一种很有影响力的财富观，即主张"利以生义"，以务实为特点倡导功利。这一财富观先秦以法家为代表；西汉时以桑弘羊为代表；北宋以李觏、王安石为代表；南宋则以功利学派的叶适为代表。这种思想的出现与当时商品经济发展、市民阶层崛起有着紧密的联系。

在盐铁会议上，面对儒生对于盐铁官营政策的种种指责，桑弘羊旗帜鲜明地亮出了"利以生义"的财富观念，认为人们的本性都是好利的，人为财死，鸟为食亡，人人都是如此；而儒生们所谈的"义"如果脱离了"利"，都是欺人之谈。李觏公开质疑"不言利"的观点，提出"利以生义"的财富观。他说："利可言乎？曰：人非利不生，何为不可言？……孟子谓'何必曰利'，激

① 程颢，程颐．二程集：河南程氏遗书：卷十五：上 [M]．王孝鱼，点校．北京：中华书局，2004：144.
② 程颢，程颐．二程集：河南程氏遗书：卷十五：上 [M]．王孝鱼，点校．北京：中华书局，2004：176.
③ 程颢，程颐．二程集：河南程氏遗书：卷十五：下 [M]．王孝鱼，点校．北京：中华书局，2004：917.
④ 丘濬．大学衍义：补卷二十五：市籴之争 [M]．北京：京华出版社，1999：239.
⑤ 丘濬．大学衍义：补卷二十七：铜楮之币：下 [M]．北京：京华出版社，1999：254.
⑥ 丘濬．大学衍义：补卷一：总论朝廷之政 [M]．北京：京华出版社，1999：2.

也。焉有仁义而不利者乎?"① 他明确强调把"利"看作"义"的物质前提，"食不足，心不常，虽有礼义，民不可得而教也"②。李觏的思想影响到了北宋的政治家王安石。王安石在改革过程中从解决北宋的财政问题出发，提出了"理财乃所谓义也"的主张③，认为"利者义之和，义固所为利也"。④ 他发挥《周易》"何以聚人曰财"的思想，强调"合天下之众者财"和"聚天下之人不可无财"，强调君主不能理财就必然会"失其民"，纵使不亡，也不过是"号而已耳"，即只是一个徒有其名的傀儡。他提出的"理财乃所谓义也"包括两方面的内容：一是就理财的意义而言，不能认为理财总是违背义的。他以《周礼》为据，论证："一部《周礼》，理财居其半，周公岂为利哉!"⑤ 二是就理财方法而言，为天下（国）理财就是"义"，为满足私欲理财则是"非义"，以此为他的变法理财制造舆论。当司马光用传统的义利观来攻击新法时，王安石即以"理财乃所谓义也"进行了反击，所谓"为天下理财，非所以佐私欲""为天下理财，不为征利"。⑥ 正是在这一意义上，他强调为国理财的"利"也就是《易经》所说的"利者义之和"以及"义固所为利也"⑦，"义"本来就是"利"。他还从理财方法的角度阐述了"理财"的义利关系，"聚天下之人，不可以无财；理天下之财，不可以无义"⑧，强调宰相必须是善于理财之人，不能是只知坐而论道者："岂有食货国之大政，而谓之非宰相之事乎?"⑨ 为了培养和提高官员的理财能力，他建言把"善治财赋，公私俱便"列为十科举试法之一。⑩南宋时期，功利学派的集大成者叶适也是主张"利以生义"的，他强调无利即无义，"利"是"义"的物质内容，并将批判锋芒直指汉儒贵义贱利的代表人物董仲舒，批判其关于"正其义不谋其利，明其道不计其功"的说教："此语初

① 李觏．李觏集：卷二十九：原文［M］．北京：中华书局，1981：326.
② 李觏．李觏集：卷十九：平土书［M］．北京：中华书局，1981：183.
③ 王安石．临川先生文集：卷七十三：答曾公立书［M］．北京：中华书局，1959：773.
④ 李焘．续资治通鉴长编：卷二一九：神宗熙宁四年正月壬辰［M］．北京：中华书局，1986：5321.
⑤ 王安石．临川先生文集：卷七十三：答曾公立书［M］．北京：中华书局，1959：773.
⑥ 王安石．临川先生文集：卷七十三：答司马谏议书［M］．北京：中华书局，1959：773.
⑦ 李焘．续资治通鉴长编：卷二一九：神宗熙宁四年正月壬辰［M］．北京：中华书局，1986：5321.
⑧ 王安石．临川先生文集：卷七十：乞制置三司条例［M］．北京：中华书局，1959：745.
⑨ 司马光．论财利疏［M］//司马光．温国文正公文集：卷二十三．常熟瞿氏铁琴铜剑楼藏宋绍兴刊本：449b.
⑩ 司马光．乞以十科举士劄子［M］//司马光．温国文正公文集：卷五十三．常熟瞿氏铁琴铜剑楼藏宋绍兴刊本：797a.

看极好，细看全疏阔。古人以利与人而不自居其功，故道义光明。后世儒者行仲舒之论，既无功利，则道义者乃无用之虚语尔。"① 既然利是义的物质基础，就不应把二者看成互相排斥的，而应看成统一的整体，不应"以义抑利"，而应"以利和义"。② 叶适将求利看作人之本性，认为"就利远害"是"众人之同心"，人们为求利而"朝营暮逐，各竞其力，各私其求，虽危而终不惧"。③ 明中期的李贽对董仲舒的"正其义不谋其利，明其道不计其功"也予以批评："夫欲正义，是利之也；若不谋利，不可正也。"④ 他将"义以生利"说反，提出义不能凭空存在，必须是由利而生，只有先谋利，然后才能谈得上义，义是由利产生的，利就是义，"穿衣吃饭，即是人伦物理；除却穿衣吃饭，无伦物矣"⑤。

伦理财富观关注的重点是财富的分配。与儒家"以义生利"的财富观相对应，在财富的分配上，主张民富优先，藏富于民。董仲舒就主张藏富于民："夫天亦有所分予，予之齿者去其角，傅其翼者两其足，是所受大者不得取小也；古之所予禄者，不食于力，不动于末，是亦受大者不得取小，与天同意者也。夫已受大，又取小，天不能足，而况人乎！此民之所以嚣嚣苦不足也。身宠而载高位，家温而食厚禄，因乘富贵之资力，以与民争利于下，民安能如之哉！"⑥ 在财富的分配上董仲舒主张向民间百姓倾斜，反对盐铁官营，呼吁"盐铁皆归于民"⑦。司马迁也主张民富优先，支持民间经济的发展，"布衣匹夫之人，不害于政，不妨百姓，取与以时而息财富"⑧。只要民间的求利活动不违背义，就应该加以鼓励，使"人各任其能，竭其力，以得所欲"。他高举经济自由主义的旗帜，提出了"因之论"政策主张："故善者因之，其次利道之，其次教诲之，其次整齐之，最下者与之争。"⑨ 朱熹也明确强调，"民富，则君不至独贫；民贫，则君不能独富"⑩，反对"夺民之财"以"富其君"⑪，主张"宁过于予民，不可过于取民"⑫。民富先于国富的思想，在司马光与王安石关于新法

---

① 叶适. 习学记言序目：卷二十三：汉书三 [M]. 北京：中华书局，1977：324.
② 叶适. 习学记言序目：卷二十七：魏志 [M]. 北京：中华书局，1977：386.
③ 叶适. 叶适集：卷十：留耕堂记 [M]. 北京：中华书局，2010：164.
④ 李贽. 藏书：卷三十二：德业儒臣后论 [M]. 北京：中华书局，1959：544.
⑤ 李贽. 焚书：卷一：答邓石阳 [M]. 北京：中华书局，2009：4.
⑥ 班固. 汉书：卷五十六：董仲舒传 [M]. 北京：中华书局，1962：2520.
⑦ 班固. 汉书：卷二十四：食货志：上 [M]. 北京：中华书局，1962：1137.
⑧ 司马迁. 史记：卷一三〇：太史公自序 [M]. 北京：中华书局，1982：3319.
⑨ 司马迁. 史记：卷一二九：货殖列传 [M]. 北京：中华书局，1982：3253.
⑩ 朱熹. 四书章句集注 [M]. 北京：中华书局，2011：135.
⑪ 朱熹. 四书章句集注 [M]. 北京：中华书局，2011：283.
⑫ 黎靖德，王星贤. 朱子语类：卷十六：大学三 [M]. 北京：中华书局，1986：368.

的辩论中得到了很好的体现。司马光强调民为国本，藏富于民，"古之王者，藏之于民"①，理财首先要考虑的是"养"，即财富的生产和财源的培育，"其所以养民者，不过轻租税、薄赋敛"②，然后才是"取"，而且只能取"其所余"。据此，他对王安石变法试图将民间财富转移到政府手中的理财改革表示坚决反对，认为这不过是"头会箕敛"搜刮民财而已③，理由是："天地所生货财百物，止有此数，不在民间则在官。"④ 富民思想在明代中后期可以李雯为代表。李雯十分看重富民的社会作用，视富民为社会的中坚力量，认为富民上养天子，下养百姓，功劳很大。对于前者，李雯论证说："今贫民无资寄种，不可得而役；游民转徙浮生，不可得而役。陛下之所役者独富民耳。"富民才是国家赖以获取赋役收入的重要来源。因此，他反对各种抑制富民的政策，诘问："富何罪哉？"富民不仅无罪，而且有功，功劳在于"养民"，"贫者不立，富者以资易其田，捐半租与贫民，而代其赋"，富人将贫民土地买来租给他们耕种，并代其缴纳赋税，还为贫民提供了衣食，故曰"富民者，贫民之母也"。他提出政府应礼遇富民，"其以事至京师者，得见天子于便殿，天子或召而问之。民间疾苦，或间以上闻。……天子曰，吾民以义役，吾遇之有礼矣"⑤。

与主张"利大于义"者相呼应的财富观，在财富的分配上主张国富优先，经济政策上主张国家垄断。西汉时期的"盐铁会议"是中国古代历史上有关宏观经济政策的一次大论战。当面对儒生们提出的罢盐铁等官营经济的要求时，主管财政的桑弘羊坚决予以回击："边用度不足，故兴盐铁、设酒榷、置均输，蓄货长财，以佐助边费。"⑥ "笼天下盐铁诸利……是以兵革东西征伐，赋敛不增而用足。"⑦ 他主张富国优先，其所说的"利"是指国家之"利"，即增加国家的财政收入。他说盐铁官营增加的财政收入都用在了支持战事军费上，同时也有利于调节贫富，最终对百姓也有利，"平准则民不失职，均输则民齐劳逸，故平准、均输，所以平万物而便百姓"⑧。他还论证发展国营经济有利于生产、

---

① 司马光. 司马光全集［M］. 成都：四川大学出版社，2010：613.

② 司马光. 与王介甫书［M］//吕祖谦. 皇朝文鉴：卷一一五. 宋嘉泰四年新安郡斋刻本：2359a-2359b.

③ 脱脱，等. 宋史：卷三三六：司马光传［M］. 北京：中华书局，1985：10763-10764.

④ 苏轼. 志林［M］//吕祖谦. 皇朝文鉴：卷九十八. 宋嘉泰四年新安郡斋刻本：2024b；李雯. 蓼斋集：卷四十三. 石维昆刻本. 顺治十四年：849a.

⑤ 李雯. 蓼斋集：卷四十三. 赋役［M］. 石维昆刻本. 顺治十四年：849b.

⑥ 王利器. 盐铁论校注：卷一：本议第一［M］. 北京：中华书局，1992：2.

⑦ 王利器. 盐铁论校注：卷三：轻重第十四［M］. 北京：中华书局，1992：179.

⑧ 王利器. 盐铁论校注：卷一：本议第一［M］. 北京：中华书局，1992：4.

流通和赈灾等，是利民之举。桑弘羊从国家本位出发，阐明了国家控制盐铁等专营经济对于维护国家统治的重要性："家人有宝器，尚函匣而藏之，况人主之山海乎？"他强调天下所有的财富都是国家的，必须由国家来加以控制，"今放民于权利，罢盐铁以资暴强，遂其贪心，众邪群聚，私门成党，则强御日以不制，而并兼之徒奸形成也"①。桑弘羊不但主张"利先于义"，而且反对"利归于下"②，认为"夫臣富则相侈，下专利则相倾也"③。强调民利服从于国家的利益，这是一种典型的国家本位主义的财富观念。他所推崇的"民不益赋而天下用饶"，实际上是通过国营经济中的垄断攫取民间财富来补充国家财政的不足。李觏也强调"利"是国家之利，富国是其经济思想的核心，"是则治国之实，必本于财用……是故贤圣之君，经济之士，必先富其国焉"④。王安石也同样如此，其富国的办法之一就是通过"不加赋而国用足"⑤，具体办法是要对社会上的富商大贾采取一系列的"抑兼并"政策，完成社会财富的再分配。王安石反复上奏神宗"摧兼并，收其赢余，以兴功利，以救艰厄"，说这不是"名为好利"⑥，而是"为天下理财"，"苟能摧制兼并……不患无财"⑦，变法实质上就是社会财富的一次重新分配。明代海瑞对于那种以圣人言义不言利为借口鄙视富国的观念进行了尖锐批判："富国强兵，陋为伯术，儒者不屑。圣人不富国强兵耶？什一而彻，田猎讲武，富国强兵天下之于圣人莫是过也。谓圣人言义不言利，兵非得已，天下宁有这等痴圣人、死地圣人耶？"⑧ "圣王之治，利天下，国家之利裕矣。"⑨张居正也痛斥那种诋斥富强为霸术的观点是迂腐之论，"后世学术不明，高谈无实，剽窃仁义，谓之王道；才涉富强，便云霸术。不知王霸之辩，义利之间，在心不在迹"⑩，明确提出治国就是要以富国为目标。李贽则提出富国理财是治国的前提，"不言理财者，决不能治平天下"⑪。为此，李贽在《藏书》中专辟"富国名臣"一栏，把一向被斥为"聚敛之臣"的桑弘羊

---

① 王利器．盐铁论校注：卷一：禁耕第五 [M]．北京：中华书局，1992：67.
② 王利器．盐铁论校注：卷七：取下第四十一 [M]．北京：中华书局，1992：462.
③ 王利器．盐铁论校注：卷一：错币第四 [M]．北京：中华书局，1992：57.
④ 李觏．李觏集：卷十六：富国策第一 [M]．北京：中华书局，1981：133.
⑤ 脱脱，等．宋史：卷三三六：司马光传 [M]．北京：中华书局，1985：10764.
⑥ 李焘．续资治通鉴长编：卷二四〇 [M]．北京：中华书局，1986：5828.
⑦ 李焘．续资治通鉴长编：卷二六二 [M]．北京：中华书局，1986：6407.
⑧ 陈义钟．海瑞集：复欧阳柏庵掌科 [M]．北京：中华书局，1962：442.
⑨ 陈义钟．海瑞集：四书讲义 [M]．北京：中华书局，1962：493.
⑩ 《续修四库全书》编委会．新刻张太岳先生文集：卷三十一 [M]．上海：上海古籍出版社，2002：227.
⑪ 李贽．四书评 [M]．上海：上海人民出版社，1975：10.

等人列为富国名臣，高度赞扬，如在叙述桑弘羊的主要理财措施之后，对史家做出的"民不加赋而天下用饶"的评价一再赞叹："真，真！""桑弘羊者，不可少也"①。

二

　　西方中世纪的财富观源自古希腊。苏格拉底明确提出，财富的特性在于能满足人的欲求："财富是一个人能够从中得到利益的东西。"② 财富要有用，没有用的东西不是财富。欲求的满足是财富增长的动力，创造财富的任务就是得到更多具有使用价值的物品。在古希腊，农业和商贸在经济生活中占据重要的地位。苏格拉底认为，财富就来源于农业的生产和商业的贸易。他提出从事农业"是一个自由民所能做的增加财产和锻炼身体的手段"③。农业的兴盛有效地促进古希腊其他经济领域的发展，"农业是其他技艺的母亲和保姆，因为农业繁荣的时候，其他一切技艺也都兴旺"④。苏格拉底强调，商贸也是财富的重要来源，《雅典的收入》中就以苏格拉底的口吻强调雅典特殊的地理环境特别适合于发展商业和对外贸易，同时列举以下细节来证明雅典是一个最有利于贸易赚取财富的地点：

　　　　首先，雅典拥有各种船只的最优良和最安全的港口，航海者如遇风暴可以在此停泊和休息。其次，在大多数其他城市中，国外商人们必须以其某种商品交换另一种商品，因为居民所使用的货币不能越出国境以外；而雅典一方面拥有外国人所需要的大量出口货物，另一方面，如果商人不愿意物物交易，他们还可以运走我们的白银，作为最好的货载，因为他们无

①　李贽. 藏书：卷十七：富国名臣总论［M］. 上海：上海人民出版社，1974：291.
②　色诺芬. 经济论：雅典的收入［M］. 张伯健，陆大年，译. 北京：商务印书馆，1961：4.《经济论》是以苏格拉底和克里托布勒斯对话的形式阐述的，是色诺芬的著作，但反映了苏格拉底的经济思想。
③　色诺芬. 经济论：雅典的收入［M］. 张伯健，陆大年，译. 北京：商务印书馆，1961：18.
④　色诺芬. 经济论：雅典的收入［M］. 张伯健，陆大年，译. 北京：商务印书馆，1961：19-20.

论在什么地方卖掉这些银子，他们所得总比它们原来所值为多。①

因为雅典具有如此优越的贸易和发展商业的地理条件，只要人民因交易可以获利，从事一般商业或国外贸易都是好事，应予以鼓励。

古希腊的亚里士多德对财富来源问题的探讨达到了前所未有的理论高度。亚里士多德是将财富作为家政学来研究的，提出财富增值致富的最好方式是合乎自然地从动植物中取得财富，如通过农、牧、渔、猎等方式为生活觅取有限的财富。欲望的满足是自利的，亚里士多德在《政治学》一书中提出扩大财富最好的措施是满足人的自利心，保护好财富的私有产权。亚里士多德认为，贫穷是形成"争斗和恶性"的原因，解决的办法就是鼓励人们去努力增加财富的生产，鼓励人们去增加财富生产最好的办法就是保护好财富的私有属性。对于保护私有产权带来的好处，亚里士多德进行了论证：首先，私有制度符合人的天性，相对财产公有而言能给人带来更多的快乐，"人们一旦认为某一事物为他自己所有，他就会得到无比的快乐"。其次，财产公有会引起经济纠纷影响经济效率的提高。在亚里士多德看来，财产公有不仅不能消除私有观念，反而会导致人们对城邦公利漠不关心，"一件事物为最多的人所共有，则人们对它的关心便最少。任何人最主要考虑的是私有的东西，对公共的东西则甚少顾及，如果顾及那也是与他个人相关"②。若保护好了私有产权，人们创造财富的动力也就激活了，"一旦每个人的利益各自分清了，人们就不会相互抱怨，而且由于大家都关心自己的事务，人们的境况就会有更大的改观"③。

中世纪早期的财富观深受基督教价值观的影响。基督教认为，人生来便有"原罪"，人类的种种欲望，诸如对财富的追求等，都被归入"原罪"的范围。为了消除"原罪"，基督教提倡实行"禁欲主义"，这种对人性的抑制必然导致对私欲范畴财富的压抑以及信仰与财富的对立，《新约·马太福音》反复强调"你们不能又侍奉神，又侍奉玛门"，这里的"玛门"即指财富。基督教将"世福"与"永福"相对立，财富作为"世福"的重要形式被鄙弃，而安贫乐道作为"永福"的重要途径被大力提倡。在现实世界里，耶稣要求信众放弃私有财产。《新约·马太福音》第19章宣称"我实在告诉你们：财主进天国是难的。

① 色诺芬. 经济论：雅典的收入 [M]. 张伯健，陆大年，译. 北京：商务印书馆，1961：76.

② 颜一. 亚里士多德选集：政治学卷 [M]. 北京：中国人民大学出版社，1999：34-35.

③ 颜一. 亚里士多德选集：政治学卷 [M]. 北京：中国人民大学出版社，1999：39.

我又告诉你们：骆驼穿过针的眼，比财主进神的国还容易呢。"在这一教义的影响下，中世纪早期的财富思想乏善可陈。但随着 11 世纪后西欧更多市集和市场的出现、海上和陆上东西方商业贸易的加强，商队船只开始更为自由地、频繁地来往于各地，银行和协会建立及付款方式改进，商人的地位明显提升，亚里士多德的著作从伊斯兰世界重新回流到欧洲，并逐渐取代早期教父哲学中的柏拉图的思想，成为基督教世界的正统思想，古希腊的增值财富观念开始复活，基督教的神学家们也开始讨论财富的合法性问题了。他们强调财富是工作的成果，开始允许人们挣取维持生计所必需的财富，每个人都必须服从这个神圣的法则。中世纪中后期，财富思想便日趋活跃和丰富了起来。

中世纪财富观延续了古希腊的特点，讨论的核心仍是财富的源泉，关注的重点是财富创造中的产权制度安排。而有关财富的来源，代表性的观点有劳动创造财富说、精神动力说和贸易财富说。

《圣经》强调劳动的价值，强调"勤劳致富"。在《圣经》看来，世界上之所以存在富与贫的不同，是因为上帝所造之人不同，那些敬畏上帝又勤劳的人报偿是富裕，那些不虔敬上帝又懒惰的人恶果就是贫穷。"手懒的，要受贫穷；手勤的，却要富足。"（《旧约·箴言》）劳动被看作财富的来源。早期教父们坚持《圣经》的教义，延续了《圣经》对劳动的看法，认为神学家应以亚当为榜样，坚持亲自劳动的高贵性，强调人必须通过流汗劳动来获得食物，劳动是美德的象征，懒惰则是罪恶的标识。奥古斯丁就给劳动以高度的赞美和肯定，他认为所有人都应该劳动，并在注释《圣经·创世纪》时说："在上帝创造世界时，上帝就要人劳动，上帝将乐园交给人，要人保卫它，耕种它，劳动不是负担，而是愉快。他还把铁匠、木匠、鞋匠的劳动都称为'纯洁正直的行业'，强调体力劳动和精神劳动同样值得人们尊敬。"① 到了中世纪，阿奎那的老师亚尔贝兹·马格努在注释亚里士多德的《伦理学》一书时明确提出劳动是创造财富的来源，一个木匠只有在他得到的报酬足以弥补其成本与劳动时才会制床，只有劳动耗费相等的物品才可以相互交换，"同一劳动和费用的集合不能不相互交换。因为制造床的人如不能收大约相当于他制造床所耗费的相当数量的劳动和费用，他将来就不可能再制造一张床，制造业也就因此而消失。其他行业也是如此"②。阿奎那接受了老师的这一思想，"除效用以外又把劳动和费用作为交

---

① 卢森贝．政治经济学史：上［M］．翟松年，等译．北京：生活·读书·新知三联书店，1962：36.

② 胡寄窗．政治经济学前史［M］．沈阳：辽宁人民出版社，1988：316.

换价值的一个决定因素"①，"在《大全》之前不久，圣托马斯已经写了对亚里士多德《伦理学》的评论，就像他的老师一样，在这些评论里，商品价值的差别既归于主观因素，也归于客观因素，即归于它们的满足能力的差别和在生产中使用的劳动和费用的数量的差别"②。阿奎那在讨论公平价格的问题时注意到了生产成本，他在评注亚里士多德的《伦理学》时指出：生产者在出售其产品时，若售价不能抵偿费用，生产者便将破产，公平价格就是商品与商品或商品与货币之间的均等。在他看来，这种均等是以生产上所耗费的劳动量为转移的，如在讨论用房屋交换鞋子时应当为房屋多付出是因为制造房屋的人在劳动的耗费和货币的支出上都超过了鞋匠，强调了公平价格有客观的基础。相似的观点在阿奎那之后也得到延续和发展，如神学家皮特罗就认为，谷物的价格应该设定用一定单位时间内的劳动支出来确定，"上帝和一切理由均要求人们用他们的辛劳来挣得他们的面包，这也许足以维持他们的生活，而那些不劳动的人也不得吃。……我们只考虑应该用多少工作日作为衡量谷物的尺度才算公正"③。从劳动的角度来考虑价格的价值基础是中世纪基督教的思想传统。这一传统被之后的配第和亚当·斯密所继承，并得到马克思的高度评价："亚当·斯密宣布劳动一般，而且是它的社会的总体形式即作为分工的劳动，是物质财富或使用价值的唯一源泉。"④

精神动力说以新教加尔文教为代表。文艺复兴之后，宗教改革中的加尔文教探讨了人们追求财富的精神动力问题。加尔文教认为，一个真正虔诚的人不仅在内心深处充满对上帝的坚定信仰，在日常生活与工作方面也表现出友爱与勤奋节俭的美德。加尔文教的"天职观"将劳动视为神圣的职责，并据此强调敬业的奋斗精神与克勤克俭的"现世性"的禁欲主义。人必须通过努力工作来验证信仰，通过改造社会所获取的劳动成果来增加上帝的荣耀。在这里，劳动不再是上帝对人的惩罚，而是上帝对人的恩宠。加尔文强调了人的生命历程就是响应上帝召唤的过程，一个人尽天职，就是对神的召唤的回应。神的召唤是天国选民的标志，为了证明自己是选民，每个信徒都应该有信心、有恒心，去

① 罗斯巴德. 亚当·斯密以前的经济思想：奥地利学派视角下的经济思想史：第 1 卷 [M]. 张凤林，等译. 北京：商务印书馆，2012：84.
② 斯皮格尔. 经济思想的成长 [M]. 晏智杰，刘宇飞，王长青，等译. 北京：中国社会科学出版社，1999：53.
③ 晏智杰. 西方经济学说史教程：第 2 版 [M]. 北京：北京大学出版社，2013：29.
④ 中共中央马克思恩格斯列宁斯大林著作编译局. 马克思恩格斯全集：第 31 卷 [M]. 北京：人民出版社，1972：698.

通过天职，通过争取和利用上帝给予的每一次获利机会，以世俗事业的成功来"荣耀上帝"，并证明自己是上帝的选民。如此一来，加尔文一方面论证了世俗工作的神圣性，另一方面也承认了经济生活变化的现实。这样就使得追求财富的经济活动获得了神圣的内在意义，也具有了与内心信仰同等重要的善功性质。加尔文的"天职观"把劳动看作一种神圣的职责，也是增加上帝荣耀的手段。从"天职观"中不仅产生了为了上帝的荣耀而非自身利益的个人奋斗精神，还形成了一种有意义的禁欲主义。从这一"禁欲观"看，人要想成为选民，就必须摆脱各种非理性的感官冲动，去过一种简朴的理性生活，并且在生活中要严于律己和深刻反省，反对浪费和奢华。与中世纪宗教神学蔑视世俗事务、鼓吹弃世苦修的禁欲主义不同，加尔文教寻找到了禁欲主义的现实载体，将对财富的追求上升到善功高度，这一禁欲观有助于完成资本的积累，"在荷兰，这个真正只是由用严格的加尔文主义占统治地位达七年之久的国度里，在更严肃的宗教圈子里，更简朴的生活方式与巨大的财富的结合，导致了资本的过度积累"①。基于这种观念，加尔文教为财富的追求与资本主义经济活动提供了合理性的诠释，而奉守"天职观"的清教徒则成为最早一批白手起家并促进之后数百年西方资本主义发展的资产阶级。一句话概括，新教伦理成为资本主义创造财富的一种精神动力。

贸易财富说以重商主义为代表。重商主义萌芽于 14 世纪末期，当时西欧国家的一些有识之士为了摆脱财政困境与发展商品经济，开始在发展对外贸易上寻找出路。在英国皇家造币厂工作的理查德·艾尔斯伯里在 1381—1382 年就向国王建议国家对进出口贸易加以统制，政策上鼓励出口、减少进口，促使大量的金银货币源源不断地从国外流回英国。在这个建议后的几个世纪里，围绕什么是财富、财富的来源及如何积累财富等问题，西欧各国的许多商界要人、银行家、官吏、学者展开了一系列的讨论，他们谋求依靠国家的力量，扩展商业，增加财富之路，在西欧诸国形成了长达数百年之久的重商主义思潮。重商主义财富观回答了财富的来源以及财富怎样才能迅速积累等问题，主要代表性观点就是贸易财富说，核心观点是只有能变现为货币的东西才是财富，财富就是货币，货币就是财富。他们提出，财富来自流通领域，源于贸易顺差，商业是财富之源，工业是为商业服务的。意大利重商主义的代表人物安东尼奥·塞拉在 1613 年出版的《略论可以使无矿之国金银充裕的成因》一书中的观点代表了重

---

① 韦伯. 新教伦理与资本主义精神［M］. 于晓，陈维纲，等译. 北京：生活·读书·新知三联书店，1987：135.

商主义的财富观。塞拉提出，金银货币是财富，国家获得财富的手段可以分成两类：自然手段和人为手段。自然手段只有国家具有矿藏时才能使用。由于意大利不具备这一条件，所以他强调意大利需要通过人为手段来获得财富。他又将人为手段分为特殊的和普通的两种。特殊手段是为一定国家所特有而其他国家所没有或不可能有的手段，他将其归结为两个：一个是国内生产超过本国需要量的农产品，将这些剩余农产品输出国外就可以换回金银；另一个是国家占据了特殊优越的地理位置，例如，威尼斯，就可以通过发展、繁荣商业贸易来使国家获得充足的金银。他认为这两个特殊手段并不是每个国家都具备的，而"行业的多样化""人民的素质""商业活动的广泛性"和"主政者的管理方式"是每一个国家都可以具有的，他提出国家可以通过发挥这四个普通手段的作用来增加国家的财富。塞拉强调，一个国家的居民除了在本国从事贸易，还要同其他国家进行贸易，这样就可使国家获得充足的金银。他认为，只要依靠商人的活动，国家就可以获得大量的现金，达到富有的境地。塞拉强调国家干预经济活动的特殊作用，认为国家完善地运用这一手段不仅可以防止货币外流，而且可以汲取大量的货币。只要国家执行英明的外贸政策，就能使国家获得充足的货币。他还论证说，威尼斯等城市就是运用这些手段才获得了大量的金银财富。在对外贸易中，塞拉强调要保持顺差，认为这样才会增加国家的货币财富的收入。塞拉的观点反映了意大利晚期重商主义的特征。①

欲求的满足推动着财富的增值，中世纪财富观关注的重点仍是财富创造中的产权制度安排。《旧约·出埃及记》20 章中明确强调财产有归属不容侵犯，如"不可偷盗"和"不可贪恋人的房屋；也不可贪恋人的妻子、仆婢、牛驴，并他一切所有的"，并详细记录了如果偷盗他人物产应如何加以赔偿和惩罚，"人若偷牛或羊，无论是宰了、是卖了，他都要以五牛赔一牛、四羊赔一羊"（《旧约·出埃及记》22 章）。在基督教教父时代，已开始肯定财产私有的合法性了。如克莱门特就赞同私有财产的积累，但劝告人们要把财产用于为社会办好事，"我们决不能丢弃能够给邻居带来好处的财富。……物品之所以被称为好就是因为它们能做好事，它们是上帝为了赐福于人类而提供的：它们就在那些知道如何使用它们的人手边，由他们掌握，为实现某种有益用途而充当材料和工具"②。奥古斯丁继承了早期教会作家的看法，他发问道："谁不知道占有财

① 门罗. 早期经济思想：亚当·斯密以前的经济文献选集 [M]. 蔡受百，等译. 北京：商务印书馆，1985：126-145.

② 罗斯巴德. 亚当·斯密以前的经济思想：奥地利学派视角下的经济思想史：第 1 卷 [M]. 张凤林，等译. 北京：商务印书馆，2012：51.

产并不是什么罪恶，只是爱财，指望占有财物，要财富胜过要真理或正义才是罪恶呢？"又说："为什么你责备我们，说凡是受过洗礼自新的人，不该再生孩子，或不该再占有田地、房屋和金钱呢？保罗是容许这些现象存在的。"① 在奥古斯丁这里，私有财产开始得到容忍。奥古斯丁在回答抱怨皇帝把他们的财产充公的异教徒时说得很清楚，私有财产是人权的产物，不应被没收，"根据神权，大地及由它产生的一切都是上帝的"。但根据人权，人说"这财产是我的，这房子是我的，这仆人是我的"。因此，根据人权就是根据帝权。因为上帝通过世界上的帝王分配给人类的恰恰是这些人权。② 奥古斯丁在这里所提出的作为人权的财产权依附于神权，是上帝将个人财产的所有权通过现实世界的帝王而分配给人类的经济观念，将神权和人权做了清楚的区分，被中世纪阿奎那做了进一步发展，最终完成了从基督教教义角度论证私有财产合法性的理论问题。

阿奎那财富观在深化劳动创造财富说之外的另一理论贡献就是根据自然法思想论证了人类私有财产制度的合理性。他继承古希腊、古罗马思想家关于将法律分为自然法和实在法以及自然法高于实在法的学说，又在自然法之上增加了一个"神法"（永恒法），提出宇宙是一个由神法、自然法和人法（实在法）共同作用的体系。首先是神法，它来自先知的启示和基督的福音，是指导人类行为的神的智慧，世界万事万物均处在神的管辖范围，接受神的支配，这个法只有上帝知道，居于最高端。其次是自然法，凡人是无法知道自然法的，只有借助于上帝赐予的理性才能去了解其部分内容，这种理性动物参与的永恒法就是自然法。与神法一样，自然法神圣不可侵犯。在阿奎那看来，自然法是由人的理性悟出的神法。这样，世界的基本秩序就有赖于人的理性构建，并把它最终归之于神。阿奎那将自然法规定为人身上存在的一种向善的自我保护功能，是人与神沟通对话的桥梁。如此一来，自然法就将尘世与天国联系了起来，神圣幸福与尘世幸福不是对立的关系，而是世俗社会的一种追求。最后是人法，人法处在最低层。阿奎那认为，人法是一种以公共利益为目的的合乎理性的法令，合理性与有效性取决于正义性和公共利益性，是由负责管理社会的人制定并颁布的。如此一来，阿奎那肯定了私有财产的合法性："私有权并不违背自然法，它只是由人类的理性所提出的对于自然法的一项补充。"③ 他提出私有财产

① 巫宝三. 欧洲中世纪经济思想史资料选辑 [M]. 傅举晋，吴奎罡，等编译. 北京：商务印书馆，1998：334-335.
② 斯皮格尔. 经济思想的成长 [M]. 晏智杰，刘宇飞，王长青，等译. 北京：中国社会科学出版社，1999：39.
③ 阿奎那. 阿奎那政治著作选 [M]. 马清槐，译. 北京：商务印书馆，2009：147.

是个人的神圣权利，是导源于自然法的，是人类不可缺少的制度，这就强化了全社会成员扩大其财富、增值其产业的愿望。阿奎那还花费了很多精力来为私有产权制度辩护。他论证说："首先是有关取得和处置的权力。在这方面，私人占有是准许的。有三个理由足以说明这对于人类的生活来说也是必要的。第一，因为每一个人对于获得仅与自身有关的东西的关心，胜过对所有人或许多别人的共同事务的关心。……第二，因为当各人有他自己的业务需要照料时，人世间的事务就处理得更有条理。……第三，因为这可以使人类处于一种比较和平的境地，如果各人都对自己的处境感到满意的话。"① 他的结论是财产私有制是符合自然法和理性的，就像人发明衣服御寒一样，也是出自上帝的意志，"就如我们可以说，人不穿衣服属于自然法，因为大自然没有给人衣服，衣服是技术的产物……因为财产私有和奴役，不是自然的产物，而是人的理性为了人生的用途引入的"②。阿奎那的财富观是站在维护基督教国家和社会稳定的立场来立论的，并尽可能将自己的思想与传统的基督教教义结合起来。阿奎那的财富观对路德宗教改革产生了重要的影响，并为路德创立的新教所继承，为世俗的牟利活动打开了一扇大门。

三

中西传统思想家在财富观上的不同与制度文化的不同有关。中国封建时代的财富观受占主导地位的儒家思想影响，与政治伦理相结合，适应了中国封建政治统治的要求。财富与政治伦理相结合，构成了中国传统财富观的基础与特点。在讨论财富问题时，它首先考虑的是财富的义利关系与财富的分配是否符合国家的政治伦理秩序，它强调用道德规范（"义"）来约束人们对财富的获取过程，凸显了国家本位的特点。在西欧从古希腊到中世纪，法制与神学构成了其财富观的政治基础，它关注的是什么样的物品能算作财富、财富的来源是什么以及财富怎样才能迅速积累，财富观偏重讨论财富来源的经济属性，关注的重点是财富创造中的产权制度安排。

中西财富观都有一个演变的过程。以产权观念为例，中世纪前，东西方经

① 阿奎那.阿奎那政治著作选［M］.马清槐，译.北京：商务印书馆，1982：141-142.
② 阿奎那.神学大全：第六册：论法律与恩宠［M］.周克勤，等译.高雄："中华"道明会，2008：48.

济观念已出现了向不同方向发展分途的趋势，如西汉时期经济思想凸显的是集体主义的国家本位，国家所有制占据主导地位，国家对土地、盐铁等各种资源所有权的支配不仅表现在人们的思想观念中，也表现在对土地籍册中每亩土地的最后处分权和户籍上每个人的课税权上。在国家所有制的支配下，私有产权完全得不到法律上的保护，政府随时可以以任何理由侵占私产（田）将其变为公产（田）。"工商食官"，手工业者也受官府的控制，与其有着强制性的依附关系，工匠们没有相对的独立性，不能摆脱官府的支配和控制。在西方则相反，古希腊亚里士多德就看到了类似后人所说的"公地悲剧"，明确提出人性只关心自己所有，忽视公共事务。因此，他主张私有产权制度优于公共（国家）所有制，并提出私有产权制度的五大优点：第一，私有制有着更高的生产力，有助于社会的进步；第二，财产公有会导致人们在报酬方面的攀比争执，形成类似后人概括的"公地悲剧"；第三，私有财产给人以愉快；第四，人类历史的经验证明私有制更普遍；第五，财产私有制有利于慈善活动。

中世纪早期，西方沿着古希腊、罗马强调私有产权、重契约法规的方向发展，讨论的核心问题之一就是私有产权制度，如阿奎那明确肯定私有产权制度是个人的神圣权利，是导源于自然法的，是人类不可缺少的制度，这就强化了全社会成员扩大其财富、增值其产业的愿望。他认为，人性的特点就是关心自己的财产多于关心别人的财产；私有财产产生秩序，"如果财产划分清楚，就不会为如何使用公共财物而争吵，就会维持良好的社会秩序"。① 阿奎那之后，其弟子约翰进一步明确宣称世俗中的财产"是单个人通过他们自己的技能、劳动与勤奋而获得的。每个单个人像其他单个人一样，对于其财产拥有权利和权力，并拥有合法的地主身份。每个人都可以按照他的意愿来安排他自己所有的东西，处置、管理、持有或者放弃它们，只要他不给其他人带来任何伤害就可以"②。在这里，他强调的是对于资源的使用必然都包含着支配权，即对于资源以至于财产的占有和控制。中世纪晚期唯名论的教会思想家约翰·梅杰得出了如下结论：不仅人的权利与支配权是自然的，而且私有财产也是自然的。之后启蒙思想的先驱洛克在牛津主持对自然法的讨论，他用世俗的眼光分析了私有财产的产生过程，论证了私有财产的合理性，宣称保护财产是政府的首要目的。在分析私有产权的起源时，他以自然法为依据来论证私有财产的合理性，认为私有

---

① 熊彼特．经济分析史：第 1 卷 [M]．朱泱，孙鸿敬，李宏，译．北京：商务印书馆，1996：150.

② 罗斯巴德．亚当·斯密以前的经济思想：奥地利学派视角下的经济思想史：第 1 卷 [M]．张凤林，等译．北京：商务印书馆，2012：92.

产权是一种自然权利,这种权利表现在个人可以自由对待和处理他所有的东西。私有财产的重要意义在于当人们通过劳动积累财产时,会更具有生产的积极性。洛克还从私有产权的观点出发,认为君主不能以自己的权威来征税,而需征得人民或者他们合法代表的同意。除非本人同意,否则最高权力也不能剥夺任何人的任何财产。这种观点就是私人财产神圣不可侵犯观念的源头。古典经济学的创立者亚当·斯密也正是在这一私有产权的基础上,论证了市场竞争这只"看不见的手"会把社会的稀缺资源配置到最有效率的部门。从法制史的角度来说,自然法概念强调财产权利和契约共同构成了西方世界一切法律体系的支柱,至今仍是现代权利概念特别是个人权利概念直接的来源。而这一时期的中国,思想家们仍是从国家本位和利益出发,讨论的多是如何"富国"以及财政和货币问题,没能超出封建经济范畴。

从财富价值观上看,西方在进入中世纪后,由于接连不断的战争对文化传承的毁灭性打击,只有基督教神学思想以其广泛的群众基础得以延续,并在意识形态领域占据主导地位。中世纪早期,教会宣扬禁欲主义,把获取财富的行为看作邪恶的,基督教教义要求人们践行禁欲主义的生活方式,强调节制世俗欲望甚至弃绝一切欲望,以追求信仰的纯洁和上帝的救赎为目标。在中国,西汉儒家的"义利论"到了宋代则被理学家发展为"理欲论",义理代表国家,利欲则代表个体,彰显的是一种集体主义的价值观,要求"革尽人欲,复尽天理",将"义"与"利"对立起来,凸显了财富获取要服从国家的政治伦理,也多少具有否定个人欲望与利益的价值取向,与中世纪早期的基督教有着一定的相似性。在对待财富问题上,也都有视财富与宗教教义或道德理性相斥的观点以及压抑私人对财富过分追求的价值取向。但两者的财富观念又有着明显的差别,如理学家的"义"所规定的等级财富享有与基督教普适规则的平等禁欲形成了鲜明对比。理学家对待财富问题认为应依"礼"而行,按照世俗地位分等级是礼的重要特征,不同等级地位的人所能享有的财富多少有严格规定,等级越高的人享有财富的数量就越多,而地位低下的人只能获得最基本的满足生存需求的财富。基督教教义则强调在神面前人人平等,世俗地位高的群体与阶层并未被赋予占有、享有较多物质财富与资源的权利;相反,教义时刻都在强调对弱势群体的救助与关爱,因此基督教所规定的对追求财富的限制更具平等性与普遍性。基督教与儒家伦理财富观中的等级差异思想有其深刻的社会历史原因。《圣经》作为教义传播的最主要载体,其语言通俗易懂且内容具体,便于教义真实思想向所有教徒的充分传递。因此,基督教在中下层群众间迅速传播,并逐渐蔓延到中上阶层。而儒家思想的传播则是由上至下,主要流行于知识精英阶层，孔子、孟子、朱子等所著的儒家经典言语必称君王、君子，其内容也多是向统治者兜售治国之术，虽也提及百姓的衣食问题，但突出的是国家本位和利益。

到了中世纪，随着教权的扩大并占据了意识形态的统治地位，经院学者的经济思想才对现实经济活动中诸如市场价格的形成、私有产权的法规保护以及利息和高利贷政策的制定发挥了日渐重要的指导作用。15世纪，西欧诸国封建社会内部先后产生了资本主义生产关系，商品经济的发展必然要求在意识形态领域打破宗教"禁欲"压抑财富追求的局面，欧洲的宗教改革便是这种要求的鲜明反映。宗教改革在文艺复兴对人性关怀的基础上，克服了中世纪宗教在肉体与灵魂、人间与天国、现实与理想之间所造成的相互对立以及由这种对立所导致的信仰与道德的堕落，将基督教的宗教理想与世俗生活统一了起来，由此，西方的财富观也就发生了重大转变。特别是加尔文派，赋予人的日常劳动与工作以神圣性，为资本主义经济活动提供了合法的道德依据，肯定了人对财富的追求。而随着商品经济的活跃，明中期以来的许多启蒙思想家（如李贽、黄宗羲等人）也反对理学家对人欲的压制，认为"人欲"与"天理"并非二元对立，并将两者统一起来，为个人利益的追求提供了道德理由。所不同的是，西方的宗教改革对西方财富观的影响更为彻底，中世纪罗马教会专制局面下，宗教理想与世俗生活那种尖锐对立的状态已不复存在，现实与信仰两者之间保持着适当的张力，财富观也发生了重大转变。在新教教义中，一个人实践道德与宗教信仰的最高形式就是完成尘世义务，劳动是用于抵御肮脏生活名义下的各种诱惑的特别手段。这样，世俗活动就具有了道德层面的意义，人可以在宗教正义的前提下获取个人财富，个人财富已与宗教信仰融为一体。同一时期的中国，虽然也有以李贽、黄宗羲、戴震等为代表的早期启蒙思想家试图突破理学"理欲"观念对人们经济活动的束缚与压抑，并在理论上达到理欲的辩证统一，论证"欲望"的合理性，但其观点在封建社会的内部并未取得主导地位，控制人们思想意识的仍然是作为封建正统的理学思想。晚明启蒙思想家们所提倡的"理欲统一"、反映新兴商人阶层要求、肯定个人欲望与财富追求的财富观，未能挣破封建正统思想的枷锁。这种不同在本质上已经是新兴资本主义与封建主义财富价值观的差别了。

宗教改革之后，中西财富观的分化加剧，也是影响近代中西方社会发展分途的重要因素。在中国封建时代，占据主流地位的儒家财富观讲求"贵义贱利"，必然导致社会分工上（如重农抑商等）的偏见：既然"义"是最重要的问题，那么一切从事"义"的维护封建制度上层建筑的职业都是高尚的；既然

"利"是从属的、次要的东西，那么一切与财利直接有关的职业或活动都是卑贱的。儒家这种伦理财富观对封建时代知识分子只想读书做官、轻视商品生产和经济事务风气的形成有着很大的影响，按照"士农工商"的等级划分，直接从事农业生产劳动的"农"排在"士"之后，而从事手工业生产劳动的"工"与互通有无的"商"由于以追逐利益为目的，受到以淡泊名利、安分守己的传统道德观念的排斥而处于整个社会的底层。晚明以来，启蒙思想家对儒家"义利观""理欲观"的反驳，虽在一定程度上有利于商品经济的发展，但士农工商的四民划分的等级社会结构依然牢固，许多商人在完成一定程度的资本积累之后，往往转行"入仕"以提高其社会地位，这也大大阻碍了商品经济的发展。反观西方，与中国晚明以来启蒙思想仅仅局限于文化领域部分知识分子的探讨相比，宗教改革实践的方式更为多样与彻底，不仅有宗教领袖倡导、在民间爆发之后扩展到贵族与上层社会的德国宗教改革，也有政治家（如英国国王亨利八世）运用行政手段推行的自上而下的改革。深厚的群众基础与政治基础，使得宗教改革之后西方财富观的转变对西方社会发展的影响更为突出。正如马克斯·韦伯所说的，新教思想不仅在精神领域发生作用，也直接对经济发展产生影响，"在一项世俗的职业中要殚精竭虑，持之不懈，有条不紊地劳动，这样一种宗教观念作为禁欲主义的最高手段，同时也作为重生与真诚信念的最可靠、最显著的证明，对于我们在此业已称之为资本主义精神的那种生活态度的扩张肯定发挥过巨大无比的杠杆作用"[①]。宗教改革之后的新教伦理以宗教的方式确立了合理财富追求在道德上的合法性，使西方社会在思想上走出了中世纪宗教"禁欲主义"的禁锢，形成了一种以增加财富来获得上帝恩宠的原动力。同时，新教教义极力反对挥霍财富享乐消费，不合理地使用财富会失去上帝的恩宠，新教徒通过劳动所获取的财富并不用于上帝视为罪恶的奢侈挥霍以及放利取息，而是投资到新的商业活动与生产活动中去，这种限制消费与增加财富以获得上帝恩宠的行为必然促进资本的积累。新教伦理不仅为资本主义发展提供了获得财富的道德依据，使个人追求财富合法化，同时其消费观构成了资本积累以扩大再生产的思想基础，新教伦理在意识形态上已成为资本主义社会追逐财富的一种精神动力。反观同时期的中国，财富的义利观始终未能摆脱封建政治结构与儒家伦理的限制，社会财富没有成为资本的积累，工业与商业的发展在封建社会自然经济形态的框架内受到阻碍，也就无法实现从以小农经济为主的社会向

---

① 韦伯. 新教伦理与资本主义精神［M］. 于晓，陈维纲，等译. 北京：生活·读书·新知三联书店，1987：135.

以工商业为主的现代社会的转变。

导致中西方中世纪后期经济形态分途的因素众多且复杂，以上仅是从中西方传统财富观的不同分析提出的初步看法和观点，详细深入的论证留待日后专文展开。

总之，中世纪的中西方都出现过对财富以及怎样去获取财富的经济思考。在西方文艺复兴之前，对上帝、教会的信仰取代了人们对世俗利益的追求。在中国，对现实的政治秩序和伦理观念的维护成了人们一切活动的中心，经济活动必须服从于它。在西方，因多是小国，从维护教会和世俗君主的统治来看，所需要的经济条件与经济对策远不能与中国这一建立在相当发达的农业基础上的大一统的中央集权的国家相比，这使得中国古代的经济思想在宏观方面相较西方内容要丰富得多。但这种情况在文艺复兴之后发生了变化，在突破宗教神学的束缚之后，西方学者开始把对经济问题的思考与对世俗利益的追求结合了起来，尤其是随着商品经济的发展和资本主义生产方式的形成，西方形成了近现代的经济观念，西方的财富观念也发生了根本性的转变。这种财富观念转变的特点是以经济过程中当事人的利益追求为动力、以经济过程中获得最大利益为目的，体现了为追求更大的经济利益（福利）而改造世界的进取精神。中国传统的财富观念则没有发生这种转变。中国传统财富观的根本特点在于其出发点不是世俗利益，而是维护国家的政治秩序，"它的研究对象不是现实的经济过程，而是治理国家所需要解决的经济问题"①。这虽然有助于维护大一统王朝的存在，但也对近代中西方社会发展的分途产生了重要影响。在完成了现代工业社会的转型之后，中国传统的财富观又体现出其现代价值。历史上受儒家思想影响的东亚地区，中国传统的财富观念在国家导向的"东亚模式"的形成与发展中就有一定的作用，在当代中国特色社会主义市场经济的发展中也有积极的影响。

（原载《中国经济史研究》2021 年第 6 期）

---

① 周建明，程麟荪. 经济学研究什么？——中西经济观比较［J］. 上海社会科学院学术季刊，1985（02）：2.

中国传统人口经济思想的特点与启示

一、引言

人口是经济发展的基本要素之一。早在战国时期，我国的思想家们就认识到了财富的增长来源于劳动和土地，其中劳动又取决于劳动力人口的数量和质量，从而形成了丰富的人口经济思想。人口经济思想史是历史上思想家、政治家对人口与经济关系的认识史，它与人口思想史研究在内容上有同有异。"异"表现在人口思想史是人口科学的一个分支，旨在阐明不同社会历史阶段上思想家、政治家对人口思想和人口政策的认识与作用；人口经济思想史是人口经济学的分支，旨在阐明历史上思想家、政治家有关人口与经济关系的认识演变。具体言之，人口思想史包括历史上不同时代的思想家、政治家从政治、经济、文化、宗教、道德以及地理环境等方面所提出来的人口思想；人口经济思想史则集中在人口思想中阐述的人口与经济的关系，诸如人口与食物等生活资料、人口与土地等物质生产资料、人口与地理生态环境等的关系。研究范围上，人口思想史涵盖人口经济思想史。

综观已发表论文，研究中国古代人口思想史的论文主要有胡寄窗①，吴申元②，裴倜、王冲③，李常林④，段塔丽⑤，勾利军、汪润元⑥等作者的。胡寄窗论述了古代的人口政策以及个别人物如先秦的墨子、商鞅、韩非子，汉末的王

---

① 胡寄窗. 中国古代的人口政策与人口思想 [J]. 经济研究, 1981 (01): 1.

② 吴申元. 中国古代的人口数量管理思想 [J]. 财经研究, 1988 (06): 6.

③ 裴倜, 王冲. 中国古代人口思想及其规律 [J]. 四川大学学报（哲学社会科学版）, 1981 (04): 40-46.

④ 李常林. 论中国古代人口思想的主线 [J]. 云南社会科学, 1992 (02): 2.

⑤ 段塔丽. 中国古代人口质量观初探 [J]. 陕西师范大学继续教育学报, 2002 (01): 1; 段塔丽. 中国古代人口控制思想及其现代意义 [J]. 人文杂志, 2002 (01): 1.

⑥ 勾利军, 汪润元. 论中国古代人口思想的主流和支流 [J]. 寻根, 1995 (05): 5.

符、徐干，南朝刘宋时期的周朗，北宋的苏轼，元明之际的马端临，明末的徐光启，清代的洪亮吉的人口思想。吴申元从搞好人口数量管理是国家制定政治、经济政策的基础，保证足够数量的农业人口是搞好人口数量管理的目标，加强户籍控制是搞好人口数量管理的前提三方面概括了中国古代人口管理思想的内容与特点。裴倜、王冲提出，中国封建社会的人口规律表现为以"重民"为基础、以"众民"为中心，达到人地相称的合理平衡，人口不断在这种平衡的要求中摆动、恢复、破坏和循环。李常林认为，中国古代人口思想呈现出围绕着人口数量与土地数量、人口增长与耕地面积、人口增长速度与生产资料的增长速度必须保持平衡这一主线展开。段塔丽前文从先秦思想家的人口质量观、宋代学者的人口质量观和中国古代其他学者的人口质量观三方面对中国古代的人口质量管理思想进行了归纳；后文提出中国古代的人口控制思想肇始于春秋战国，发展于两宋，完善于明清。勾利军、汪润元揭示了中国古代人口思想的发展过程中主张增殖人口是主流，主张减少或节制人口为支流。研究中国古代人口经济思想的作者除了笔者，还有张光照、杨致恒①，他们出版了国内首部系统论述中国人口经济思想史的专著，论述的范围涵盖中国古代和近现代。

中国传统人口经济思想内容十分丰富，有着鲜明的特点，但相对中国古代人口史研究成果的丰富性而言，研究中国古代人口思想史和人口经济思想史的论文稀少。② 综观已有研究成果，研究领域往往局限于著名历史人物上，概括分析、研究范围和深度仍有待进一步深化。本文尝试从宏观视野就中国传统人口经济思想的理论成就、特点和理论启示做些探讨，抛砖引玉。

二、中国传统人口经济思想的理论成就

中国传统人口经济思想对人口数量与经济发展、人口职业结构、人口迁移

① 张光照，杨致恒. 中国人口经济思想史［M］. 成都：西南财经大学出版社，1988.
② 剔除少量研究著名历史人物如孔子、墨子、孟子、韩非子、白居易、苏轼、李觏、洪亮吉、汪士铎等的论文，除上述已列举的论文还有一些综论性的论文。参见韩光辉. 论中国古代人口增殖政策［J］. 湖北大学学报（哲学社会科学版），1995（05）：14-21，44；杨松柏. 中国古代人口思想史及理论发展［J］. 发展，2011（01）：121-122；战英. 简论中国古代的人口政策［J］. 长春师范学院学报，1996（04）：50-53；李卫东，李整坤. 我国古代学者人口思想浅探［J］. 徽州师专学报，1998（01）：20-23；王瑞平. 中国古代人口思想教学与研究中应注意的几个问题［J］. 黄淮学刊，1995（03）：41-44；李文琴. 先秦时期的人口思想及其现代意义［J］. 陕西师范大学学报（哲学社会科学版），2009（01）：31-36；刘中猛. 晚清人口思想简论［J］. 淮阴师范学院学报（哲学社会科学版），2010，32（01）：73-76；等等。统计总计20余篇。

和人口与生态地理环境等这些现代人口经济学相关的领域都有所涉及。

中国传统人口经济思想讨论了人口与物质生产资料之间的关系。中国古代黄河流域疆域开阔，平原众多，人口相对稀少，"广土众民"说很早就出现了，如商代的甲骨文、青铜器铭文中已出现"多子孙甲"和"子孙永昌"的记载。《诗经》中也有歌颂周文王子孙众多的诗作（如《樛木》和《螽斯》），并表达了期盼人口越来越多的观念。这说明商周时期人们已经认识到了人口劳动力是经济发展重要的生产要素：没有人口劳动力的增长，就无法实现经济的增长。

春秋战国时期，为发展经济、增强国家实力，各国都强调增加人口（"众民"），具体就反映在鼓励人口增长和对"徕民"的讨论上。人口增长指鼓励人口生育，"徕民"指通过优惠的经济政策吸引他国成年人口移民本国以实现短时期内扩充人口的目的。不论是主张经济自由放任的儒家学派，还是主张国家干预的齐法家学派，在鼓励人口增长上是一致的。孔子去卫国，见人口繁盛发出了"庶矣哉"（《论语·子路》）的赞叹，强调发展经济、治理国家当以人口繁盛为要旨，并把"近者说（悦），远者来"（《论语·子路》）看作施政的目标。代表齐法家管仲思想的《管子》一书也提出许多鼓励人口生育的政策措施，如"合独"，具体内容包括"取鳏寡而合和之，予田宅而家室之"（《管子·入国》）。国家通过这些政策措施鼓励人们生育，实现人口增长的目标。孟子也提出要繁衍人口，主张通过行仁政来吸引外地人口流入。孟子论述仁政徕民的具体措施就是发展经济，经济发展了，生育率自然就会提高："养生丧死无憾，王道之始也。"（《孟子·梁惠王上》）战国末期的荀子上承孟子，认为众民是广土的基础，主张实施孟子的"仁政裕民"政策，凸显了人口增加对于提高农业生产力的重要作用。

春秋战国时期的人口经济思想家还讨论了人口与土地资源的关系，提出了"制土分民"说。"制土"是指人口与土地保持适当比例，"分民"是指农业人口与非农业人口保持适当比例。先秦法家商鞅提出的"制土分民"说具有代表性。商鞅首先区分了人地关系的两种类型，即"地狭而民众者"和"地广而民少者"。前者的特点是"地狭而民众者，民胜其地"；后者的特点是"地广而民少者，地胜其民"（《商君书·算地》）。他提出发展经济治理国家需要将人口数量与土地资源数量保持合理的比例。对于"民胜其地务开"，对于"地胜其民者，事徕"（《商君书·算地》）。这里的"开"指开垦荒地，这里的"徕"指招徕外地人口，商鞅认为通过这种"开"与"徕"的结合就能解决人地比例的失调问题。商鞅认为，人地比例失调会削弱一国农战的实力。商鞅的人口政策取得了很好的效果，也为秦国的军事崛起、统一中国奠定了坚实的经济基础。

除商鞅之外，齐国的管仲也是"制土分民"说的主张者，他强调土地和人口是财富生产过程中的两个重要因素，但二者之中人口因素更加重要："天下之所生，生于用力，力之所生，生于劳身。"（《管子·八观》）这可视作中国传统经济思想中劳动价值论的早期萌芽。管仲根据当时劳动生产率和百姓的一般生活水平提出"富民有要，食民有率，率三十亩而足以卒岁"（《管子·禁藏》），即人均三十亩的比例关系就可以保证百姓的必要生活资料。

中国传统的人口经济思想在北宋时发生了变化，这是因为北宋时期人口数超过了一亿。① 到了南宋时期，迁都和经济重心南移使得南方人地矛盾更加突出，人口增长过快引起了思想家的关注。这一时期人口经济思想的特点是强调人口增长应与生活资料的增长保持合理比例，提出要控制人口增长。这个观点首先是由苏轼提出的，他对传统的"众民论"提出了挑战，认为总人口并不都是劳动者，人口增长过快"非徒无益于富，又且以多为患"②，主张应加以控制。元初马端临在人口经济思想上的贡献是提出应重视人口质量而不是数量的观点，他的观点独树一帜，"古者户口少而皆才智之人，后世生齿繁而多窳惰之辈"，认为后世"民之多寡不足为国之盛衰"③，这涉及西方经济学提出的人口质量是人力资本的观念，为人口经济问题的研究开拓了新的领域。他编撰的《文献通考》设列《户口考》可视为中国人口统计学的创始。先秦时期的韩非子也曾提出过控制人口的观点，但在当时不占主导地位。他认为，人口过快增长超过生产资料（土地）的增长会造成社会财富的减少，产生社会问题："古者，丈夫不耕，草木之实足食也；妇人不织，禽兽之皮足衣也。不事力而养足，人民少而财有余，故民不争。是以厚赏不行，重罚不用，而民自治。今人有五子不为多，子又有五子，大父未死而有二十五孙。是以人民众而货财寡，事力劳而供养薄，故民争；虽倍赏累罚而不免于乱。"（《韩非子·五蠹》）韩非强调的人口增长超过生活资料增长不利于经济发展的观点，近似西方经济学中的"马尔萨斯陷阱"，这一观点在北宋之后开始占据了主导地位。到了明清，控制人口的思想进一步发展，代表性人物有徐光启和洪亮吉。

---

① 中国古代第一个全国性的人口统计数据是西汉平帝元始二年（公元2年），人口总数为5959.6万人（《汉书·地理志》），北宋时期人口的年增长率达到了11%，宋徽宗大观四年（公元1110年）全国总户数增至2088,2258户，若每户以5口计，当年全国总人口已达到1,0441,1290人，超过了一亿大关。参见漆侠. 宋代经济史 [M]. 上海：上海人民出版社，1988：46.

② 苏轼. 苏轼文集：卷七：隋文帝户口之蕃仓廪府库之盛 [M]. 北京：中华书局，1986：209.

③ 马端临. 文献通考：第一册：卷十一：自序 [M]. 北京：中华书局，2011：5.

　　徐光启提出，人口的增长若不加以控制，三十年将翻一倍："生人之率，大抵三十年而加一倍，自非有大兵革，则不得减。"① 这一结论与一百多年后马尔萨斯通过考察移民潮冲击下的美国人口得出二十五年翻一番的结论十分相近，但提出的时间要早于马尔萨斯。徐光启的可贵之处在于，"重要的不是它的结论，而是他开研究人口增长速度的先河和他运用抽样调查方法"②。明代崇祯年间的冯梦龙最早提出了人口零增长理论，他在《太平广记钞·古元之》一文的批语中写道："不若人生一男一女，永无增减，可以长久。若二男二女，每生加一倍，只增不减，何以养之？"西方提出人口零增长理论的是 19 世纪初期的李嘉图，冯梦龙提出这个理论在时间上要早于西方两个世纪。③ 清代中期，由于大部分能开垦的土地已被开垦，而人口却不断增加，所以很快人口增长就超过了可耕地的增长，从而诱发了严重的米价上涨。乾隆时期曾任湖北巡抚的杨锡绂提出当时大米和其他粮食价格的高昂就是由"户口繁滋"[《皇清奏议》湖北巡抚杨锡绂，乾隆十三年（1748 年）] 人口增长过快粮食需求增加引发的。在这一背景下，清代中期的洪亮吉对控制人口的论述更为透彻。洪亮吉在 1793 年发表了《意言》一书，其中专设两篇《治平》和《生计》讨论人口问题。在《治平》篇中，洪亮吉提出人口是倍增的，如果生产资料和生活资料的增长无法满足人口增长的需要，必然会出现短缺的问题，这样发展下去必然导致二者间矛盾的加剧和生活必需品价格的上涨："治平至百余年，可谓久矣。然言其户口，则视三十年以前增五倍焉，视六十年以前增十倍焉，视百年百数十年以前不啻增二十倍焉。"④ 依照他的推算，人口增长的倍数要远远超过田地、房屋等生产资料和生活资料增长的倍数，使得人民的生计不可持续。洪亮吉能提出这一思想与其时代背景有关。在洪亮吉生活的时代，中国人口总数已突破了三亿大关，出现了巨大的人口压力。如何解决这一矛盾呢？他提出要通过"天地调剂法"和"君相调剂法"来调节这一矛盾。对于前者，他论述说："水旱疾疫，即天地调剂之法也。"即自然灾害会减少人口数量，能实现对人口数量的调节，但他认为这一调节效果不大，"然民之遭水旱疾疫而不幸者，不过十之一二耳"，因此

---

① 徐光启. 农政全书校注：卷四：玄扈先生井田考 [M]. 石声汉，校注. 上海：上海古籍出版社，1979：90.

② 张光照，杨致恒. 中国人口经济思想史 [M]. 成都：西南财经大学出版社，1988：298.

③ 张光照，杨致恒. 中国人口经济思想史 [M]. 成都：西南财经大学出版社，1988：316-317.

④ 洪亮吉. 洪亮吉集：卷一：意言：治平篇 [M]. 刘德权，点校. 北京：中华书局，2001：14.

还需要"君相调剂法",即通过发展生产、增加物质财富的数量来缓解人口增加所带来的矛盾。"君相调剂法"的内容就是利用国家的力量通过减税赈灾、垦荒、移民实边等办法来解决人口过剩的矛盾,"使野无闲田,民无剩力,疆土之新辟者,移种民以居之,赋税之繁重者,酌今昔而减之。……遇有水旱疾疫,则开仓廪悉府库以赈之"[①]。洪亮吉明确提出人口是按五倍、十倍、二十倍的倍数增加的,生产资料和生活资料的田地、房屋是按一倍、三倍、五倍的倍数增加的,田地、房屋的增长是显然慢于人口的增长的,如果人口不加控制必然导致人口过剩,人口过剩导致出现诸多社会矛盾也是必然的。洪亮吉人口增长与田地、房屋增长的关系理论与西方马尔萨斯人口是按几何级数增加、生活资料是按算术级数增加的人口理论十分相似,但提出时间要早于马尔萨斯。对于如何解决人口增长与生活资料增长二者间的矛盾,马尔萨斯除了提出"自然的限制"(类似于洪亮吉的"天地调剂法"),还要采用人为的"道德限制",即采取计划手段加以控制,二者相较,洪亮吉提出的要通过积极发展生产来解决这一矛盾的观点在理论上更为深刻。

中国传统人口经济思想认识到了人口职业结构对经济的影响。中国古代很早就形成了多种多样的社会分工,在这些社会分工思想的基础上又形成了人口职业结构思想,即"四民"说,它包括士、农、工、商。《史记·货殖列传》在论述四民社会分工对经济发展的重要性中提出,"《周书》曰:'农不出则乏其食,工不出则乏其事,商不出则三宝绝,虞不出则财匮少。'财匮少而山泽不辟矣。此四者,民所衣食之原也"。这说明士农工商的职业分工早在西周时代就已经存在了。对于四民分工的重要性,《周书》也做了论述,认为分工能培养熟练劳动力,提高劳动熟练程度,认识到了行业之间合理分工能促进经济的发展。齐国管仲提出了"定民之居,成民之事"(《管子·小匡》)。"定民之居"即士、农、工、商分业居住,职业世袭,不仅有助于提高专业生产能力,还有助于提高国家的经济管理效率。"成民之事"强调每个人都要专心于一项职业,分工有助于提高生产效率。这说明先秦时代已经认识到职业结构分工对发展经济的重要性。商鞅还探讨了职业结构的合理比例,提出要增加农业人口,限制非农业人口的数量:"百人农,一人居者,王;十人农,一人居者,强;半农半居者,危。"(《商君书·农战》)增加农业人口、限制非农业人口的数量有助于发展经济,富国强兵,也有利于以农养战。战国末期的韩非子也主张扩大农业

① 洪亮吉. 洪亮吉集:卷一:意言:治平篇 [M]. 刘德权,点校. 北京:中华书局,2001:15.

人口规模，压缩"商工游食之民""趋本务而外末作"（《韩非子·五蠹》）。西晋的傅玄则提出四民应该按照社会经济发展的条件合理分布，国家应该对全国士农工商各业人口有具体明确的量的规划："先王分士农工商，以经国制事。各一其业而殊其务。"士、工、商三民中超过所需数量的人口都要归之于农，"而天下之谷可以无乏矣"。（《晋书·傅玄传》）清代包世臣对四民比例进行较准确的划分，"以口二十而六夫计之，使三民居一，而五归农，则地无不垦，百用以给"①。中国传统社会中城乡职业结构呈现出一定的稳定性，如姜涛在包世臣四民比例估计基础上对历代四民比例进行了研究，发现正常情形下中国传统社会的城市人口基本维持在总人口的 10%左右，非农业人口维持在总人口的 16.7%左右②。秦汉以后，趋民归农的职业结构管理为历代统治者所沿袭，这符合农业生产占据主导地位的自然经济形态的发展规律。这说明中国传统的人口经济思想既主张维护农业人口的稳定，也肯定工商业人口在经济生活中的重要作用。

中国传统人口经济思想关注到了人口与经济地理分布之间的关系和区域之间的不平衡，如司马迁最早考察了人口与经济地理分布之间的关系，根据地理资源环境和盛产物资的特点把汉初的经济划分为四大区域，即华山以西、华山以东、江南和龙门、碣石以北。③ 北宋时，由于人口增长过快，出现了人口与地理分布的区域不平衡，如苏轼就提出北宋人口"常偏聚而不均。吴、蜀有可耕之人，而无其地。荆、襄有可耕之地，而无其人"④，他提出应将人口从稠密的吴蜀地区移向人口稀疏的荆襄地区，以使得可耕种土地上的人口密度大致相当。南宋永嘉学派的叶适发展了苏轼的这一主张，提出在生态平衡的理念下"分闽、浙以实荆、楚，去狭而就广"⑤，明确主张通过人口的地域迁移来解决人地分布不均衡问题，最大限度地发挥劳动力的效率。

三、中国传统人口经济思想的特点

中国传统人口经济思想的一个鲜明特点是对人口经济问题的讨论往往与富

① 包世臣. 中衢一勺：卷七：说储上篇后序 [M]. 李星，点校. 合肥：黄山书社，1993：222.

② 姜涛. 人口与历史：中国传统人口结构研究 [M]. 北京：人民出版社，1998：171.

③ 《史记·货殖列传》："夫山西饶材、竹、榖、纑、旄、玉石；山东多鱼、盐、漆、丝、声色；江南出柟、梓、姜、桂、金、锡、连、丹沙、犀、玳瑁、珠玑、齿革；龙门、碣石北多马、牛、羊、旃裘、筋角；铜、铁则千里往往山出棊置：此其大较也。"

④ 苏轼. 苏轼文集：卷九：御试制科策一道 [M]. 北京：中华书局，1986：293.

⑤ 叶适. 叶适集：卷二：民事中 [M]. 刘公纯，王孝鱼，李哲夫，点校. 北京：中华书局，2010：654.

国强兵和增加国家财政收入联系在一起，强调国家本位。人口数量的思想往往是在探讨富国强兵的过程中形成的，表现出了极强的政治色彩。春秋战国时期，随着井田制解体，私田制和家庭经济的确立也为国家征收税赋徭役提供了方便。各诸侯国为了增强国家财力，都采取各种措施鼓励人口增长，如《管子》提出"民非作力，毋以致财"（《管子·八观》），强调人口达到相当规模才能创造更多的财富，才能实现富国强兵，同时把"田若干，人若干"（《管子·山国轨》）作为"国轨"（国家制定国策的指导方针）。商鞅对人口问题的讨论是与其"农战"的国家战略联系在一起的，目的是满足国家征调徭役和增加赋税的需要。先秦思想家为鼓励人口增长提出了各种具体办法，如促婚配、奖多生、行仁政、招"徕民"等。先秦各国已把鼓励人口增长上升为各国的发展战略，是列国争雄的重要竞争因素。秦汉以后，思想家们都强调人口为立国之本，许多理财家往往从财政角度论述人口问题，以人数众寡作为衡量国之经济实力强弱的标准，如唐人刘晏提出"户口滋多，则赋税自广"①。宋人叶适提出"民多则田垦而税增"②。明人丘濬强调"国之有民，犹仓廪之有粟，府藏之有财也"③。历代政府严格管理户籍也意在防止豪门巨族隐占人口而导致政府财政收入的减少。东汉末的徐干著《民数》专论人口问题，指出"民数"是一切政务措施的基础："事役均在民数周，民数周，为国之本。"④ 强调人口普查是国家分配生产资料（土地）的基础，也是制定赋税等经济政策的依据。汉代一般平民被称为编户齐民，编户成为历代政府征发赋役的主要来源，历代都十分重视编户的管理。唐代陆贽就曾建议在户籍管理中列出户等，将原先税额按户等摊派，"每等有若干户人，每户出若干税物，各令条举"⑤。南宋叶适所提出的"分闽、浙以实荆、楚"的目的，也在于"田益垦而税益增"。⑥

中国传统人口经济思想国家本位的特点，结合古希腊罗马人口思想可以得到更好的说明。古希腊由于存在众多小城邦，城邦人口承载能力十分有限，控

---

① 司马光. 资治通鉴：卷二二六：唐纪·德宗·建中元年 [M]. 北京：中华书局，1956：7285.

② 叶适. 叶适集：卷二：民事中 [M]. 刘公纯，王孝鱼，李哲夫，点校. 北京：中华书局，2010：653.

③ 丘濬. 大学衍义：补卷十三：蕃民之生 [M]. 上海：上海书店出版社，2012：132.

④ 徐干. 中论解诂 [M]. 北京：中华书局，2014：364.

⑤ 陆贽. 陆贽集：卷二十二：均节赋税恤百姓其三 [M]. 王素，点校. 北京：中华书局，2006：757.

⑥ 叶适. 叶适集：卷二：民事中 [M]. 刘公纯，王孝鱼，李哲夫，点校. 北京：中华书局，2010：654.

制人口是其人口思想的主流，如色诺芬已关注一城邦公民能否依靠本城邦资源维持公民的生活。柏拉图也探讨过城邦人口的数量问题，提出适度人口的思想，在其晚年著作《法律篇》中明确提出要依据城邦规模大小规定人口数量，他计算城邦合适的人口应是5040户。柏拉图提出人口数量要适度，强调人口质量的提升。他从优生学角度提出了许多提高人口质量的措施，如规定男女生育年龄应是人体质和精神的最佳时期，此时血气旺盛、精力充沛，繁殖的后代会优秀，并提出禁止近亲结婚。柏拉图还将人口的优生优育提高到国家治理的高度，主张"最好的男人必须与最好的女人尽多结合在一起，反之，最坏的与最坏的要尽少结合在一起。最好者的下一代必须培养成长，最坏者的下一代则不予养育"[①]。亚里士多德在此基础上进一步提出适度人口理论和节制生育思想。他强调人口要适度，认为"一个伟大的国家同一个人口稠密的国家不是一回事"。"一个城邦的最佳人口界限，就是人们在其中能有自给自足的舒适生活并且易于览视（eusunoptos）的最大人口数量"[②]。他从经济和政治两方面为必须节制人口进行了说明。经济方面，他提出一个小城邦缺乏养活过多人口的能力，人口过多了就像大海中的一条船载客太多会难以航行。政治方面，他认为，雅典是一个民主城邦，通过全体公民参加公民大会决定城邦的重大事务，城邦人口过多，居住地分散会增加参政的难度，如参政时难以集中、参政场所难以容纳、人们之间缺乏熟悉等许多不利因素。他主张立法者在订立城邦人口财产限额的同时，应该规定各家子女的人数。柏拉图和亚里士多德都强调只有控制人口增长才能保证人口自给自足地生活，控制人口增长有利于人们相互了解和稳定社会秩序。这完全不同于中国的传统人口经济思想，后者不仅不控制，而且鼓励人口增长和扩大徕民，这有助于增强国家财政、实现富国强兵的目标。

　　中国传统人口经济思想国家本位的特点还反映在限制非生产性人口（如僧道）数量的主张上。中国传统社会中四民之外还存在着许多人口，诸如僧道人口。据白文固考证，自隋朝至明清时期，僧道人口一直有增加的趋势，即使在隋唐谷底时期也有数万人，顶峰时期甚至能达到二三十万人；宋代僧道人口通常为二十多万到四十多万人；元明清三朝僧道人数最多时竟达到百万之众。僧道人口中又呈现出僧强道弱的格局。[③] 僧道人口的增加使国家损失了很多劳动力人口，所以一些思想家出于发展经济、维护国家财政利益的视角主张缩减僧道

---

① 柏拉图. 理想国 [M]. 郭斌和，张竹明，译. 北京：商务印书馆，1986：193.

② 颜一. 亚里士多德选集：政治学卷 [M]. 北京：中国人民大学出版社，1999：246.

③ 白文固，赵春娥. 中国古代僧尼名籍制度 [M]. 西宁：青海人民出版社，2002：36.

人口。隋唐时期的傅奕就是一位代表性人物，他批评佛教"妄说罪福，军民逃役，剃发隐中，不事二亲，专行十恶"①，不仅使国家丧失了编户财政，对传统伦理也有负面影响。唐代韩愈从维护国家财政利益出发也主张缩减佛教人口，他在原有四民的基础上将僧道人口纳入扩充成六民，指出僧道人口的增加有损国家的经济利益。"古之为民者四，今之为民者六；古之教者处其一，今之教者处其三；农之家一，而食粟之家六；工之家一，而用器之家六；贾之家一，而资焉之家六。奈之何民不穷且盗也！"② 主张对其进行缩减。北宋思想家李觏在《富国策》中就僧道人口对国家的不利影响进行了分析，他说僧尼"幼不为黄，长不为丁，坐逃徭役，弗给公上"，不仅逃避赋役，还广建土木，浪费国家资财，致使"民财以殚，国用以耗"③，故主张加以限制。

中国传统人口经济思想的特点是强调国家对人口数量的行政干预。这种行政干预既有政策上的，也有伦理道德文化上的。春秋战国时期，各诸侯国为了建立霸业，都把增加人口作为国家战略，在政策上都相继出台了鼓励人口生育的措施。这些措施大体包括招徕民众、强制早婚、用人口增减考核官吏政绩等。最早推行早婚的是"春秋五霸"之一的齐桓公，他下令"丈夫二十而室，妇人十五而嫁"（《韩非子·外储说右》）。越王勾践下令"女子十七不嫁，其父母有罪；丈夫二十不娶，其父母有罪"（《国语·越语上》）。西晋初武帝明令"女年十七父母不嫁者，使长吏配之"（《晋书·武帝纪》），即由官方强制配婚。北魏孝文帝太和二年（公元478年）也下令"以宫人赐贫民无妻者"（《魏书·高祖纪》）。唐太宗贞观初年也颁布过奖励婚姻的政策措施，规定"男年十五，女年十三以上，听婚嫁"。规定丧偶男女"及妻丧达制之后，孀居服纪已除，并须申以婚媾，令其好合"。④ 政府还把增减人口纳入官吏政绩的考核，如西汉时南阳太守召信臣因任内户口倍增而迁升河南太守，颍川太守黄霸因任内户口岁增而迁升京兆尹。（《汉书·循吏传》）唐太宗也明确规定以"量准户口增多"⑤ 作为考核地方官吏政绩的依据。宋太祖建隆三年（公元962年）和徽宗政和六年（公元1116年）都下诏"县令考课以户口增减"（《宋史·太祖

① 董诰，等. 请废佛法表［M］. 全唐文. 北京：中华书局，1983：1345.

② 韩愈. 韩愈文集汇校笺注：卷一：原道［M］. 刘真伦，岳珍，校注. 北京：中华书局，2010：2.

③ 李觏. 李觏集：卷十六：富国策［M］. 北京：中华书局，2011：141.

④ 王溥. 唐会要：卷八十三：嫁娶［M］. 北京：中华书局，1955：1527，1529.

⑤ 宋敏求. 唐大诏令集：卷一一〇：令有司劝勉庶人婚聘及时诏［M］. 北京：中华书局，2008：570.

纪》）为标准，规定"令佐任内，增收漏户八百户升半年名次，一千五百户免试，三千户减磨堪一年，七千户减二年，一万二千户减三年"①。在移民问题上也注重发挥政府的行政干预作用，如秦兼并六国之后推行迁徙富豪及徙民实边，隋炀帝"营建东京，徙豫州郭下居人以实之"，同时"徙天下富商大贾数万家于东京"（《隋书》卷3《炀帝纪》）。

中国传统人口经济思想大多转化成了国家的政策实践。中国传统人口经济思想的提出者或是政治家，如管仲、商鞅、傅奕、韩愈等，或是热衷于政治活动的思想家，如孔子、孟子、李觏等，他们考虑人口问题比较现实，这是中国传统人口经济思想与人口政策能趋于一致的重要原因，也是先秦思想家的人口经济思想顺理成章地成为历朝历代的指导思想的原因，如先秦时期各诸侯国都纷纷制定了鼓励人口增长的政策，还提出了增加人口的具体措施，如促婚配、奖多生、行仁政、减战争等，而先秦之后，历朝出于"富国强兵"的需要，也都把鼓励生育作为国家的基本人口政策。汉代以来，为鼓励生育，制约人口繁衍的人头税被不断改革，如明万历九年（公元1581年）行"一条鞭法"，清康熙五十一年（公元1712年）颁布"滋生人丁，永不加赋"，清雍正元年（公元1723年）取消秦汉以来的人口税，实施"摊丁入亩"，政策核心就是不断减轻直至取消人口税。为鼓励地方官增加人口繁衍，凡任内户口增益者往往升迁。叶适提出的通过人口迁移解决人地不均的主张在明初和清初都被政府采纳实施。洪武移民超过了千万规模，西迁人口有效缓解了东部地区的人地矛盾，促进了西部区域的开发，也为明清商品经济的发展奠定了基础。反观西方，古希腊城邦体制下个体主义的价值观盛行，人们把生育视作家庭和个人的私人决策。古希腊罗马人口思想的提出者多是哲学家，如柏拉图、亚里士多德等，他们以学术研究为追求，擅长逻辑推理和抽象思维，虽能在解决人口问题时提出一些方案，但因不是执政者，方案大多脱离现实，难于落实为现实的人口政策，如柏拉图提出的"妇女公有，儿童公有，全部教育公有"②的人口生育政策因触犯公民的个体权利，很难为城邦接受，更不可能成为现实的经济政策。

中国传统的经济结构和人口结构影响了中国传统人口经济思想的特点。人类进入农业文明后，土地成了最主要的生产资料。在先秦，黄河流域疆域开阔、平原众多，可容纳的人口数量众多，因此先秦思想家在对人地比例的探讨上多有建树。春秋战国时期的农业生产力的发展已经达到了较高水平，进入了精耕

① 马端临. 文献通考：第一册：卷十一：户口考二 [M]. 北京：中华书局，2011：305.
② 柏拉图. 理想国 [M]. 郭斌和，张竹明，译. 北京：商务印书馆，1986：312.

细作的时代，战国时期基本确立了私有制农耕经济。小农经济占绝对地位，这就是商鞅提出"省工贾，众农夫"人口结构思想的经济基础，但之后农业生产力的进步比较缓慢，使得农业人口占主体也就成为中国古代职业结构的特征，反映在经济思想和经济政策上就是重农抑商。需要指出，中国传统经济政策的"重农抑商"抑的是"私商"，在先秦时期，是"工商食官"，春秋战国后期才出现了私营工商业。官商取得绝对地位之后，工商业经营一直处于垄断经营的地位，"抑商"抑的是民间私商，它对民间工商业的发展有抑制作用。这在管仲的"官山海"到汉武帝时期桑弘羊实施盐铁专卖上都可得到印证。反观西方，古希腊罗马直至中世纪时期因商贸经济的发展，虽有蔑视商人的观念，但没有形成抑制商业的经济政策。

四、中国传统人口经济思想的启示

古典经济学家亚当·斯密肯定人口劳动力增长是经济发展的重要因素，认为人口劳动力的增长能促进生产量的增产，扩大对增加的生产物的需要量，最终扩大分工的利益，提高劳动生产率。但人口增长过快超出生态资源的承受能力必然会带来负面效应，继而影响经济增长。最早注意到这一点的是古典经济学家李嘉图，他在《政治经济学及赋税原理》中提出，人口增长对经济发展而言以收获递减法则的作用为前提，随着投入一定土地的人口增加、土地集约的耕作和优良地向劣等地的移转，增加资本并不能提高生产率，反而会产生人口过剩的压力。马克思也分析过人口过剩不利于经济发展的问题，他认为人口和生态环境是社会生产力的根本源泉，生态环境提供的土地、空气、水、食物、热和光等使人类得以生存和发展，但人口对生态环境又具有巨大的反作用，二者应协调发展。人口增长超过了生态环境的负载力会导致生态系统破坏，人口过多不仅是相对于生态环境负载力的过剩，也是相对于生产力发展（技术构成提高）的过剩，科学的人口观应该把人口放在生产力技术构成中来评价它的素质和数量，不能孤立地进行评价。马克思在《哥达纲领批判》中对拉萨尔派片面提出人口劳动数量是一切财富的源泉进行批判指出："劳动不是一切财富的源泉。自然界同劳动一样也是使用价值（而物质财富就是由使用价值构成的！）的源泉，劳动本身不过是一种自然力即人的劳动力的表现。"[①] 缺乏人口劳动力不利于经济增长，但人口劳动力过剩会阻碍生产力的发展。马克思分析，这是因

① 中共中央马克思恩格斯列宁斯大林著作编译局. 马克思恩格斯选集：第3卷［M］. 北京：人民出版社，1995：357.

为社会生产力的结果是一定量劳动所生产的产品量，这个产品总量在扣除补偿已消耗的生产资料外，余下的分为必要产品和剩余产品，如果人口过剩，必要产品的比重就随之增大，剩余产品的比重就会减少。剩余产品是积累的源泉，过剩人口把剩余产品消化掉必然影响积累，生产力就不能得到发展。马克思的原话是"社会劳动生产率的水平就表现为一个工人在一定时间内，以同样的劳动力强度使之转化为产品的生产资料的相对量"[①]，技术构成提高，资本或资金有机构成的提高，标志着社会劳动生产率的提高；如果人口（劳动力）增长速度超过了生产资料增长速度，生产力的技术构成就会下降，社会劳动生产率也必然随之下降。马克思的分析是针对资本主义社会的，但其原理也适用于前资本主义社会的人口规律。从马克思的政治经济学观点来分析，中国传统人口经济思想的理论贡献是认识到了人口（劳动力）增长要与生态环境（如土地数量、耕地面积、生产资料）之间保持平衡的关系[②]，虽缺乏深刻的理论论证，但结论已接近了"最优人口经济效益"的概念，理应给予肯定，更具有启示意义。

（一）人口政策不同时期应有不同的人口目标，为实现这些目标应采取相对应的政策手段

人口规模从消极方面讲，取决于人类赖以生存的生态环境的支撑程度；从积极方面讲，取决于人类赖以生存的生态环境的优化程度。先秦时期，人口经济思想强调人口数量的重要性，是由当时地广人稀的特点和农业经济的形态决定的。在中国传统人口思想中，鼓励人口增长的思想多出现在战乱之后及朝代新成立之初，与当时战乱之后人口锐减、地广人稀、经济凋敝、民不聊生有关；控制人口的思想多出现在社会稳定、经济发展和人口出生高峰期，到了清中期，人口增长过快有成为主流的趋势。这说明中国古代人口经济思想的演进是紧扣时代发展脉络的，它启示我们人口发展情况不能仅就人口数量的多少做出好与不好的判断，而需要结合一定时期社会经济的发展以及资源环境的状况变化才能给出合理的判断。纵观历史，汉唐时期的经济发展、人口数量增加是合理的。从北宋开始，人口思想的基调开始转向控制人口数量和提高人口质量也是合理的，它反映出中国传统的人口经济思想随着客观人口环境的变化也在不断地推陈出新，顺应时代需要调整自己。北宋时期，人口的年增长率达到了11%，宋

---

① 中共中央马克思恩格斯列宁斯大林著作编译局．资本论：第1卷［M］．北京：人民出版社，2004：718.

② 相关论述也可参见李常林．论中国古代人口思想的主线［J］．云南社会科学，1992（02）：2.

徽宗大观四年（公元 1110 年）全国总人口已超过了 1 亿大关。[①] 清朝前期，持续百余年的社会稳定和生产力水平的提高使得人口数量以罕见的规模和速度上升，到乾隆六年（公元 1741 年），全国人口已达 1.43 亿，到乾隆三十一年（公元 1766 年）则增至 2.08 亿，乾隆五十五年（公元 1790 年）高达 3.01 亿，道光十四年（公元 1834 年）超过 4 亿，道光二十八年（公元 1848 年）更是增至 4.267 亿。一百年间几乎翻了三番，年均增长率为 18.8%[②]，为数千年来所未见，人口激增诱发的人口与生态环境资源的矛盾日益严重。正是目睹了这一矛盾，洪亮吉于 1793 年写出了《意言》，提出了"两个调节"说来控制人口增长。之后的龚自珍由流民问题的严重性也认识到了人口与生态环境保持合理比例的重要性。民国时期，少数留学海外的学者引进了西方早期的人口学知识（如马尔萨斯的人口理论），提出了"适度人口"的观点。新中国成立后，1954 年的第一次全国人口普查数据显示人口已达 6 亿，位居世界第一。以马寅初为代表的一批学者鉴于新中国成立初人均物质资本水平极低，发现人口快速增长极不利于物质资本积累和经济发展，于是在 20 世纪 50 年代提出节育和控制人口增长的政策建议[③]，并最终促成了 1983 年人口计划生育政策在中国的实施。但长期推行的计划生育政策又带来了今天"低生育率陷阱"的新挑战，即人口结构失衡，持续的低生育率和人口衰退已成为中国人口的新常态。从国家经济发展的角度看，中国已进入了政策性独生子女高风险家庭的"风险社会"，"人口红利"的消失，必然会给中国经济可持续增长带来挑战。养育成本过高，导致少生少育，生育率逐年下降。借鉴历史的经验，中国人口的政策措施也应与时俱进，把关注的重点放在人口素质的提升上，通过优化生育，提高公民素质，实现人口质量对人口数量的替代，完成从人口大国向人力强国转变，以"人才红利"替代"人口红利"。用马克思的话说，就是让"生产劳动给每一个人提供全面发展和表现自己的全部能力即体能和智能的机会"[④]。

（二）人口结构的调整要与时俱进

中国古代社会小农经济是基础，小农经济依赖体力，扩张人口，毁林开荒，历史上不断演绎人口超载、生态环境破坏危及生存，导致社会冲突，从而引发

---

① 漆侠. 宋代经济史［M］. 上海：上海人民出版社，1988：46.

② 戴逸. 简明清史：二［M］. 北京：人民出版社，1984：344.

③ 1957 年马寅初发表了《新人口论》，提出人口增长需与国民经济相适应，过快的人口增长会对经济社会产生巨大压力。

④ 中共中央马克思恩格斯列宁斯大林著作编译局. 马克思恩格斯选集：第 3 卷［M］. 北京：人民出版社，1995：681.

战乱，人口消减的事情。战乱后，社会恢复稳定，又为小农经济生产人口创造了条件，历史又进入新的循环往复过程。马克思主义政治经济学认为，一个国家的经济发展主要依赖的不是人口数量而是社会生产力水平，阿瑟·杨格说："小农耕种，即使他们耕种得很好，又有什么用处呢？除了繁殖人口别无其他目的，而人口繁殖本身是最没有用处的。"[①] 马克思说："超过劳动者个人需要的农业劳动生产率，是全部社会的基础。"[②] 生产率反映生产力水平。在古代中国，自然经济占主导地位的经济形态下，人多势必导致小块土地经营。小块土地经营"占统治地位的，不是社会劳动，而是孤立劳动；在这种情况下，财富和再生产的发展，无论是再生产的物质条件还是精神条件的发展，都是不可能的，因而，也不可能具有合理耕作的条件"[③]。如何化解过剩人口、提高农业生产率是一个需要解决的难题。中国传统人口经济思想中有关地域结构的思想观点就涉及了这一难题。苏轼和叶适等思想家提出鼓励人口从人多地少的东南"狭乡"向西部地多人少的"宽乡"迁移，目的就是要解决"狭乡"人多地少过剩人口的矛盾，但经过了工业革命，世界进入了信息时代并开始迈向智能化时代，当代中国不论是人口职业结构还是地域结构都必然发生了翻天覆地的变化，必然会出现许多新的问题和挑战，例如，在人口结构上如何吸纳消化农业富余的人口进入城市，在职业结构上如何化解劳动力供给存在的结构性失衡（如一方面就业压力巨大，另一方面信息时代高科技所需要的拥有熟练技术工人和高级专业科技人才又存在很大缺口）就成为一个主要矛盾。当代中国的人口地域结构上延续了宋代以来人口由北向南、由西向东、集中向东南沿海地区以及城市迁移的趋势，城镇人口比重持续不断地增加。当代中国人口地域分布的空间特性已呈现出 3/4 以上的人口集中分布在不到 1/5 的国土面积上（集聚核心区、高度集聚区、中度集聚区和低度集聚区）、半数以上国土面积上却居住着不到 2% 的人口（极端稀疏区和基本无人区）的特点。[④] 近代学者胡焕庸早年就研究过中国空间分布的非均衡特征，并且绘制了人口分布的地理分界线——"胡焕庸线"，得出以下结论："惟人口之分布，则东南部计四万四千万，约占总

---

① 中共中央马克思恩格斯列宁斯大林著作编译局. 资本论：第1卷 [M]. 北京：人民出版社，2004：265-266.

② 中共中央马克思恩格斯列宁斯大林著作编译局. 资本论：第3卷 [M]. 北京：人民出版社，2004：888.

③ 中共中央马克思恩格斯列宁斯大林著作编译局. 资本论：第3卷 [M]. 北京：人民出版社，2004：918.

④ 葛美玲，封志明. 中国人口分布的密度分级与重心曲线特征分析 [J]. 地理学报，2009，64（02）：2.

人口之百分之九十六，西北部之人口，仅一千八百万，约占全国总人口之百分
之四，其多寡之悬殊有如此者。"① 这与人口从西向东、从北向南的流动趋势与
农业生产的南移程度有关，也与气候和地理存在关联。② 改革开放以来，人口迁
移的强度活跃增强，向城市中心聚集的趋势进一步增强。人口向城市快速聚集
的好处是为城市发展创造了活力，促进了城市经济的发展，但过多的人口进入
大城市也会增加大城市的不稳定因素，带来诸如交通拥堵、环境恶化等一系列
新问题。在当今社会，人口结构和地域分布都将成为影响经济社会协调可持续
发展的重要因素。这就启示我们要加快户籍改革，发展新型城镇化的县域经济，
合理布局都市圈建设，化解这些矛盾。

　　人口、资源、环境协调是经济社会发展的基础性条件，其中人口素质是关
键因素。西方经济学家西奥多·W.舒尔茨在 1961 年发表的《人力资本投资》
一文中提出，人力资本的投资就是人的知识、能力、健康等人口质量的投资，
人力资本的提高方面对经济增长的贡献远比物质资本、劳动力数量的增加重要。
爱德华·富尔顿·丹尼森在 1962 年撰写的《经济增长的源泉和人们面临的选
择》中从劳动力素质的提高方面对经济发展的影响进行了考察。工业革命以来
的世界近代发展史也证明科学技术才是第一生产力，唯有科技创新才能兴国，
人的本质特征在于人口的素质提升。以蒸汽机为代表的产业革命及随后不断的
技术变革，改变了劳动者与生产资料原有的陈旧关系，科学技术引导自然力不
断替代先前的劳动者自身的体能和简单技艺，并通过市场竞争的强制力迫使劳
动者从数量扩张转向素质提升，这是这些国家步入发达阶段的关键。中国传统
人口经济思想中，如马端临强调人口质量的思想，启示我们要增加对结构性过
剩人口和进城农民工的技术职能的培训，不断提高人口平均受教育的程度和技
能水平，将人口素质的提升、人工智能化与经济转型综合推进，以支撑中国经
济的可持续发展，实现中华民族伟大复兴。

（原载《学术月刊》2022 年第 7 期）

① 胡焕庸.中国人口之分布：附统计表与密度图［J］.地理学报，1935（02）：2.
② 赵文林.从中国人口史看人口压力流动律［J］.人口与经济，1985（01）：1；赵红军，
　尹伯成.公元 11 世纪后的气候变冷对宋以后经济发展的动态影响［J］.社会科学，2011
　（12）：12.

从郭店楚简《老子》看老子的经济思想

　　楚简《老子》于 1993 年 10 月发掘于湖北荆门郭店一号墓中，经过整理，楚简《老子》的释文于 1998 年 5 月已由北京文物出版社出版。本文论述的依据就是这一版本。楚简《老子》是目前所知《老子》版本中最早的，它不但与通行本王弼《老子》有很大的不同，也与马王堆帛书本《老子》有所不同。本文以楚简本《老子》为根据，就其所反映的经济思想及早期儒道之间的关系谈一些看法。

一

　　确定郭店一号墓的时代和墓主人的身份对确定楚简《老子》的时代和性质非常重要。郭店位于今湖北省荆门市，战国中期以前，此地距楚国的都城——纪南城不到 10 千米，是一个当时比较发达的地区。在它的所在区域里已发现了大量的楚国贵族墓地。郭店一号墓的时代，考古学家们判定大约为公元前 4 世纪末期（战国中期偏晚），即下限应在战国中晚期。这一时期是孟子和庄子所在的时期。发掘者根据墓葬形制及文献的记载，确认该墓的主人属于"上士"阶层，是一位知识分子。李学勤教授提出，郭店楚简的成书时间应早于《孟子》，墓主人可能是楚太子的老师。墓主人生前曾任楚太子的师傅，兼习儒、道，是一位博通的学者，所藏的《老子》及其他书籍的抄本，可能是太子通读的教本。[1]

　　整理者依据郭店一号墓发现的《老子》竹简的长度和形制不同，将其分为甲、乙、丙三组。甲、乙、丙三组分别抄写在三种长短和形制不同的竹简上，

---

[1]　李学勤. 荆门郭店楚简中的《子思子》[M] //姜广辉. 中国哲学：第 20 辑：郭店楚简研究. 沈阳：辽宁教育出版社，1999：79.

从这三组的字体可以看出为不同人所书写，书写的时间也可能不尽相同。陈鼓应教授认为，郭店楚简《老子》三种抄本与今本对照，最大的差别就是章次截然不同。陈鼓应教授据此断定楚简《老子》为节抄本，节抄的原因不外乎有二：一是竹简繁重，抄写不易，书写工具不便，流传受到影响，全本不易流传；二是抄写者根据自己的构思和意图来进行节抄。这就出现了三组各有不同主题的节抄本。具体地说，丙组的主题是治国，乙组的主题是修道，甲组主题有两个：一是道与修道；二是治国。①

楚简《老子》是目前所知《老子》最早的版本，笔者认为它可能就是老子的作品。本文对老子经济思想的阐述，依据就是这一版本。早在汉初司马迁就肯定了老子实有其人，如记载孔子曾问礼于老聃。这在司马迁《史记·老子韩非列传》《史记·孔子世家》和《礼记》《吕氏春秋》《大戴礼记》中都有记载。作为史官和大思想家的老子，有著述传世是应有之义。

二

楚简《老子》的最高范畴是"道"，"道"又名"无"："有状混成，先天地生，敓穆，独立不改，可以为天下母。未知其名，字之曰'道'。""天下之物生于有，生于无。"（《老子·甲》）② 老子认为，天下万物的变化、生灭都是宇宙本体"道"之自然，"道"的最大特点就是"无为"，那么，任何想要对宇宙自然过程进行人为干预，想让这一过程按自己的主观意愿来变化、发展的行为，都是无济于事的，注定要失败。与此相应，在经济思想方面与这一"道论"相应，其核心思想就是"无为论"。

"无为论"是说在经济活动中要以"无为"为最高准则，反对国家对宏观经济活动加以干预，主张应任其自然发展。这是一种自由主义的经济思想。老子认为，万物的变化有一个客观的规律，经济活动中也是如此，人们的行动必须合乎经济的规律，"人法地，地法天，天法道，道法自然"（《老子·甲》）。如果政府不实行"无为"政策，对经济活动妄加干预，就会带来灾难。老子警告说："为之者败之，执之者失之。是以圣人无为故无败；亡执故亡失。"（《老

---

① 陈鼓应.道家文化研究：第17辑：从郭店楚简本看《老子》尚仁及其中思想［M］.北京：生活·读书·新知三联书店，1999：67-68.

② 因排版有困难，这里只用厘定的规范汉字。下引简文同。

子·甲》）这里的"亡"即"无"。"无为"经济政策的具体表现就是与民"不争"；"江海所以为百谷王，以其能为百谷下，是以能为百谷王。圣人之在民前也，以身后之；其在民上也，以言下之。其在民上也，民弗厚也；其在民前也，民弗害也。天下乐进而弗厌。以其不争也，故天下莫能与之争"。（《老子·甲》）老子认为，万物是变化的，人顺应自然无为，对社会经济不妄加干预，就能做到"无为而无不为"，收到最佳的经济管理效果："是故圣人能辅万物之自然，而弗能为。道恒亡为也，侯王能守之，而万物将自化。"（《老子·甲》）通过"无为"就能达到天下大治："我无事而民自富。我亡为而民自化。我好静而民自正。我欲不欲而民自朴。"（《老子·甲》）"亡为而亡不为。"（《老子·乙》）这一"无为"经济思想在当时的意义是反对统治者干预人们的经济活动及各种沉重的租税负担，反映了社会上百姓的利益和要求。

"无为论"还表现为"无欲"，即主张去奢崇俭和反对私有的经济观念。

老子在对待欲望上提出了两种要求，即无欲和寡欲。无欲是其最高要求，其次是寡欲。在老子看来，万物的本源是"道"，"道"之所以能长久存在，就是因为它没有意欲。管理国家也应如此："圣人欲不欲，不贵难得之货；教不教，复众之所过。……化而欲作，将镇之以亡名之朴。夫亦知足，知以静，万物自定。"（《老子·甲》）老子认为，社会的祸乱起源于人们欲望的无穷，这会使民心生乱。如果无欲，民心自会归于"朴"。但"大道废"，不能要求过高，降低要求就为寡欲："视索保朴，少私寡欲。"（《老子·甲》）"寡欲"的表现就是"知足"，老子把知足看得非常重要，认为知足可以决定人们的荣辱、生存、祸福："名与身孰亲？身与货孰多？得与亡孰病？甚爱必大费，厚藏必多亡。故知足不辱，知止不殆，可以长久。"（《老子·甲》）"罪莫厚乎甚欲，咎莫憯乎欲得，祸莫大乎不知足。知足之为足，此恒足矣。"（《老子·甲》）老子也承认客观环境对人欲望的刺激："乐与饵，过客止。"（《老子·丙》）但他要求人们克制住这种外在的刺激。老子还将是否"知足"作为分辨贫富的标准：知足，虽客观财富不多而主观上亦可认为富有，知足之所以为足，此是"恒足"；反之，客观财富虽多，主观上不知足，贪得无厌，则易酿成祸害，是为不足。从这里可以看出，老子的财富观决定于主观的知足与不知足，亦即决定于"欲不欲"。寡欲与知足是不可分割的，未有能寡欲而不知足者，亦未有不寡欲而能知足者。老子提出的寡欲和知足说，应是针对当时贵族奢侈生活的欲求而言的，是对统治者贪得无厌生活的抨击，但对一般人而言，也有阻碍人们积极从事经济活动的消极作用。

寡欲和知足表现在消费行为上是去奢崇俭。老子认为："治人事天，莫若啬。"（《老子·乙》）这里的"啬"，就是俭。老子要求人们在经济生活中能满足基本的衣食需要就可以了，不必要求奢华："恬淡为上，弗美也。美之，是乐杀人。"（《老子·丙》）老子认为，奢侈的生活会使人心志迷乱，滋生祸乱之心，这会威胁到社会的稳定和安全。

先秦诸子在消费问题上几乎都是主张节用或崇俭的，但他们的节用或崇俭论又各有特点：儒家是以礼作为节用的标准，墨家是以小生产者生产的需要作为节用的标准，杨朱派道家是以"全生""适欲"作为标准，而老子的寡欲和崇俭论则是建立在对"道"本性认识的基础上的。在他看来，"道"是"真"和"朴"的，真和朴同贪欲是不相容的，如果欲望超出了原始的生活需要，就不能保持真、朴，心灵就不能净化了。老子的寡欲或崇俭说还有针对统治者、要求统治者以俭率下的意义。老子认为，百姓多智则不易统治，百姓多欲则相争，因而强调治国要常使民无知无欲。但统治者自身奢侈多欲，就会上行下效，使奢侈多欲成为社会风气。只有统治者率先少私寡欲，才能在整个社会中形成崇俭、纯真的风气。这就叫作"我欲不欲而民自朴"。老子消费观的缺点是同发展生产相脱节，是单纯的消费论，它企图依靠节用、崇俭把消费限制在已形成的水平之内，免致过度的消费破坏简单再生产的进行，而不是通过崇俭、节用来为再生产提供积累基金以发展生产。

与"崇俭"思想相联系，老子反对技巧奇物。所谓"技巧"是指各种创新的、改进的生产技术，所谓"奇物"是指工业生产中的新产品。他说"民多利器，而邦滋昏。人多知而奇物滋起"（《老子·甲》）。其意思是：人们掌握的精良器械越多，国家越昏乱；生产技术越进步，产品就越奇异。老子为什么反对技巧奇物？因为他认为技巧奇物专恃人为制作，有违于"道""无为"的自然本性或规律，还是对自然和素朴的破坏，其结果会使民心越来越失去古朴纯真的习性而习染于诈伪诡谲。首先，新技术和新产品是智慧的产物，反过来，新技术和新产品的发展又促进人们智慧的增长，所以老子把技巧、智慧和诈伪联系在一起而加以否定，提出了"绝知弃辩，民利百倍。绝巧弃利，盗贼亡有"（《老子·甲》）的命题，认为工艺技巧的进步是社会祸乱的根源。其次，老子还认为，新技术、新产品的出现和使用会导致人们欲望的增长，这又与老子反对多欲、提倡寡欲和崇俭的思想相联系。从提倡寡欲、崇俭的主张出发，就必须反对新技术和新产品。最后，春秋以后，随着手工业的发展，贵族们生活上追求奢侈品的消费十分突出，这也是引起老子反对技巧奇物的一个因素。老子反对技巧奇物的主张，反映了其经济思想上的落后性与保守性。

老子对私有持否定的态度，他主张"万物作而弗始也，为而弗恃也，成而弗居"（《老子·甲》）。他论证私有的害处是"为之者败之，执之者远之"（《老子·甲》）。"功遂身退，天之道也。"（《老子·甲》）"道"的特点是产生万物但并不占有万物，即"为而弗恃，功成而弗居"。把这句话应用到经济生活上，就要求人们从事物质财富的生产但不占有。他反对人们占有物质财富，是因为私有观念的存在不能使人"视素抱朴"，从而导致天下混乱。

与否定私有的观念相应，在财富的分配上，老子主张均平。在老子看来，富贵不能长保："金玉盈室，莫能守也。贵富而骄，自遗咎也。"（《老子·甲》）既然富或求富是祸乱之源，当然以均富为好。老子之所以产生这种均平分配的思想，其理论根据在于"天道"的均平。"天道"是损有余而补不足的，因此均平对民有利："天地相合也，以逾甘露，民莫之令而自均安。"（《老子·甲》）

三

楚简《老子》中反映出的经济思想与先秦儒家的经济思想十分相近。先秦儒家的创始人孔子就具有十分浓厚的自由主义经济思想，如他提倡经济自由，反对政府过分干预，他提出了"因民之所利而利之"（《论语·尧曰》）的经济政策主张，认为这是一种既鼓励了民间经济的发展而政府又没有付出高成本的好办法，并将之概括为"惠而不费"（《论语·尧曰》），认为这是一种高超的管理宏观经济的艺术。这一自由主义的经济思想与老子"无为论"的经济思想基本上一致。在消费观上，孔子也是黜奢崇俭论者，强调"节用而爱人"，认为个人生活俭胜于奢："奢则不孙（逊），俭则固；与其不孙也，宁固。"（《论语·述而》）在对待欲望的态度上，孔子认为在当时"邦无道"的时代条件下，"富且贵焉，耻也"（《论语·泰伯》），提倡一种"贫而乐"（《论语·学而》）的生活态度，他还表白自己是"饭疏食饮水，曲肱而枕之，乐亦在其中矣"（《论语·述而》），称赞颜回："一箪食，一瓢饮，在陋巷，人不堪其忧，回也不改其乐。贤哉，回也！"（《论语·雍也》）孔子在财富的分配上也主张均平，并说过一句很有代表性的话："有国有家者，不患贫而患不均。"（《论语·季氏》）在财富的占有上，《礼记·礼运》篇中提出了大同社会应是财产公有的主张，大同社会中生产资料公有，人们把财富（"货"）作为公共财产来爱惜，"货恶其弃于地也，不必藏于己"，即不把财物作为私人财富来占有。这些经济思想和主张与楚简《老子》中反映的经济思想很是相近。但在人们的传统认识上，儒、道是相对立和冲突的两种学说体系，在经济思想上为什么会有如此大的相近成分呢？楚简《老子》的出土，为人们揭开了这一谜底：先秦时期，儒、道两家理论上并非传统上所认为的那样充满矛盾、势如水火，而是互补互济。司马迁在《老子列传》中说"世之学老子者则绌儒，儒学亦绌老子"，很清楚。所谓"学老子者"就是指老子后学。这表明司马迁也认为儒、道之对立，是老、孔后学的事，并非一开始就如此。

根据楚简《老子》的材料，再就先秦儒、道两家对仁义的态度进行讨论。先秦儒家强调"仁义"为本，认为"仁义"是每个人安身立命的所在，是人之所以为人的价值标准。过去人们根据帛书本《老子》和今本《老子》中的"绝仁弃义"之类的话，以证明老子对儒家仁义观念的否定，并得出了先秦时期儒、道两家道德价值取向是针锋相对、互为水火的，楚简《老子》的出土，改变了人们这一认识。楚简《老子》既反映了老子思想的真实面貌，也反映了春秋晚期到战国中期儒、道的真实关系。楚简《老子·甲》在谈到有关仁义的话时是这样说的："绝智弃辩，民利百倍。绝巧弃利，盗贼无有。绝为弃虑，民复季子。"这段话相当于今本《老子》第十九章或马王堆帛书本《老子》第六十三章，但有三个关键词不同，即"绝知弃辩"，今本和帛书本均作"绝圣弃知"；"绝为弃虑"，今本和帛书本均作"绝仁弃义"。从这两句不同的话中，透露出了一个重新理解儒、道关系的重要信息。今本和帛书本的"绝仁弃义"无疑意味着儒、道两家在价值观上的对立，并带有强烈的反儒倾向。但楚简本中没有这样的话，而它所要弃绝的辩、为、虑三者，恰恰也为儒家所鄙视。"绝为弃虑"中的"为"和"虑"，皆指人的有意作为，即非自然的行为、非真情的流露，这也是道家一贯反对的。① 老子认为，孝慈是亲子间真感情的交流，是不能有半点造作的，所以说"绝为弃虑，民复季子"。从楚简本看，老子不但没有批评儒家思想，反而对儒家所尊奉的圣、仁、义、孝、信、礼等观念持积极、肯定的态度。有趣的是，在同一批出土的儒家著作中，还可以读到与楚简《老子》相近的话："为孝，此非孝也；为弟，此非弟也。……为之，此非也。"（《语丛一》）这不是与楚简《老子》的"绝为弃虑，民复季子"义相近吗？笔者认为，帛书本与今本的"绝仁弃义"有可能是受庄子后学影响后来添加进去的。根据《老子列传》的记载，孔子对老子是非常推崇的。孔子见老聃后曾对弟子说："鸟，吾知其能飞；鱼，吾知其能游；兽，吾知其能走。走者可以为罔，游

---

① 有的释读将"为"读为"伪"，"为"与"伪"通，如《左传·成公九年》："我出师以围许，为将改立君者。"陆德明《释文》："为，本或作伪。""季子"指讲信用，孝悌，谦逊，品质高尚。

者可以为纶，飞者可以为矰。至于龙，吾不能知，其乘风云而上天。吾今日见老子，其犹龙耶!"孔子对老子的钦佩之情，溢于言表。此事亦为其他典籍所载，当为信史。

笔者认为，楚简《老子·甲》所说的"绝知弃辩""绝巧弃利""绝为弃虑"，不是对儒家思想的批判和否定，而是对儒家思想的补充：它不是一种儒家正面的"应该这样"的思维路向，而是一种"不应该这样"、才能"这样"的思维路向。孔子在《论语》中也弃绝"巧言令色"的巧言之辩、伪善面貌和欺诈行为，认为这是与"仁"相违戾的。《孟子·梁惠王上》也曰："何必曰利？亦有仁义而已矣。"楚简《老子》的"绝巧弃利"与孟子的"何必曰利"都是一种达到仁义境界的途径。总之，儒、道早期元典文本的思想是相近的，都是为了消解"礼崩乐坏"带来的现实冲突所提出的不同设想和方案。

（原载《管子学刊》2002 年第 1 期）

论陆贾的经济思想及对汉初经济政策的影响

一、问题的提出

我在拙著《儒家传统与现代市场经济》（复旦大学出版社 2000 年 3 月版）中提出，儒家的自由经济思想活跃于战国至西汉初和宋明两个时期，与此相应，中国商品经济的发展也经历了两个高峰：第一个是从春秋战国到汉武帝初年，第二个是从宋代到清代中期。这两个商品经济高峰的出现，均与儒家自由经济思想的影响有关。但对儒家自由经济思想通过怎样的途径影响到统治者的经济政策则论证不详。这里以汉初的儒生陆贾为例，进行补充论证。

陆贾，楚人，生于公元前240年，死于汉文帝十年，即公元前170年，他经历了秦灭六国的战争，又亲身参加了秦末农民大起义和楚汉相争（"从高祖定天下"）。他擅长辞令，善于办理交涉事宜，"常使诸侯"，承担许多重要的外交使命，为汉高祖刘邦做了许多联络友军、瓦解敌人的工作。他是汉高祖刘邦手下常"居左右"（上述引文均见《史记·郦生陆贾列传》）的重要谋臣之一，对西汉政权的建立起了重要的作用。在西汉政权的巩固方面，陆贾也曾有重要贡献，如陆贾在和平统一南越和平定诸吕叛乱方面都起着十分重要的作用。[①]

陆贾的代表作是《新语》。学术界对陆贾经济思想的研究成果很少，仅有赵靖教授主编的《中国经济思想通史》第 1 卷 16 章中单列一节加以评述，另有零

[①] 南越王赵佗，秦时为南海郡龙川令，在秦末农民大起义和楚汉相争时，封锁关隘，聚兵自守，建立了割据政权。汉高祖刘邦称帝以后，考虑到当时民生凋敝，没有对南越进行武力统一，而是在汉高祖十一年（公元前196年）派陆贾出使南越。陆贾说服了赵佗接受汉高祖授予的南越王封号，实现了和平统一，事见《史记·南越列传》。陆贾在巩固西汉政权方面的另一重要贡献是消灭吕氏集团、克服西汉政权的严重政治危机。刘邦死后，吕后专权，在汉中央政权中形成了一个吕氏专权集团。陆贾为丞相陈平出谋划策，在吕后死后、吕氏集团企图发动政变前夕当机立断，一举粉碎了吕氏集团，消除了西汉政权一次严重的政治危机，奠定了汉文帝以后安定的政治局面，事见《史记·郦生陆贾列传》。

星的论文发表。从这些现有研究成果看，都断定陆贾是一位有着道家思想的学者。其中赵靖教授的观点最具有代表性。他认为"陆贾在《新语》一书中，按照道家'道法自然'的观点，以'古今成败之国'的经验和秦亡的教训，考古鉴今进行了充分的论述，概括为一句话，就是'道莫大于无为'"①。并认为"《新语》的成书对黄老之学成为汉初国家政策的指导思想，其首倡的作用是毋庸置疑的"②。其他一些论者也主此说。本文认为这一观点大可商榷。

二、陆贾应属儒家学者

先秦儒家学说的特点是推崇仁义和德教，经济思想上倡导经济自由主义。《新语》应视之为汉初"重振儒术的先锋"，它"贵仁义，尚德教，惩秦之任刑；其学上继孟荀，而下开贾谊、董仲舒之先"③。《新语》一书的主旨在于"崇王道，黜霸术，归本于修身用人"（《四库全书总目》卷九一）。在《新语》中我们可以看到，陆贾始终坚持儒家"仁义治国"的理念，认为"圣人怀仁仗义，分明纤微，忖度天地，危而不倾，佚而不乱者，仁义之所治也……是以君子握道而治，据德而行，席仁而坐，杖义而强"（《新语·道基》）。他正是依照儒家的这一治国理念，向刘邦进言，论证了"居马上得天下"而不能"以马上治天下"的道理，用极其生动、鲜明的语言深刻地阐明了秦王朝之所以失败就在于不施行"仁义治国"的道理。他说秦王嬴政奉行自商鞅变法以来的法家农战政策，凭借其雄厚的经济和军事力量，以武力兼并了天下，但在统一天下后由于不能推行儒家"仁义治国"的路线，最终导致了亡国："秦始皇设刑罚，为车裂之诛，以敛奸邪。筑长城于戎境，以备胡、越。征大吞小，威震天下，将帅横行，以服外国。蒙恬讨乱于外，李斯治法于内。"（《新语·无为》）秦始皇穷兵黩武，开疆拓土，奢侈靡费，不恤民力，依仗其严刑峻法的暴力来强化统治机器，给人民带来了深重的灾难，终至自取灭亡。陆贾在《新语》中认真总结秦亡的这一历史教训，提出应按照儒家"仁义治国"的理念，奉行先秦儒家自由放任的经济政策，减少政府对民间的干预，与民休息，来恢复汉初遭战争严重创伤的经济。

细察主张陆贾是道家说的论据，关键在于陆贾倡导"无为而治"。这一论据

---

① 赵靖．中国经济思想通史：第1卷［M］．北京：北京大学出版社，1991：487．

② 赵靖．中国经济思想通史：第1卷［M］．北京：北京大学出版社，1991：489．

③ 韦政通语，参见韦政通．中国哲学辞典大全［M］．台北：水牛图书出版事业公司，1983：501，503．

不能成立，因为在先秦儒家和道家都是主张"无为而治"的，这可以孔子下面的话为证："无为而治者，其舜也与！夫何为哉？恭己正南面而已矣。"（《论语·卫灵公》）"天何言哉？四时行焉，百物生焉，天何言哉？"（《论语·阳货》）孟子也有顺应自然、无为而治的思想，如孟子讲过"莫非命也，顺受其正"（《孟子·尽心上》）。这里的"命"是天道自然法则，此话的含义是孟子强调治国应顺应天道自然的法则。孟子还讲述过一个"揠苗助长"的故事，"宋人有悯其苗之不长而揠之者，芒芒然归，谓其人曰：今日病矣，予助苗长矣。其子趋而往视之，苗则槁矣。天下之不助苗长者寡矣……助之长者，揠苗者也。非徒无益，而又害之。"（《孟子·公孙丑上》）孟子讲这一寓言的本意是强调治国做事应顺乎自然，不可抑制之，也不可以外力助长之，否则"非徒无益，而又害之"。1993 年 10 月，楚简《老子》于湖北荆门郭店一号墓发掘出土，更进一步为本文提出的这一论断提供了证据。楚简《老子》中反映出的经济思想与先秦儒家的经济思想十分接近，两家都提倡经济自由，主张"无为而治"。在先秦时期，儒、道两家理论绝非如传统所认为的那样充满矛盾、水火不容，而是互补互济。司马迁在《老子列传》中说："世之学老子者则绌儒，儒学亦绌老子"，认为儒、道两家的对立仅是先秦之后老、孔后学的事。所以，仅仅以陆贾倡导"无为而治"就断定其学属于道家难以成立。

三、陆贾的经济思想

陆贾经济思想的特点是继承先秦儒家的经济思想，倡导经济自由主义。这一经济思想集中体现在其《新语·无为》篇中。在《新语·无为》篇中，陆贾对自由主义的经济思想进行了正、反两方面的对比论述，他说："昔舜治天下也，弹五弦之琴，歌《南风》之诗，寂若无治国之意，漠若无忧天下之心，然而天下大治。"周公是"师旅不设，刑格法悬，而四海之内，奉供来臻，越裳之君，重译来朝。故无为者乃有为也"。（《新语·无为》）他们都是因实行自由主义的政策而天下大治的。而秦始皇则兴作兵革，赋役繁苛，严刑峻法，结果是"事逾烦天下逾乱，法逾滋而奸逾炽，兵马益设而敌人逾多。秦非不欲治，然失之者，乃举措暴众而用刑太极故也"（《新语·无为》）。他建议刘邦应实行与民休息，不要过多地干预老百姓的日常生活，实行"无为而治"。在《新语》中，陆贾还对自由主义治理国家的理想境界展开了如下描述："是以君子之为治也，块然若无事，寂然若无声，官府若无吏，亭落若无民，闾里不讼于巷，老幼不愁于庭。近者无所议，远者无所听，邮无夜行之卒，乡无夜召之征，犬不夜吠，鸡不夜鸣，耆老甘味于堂，丁男耕耘于野。在朝者忠于君，在家者孝于亲。于是赏善罚恶而润色之，兴辟雍庠序而教诲之，然后贤愚异议，廉鄙异科，长幼异节，上下有差，强弱相扶，大小相怀，尊卑相承，雁行相随，不言而信，不怒而威，岂待坚甲利兵、深牢刻令、朝夕切切而后行哉？"（《新语·至德》）这是一幅因推行自由主义政策而达到的理想的政治经济生活的图画。陆贾把这种理想的治国境界称为"至德"。①

《新语》一书还提出了重农、崇俭和轻徭薄赋的经济政策主张。

《新语》一书虽然没有专章论述重农的经济观点，但在多处对"弃本趋末"②的行为进行了谴责。他认为"释农桑之事，入山海，采珠玑，捕豹翠，消筋力，散布泉，以极耳目之好"是"快淫佚之心"（《新语·本行》）的荒谬行为；认为"舜弃黄金于崭岩之山，捐珠玉于五湖之渊"就是为了杜绝这一"淫邪之欲"。治天下应针对当时背离本业、趋向末业的行为"调其本"，因为"养其根者则枝叶茂"。（引文均见《新语·术事》）《新语》一书是总结秦亡教训和"古今成败之国"的经验的，同时也是在探讨西汉政权应如何治理天下，所以陆贾的"重农"主张也当然是其自由主义、与民休息的经济政策内容之一，重农是为了恢复和发展国民经济。

《新语》一书崇俭和轻徭薄赋的主张更是非常明确。在论述"古今成败之国"的经验中，它把骄奢纵欲看作亡国之事一再发生的原因。他说，"秦始皇骄奢靡丽，好作高台榭，广宫室"；"楚平王奢侈纵恣……增驾百马而行，欲令天下人饶财富利"（《新语·无为》）；楚灵王"作乾谿之台，立百仞之高，欲登浮云，窥天文"（《新语·怀虑》）；鲁庄公更是"一年之中，以三时兴筑作之役，规虞山林草泽之利，与民争田渔薪菜之饶，刻桷丹楹，眩曜靡丽，收民十二之税，不足以供邪曲之欲……财尽于骄淫，力疲于不急，上困于用，下饥于食"。（《新语·至德》）陆贾认为，治理这一弊政的办法就是"应之以俭"（《新语·无为》），做到"不兴无事之功""不藏无用之器"，就可以"稀力役而省贡献也"。（上述引文均见《新语·本行》）面对汉初经济凋敝的现实，陆贾明确主张"损上而归之于下"（《新语·辨惑》），认为百姓富裕了，国家的财政才能富足。

---

① 《新语·至德》篇曰："至德言善治者不尚刑。"参见王利器. 新语校注 [M]. 北京：中华书局，1986：116.

② 这里的"末"指奢侈品生产，即"末技"，不是指一般工商业。参见叶世昌. 中国经济思想简史：上 [M]. 上海：上海人民出版社，1978：94.

四、陆贾经济思想对汉初经济政策的影响

《新语》一书所阐发的自由主义的思想对汉初的经济政策产生了极为重要的影响。西汉政权建立后，汉高祖刘邦和朝廷大臣对如何避免亡秦覆辙、稳定和巩固自己的统治是十分关心的。但当权统治者多出身社会下层，文化低下，不懂得也不重视知识和历史经验对治理国家、巩固政权的重要性。汉高祖本人出身农民，素无文化，通过多年的农民战争和统一战争而得天下，对知识和知识分子更是抱有很深的偏见，常说："为天下安用腐儒？"（《新语·黥布列传》）当陆贾向他称说诗、书，强调知识的作用时，他很不以为然，骂陆贾："居马上而得之，安事《诗》《书》！"陆贾则回答："居马上得之，宁可以马上治之乎？且汤、武逆取而顺守之，文武并用，长久之术也。昔者，吴王夫差、智伯极武而亡。秦任刑法不变，卒灭赵氏。向使秦已并天下，行仁义，法先圣，陛下安得而有之？"陆贾以秦亡汉兴为例的这番话，使虽无文化但聪明的刘邦茅塞顿开。他令陆贾总结"秦所以失天下，吾所以得之者何，及古成败之国"的历史经验。陆贾遵照刘邦的要求，"每奏一篇，高帝未尝不称善，左右呼万岁，号其书曰《新语》"。（上述引文均见《史记·郦生陆贾列传》）这就是说，《新语》乃是刘邦为陆贾所奏起的书名。这说明刘邦对陆贾所讲的治国道理十分赞同，并有着深切的感受，自然也就将之采纳成汉初治理国家的基本理念。陆贾在《新语》中所提出的实行自由主义的无为而治、与民休息、重农、崇俭及轻徭薄赋的经济思想也就奠定了汉初经济政策的基础。无为而治用现代经济学语言来说就是实行自由主义的经济政策，减少政府对经济活动的不必要干预；重农就是大力发展农业这一基础性产业；崇俭就是设法增加储蓄，它有助于增加发展生产所需的资本积累；轻徭薄赋就是减税，提高人民的税后收入，藏富于民，促进民间消费和投资的增加，增进经济的发展。

陆贾提出的上述经济政策被刘邦采纳，实施的结果是对汉初经济的恢复和发展发挥了明显的作用。史载在楚汉战争一告结束，汉高祖针对当时大量农民流离失所的情况，制定了招抚流民还乡、鼓励农民生产的许多办法，如令逃离战乱的各地百姓"各归其县，复故爵田宅……民以饥饿自卖为人奴婢者，皆免为庶人"，并用田宅奖励有功的军士和官吏，"法以有功劳行田宅"（《汉书·高帝纪下》）。这一政策的基本精神是使逃避战乱的人各归故土家园，归还他们的田宅，释放因战争饥荒而沦为奴婢的百姓，优待从军吏卒，给爵免役，优先分配他们田宅。这一政策实施的目的是使在战争年代与土地分离的劳动力重新归农，恢复生产。

刘邦在陆贾的影响下，开始意识到了自己过去的错误。据《古文苑》卷十汉高祖手敕太子五条载："吾遭乱世，当秦禁学，自喜谓读书无益。洎践祚以来，时方省书，乃使人知作者之意。追思昔所行，多不是。"这说明刘邦不仅意识到了自己过去轻视儒生的错误，还告诫太子尊重儒生，按照儒家的治国理念管理国家。另据《汉书·高帝纪下》，十二年"十一月，行自淮南还，过鲁，以太牢祠孔子"，这是中国帝王祀孔子的开始。刘邦如果不是受陆贾的影响并产生了真实的感受，如果不是对孔子存有真诚的敬意，无法想象他会做出这种前无所承的事。

五、历史的经验教训

刘邦之后的汉文帝继续实行了这一自由主义的经济政策。仅仅三十余年，满目疮痍的汉初经济出现了经济全面恢复的"文景之治"。《史记·孝文本纪》称，"孝文帝从代来，即位二十三年，宫室苑囿狗马服御无所增益，有不便，辄弛以利民。尝欲作露台，召匠计之，直百金。上曰：'百金中民十家之产，吾奉先帝宫室，常恐羞之，何以台为！'上常衣绨衣，所幸慎夫人，令衣不得曳地，帏帐不得文绣，以示敦朴，为天下先。治霸陵皆以瓦器，不得以金银铜锡为饰，不治坟，欲为省，毋烦民"。朝臣中有人建议对外用兵，汉文帝坚决反对。他主张对外和平，为汉初经济稳步发展提供了有利的外部条件，对内则使"百姓无内外之繇，得息肩于田亩，天下殷富，粟至十余钱，鸣鸡吠狗，烟火万里，可谓和乐者乎"（《史记·律书》），汉初国力迅速恢复。这里的"百姓无内外之繇"，就是轻徭薄赋，减少老百姓的税赋负担。

经过"文景之治"的休养生息，汉初的经济全面复兴，天下大定，户口数也大量增加。《汉书·功臣表》载："逮文景四五世间，流民既归，户口亦息，列侯大者至三四万户，小国自倍，富厚如之。"与此同时，社会经济也由恢复走向了繁荣。《史记·货殖列传》载："汉兴，海内为一，开关梁，弛山泽之禁，是以富商大贾周流天下，交易之物莫不通，得其所欲。"因而出现了各式各样的大小商人。"商贾大者积贮倍息，小者坐列贩卖"，不但经济上积聚了大量财富，政治上也取得了相当的地位和势力。晁错形容当时的大商人是"衣必文采，食必粱肉；无农夫之苦，有阡陌之得。因其富厚，交通王侯，力过吏势；以利相倾，千里游遨，冠盖相望，乘坚策肥，履丝曳缟"（《论贵粟疏》）。《史记·平准书》对这一时期经济发展的形势也有生动的描述："汉兴七十余年之间，国家无事，非遇水旱之灾，民则人给家足，都鄙廪庾皆满，而府库余货财。京师之钱累巨万，贯朽而不可校。太仓之粟陈陈相因，充溢露积于外，至腐败不可食。

众庶街巷有马，阡陌之间成群，而乘字牝者傧而不得聚会。守闾阎者食粱肉，为吏者长子孙，居官者以为姓号。故人人自爱而重犯法，先行义而后绌耻辱焉。当此之时，网疏而民富。"一句"网疏而民富"，颇为传神地反映出了当时政府实行自由主义、不干预经济活动的经济政策促进经济增长、人民生活富足的景象。

汉初实行陆贾提出的自由主义的政策，也赢得了时人和后代进步思想家的较高评价。除司马迁在《史记》有关篇章中对这一经济政策给予充分肯定和赞扬外，班固也高度评价说："汉兴，扫除烦苛，与民休息。至于孝文，加之以恭俭；孝景遵业，五六十载之间，至于移风易俗，黎民醇厚。周云成、康，汉言文、景，美矣！"（《汉书·景帝纪》）但可惜汉武帝上台后，未能继续实施这一"藏富于民"自由主义的经济政策。他为了解决由屡屡对外用兵造成的财政亏空，实行了国家干预和参与经济活动的政策，如增加税目，提高税率，改革币制，盐、铁、酒专营的国家垄断，致使汉初十分迅猛的经济发展势头受到了扼制。自此以后，中国古代商品经济的发展也就进入了一个相对衰退和停滞的阶段。这是一个十分深刻的历史教训。

（原载《世界经济文汇》2002 年第 3 期）

论司马迁的自由经济思想及对儒道的态度

司马迁是我国古代一位伟大的史学家，同时也是一位伟大的经济思想家。对司马迁经济思想的属性，班固父子提出司马迁"先黄老而后六经"的论断，此说影响甚大，几成流行的传统观点。本文拟发表一些不同看法。

一

司马迁的经济思想以自由主义的经济理论为主要特征，这集中表现在他主张的"善者因之，其次利道（导）之，其次教诲之，其次整齐之，最下者与之争"（《史记·货殖列传》）经济政策上。这里的"因"，是顺应、听任的意思。"善者因之"，是说国家最好的经济政策是顺应经济发展的自然，听任私人进行生产、贸易等活动，国家不必加以干预。正是出于这一自由经济的理论，他对汉初的"开关梁，弛山泽之禁"的措施表示赞成，认为这能使"富商大贾，周流天下，交易之物莫不通，得其所欲"（《史记·货殖列传》）。显然，这一思想与孔子所倡导的"因民之所利而利之"的经济政策是同义的，其思想上的继承关系也十分明显。孔子认为，自由主义的经济政策是"善"的，认为它能使国家收到"惠而不费"的好处。司马迁将这一"善者因之"的政策作为他全部经济学说的脊梁，成了中国经济思想史上主张自由放任主义的典型。"利导之"，就是主张在顺应、听任私人进行经济活动的前提下，由国家在某些方面进行一定的引导，以鼓励人们从事这方面的经济活动。司马迁还认为，这种"利导之"的方法是次于"因之"的方法的。"教诲之"，是指国家用教化的方法诱导人们从事某些方面的经济活动，或劝诫人们勿从事某些方面的经济活动。这是一种又次于"利导之"的方法。"整齐之"，是指由国家采取行政手段、法律手段来干预人们的经济活动。"与之争"，则是指国家直接经营工商业，借以获利。对后两种经济政策，司马迁是坚决反对的。在他看来，从事盈利性的生产贸易活动是私人的事，国家政权及官吏从事这些活动是与民争利，是最坏的政策。政府对经济活动的过分干预是不必要的。

正是基于这一自由主义的经济思想，司马迁在《平准书》中对汉武帝执行的国家干预政策提出了尖锐的批评。《平准书》一开始叙述了汉统一以后至汉武帝即位的七十多年间，由于实行了自由放任的经济政策，社会经济由复苏渐次繁荣，到汉武帝初年，经济达到了高度的繁荣："国家无事，非遇水旱之灾，民则人给家足，都鄙廪庾皆满，而府库余货财。"对当时自由放任政策与经济繁荣之间的关系，司马迁用"网疏而民富"一语加以概括。司马迁认为，汉初实施的自由放任的经济政策促进了商品经济的自由发展，对此是应予以赞赏的。接着，司马迁批评汉武帝即位以后实行了压制和剥夺民营工商业的经济政策，使得汉初一片繁荣的经济局面很快衰落下来，甚至到了几近崩溃的边缘。汉武帝实行的压制和剥夺民营工商业的政策，主要是官营工商业制度和算缗、告缗政策。官营工商业制度简单地说就是把某些产销两旺、获利最丰的工商业收归官营，完全由官家垄断，禁止私人经营。这样一来，私营工商业自由发展的道路被彻底堵塞了，所以它是商品经济发展的一股直接扼杀力量。这一制度在西汉中期是由桑弘羊建议被汉武帝接受并付诸实施的。司马迁对这一制度坚决反对。他批评汉武帝实行这一制度垄断了盐铁生产以后，"大农之诸官尽笼天下之货物""富商大贾无所牟大利"。虽然政府一时增加了收入，整个社会的经济却遭到了严重的破坏。① 他在《平准书》中批评汉武帝实行算缗、告缗政策使得民营工商业纷纷破产："中家以上大抵皆遇告""治郡国缗钱，（政府）得民财物以亿计……于是商贾中家以上大率破"。

司马迁的自由经济思想有其人性论的根据。他认为人在本性上都是"好利"的，都追求物质的利益，生活富裕是每个人都有的愿望："富者，人之情性，所不学而俱欲者也。"这些都是"不召而自来，不求而民出之"（《史记·货殖列

---

① 司马迁对桑弘羊"用事侍中""言利事，析秋毫"颇有微词，甚至记卜式之言"烹弘羊，天乃雨"以示《春秋》褒贬之意（《史记·平准书》）。对于桑弘羊的禁榷政策给汉代经济发展所带来的消极作用，傅筑夫先生指出："由桑弘羊负责推行的禁榷制度，在中国的商品经济发展史上是一件划时代的大事，因为它给商品经济一个致命的打击，从此把商品经济正常发展的道路完全堵塞了，又由于它在财政上是成功的，给后世历代王朝解决财政困难树立了一个成功的样板，故一直为历代王朝所踵行，并不断地变本加厉，以扩大禁榷的范围和规模。"而这一点也正是战国至西汉中期这一时期商品经济窒息的重要原因。傅先生又指出："有利的工商业收归官营后，私营企业固然是被扼杀了；但是官营企业并没有成功……事实上也不可能成功。"参见傅筑夫. 中国古代经济史概论［M］. 北京：中国社会科学出版社，1981：217-218.

传》）的自然本能。有了这一"好利"的本能，故人们都自然而然地"各劝其业，乐其事，若水之趋下，日夜无休时"（《史记·货殖列传》）。司马迁认为，为政者的最上策就是顺应人性之自然，许民求利，"随俗而诱之"。这一思想与1800多年以后英国古典经济学家亚当·斯密的"自利"说不谋而合。他们都认为谋利是人类一切经济行为的出发点，每个人都知道应当采取什么有效的办法来获得最大的收益，都知道应当怎样充分利用自己的主客观条件以取得最大的效用。正是基于谋利是人本性的思想，司马迁肯定了自由竞争："贫富之道，莫之夺予，而巧者有余，拙者不足""富无经业，则货无常主，能者辐凑，不肖者瓦解"。（《史记·货殖列传》）

自由经济强调市场调节或价格机能，司马迁也有相应的论述。他在《史记·货殖列传》中引计然的话说："论其有余不足，则知贵贱，贵上极则反贱，贱下极则反贵。"这就揭示了市场供需法则的运作规律。其意思是，在某一市场上，只要比较某物的供给量与需求量，就可以知道其价格是上升还是下降。若是供不应求，价格当然上升，但若价格上升得超过均衡价格很多，则将导致供给量增加，需求量减少，以致卖者之间竞售，迫使价格下降；假若价格下降得低于均衡价格很多，则将导致供给量减少，需求量增加，以致买者之间竞购，又迫使价格上升。据亚当·斯密的看法，这种市场机能配合着"人类自利"之心，就像一只看不见的手，将社会经济导向最适状态。司马迁对此也有十分精彩的描述："故物贱之征贵，贵之征贱，各劝其业，乐其事，若水之趋下，日夜无休时。不召而自来，不求而民出之，岂非道之所符，而自然之验邪！"（《史记·货殖列传》）这里的前两句显然是指价格机能，而且这种价格机能的作用就类似于斯密的"一只看不见的手"。

司马迁受先秦儒家重商意识的影响，把工商业提到了重要的地位，并竭力为民营工商业辩护。他认为农虞工商是"民所衣食之原"，而工商事业更是富家富国之道。他以现实主义的眼光，觉察到了商品流通能大大促进整个社会经济的发展，所以主张让工商业自由发展。他写的《货殖列传》为著名的大工商业者立传。其中所列的人物，从猗顿、郭纵、乌氏倮、巴寡妇清一直到汉代的蜀卓氏等，几乎都是因从事工商事业而发家致富的。他所说的"布衣匹夫之人，不害于政，不妨百姓，取与以时而息财富"，肯定了工商业致富的合理性。《史记·货殖列传》还记述了太公望、管仲、范蠡、计然、白圭等君主和官吏重视发展工商经济使国家富强的事迹。齐国的开国君主太公望，"劝其女功，极技巧，通鱼盐，则人物归之，襁至而辐凑"，结果，齐成为"冠带衣履天下"的强国。管仲继承太公望的事业，设轻重九府，注意发展工商业，结果齐桓公成了春秋时期第一个霸主。魏白圭管理经济的秘诀，同样是在于保持农商平衡，重视掌握时机，开展与周边国家的贸易。对白圭经商成功的方法，司马迁进行了详尽的记述："乐观时变，故人弃我取，人取我与""趋时若猛兽鸷鸟之发"，并尊称白圭为"治生之祖"。这充分说明，重视工商业经济的发展在司马迁的经济思想中占有重要的地位。他还认识到从事工商业是普通百姓积累财富最有利的途径："用贫求富，农不如工，工不如商，刺绣文不如倚市门，此言末业，贫者之资也。"《史记·货殖列传》司马迁的这一观点，符合当时社会的实际情况，概括出了许多工商业者经营致富的经验。

二

　　司马迁的经济思想来自对先秦孔孟自由主义经济思想的继承。

　　孔子心目中的经济制度是一种自由主义的经济模式。在这种经济体制中，政府对经济的干预活动应减至最少，听凭人民在经济活动中自由而充分地发挥其聪明才智。他有一句名言："天何言哉？四时行焉，百物生焉，天何言哉？"（《论语·阳货》）这是他心目中政府在经济活动中发挥的作用的写照。孔子是主张无为而治的，反对政府对经济生活的过分干预，还可以他下面的话为证："无为而治者，其舜也欤！夫何为哉？恭己正南面而已矣！"（《论语·卫灵公》）这表明孔子要政府尽量减少对经济的干预，给人民以自我充分发展的机会。由于政府缩小了工作范围，机构也就不必设计庞大，所以主张"薄税敛"。

　　孔子强调"惠而不费"（《论语·尧曰》），也反映了他的自由主义的经济思想。孔子认为"小人喻于利"，追求富贵是每个人都有的欲望，因此主张在使用"小人"，即人民从事各种经济活动时，必须使其能得到一定的经济利益，这也就是他所说的"惠则足以使人"（《论语·阳货》）。怎样才能使老百姓获得足以调动他们积极性的物质利益（"惠"）呢？孔子提出的指导原则是"惠而不费"。"惠而不费"的具体含义是一方面要使老百姓获得足以调动他们积极性的物质利益，一方面对统治者（政府）来说又没有为此花费什么成本。被管理者觉得自己受了"惠"，从而提高了从事经济活动的积极性，能够为社会提供更多的劳动产品和工作成果，而管理者又没有为此付出什么成本代价。这实际上是以尽可能少的成本获得尽可能多的收益的经济学原则。但怎样才能做到这一点呢？孔子设计的方案是"因民之所利而利之，斯不亦惠而不费乎"（《论语·尧曰》），也就是让老百姓自由地去从事自认为有利的经济活动，并从中谋取好处，政府不必干预。这实际上已是一种自由经济制度的模式了。

孟子继承了孔子的这些思想，又有所发挥。这表现在他倡导道法自然、重视个人利益与维护竞争上。

孟子讲过："莫非命也，顺受其正。"（《孟子·尽心上》）这里的"命"，应视作天道，也即自然的法则。孟子这句话的意思是强调发乎自然、顺应自然的法则。孟子讲述过一个"揠苗助长"的故事，本意在于强调做事要顺乎自然法则，既不宜抑制成长，也不可以外力助长之。它在经济政策上的启示，就是政府要顺从经济运行的自然法则，不可违背经济运行的客观规律，强加干预。那样做的结果只能是适得其反，"非徒无益，而又害之"（《孟子·公孙丑上》）。

自由经济强调市场竞争，反对垄断，孟子也有着相同的见解。他反对市场的垄断，对之深恶痛绝："古之为市也，以其所有易其所无者，有司者治之耳，有贱丈夫焉，必求龙（垄）断而登之，以左右望而罔市利，人皆以为贱，故从而征之。征商，自此贱丈夫始矣。"（《孟子·公孙丑下》）孟子是肯定商人在社会经济生活中的地位和作用的，反对法家所倡导的"重农抑商"论，主张对商人免征赋税，"关市讥而不征"（《孟子·梁惠王下》），以鼓励其从事自由贸易活动，活跃自由竞争的市场。他反对垄断，是因为投机商垄断市场，囤积居奇，哄抬价格，牟取暴利，不但会使正当的商人失去正常经营的机会，而且也会迫使农民贫穷破产，而由垄断、罔市利起家的商人势必以其余财用于兼并土地。这既不符合孟子所提倡的"以其所有，易其所无""通功易事"等商业经营的原则，也不符合孟子所主张的"使民有恒产"，防止因兼并而失掉恒产的宗旨。故孟子对垄断大加反对。

孔孟对商业和商人都表示出相当的尊重。孔子对春秋时期自由商业的兴起持一种肯定的态度，这有两个证据。其一，当时有名的卫国大商人子贡就是孔子的学生，孔子对他多有称道。《论语·先进》篇载有孔子的话："赐不受命，而货殖焉，亿则屡中。"他认为自己的学生端木赐（子贡），虽然没有受命于官府而私自去经商，但善做买卖，行情估得准，对这位高足的"屡中"表示了嘉许。在子贡与孔子论玉的一段对话中，子贡问美玉是否"求善贾而沽诸"，孔子回答："沽之哉，沽之哉！我待贾者也。"（《论语·子罕》）脱口而出接连说了两声"沽之哉"，并把自己比喻成等待善价的商品。不用说轻视商业的人不会说出这样的话，就是对商业不太熟悉的人也不能随口念出这些生意经来，这是孔子不轻视商业而且懂得经商之术的写照。正因为孔子不轻视商业和商人，他才能接收像子贡这样的门徒。不仅如此，有时他的传道活动和子贡的牟利活动也是紧紧地结合在一起的。司马迁对此评价说："夫使孔子名布扬于天下者，子贡先后之也。此所谓得势而益彰者乎?"(《史记·货殖列传》)没有子贡财力的支持,孔子是难以带领众多弟子去周游列国,产生那么大影响的。其二,孔子在他一生短暂的执政期间,曾一度花费了一番心思来整顿商业,并使鲁国的市肆改观。《荀子·儒效》篇记载:"仲尼将为司寇,沈犹氏不敢朝饮其羊……鲁之粥牛马者不豫贾。"意思是:在孔子的治理下,沈犹氏不敢朝饮其羊以欺诈市人,鬻牛马者不敢定为高价。《孔子家语》也有类似的记载,并说:"贾羊豚者不加饰……四方客至于邑,不求有司,皆如归焉。"(《孔子家语·相鲁》)在孔子的治理下,商人的欺诈行为得以制止,商品的正常交换得以进行。市场上的货物都能"布正以待之也"(《新序·杂事一》)。孔子在这一方面的"政绩",较之当时重视商业的子产也未必逊色。

孔子重视商业,还表现在不违反法律禁令的前提下,赞成给商业经营以一定的自由和便利。其内容一是降低关市之税,二是开放山泽之禁。《孔子家语·王言解》记载孔子的话:"若乃十一而税,用民之力岁不过三日。入山泽以其时而无征,关讯市廛皆不收赋。此则生财之路而明王节之,何财之费乎?"同书《颜回》篇记载,"颜回问于孔子曰:臧文仲、武仲孰贤? 孔子曰:武仲贤哉!"颜回又问:"夫文仲其身虽殁,而言不朽,恶有未贤?"孔子的回答是:"身殁言立,所以为文仲也。然犹有不仁者三。……下展禽,置六关,妾织蒲,三不仁。"《孔子家语》的这段材料在《左传》中也有所记载,如"仲尼曰臧文仲其不仁者三……下展禽,废六关,妾织蒲,三不仁也"(《文公二年》)[①]。可见这段材料是可信的。春秋末年,关税已经普遍推行,而孔子认为这不合先王的古道,并提及臧文仲过去的设六关是不仁,其反对关税的态度可见是十分明确和坚决的。关市之税减轻甚至不收,山泽无征也不收税,这对商人是有利的。它可以降低商人的运销成本,扩大商品的销路,增加商业的利润,因而也有利于促进商业的发展。

孔子主张商业经营自由的经济思想曾影响了当时的执政者。鲁哀公时对商人实行宽惠政策,在关市之税和山泽之征上对商人让步就是接受孔子的建议,"哀公问于孔子曰:寡人欲吾国小而能守,大则攻,其道如何? 孔子对曰:使君朝廷有礼,上下相亲,天下百姓皆君之民,将谁攻之? 苟违此道,民畔如归,皆君之仇也,将与谁守? 公曰:善哉! 于是废山泽之禁,弛关市之税,以惠百

---

① 《左传诂》王肃曰:"六关,关名,鲁本无此关,文仲置之以税行者,故为不仁。"惠栋曰:"废与置古字通。"按,废,亦读"发",举也,兴也,古时废、发可通写。如《荀子·礼论》曰"大昏之未齐也"。《史记·礼书》作"大昏之未废齐也"。由此可见,"废六关"即"发六关",是兴六关、举六关之意。不能把多义的"废"字作简单的理解。

姓"（《孔子家语·五仪解》）。同样的材料还见于《说苑·指武》篇。这里的民、百姓是指自由民身份的工商业者。孔子减免关税、开放山泽的经济主张，除上述材料外，在《论语》中也可以找到许多旁证。如孔子的"因民所利而利之"，其主要内容之一即弛山泽之禁，让百姓因地制宜，利用自然资源得到些好处。利用山泽之利受惠的人应主要是工商业者。无疑，孔子的这些政策主张从客观效果上看，有利于商品的正常流通和自由商人的发展。

孟子对商业和商人也十分重视，主张国家应实行保商惠商的政策。这从他竭力宣传减轻商税、轻关易道以招徕天下商旅、发展商业的主张上可以反映出来。当孟子游齐，齐宣王问他怎样实行"王政"时，孟子的答话是"昔者文王之治岐也，耕者九一，仕者世禄，关市讥而不征，泽梁无禁，罪人不孥"（《孟子·梁惠王下》）。在宋国大夫戴盈之面前，同样也讲要"去关市之征"，并把重征商税喻为偷鸡之类的不义行为。（《孟子·滕文公下》）当时，统治者大都利用关卡对商人横征暴敛，孟子强烈反对，大声疾呼："今之为关也，将以为暴。"（《孟子·尽心下》）在孟子的思想中，不征关市、开放山泽，是他要推行的仁政的一个组成部分。开放山泽，减轻商税，可为商业的自由经营提供方便。如果不是出于对商业的重视和保护，就不会有如此明确的主张。

先秦儒家虽然对商业和商人表示出相当的尊重，但并不是对任一商业活动都表示赞成。孔子要求商业经营者须遵守国家的法度和礼制，讲究伦理道德，以义经商，"义然后取"（《论语·宪问》）。也就是说，在商业活动中以礼义作为行动规范、运作的指南，所谓"礼以行义，义以生利"（《左传·成公二年》）。孟子也主张以义经商，反对用不正当的垄断方法来"罔市利"，并称这种商人为"贱丈夫"。对那些垄断市场、囤积居奇、哄抬价格、牟取暴利、发不义之财的投机商，他是鄙夷的。司马迁受此影响，既主张发展工商业，肯定商人在社会经济发展中的作用，又反对那种"弄法犯奸而富"（《史记·货殖列传》）的"奸富"行为。

三

司马迁对儒、道的态度也有所不同。司马迁对儒家思想是十分尊奉和推崇的，如司马迁把儒学创始人孔子誉为"至圣"，不只一次地发出由衷的敬佩和赞叹之声。对道家思想，他虽也有一定的推崇，但远比不上对儒家的推崇，且有一定的批评。明人陈仁锡指出："史迁可谓知圣人之道矣，班氏谓其先黄老而后六经，非也。观其作《史记》，于孔子则立'世家'，于黄老则立'传'；至论孔子，则'可谓至圣矣'，论老氏，但'隐君子'。非知足以知圣人而能是乎？"（《陈评史记》卷十七）此论甚是。陈祖范《史述》也记载："'至圣'称自子长，至今用为庙号。匹夫而跻世家，即世世袭封之兆也。""至圣"一词，始见于《孔子世家》的"太史公曰"，它十分确切地表达了司马迁对孔子的景仰之诚。司马迁在"二十而南游江淮"时，曾专门到孔子的故乡瞻仰孔子的遗风，学习儒家的礼乐，讲论儒家的《诗》《书》。他陶醉于儒家的礼乐之中，竟为之"祗回留之不能去"。我们从司马迁在《孔子世家》篇末对孔子的赞语中也不难窥见其对孔子的崇敬之情。如他在论赞中说："《诗》有之：'高山仰止，景行行止。'虽不能至，然心向往之。余读孔氏书，想见其为人。适鲁，观仲尼庙堂车服礼器，诸生以时习礼其家，余祗回留之不能去云。天下君王，至于贤人众矣，当时则荣，没则已焉。孔子布衣，传十余世，学者宗之。自天子王侯，中国言六艺者，折中于夫子，可谓至圣矣！"这段话字字褒美，句句赞叹，具有强烈的情感色彩。在整部《史记》中再也找不出比这更好的评语了，又如他在《太史公自序》中褒彰孔子的学说具有拨乱反正、作为天下统纪和社会伦理准则的价值："周室既衰，诸侯恣行。仲尼悼礼废乐崩，追修经术，以达王道，匡乱世反之于正，见其文辞，为天下制仪法，垂六艺之统纪于后世。作《孔子世家》。"而谈到老子时，仅有"李耳无为自化，清净自正；韩非揣事情，循势理。作《老子韩非列传》"，以寥寥数语点出了老子与韩非学说的特点而已。《老子列传》称老子为"隐君子"，这项桂冠是与"至圣"不可同日而语的。从作传体裁上说，将孔子列为"世家"，而将老子与韩非子合列为一传。依《史记》体例，"世家"犹言世禄之家，以称王侯，与记载帝王事迹的"本纪"、记载各方面代表人物的"列传"对言。而孔子并无王侯之位，"特一布衣"，司马迁破例将之列入"世家"，给以殊荣，这等于尊奉孔子为学术文化的宗师，"是以圣人为教化之主"（见《史记·孔子世家》索隐唐人司马贞语）。司马迁对老子则有指名道姓的批评，"老子曰：'至治之极，邻国相望，鸡狗之声相闻，民各甘其食，美其服，安其俗，乐其业，至老死不相往来。'必用此为务，挽近世，涂民耳目，则几无行矣"（《史记·货殖列传》）。这显然是在否定道家"小国寡民"的经济思想。司马迁所尊奉者是谁，已是清楚无疑了。清人王应奎也指出，《史记》列孔子为世家，"所以存不朽之统也"，即其"著书本旨，无处不以孔子为归"。所以他认为："汉四百年间，尊孔子者无如子长……子长之功岂在董子下哉！"（《柳南诗文钞·卷四·司马迁论》）这实际上是把司马迁推到了可与董仲舒并列为尊儒术功臣的地位。清人赵翼也指出，《史记》"凡列国世家与孔子毫无相涉者亦皆书'是岁孔子相鲁''孔子卒'。以其系天下之重轻也"（《陔余丛考·史记三》）。王之昌的《青学斋集·史迁尊孔孟说》有云："《十二诸侯年表》孔子所至之邦必书'孔子来'，而《六国年表》梁惠王三十五年亦书'孟子来'。书法一例……所以尊之者则未尝异也。"这些发现是很能说明问题的。故近人龚自珍称司马迁为"汉大儒司马氏"（《龚自珍全集·陆彦若所著书序》）。梁启超也认为"太史公最通经学，最尊孔子"（《饮冰室全集·专集》第十五册《读书分月课程》），是"汉代独一无二之大儒矣"（《饮冰室合集·文集》第三册《论中国学术思想变迁之大势》）①。

（原载《河北学刊》2001 年第 1 期）

---

① 司马迁对儒道的态度，今人陈其泰有详细的辨析。参考陈其泰. 司马迁与孔子：两位文化巨人的学术关联［J］. 孔子研究，1991（04）：4. 吴汝煜的《司马迁儒道思想辨析》一文（收入其著《史记论稿》一书）也有详细的辨析，读者可参读。

唐庆增与其《中国经济思想史》

一

唐庆增，字叔高，江苏无锡人①，出生于 1902 年，卒于 1972 年，享年 70 岁，出身于书香门第。其父唐文治（1865—1954 年）治经学，进士出身，曾任清户部江西司主事、总理衙门章京兼户部主编行走、外务部榷算司主事、商部左丞右丞、左侍郎、农工商部尚书等职，后因对清廷失望退出仕途，任邮电部上海高等学校监督，1911 年该校改为南洋大学堂，后又改为交通大学。他出任交通大学校长达 14 年之久。唐父对唐庆增管教颇严。唐庆增秉承家学，在中国传统思想文化上造诣颇深。

唐庆增简历如下：1906—1907 年在上海工业专门学校肄业，1916—1919 年在北京清华学校中等科肄业，1920—1921 年在美国哈佛大学肄业，主攻西洋经济思想史和财政学，获哈佛大学经济学硕士学位。1925 年回国，先后在上海、南京和北京等地一些高校，如中国公学大学部、劳动大学、大同大学、交通大学、暨南大学、政法大学、南京中央政治学校、圣约翰大学、北平铁道管理学院和复旦大学等担任教授，在大夏大学、光华大学经济系除担任教授还兼任系主任。1947—1948 年，在复旦大学经济研究所任兼职教授 2 年。新中国成立后，专任复旦大学经济系教授，前后主讲课程主要有"中国经济思想史"（讲授次数多达三四十次）、"经济名著选读"（1949 年秋）、"经济英文"（1950 年秋）和"中国近代经济史"（1951 年春）。②

---

① 一说江苏常州人。
② 余开祥. 唐庆增：中国经济思想史领域的辛勤耕耘者 [N]. 校史通讯，2005 - 03 - 28（32）.

唐庆增是新中国成立前从事中国经济思想史教学和研究时间最长、论著最丰的一位著名学者，在当时中国的经济学界地位甚高。当时的经济学界以南方为中心①，以刘大均和马寅初最为著名，次之为唐庆增和李权时等。刘大均留美归国后先在清华大学任教，后主持南京政府国民经济研究所。马寅初于 1927 年辞去北京大学教职，南下交通大学任教，旋任国民党南京政府"立法委员"，社会影响很大。刘、马二位于 1923 年在上海发起成立了"中国经济学社"，这是我国经济学界的第一个经济学术团体。该社每年开会一次，出版"年刊"，1930年改为《经济学季刊》，由时任复旦大学商学院院长的李权时教授任主编。刘大均、马寅初以其社会政治地位对"中国经济学社"和《经济学季刊》的支持很大，使其得以长期维持。唐庆增于 1929 年加入该社，积极参与该社的学术活动，并从 1932 年起继任该刊主编。《经济学季刊》是当时全国最有影响并受到多数经济学家支持的经济刊物，为当时经济学在中国的传播及研究工作发挥了不可替代的重要作用。

唐庆增一生辛勤耕耘，著作颇丰。已收集到的主要著作目录罗列如下：《唐庆增经济论文集》（中国经济学社 1930 年 4 月版）、《中美外交史》（商务印书馆 1930 年 8 月版）、《国外汇兑》（商务印书馆 1930 年 10 月版）、《国际商业政策史》（商务印书馆 1930 年 10 月版）、《穆勒经济学原理》（修订本）（商务印书馆 1930 年 2 月版）、《经济学概论》（世界书局 1933 年 4 月版）、《唐庆增经济演讲集》（世界书局 1933 年 5 月版）、《唐庆增最近经济论文集》（民智书局 1933 年 10 月版）、《学经济课程指导》（民智书局 1933 年 10 月版）、《中国经济思想史》（商务印书馆 1936 年 1 月版）。另有《西洋五大经济学家》（集成书局版）、《抗日救国言论集》（自印）、《节本盐铁论》（商务印书馆）等。

据不完全统计，唐庆增发表的有关中国经济思想史的论文，目录如下：《孙鼎臣之经济思想》载于《东方杂志》1928 年第 6 期；《吴铤经济思想述评》载于《商学期刊》1929 年第 7 期；《桓宽盐铁论经济学说解说》载于《东方杂志》1929 年第 9 期；《清季陈炽之劳工学说》载于《经济学季刊》1930 年第 1 期；《马克思经济思想与中国》载于《经济学季刊》1931 年第 4 期；《中国历代之货币学说》载于《经济学季刊》1933 年第 2 期；《王安石之经济思想》载于《光华大学半月刊》1933 年第 11 期；《中国儒家经济思想与希腊经济学说》载于

---

① 新中国成立前，国人自撰的经济学著作 95% 以上均出于南方经济学家之手。参见胡寄窗．胡寄窗文集：五四运动到新中国成立前夕我国经济思想发展总趋势［M］．北京：中国财政经济出版社，1995：644.

《经济学季刊》1933 年第 1 期；《桓宽盐铁论经济学说研究》载于《光华大学半月刊》1934 年第 6 期；《中国经济思潮》载于《晨报》1935 年 7 月 10 日；《中国经济思想四大潮流》（儒、法、墨、农）载于《光华大学半月刊》1935 年第 4 期；《中国历代货币学说概说》载于《光华大学半月刊》1935 年第 10 期；《曾国藩之经济思想》载于《经济学季刊》1935 年第 4 期；《从历史上以观察我国今后应采之经济政策》载于《经济学季刊》1936 年第 1 期；《近几年来吾国之纸币》载于《经济学季刊》1937 年第 4 期；《陆贽之经济思想》载于《财政评论》1940 年第 10 期；《徐光启之经济思想》载于《学术界》1943 年第 8 期等。另外还有一些讨论外国经济思想史的论文发表，例如：《西洋经济思想最近之趋势》，载于《经济学季刊》1931 年第 3 期；《经济学之基本观念》，载于《经济学季刊》1933 年第 1 期；《介绍李嘉图之货币问题杂著》，载于《经济学季刊》1935 年第 1 期；等等。

《中国经济思想史》（上卷）是唐庆增系统研究中国先秦经济思想史的一部力作，也是他一生心血的主要结晶。该书从 1928 年即着手编写，1935 年完成，1936 年年初正式出版，前后用去了 7 年的时间。在该书出版之前，学术界仅有李权时的《中国经济思想小史》、甘乃光的《先秦经济思想史》和熊梦的《晚周诸子经济思想史》，内容大都简略不成系统。当时所发表的有关中国经济思想史的论文也属凤毛麟角，十分少见。在这一学术背景下，他认为中国经济思想史的研究非常重要，但现实十分寥落："然现今国人对此学之研究，消沉极矣。学术界中关于此项著述，寥寥可数，一般人士，虽欲研究，亦以古籍浩繁，惮所问津，报章杂志，偶有所载，仅属一鳞一爪，无由窥其全豹，故他种经济智识，在国中虽渐行发达，而中国经济思想史的研究，则进步殊缓；各大学校文科及商科中虽多设有经济思想史一科，但内中材料，往往倾向于西洋各国之经济学说，而忽略中国先哲之经济思想，试就普通学子，叩以蒲鲁东、马克思学说之概要，彼等耳熟能详，能历历如数家珍，试一询其孔孟之经济言论如何，其有不瞠目结舌者几希！故中国经济思想史的研究，实非积极的提倡不可也。"[1] 唐庆增立志独自撰写一部系统介绍中国传统经济思想的论著。为此，留美期间他一方面主攻西洋经济学说，同时遍历剑桥书肆，勤加搜罗，还致函英、法、德、荷诸国友人，广为搜集有关中国传统经济思想的文献资料，回国后便着手从事研究和写作，撰成《中国经济思想史》（上卷）一书。

此书出版后获得很高的学术声誉，时人夏炎德教授对唐庆增的一生及其学

---

[1]　唐庆增. 中国经济思想史：上卷 [M]. 北京：商务印书馆，1936：12.

术贡献有如下精到的评述："唐庆增先生为一纯正之学者，于理论经济学研究甚精。历年主持光华与大夏诸大学经济学系，著述甚多，并主编《经济学季刊》。唐氏之思想倾向英国古典派，于亚当·斯密尤所心折……言论文章多主张合理的个人主义，颂扬自由精神，认为政府于经济之职务仅限于若干有限的方面，即于统制经济高唱入云之际，彼仍持自由经济如故。虽然，中国产业基础未立，不能全任贸易自由，坐视本国幼稚工业为外力摧残。以是征收保护关税，亦为唐氏所赞同。以言中国经济，则认为生产重于分配。彼对于经济思想史研究最深，私人藏书甚富。论此方面之修养，国内学者实无有出其右者，特当代之理论非所娴熟耳。唐氏所著《中国经济思想史》，业已完成上卷。彼于中西学均有素养，以著此书，最为合格；虽所据文献中不免杂有伪书，然于此学术空气稀薄之时，终不失为一重要收获。惜渠近年牵于课务，健康不佳，中下卷不知何日能脱稿而已。"① 此书至今仍被现代学者誉为"解放前这门学科的一部名著"②，代表了"当时最高成就"③。

二

《中国经济思想史》（上卷）全书分"绪论""老孔以前之经济思想""儒家""道家""墨家""法家""农家及其他各家""政治家与商人""史书与经济思想""结论"十编。另有一篇"附录：关于中国上古经济思想史之书籍与短篇著作"。马寅初、赵人俊、李权时为该书作"序"。

第一编"绪论"，论述了研究中国经济思想史的重要意义、中国经济思想史在世界经济思想史上所占的地位和研究中国经济思想史的方法。关于中国经济思想史的地位，他认为研究中国经济思想十分重要，其在世界上产生较早，但"今日乃处于落伍之地位，社会人士对之，亦不甚注意，遂使数千年来之中国经济思想，湮没无闻"，以至于西人撰写的有关"经济思想史"的论著如"于世界各国经济思想，网罗殆尽，独欠中国，美人亨纳（Haney）且讥嘲中国之经济思想为幼稚经济"，实是中国"学术界之耻，实堪痛心！为发扬我国旧有学术起见，中国经济思想史，实有研究之必要"。④

---

① 夏炎德. 中国近百年经济思想 [M]. 北京：商务印书馆，1948：178-179.
② 胡寄窗. 中国近代经济思想史大纲 [M]. 北京：中国社会科学出版社，1984：476.
③ 叶坦. "中国经济学"寻根 [J]. 中国社会科学，1998（04）：59-71.
④ 唐庆增. 中国经济思想史：上卷 [M]. 北京：商务印书馆，1936：5.

关于研究方法，除提倡分析、解释和批评诸方法，他还特意提倡使用比较的方法，认为国内各派经济思想间可以进行比较，中国与西洋各国的经济思想也可以进行比较，"以采彼之长，补吾之短"①。他自己在《中国经济思想史》（上卷）的撰写中就采用这一方法。

他提出中国经济思想史可分三个时期：一是中国上古经济思想史 ——胚胎时期，时间自原始至秦末为止；二是中国中世纪经济思想史——实施时期，时间自汉初至明末为止；三是中国近代经济思想史——发展时期，时间自清初至现在为止。他提出如此划分的理由是，"上古时期即所谓先秦一时代，我国学科极灿烂光明之致，所谓经济思想者，亦于此一时期建设成立，其学说各体具备，实为中世与近代经济思想之基础，故名之曰胚胎时期。中古时期经济思想，继续发展，颇多进步，而尤有一显明之特点，则各种新旧经济学说，大半曾付诸实行也，第二时期实行家多，而新学说亦不少以其经济建设之多，故名之曰实施时期。近代中国经济思想，一因国势贫弱之刺激，二因经济制度之变化，三因欧风美雨之沾染，蓬蓬勃勃，大有一番新气象，故名之曰发展时期"②。唐庆增关于中国经济思想史分期的意见与现代学者略有不合，但也有他的理由。

他认为，第一，研究中国经济思想史应在理论知识上做适当准备，如必须掌握经济学的原理和外国经济学说史的知识。"吾人研究经济学之任何部分，必须先具备研究该一部分之资格，资格不合格，不能获益也。"因之欲研究中国经济思想史者，必须先具备现代经济学理论和外国经济思想史方面的知识，否则研究难以深入："经济学原理对于研究任何学术者，皆有用途，其于研究中国经济思想史者，尤为一种不可缺少之基本智识。"③第二，如中国哲学史、中国经济史、国学常识、中国政治史、中国法制史等知识也十分重要。他论证中国哲学史知识对研究中国经济思想史之重要："中西思想家之经济学说，殆无一不自其哲学为根据者。若法之重农派信仰自然律，故同时有放任主义为主张。我国庄子，提倡出世哲学，故经济学说，趋于消极。诸如此类，不胜枚举，可见二者关系之密切。故西洋学者有著专书以讨论此二种学识之关系者（例如，英人旁纳曾著有《哲学与经济学》一书）且有人以经济哲学一名词，替代经济思想者（如但斯劳所著之《经济哲学》一书），然则哲学对于研究经济思想史者之重要，可想见矣。"④ 对于这些见解，今天从事中国经济思想史研究的学者，仍

---

① 唐庆增．中国经济思想史：上卷［M］．北京：商务印书馆，1936：49.
② 唐庆增．中国经济思想史：上卷［M］．北京：商务印书馆，1936：8.
③ 唐庆增．中国经济思想史：上卷［M］．北京：商务印书馆，1936：29.
④ 唐庆增．中国经济思想史：上卷［M］．北京：商务印书馆，1936：31-32.

应对其给予十分的重视。

第二编"老孔以前之经济思想",论述了"唐虞时代之经济背景""诗经与中国经济思想""尚书与周易"和《周礼》中所包含的经济思想。唐庆增认为《诗经》中的许多诗文生动地反映了我国上古时代的经济背景,为研究这一时期的中国经济思想提供了参考,价值可贵。《尚书》虽为专记古代帝王政绩名言之书,但其中所蕴含的经济思想颇多,如《洪范》"八政"中首言"食货",为后世《食货志》之祖,影响深远。《易经》中对诸如"节欲主张""崇俭戒贪""分工理论""理财要义"多有论述。他认为《易经》中的"理财要义,在取之节也。如能节用,则于上不伤财,对下并不害及人民。又赋敛之多寡故应定夺,即人民之车居器用等,在上者亦当代为调理以解其用,质言之,'经济'与'便利'二大要纲而已"①。对《周礼》中"官员及任民""政府之会计制度及理财方法""重农办法""重商设施""重工政策""货币制度""救荒政策""井田计划"等均有论述。有一点请读者注意,现代研究者多认为中国古代是强调"重农抑商"的,但唐庆增认为例外颇多,如"《周礼》中所定制度,尤能得农商并重之旨,盖根据八政中食货之说,重农保商即所以使人民足食足货通也"。他认为周代的"征商"其"原来用意,在阻止商人之专事牟利,以致发生争讼垄断之事,并非为国家增收入计也"②。孟子后来的"征商自此贱丈夫始也"(《孟子·公孙丑下》)"反垄断"思想即源于此。

第三编"儒家",论述以孔子、曾子、子思、孟子和荀子等为代表人物的儒家经济思想。他认为,孔子的经济思想中以财政思想为最主要的贡献,不仅成为儒家经济思想的基础,也对后世经济思想的发展产生深远的影响。在本编中,他对孔子的"欲望说""孔子对于商业之态度""政府与国民之经济关系"等进行了阐述,认为孔子并不否定人之欲望和对利的追求,一句"富而可求也,虽执鞭之士,吾亦为之,如不可求,从吾所好"(《论语·述而》)可以为证。孔子所反对的"利",乃是一种"伤害及个人仁义道德之利",而非"用以维持生活正当之利"。"子罕言利与命与仁",罕言不过是不常讨论而已,并非反对。且命与仁皆为孔子所推崇,"利"乃与之并列,可证"利"并不为孔子所反对。孔子无贬商言论,还对经商弟子子贡赞誉有加。孔子的富民论是其经济思想的基础,为了"富民",他反对政府对经济的干预和对民间财富的掠夺,倡导一种"因民之所利而利之"(《论语·尧曰》)的自由放任主义,主张节用、薄税敛

---

① 唐庆增.中国经济思想史:上卷 [M].北京:商务印书馆,1936:51.
② 唐庆增.中国经济思想史:上卷 [M].北京:商务印书馆,1936:61-62.

是实现富民的手段。在分配论，孔子主"均富之说"："不患寡而患不均"（《论语·季氏》）。其弟子中，曾子认为"生财有大道，生之者众，食之者寡，为之者疾，用之者舒，财物恒足"（《大学》），子思主张"来百工则财用足"（《中庸》），代表了儒家重工的精神。孟子经济思想的核心是利、俭、欲、惠。孟子继承孔子的富民思想，主张重农、薄赋敛、施行井田制度、给人民以"恒产"。孟子还主张保商，鼓励自由贸易，如"关，讥而不征，则天下之旅，皆悦而愿出于其路矣"（《孟子·公孙丑上》）。孟子还提出了分工理论，提倡节俭，主张取义舍利，其义和大利、公利为同一概念。荀子主张富民（"以政裕民"）和重商，认为不必耻于言利。《荀子·富国篇》中在论国贫之原因时有"工商众"一语，导致后人对荀子有轻商之意的误解，唐庆增做如下辨析："实则此处荀子乃在发挥儒家'生之者众，食之者寡，为之者疾，用之者舒'数语。简单言之，盖谓国人皆当致力于生产事业，政府宜知节俭，更不夺民时之意，倘若国中生产事业，只有工商二界，而缺农业界，足致国家贫弱，并非谓工商业愈发达，足使国家愈贫弱也。况书中他处更详言商业之利益，可知荀子并不轻视商业也。"① 辨析精到可信。荀子不但重商，且能洞悉自由贸易之利益。他还比较儒家经济思想与古希腊经济思想，认为二者有许多神似之处，"窃以为中国孔孟之经济思想，与西洋经济思想史中之希腊哲学家所言，最为神似。姑以分工一层论之，孟子曰：'无君子莫治野人，无野人莫养君子。'（《孟子·滕文公》）而亚里士多德亦以为人类有智愚贤不肖之分，其应做奴隶者为奴隶，乃正当自然，以君子而充奴隶为不自然"②，他认为二者相似之处还有许多，"以柏拉图拟孔子，以亚里士多德拟孟子，颇觉其切当也"③。

第四编"道家"，论述了老子、列子、杨朱和庄子的经济思想。他认为道家"就经济思想方面而言之，该派之绝欲主张排斥工艺论调，此一类消极之思想，数千年来，深入人心，实为中国经济思想发展上之大障碍。老庄诸子，皆为我国经济思想史上之罪人"④。他比较儒、道二家经济思想之不同："盖孔孟荀儒之说，俱为积极的，不但认政府为必要，且极重视人群之同类意识心，而荀子对于社会组织之性质，以及个人对社会之关系，讨论尤为切实缜密，岂能与道家主张如庄子出世等学说，同时并论哉。"他认为儒、道虽均主张放任主义，但实质不同："道家中之老子庄子，乃以返乎自然为号召，其所主张者，乃为绝对

① 唐庆增. 中国经济思想史：上卷 ［M］. 北京：商务印书馆，1936：123.
② 唐庆增. 中国经济思想史：上卷 ［M］. 北京：商务印书馆，1936：111.
③ 唐庆增. 中国经济思想史：上卷 ［M］. 北京：商务印书馆，1936：112.
④ 唐庆增. 中国经济思想史：上卷 ［M］. 北京：商务印书馆，1936：136.

的放任主义。孔孟虽不赞成干涉主义，然深信'因民之所利而利之'一信条，所谓均富井田重农与商诸设施，无一不赖政府之力量，可知儒家所提倡者，乃属相对的放任主义，亦即有限制的放任主义，所以有别于无限制的无为，如老子所谓'民莫之令而自均'是也。"① 这表明了他尊儒抑道的学术态度。他还比较道家的放任主义与重农学派主张的放任主义，指出两者本质上也有所不同："法国重农派经济家，倡自然哲学，谓万物宜就其自然，故彼等倡有放任主义，反对政府干涉国民之工商业，此其结论，与老子所得者似同实异。双方学说尚有一绝大不同之处，重农派经济家，虽信仰自然律，而于土地利息租税等经济制度之重要，认识甚明，不惟不加排斥，且有极详尽之批评与提议，故在当时法国，颇不乏精审之经济学说，开后来亚当·斯密思想之先河，老子之眼光仅向过去及后方观察，从消极及厌世一层着眼，学说流传至今，未能引人完全跳出物质环境之范围，反导人入于保守停顿之状态中，此种言论之影响，与重农派思想之效果相较，盖适得其反也。"②

　　第五编"墨家"，着重论述了墨子的经济思想。他认为墨家的经济思想具有自己的独到之处，"富有实用主义的精神"，深信"人定胜天"，尤其是对于"利"字之阐发，更为详尽，在中国经济思想史上"放一异彩"。③ 墨子的经济思想以节用论为中心，认为经济活动必须以"加以民利"为标准。墨子主张"节葬""非乐"诸说，都是源于他的这一节用理论。在生产论上，墨子提倡劳工精神；在分工论上，墨子解析精微；其人口理论与西洋经济思想史中重商学派的观点相近，都可视作中国经济思想史上的亮点。他比较墨家与儒法经济思想的不同，认为墨子的经济思想近于儒家，而与法家针锋相对。本编对墨子后学宋钘与尹文子的经济思想也有所论述。

　　第六编"法家"，着重论述了管仲、李悝、商鞅、韩非子的经济思想。他认为管仲主张富国富民，认为"仓廪实则知礼节，衣食足则知荣辱"，这一唯物论思想观念构成了管仲经济思想的理论基础。管仲理财，以"轻重之术"驭天下，实乃周秦诸子中的翘楚。管仲的富民论与孔子的富民论二者经济思想之立场完全一致，皆以国民经济为归。其分歧之处仅在致富的方法及手段上，孔子主张自由放任，管仲主张国家干涉。管仲主张发山海之利，实行盐铁和矿业国有政策，实开我国经济史上国家专利之先声。李悝经济思想的主要特点是"作尽地

　　① 唐庆增. 中国经济思想史：上卷 [M]. 北京：商务印书馆，1936：168.
　　② 唐庆增. 中国经济思想史：上卷 [M]. 北京：商务印书馆，1936：145—146.
　　③ 唐庆增. 中国经济思想史：上卷 [M]. 北京：商务印书馆，1936：173，175.

力之教"，实施"平准法"的政策，对后世的经济政策产生深远的影响。商鞅则高举功利主义为旗帜，主张国家干预，对内提倡农业发展经济，对外扩军备战，以"富国强兵"为目的。对于商鞅"治世不一道，便国不必法古"的发展观，他给予了高度的评价："彼能知环境时间及地点三要素与思想及制度之关系，在我国上古经济思想史中，注意及此点而讨论最详细者，推彼为第一人，其议论精到之处，殆直逼德国历史学派之堂奥，此其精彩一。"① 韩非子经济思想的特点主要体现在其"利己观""法治论""进化义"和"实用说"上。另外对法家的其他几位代表性人物，如邓析、申不害及慎到等的经济思想也有所论述。对于法家的经济思想，他的总体评价是："讨论经济问题，精到详尽，若对外贸易货币人口工业国有重农各原理，俱为上古中国经济思想史中最重要之部分，不特为中国上古时代其余各派思想家所无且为三四百年前之西洋经济思想界所不能及者，法家所发明之若干重要原理，实能在世界经济思想史中占有相当之地位也。"②

第七编"农家及其他各家"，论述农家、兵家、杂家和别派的经济思想，介绍了农家的许行、陈相，杂家的陈仲、吕不韦的经济思想。他认为农家注重农业，主张君民并耕，提倡一种互助的社会生活。农家经济思想的贡献在于提倡自食其力，认识到劳工生产的重要性，缺点是忽视了社会的分工和政府在维持经济发展中的作用。兵家书首推吕尚所著《六韬》，其经济思想的特点在于"完全以利民二字为基础""昌言大利""务俭去奢""薄赋敛"和"农工商三业之并重"。杂家以《吕氏春秋》为代表，其无为学说出自道家，欲望学说出自儒道二家，节葬学说出自墨家，重农学说出自法家，其价值在于保存了上古时代经济思想的许多资料，可借此以考见先秦各派经济思想之异同优劣。

第八编"政治家与商人"，论述了春秋战国时代的政治家晏子、公孙侨和商人计然、范蠡、白圭的经济思想。他认为晏子在经济思想史上的贡献，是在许多主张，如强调公利反对私利、提倡节俭和薄敛上切实开启了后来儒家经济思想之先河。公孙侨（子产）在田制及赋税改革上颇有贡献。计然经济思想的最大贡献是在经济思想史上首次发现了经济循环观，提出政治经济家应据经济循环观以推测未来之盈虚，先期做好应对准备，这是中国经济思想史上的一个大发现："近代西洋各国之经济学家，于此问题特加注意，推法人瞿格拉（Juglar）为最早（著有《法英美之商业恐慌与其循环》一书开此学之端），然亦不过近

---

① 唐庆增. 中国经济思想史：上卷 [M]. 北京：商务印书馆，1936：279.
② 唐庆增. 中国经济思想史：上卷 [M]. 北京：商务印书馆，1936：296.

七八十年间事；吾国有人焉，于二千年前，导其先河者，则计然也。"①唐氏之后，胡寄窗也认为计然的这一发现是"中国古代经济思想的光辉成就"。② 范蠡是计然经济思想的实行者。白圭经济思想的贡献是竭力提倡商业的重要性，对经商之术，多有创获。

第九编"史书与经济思想"，论述了《春秋》《国语》两书中的经济思想。

第十编"结论"，论述了"中国上古经济思想在西洋各国所产生之影响""中国上古经济思想史之结局"和"中国上古经济思想史内容之比较"。关于第一个问题，本文在之后有专篇讨论。关于第二个问题，他认为"我国自有经济思想以来，迄于今日，凡思想家及政治家之意见，大都均注重在分配之平均，不能积极地提倡生产"。人们受"知足"观念的限制，只求能维持生活，不要求生产的进步，"只知均富，不知加富"。"中国物质文明之落伍，原因固多，要实由历代经济思想之不健全所致。"③ 关于第三个问题，他认为"在中国经济思想史中，有数种问题研究者甚少，如资本利息人口等学说，资料极为缺乏；然如消耗均富财政等问题，则又为通人所乐于讨论者。……中国上古经济思想，原以儒法墨农四大潮流为主，余派除道家而外，影响甚小"④。与此相关，在"绪论"中他曾概括儒墨法农四家经济思想之特点，兹列于后："儒家学说甚和缓，其经济理论处处主张适中（如论消耗，于奢俭皆非所许，劝人勿太奢太俭），故名之曰中庸派。墨家批评人类经济活动，以利益为标准，所谓'加利于民'是也，故名之曰实利派。法家经济思想建立于国家主义之上，如论国际贸易等项目首重侵略，其学说以富国强兵为归宿，故名之曰功利派。农家学说，带有社会主义性质，与墨家甚近，然其注重实行，殆较墨家尤为刻苦，故名之曰力行派。至于隶属各派之人物，儒家以孔子为宗，对于财政方面，略有贡献，孟子之井田议论，亦属脍炙人口，若荀子，其经济思想已近法家言（如论国外贸易是），消耗问题，最有研究。墨家中只墨子一人具有经济思想，其劳工与人口学说均佳，除彼外更无第二人可以作为代表，余人就经济思想方面而言，皆不重要。法家中具有经济思想者最多……管子之国外贸易议论，商子之人口政策，韩非子之讨论富民问题，李悝之土地政策，皆为重要之贡献。"⑤

---

① 唐庆增．中国经济思想史：上卷［M］．北京：商务印书馆，1936：339.

② 胡寄窗．中国古代经济思想的光辉成就［M］．北京：中国社会科学出版社，1981：14-16.

③ 唐庆增．中国经济思想史：上卷［M］．北京：商务印书馆，1936：369.

④ 唐庆增．中国经济思想史：上卷［M］．北京：商务印书馆，1936：371.

⑤ 唐庆增．中国经济思想史：上卷［M］．北京：商务印书馆，1936：9-10.

三

唐庆增研究中国古代经济思想史的一大亮点在于他研究的目的非常明确。他认为中国经济思想史的研究之所以十分重要，是因为它有助于解决现实复杂的各种经济问题，有助于建立适合中国国情的"中国经济学"。中国经济学理论的创新和当今经济政策的实施，都必须注意从中国传统经济思想和经济政策中吸取营养和寻求借鉴。

时人赵人俊指出唐氏研究中国经济思想史是为了"创造中国独有之新经济学"，并予以高度的评价："其有造于经济科学，岂惟中国，抑寰宇所共同翘首而待馨香以祝者矣。"① 唐庆增在"自序"中对自己研究中国经济思想史的这一目的也有如下说明："经济智识之重要，在今日已为国人所公认。年来国人研究此学者日多一日，而坊间所出之此类书籍与刊物，亦复与日俱增，足见国人研究之孟晋，不可谓非社会之好现象也。虽然，经济智识之内容甚奥衍，而世界各国实情不同，其历史的背景亦迥异，处今日而欲创造适合我国之经济科学，必以不背乎国情为尚。在纵的一方面，必须研究我国经济思想与制度之史的发展，在横的一方面则当研究各地经济状况与解决之方案；探讨本国经济思想发展之历史，即属第一种之研究，盖一国自有其特殊之环境与其需要，非审度本国思想上之背景，不足以建设有系统之经济科学也。彼罗斯休（Roscher）、贝觉（Pecchio）、泼拉斯（Price）之流，努力于本国经济思想历史之研究，亦本此意，为其国人士服务，为创造本国新经济思想之准备耳。然则中国经济思想史之研究，讵非当前之急务耶？"②

唐庆增在《中国经济思想史》（上卷）第一章"中国经济思想之性质"中，对他创建适合中国国情经济学的理论主张又有进一步的阐述，他认为"现代中国经济问题，复杂万端，如财政、币制、农业等，皆有积极改革之必要，欲求有适当之解决方法，须有健全之经济思想。但我国经济问题，自有其特殊之性质，必须国人自谋良法，非徒稗贩西洋新说陈言，所可奏效，但欲产生一适合国情之经济思想，非研究中国经济思想之历史不可，学者当注意现在中国经济组织之内容，再细察过去中国经济思想之得失，采用学说之长而创一新思想，

---

① 赵人俊. 赵序［M］//唐庆增. 中国经济思想史：上卷. 北京：商务印书馆，1936：5.
② 唐庆增. 自序［M］//唐庆增. 中国经济思想史：上卷. 北京：商务印书馆，1936：1.

以解决现在之经济问题"①。当时中国是世界上人口最多的国家，国家贫弱，经济的发展又相当不平衡，我们所遇到的许多经济学理论问题，是西方国家遇不到的。在当代中国，转轨中的许多经济问题在西方经济学理论中是没有现成答案可供参考的。完全照搬现代西方的经济学理论，不能解决中国的现实问题。今天重温唐氏的意见，颇有启示意义，仍能引发许多思考。理论经济学是一门历史性的科学，它会包含一些人类社会共同的东西，但这些共同的东西必然寓于特殊的经济关系之中。翻开中国近代史，可以从中汲取一条重要的历史教训，那就是先"以欧美为师"，照搬欧美的东西，包括他们的经济学，后来又"以俄为师"，"全盘苏化"。这一深刻的教训告诉我们，中国经济学之根应在本土，外来文化只能当作肥料；唯有深深根植在本国土地之上，吸取自己传统思想中的有机肥料，才能茁壮成长，从而形成与中华民族丰富的人文传统、泱泱大国的国际地位相匹配的中国经济学体系。

从西方经济学说史的发展来看，也可以得出只有是民族的才是世界的这一结论。古典经济学的先驱威廉·配第的《政治算术》解决了英国的重大经济问题，使弱小的英国变成了称霸世界的大国，由此，《政治算术》成了世界的名著。配第生活于17世纪，那时英国的国力远不如邻国法国，海上霸主则是荷兰和西班牙。配第以其远见卓识提出了"一个领土小而且人口少的小国，由于它的位置、产业和政策优越，在财富和力量方面，可以同人口远为众多、领土远为辽阔的国家相抗衡"②的理论。就书论书，《政治算术》是专门研究英国问题的一本小册子，但由于它上面的理论使英国一跃成为资本主义初期的世界霸主，所以《政治算术》成了世界名著，马克思赞誉该书是政治经济学作为独立科学时而分出来的最初形式，配第也就被公认为政治经济学的鼻祖。德国历史学派的领袖德里希·李斯特的《政治经济学的国民体系》为德国的强盛也立下了汗马功劳。李斯特研究的主题是如何发展德国的生产力，使德国追上先进的工业国。李斯特就是依据其生产力论，为德国政府出谋划策，坚决主张发展民族工业，反对受制于英美。他强调说："在目前世界形势下，只有依靠它自己的力量和资源来保持生存和独立。个人主要依靠国家并在国家范围内获得文化、生产力、安全和繁荣，同样地，人类的文明只有依靠各国的文明和发展才能设想，

---

① 唐庆增. 中国经济思想史：上卷 [M]. 北京：商务印书馆，1936：4.
② 配第. 配第经济著作选集：政治算术 [M]. 陈冬野，马清槐，周锦如，译. 北京：商务印书馆，2009：1.

才有可能。"① 李斯特的成功再次说明，经济学理论只有适合了自己的民族传统和国情，才能产生深刻的影响。

唐庆增在《中国经济思想史》（上卷）中还讨论了各国不同的制度变迁对创建各国经济理论的影响，他说要创新中国经济学理论"必须研究我国经济思想与制度之史的发展"②，因为制度是构成我国"国情"的一个重要方面。在谈到社会环境与经济思想的关系时，他特别强调了"经济制度"，并进行了较为深入的论述："社会环境盖指各种社会制度观念而言，人类不但研究自然界之定律及内容，且研究一切社会习惯及制度，最后必以更变为归宿，文化始有进步，得有今日之现象。就各种社会制度言之，当然以经济制度为最要，经济制度之功用，在于满足吾人之欲望。……准是以观，则凡一切关于经济制度之言论，皆得称为经济思想，意大利经济学家柯萨尝云：'经济思想者，乃系人群处于某种经济制度之下所发表之意见也。'所下定义极佳。……经济思想之发生……故通常经济思想，乃为客观的经济制度所直接产生，至少可以代表当时思想家对于各种制度所具有之意见，后人可以借此窥见某时代学术发达之状况及制度，以及变化之痕迹；同时经济制度亦受经济思想之影响，而逐渐更变，盖思想一物，不但为实际情形之出产物，兼为造成事实之要素，有时思想在先，有时则实情又为引道。总之，经济思想既为原因，亦为结果，新思想建设新制度，新制度复产出新学说，二者盖互为因果焉。……思想与制度皆有连续性，今日之经济思想与制度，乃经过数千年之变化而成，故经济思想史及经济史的研究，均为刻不容缓之事实。"③

唐庆增强调，各国不同的制度背景对各国经济学理论的创新与发展具有不可忽视的重要作用，这是很有见地的真知灼见。制度是影响人类的经济行为、资源配置与经济绩效的最基本的变量。人类一切经济活动都是在某种特定的制度环境中，依据各种具体的制度安排，对盈利机会做出反应。因此制度分析应当成为中国现代经济学分析的基点。马克思的政治经济学就是建立在制度分析的基础之上的，他通过剖析资本主义经济中的财产制度和分配制度，指出其存在的内在矛盾以及这些矛盾的运行规律，从而构建了完整的理论体系。西方经济学中的制度学派也有一百多年的历史，它的开创者凡勃伦和康芒斯都认为应当从整体的、演进的角度，通过分析制度并将其作为一个变量加以处理，从而

① 李斯特. 政治经济学的国民体系［M］. 北京：商务印书馆，1983：153-154.
② 唐庆增. 自序［M］//唐庆增. 中国经济思想史：上卷. 北京：商务印书馆，1936：1.
③ 唐庆增. 中国经济思想史：上卷［M］. 北京：商务印书馆，1936：1-3.

来理解和把握人类行为和提出政策性建议。20世纪六七十年代，在舒尔茨、诺斯等的努力下，制度经济学又重新引起了人们的注意，并逐步得到认同。他们用现代经济学方法来分析制度，对制度的基本功能、影响制度变迁的因素、不同制度安排选择的原因以及制度对经济增长的作用等开展了开创性的研究，将原来被认为是外生的制度纳入了经济学分析框架，并采用新古典理论加以解释，从而创立了新制度学派，成为西方经济学中的最有影响的学派。

唐氏此论给我们的启发还在于建构中国的现代经济学理论必须结合中国的制度国情。相对西方而言，中国的制度变迁具有两个十分鲜明的特点。一是具有明显的二重性。一方面它是由传统计划经济向现代市场经济的过渡，即处于由旧体制向新体制过渡的转轨时期。另一方面，就发展阶段而言，它是由不发达状态向发达状态的过渡，或由农业社会向工业社会的过渡。就经济形态而言，又是指从自然经济向市场经济的过渡。而这种在经济发展过程中必然引起的一系列正式和非正式规则（特别是后者）的变化也将是制度变迁中最深刻、最复杂，也最持久的内容。二是中国的制度变迁（无论是经济改革还是经济发展）都是一种具有较清晰的目标框架和较明确的时间界限的以强制性变迁为主要形式的创新过程。它不仅是指政府法令引起的变迁，还包括政府为使法令法规等正式规则的变迁得到其他经济主体的遵循，通过宣传、教育、示范等手段在非正式规则上制造变迁，特别是意识形态、伦理道德等的变迁，这一变迁显然不同于自发性变迁，即诱致性变迁。中国从古代开始就形成了典型的亚细亚生产方式，从而政治上形成了中央集权式的体制模式。中国的改革无疑将选择中央集权与市场经济结合的经济改革和发展模式。因此，在中国的制度变迁中，政府将充当改革和发展的组织者和主要实施者的角色。这种具有独特性内涵的制度变迁假定也就决定了中国现代经济学应具有自己独特的逻辑起点。

中国现代经济学理论在建构过程中，应在上述制度分析的基础上，根据一系列制度环境假定，围绕经济发展这个主轴，重点研究社会主义市场经济中的企业生产行为、分配行为、投资行为、交换行为、市场价格的作用机制、宏观总量及总投资、总消费和总储蓄之间的循环流转，分析它们在总量和结构上的均衡，财政政策、货币政策等的作用机制，开放条件下的宏观经济运行等宏观经济问题。这需要我们在进行制度分析时，积极吸收和借鉴制度学派和新制度学派中制度分析的方法和工具，特别是制度学派的演进观和整体主义（制度演进是一个动态过程，同时各种制度处于一个系统中，一个条件变化后，其他条件会跟着变化）、方法论的集体主义（认为个人选择是直接镶嵌于社会文化结构之中的，是"社会人"，因此应当从集体行动及结果的角度来分析、把握人类行为或个人行为），注意吸取新制度经济学中对制度创新进行的成本—收益分析和均衡分析的方法等，还应充分注意中国制度史的变迁对中国现代社会制度的影响。

唐庆增在《中国经济思想史》（上卷）中还讨论了中国传统经济思想对西方经济思想的影响。他说："研究本国之经济思想，于下述二端，俱应加以相当之注意：（一）本国经济思想所受他国经济思想之影响，例如，研究英国经济思想者，当知亚当·斯密曾受法国重农经济学家（physiocrat）之影响；（二）他国经济思想所受本国经济思想之影响，例如，研究德国经济思想者，当知历史学派（Historical School）在英国势力之盛，如克利甫勒斯康（Cliff-Leslie）、殷格兰（Ingram）皆隶属该派之英人也。今就中国情形而论，上古时代，周秦诸子经济思想，毫无感受外邦经济思想影响之痕迹，西洋经济思想之输入中国，乃为中世及近代之事实，容后详论之。就第二点研究，中国上古经济思想在外邦实产生有相当之影响，细读西洋哲学及政治经济名著，即可了然，研究中国经济思想历史者，如于此点忽略，不足以称完璧。"① 接着，唐庆增从"自然法""足民""重农""租税"等大方面详细讨论了中国传统经济思想对法国重农学派的影响，并进而断言，中国传统经济思想通过影响重农学派又影响到了英国古典经济学的创立者斯密："重农学派以外，继之而阐发西洋经济思想者为亚当·斯密（Adam Smith），颇受重农派之影响，故其学说间接地与中国经济思想，亦不无关系。"唐氏的结论是，"综上以观，吾人可得一结论如下：中国上古经济思想在西洋各国，确曾产生有相当之影响，尤以对法国之重农派为最显著，但此项影响，虽甚深切，并不普遍，盖仅限于一时期一派别而已。然其对于西洋经济思想史方面之影响，远较罗马学说基督教思想《圣经》等为重要，顾中西人士之治西洋经济思想史者，但知尊视罗马学说等，而置中国上古经济思想于不闻不问之列，诚所谓数典忘祖者矣"② 。他断言，随着今后中国经济的发展兴盛，以及"中国经济思想成为科学，精义大昌"，类似 18 世纪中国经济思想对欧洲产生影响的情形，也许还会重现。③

唐庆增是中国学者中比较早的提出并探讨过中国古代经济思想对西洋经济思想影响的一位，他的这一观点对后世有深远的影响。历史研究的诸多成果也相继印证了唐氏的这一论断。如谈敏的《法国重农学派学说的中国渊源》等。

---

① 唐庆增.中国经济思想史：上卷［M］.北京：商务印书馆，1936：361.

② 唐庆增.中国经济思想史：上卷［M］.北京：商务印书馆，1936：367.

③ 唐庆增.中国经济思想史：上卷［M］.北京：商务印书馆，1936：367.

经济学过去一直被看作一种西学，岂料其最初的渊源之一却在中国。如果我们将自由主义传统视为西方经济学的核心精髓，那么这一核心精髓则是来自中国传统的经济思想。中国古典哲学强调做事要顺乎自然法则，即不宜抑制成长，也不可以外力助长之。由于中国古典哲学的这种倾向，儒家和道家一贯倡导一种自由主义的经济思想和经济制度，如孔子心目中的经济管理制度就是一种自由放任的制度。在这种经济制度中，政府对经济的干预活动应减至最少，听凭人民在经济活动中自由而充分地发挥其聪明才智。孔子还把他所强调的自由放任的管理原则概括为四个字，即"惠而不费"（《论语·尧曰》）。孔子认为"小人喻于利"，追求富贵是每个人都有的欲望，因此主张在使用"小人"，即人民从事各种社会经济活动时，必须使他们能够得到一定的经济利益，这也就是他所说的"惠则足以使人"（《论语·阳货》）。但怎样才能使老百姓获得足以调动他们积极性的物质利益呢？孔子提出的指导原则就是"惠而不费"。"惠而不费"的具体含义就是一方面要使老百姓获得足以调动他们积极性的物质利益，另一方面对政府来说又没有为此而花费什么成本。被管理者觉得自己受了"惠"，从而提高了从事经济活动的积极性，能够为社会提供更多的劳动产品和工作成果，而没有为此付出什么成本代价。这实际上是以尽可能少的成本获得尽可能多的收益的经济学原则。但怎样才能做到这一点呢？孔子设计的方案是："因民之所利而利之，斯不亦惠而不费乎？"（《论语·尧曰》）也就是让老百姓自由地去从事自认为有利的经济活动，并从中得到好处，而政府不必进行干预。这实际上就是一种自由经济制度的模式了。唐庆增所说的中国传统经济思想对法国重农学派的影响，就是指儒家这一自由主义经济思想对重农学派和斯密产生的影响。法国重农学派的领袖魁奈在《中华帝国的专制制度》一书的第八章中，精辟地阐明了他的经济自由主义的核心思想，受到了孔子思想的影响。从孔子的"因民之所利而利之"，到魁奈的"自然秩序哲学"，再到斯密的"看不见的手"，这中间存在着有案可稽的思想线索。

现代西方经济学家也十分重视对中国传统经济思想的研究和吸收，如哈耶克就是一位中国传统经济思想的热爱者。哈耶克受东方古代思想家尤其是中国的老子和孔子的思想影响很深，比如，从哈耶克于 1966 年 9 月在 Mont Pelerin Society 东京会议上所做的《自由主义社会秩序诸原则》演讲曾引用《老子》的一句话中，就可以看出。在这一著名演讲中，当谈到自发社会秩序理论时，哈耶克说"难道这一切如此不同于《老子》第五十七章的诗句：我无为也，而民自化，我好静，而民自正"。哈耶克认为，《老子》的这句话代表了他整个深邃繁复的"自发社会秩序"理论的精髓。从这里，我们可以清楚地看出老子的无为思想对哈耶克的影响。哈耶克尽力学习和理解中国古代思想家的思想，也是有据可查的，如在他晚年的巅峰之作《致命的自负》第七章中，哈耶克就引用了孔子的两句话，并把其中的一句话用作这一章论述的画龙点睛的引语。①

这里再举《世界银行发展报告 1991》中的一个小例子。在该报告的"投资于人民"这一章的章首最显著的地方引用了一段管子关于"一年树谷"，"十年树木"的经济思想的论述。当代西方经济学中的教育经济学和人力资本理论都可以从中国传统经济思想中找到学术上的共鸣乃至理论上的某种渊源，西方现代经济学家都十分重视中国古代的经济思想，国人更应好好珍惜。中国经济的崛起，必然带来中华文化在反省、扬弃、吸纳、更新基础上的复兴。在中国现代经济学理论的建构中，我们应该积极吸取中国传统经济思想中有价值的成分。

[原载《经济思想史评论》（第一辑），经济科学出版社 2006 年 6 月版]

---

① 哈耶克. 致命的自负［M］. 冯克利，胡晋华，等译. 北京：中国社会科学出版社，2000：121.

亚当·斯密论中国及启示

自 16 世纪开始，随着中西文化交流进一步扩大，大量欧洲传教士和游客来华，他们将其关于中国问题研究和考察的结果写成游记或报告，进一步把中国文化介绍到欧洲，因此 16—18 世纪上半期的欧洲，曾掀起了一股"中国热"。受这一"中国热"的影响，亚当·斯密在其名著《国富论》中对中国的经济问题有多处论述。在这些论述中，斯密分析了阻碍中国经济发展的主要因素，提出了发展中国经济的建议。这些见解在今天看来也颇有见地，具有启迪意义。

一、中国曾是世界上最富有的国家之一，但已停滞不前

中国曾经是世界上最富有的国家之一，但似乎已停滞不前了。这是斯密对中国的判断。

关于中国的富有，斯密在《国富论》中有很多描述，例如："在中国东部的某些省份，农业和制造业的改进似乎也具有非常古老的历史。……在中国东部各省，也有几条大河，通过它们的不同支流，形成了众多的河道，彼此交叉，为内陆航行提供了比尼罗河或恒河甚至比两者加在一起更为广阔的河流。值得注意的是，不论是古代的埃及人、印度人还是中国人，都不鼓励对外贸易，但似乎都从这种内陆航运中获得了巨大的财富。""长期以来，中国一直是最富的国家之一，是世界上土地最肥沃、耕种得最好、人们最勤劳和人口最多的国家之一。""在比任何欧洲国家都富裕的中国，贵金属的价值比在欧洲任何地方都高得多。"在中国，"除没有更富饶的金银矿产以外，在其他各方面都比墨西哥或秘鲁更富裕，土地耕作得更好，所有的工艺和制造业都更先进。"

可见，斯密对中国的富裕是推崇备至的。他认为中国的富裕主要表现在：幅员辽阔，自然物产丰富；人民勤劳且人口众多；土地肥沃，精耕细作，工艺进步；有良好的水路交通体系。关于最后一点，斯密强调说："中国的公路，尤其是通航水道，有人说比欧洲著名的水道要好得多。"他认为这主要得益于在中国修建公路及维持通航水道两大任务都是由行政当局担当的，而各省官吏治河

修路的勤惰又是朝廷决定其黜陟的一大考核标准，中国的官吏们因此也特别重视这些工程的修建。斯密指出，他对于中国水运公路工程的了解，大多是得自旅行者和传教士的报告。中国的交通要比欧洲的好，斯密对此是确信无疑的。

中国的富有还表现在拥有大量的白银需求并影响了世界白银的价格。斯密对广州和伦敦的白银价值曾进行了一番比较，他说在中国广州用半盎司白银可能比在伦敦用一盎司白银能支配更多数量的劳动和生活必需品与便利品。中国的白银价值比欧洲要高出许多，这是在欧亚初通贸易时出现的情形。斯密在这里对中国对白银的大量需求以及白银价值与欧洲相比要高的认识是准确的，他也看到由于这种价差欧洲白银大量流往中国的事实。斯密正确指出，贵金属产量的变化必然会对世界各地贵金属价格产生影响。

现代学者的研究也印证了斯密的这一论断。据国外学者研究，在1800年以前的两个半世纪里，即使按最保守的估计，中国也占有世界白银产量的四分之一到三分之一。中国对白银需求的增加与明朝政府实行的财政白银化有关，也是当时商品经济活跃的表现。中国对白银需求增加的结果之一就是全世界白银价格的变化。

中国虽然富有，却停滞不前。他论述说："……它似乎长期处于停滞状态。五百多年前访问过中国的马可·波罗所描述的关于其农业、工业和人口众多，与当今的旅行家们所描述的情况几乎完全一致。也许早在马可·波罗时代以前，中国就已经达到了充分富裕的程度。"

斯密对中国"富有"但又"停滞"的论断是通过人均收入低下、人民生活贫困做出的。他认为当时各国的经济发展存在迅速发展、停滞不前和退步三种情况。中国是停滞的代表，北美英领殖民地是迅速发展的代表，东印度的孟加拉国及其他若干英领殖民地是退步的代表。"……虽然中国或许是处于停滞状态，却似乎并没有倒退。没有哪一个城市为自己的居民所遗弃。它的土地一旦被耕种过，就没有任其荒芜下去。因此，每年必须继续完成同样多或差不多的劳动，从而指定用于维持劳动的基金必然不会明显地减少。所以，最底层的劳动者，尽管他们的生活资料十分匮乏，他们也一定能想方设法维持自己的种族，以保持其正常的人数不变。"

斯密对中国"富有"但"停滞"的论断大体符合中国当时的情况。众所周知，在17世纪之前，与欧洲的中世纪相比，不论是文化领域还是物质领域，中国都处于领先水平。以《国富论》出版的1776年亦即乾隆四十一年为例，中国的人口数已达到2,6823,8181人，存仓米谷数达到4030,2592石；乾隆三十一年（1766年），单全国的民田数额便高达7,4144,9550亩。

对于中国传统社会经济的发展处于停滞不前这一现象，傅筑夫先生（1902—1985年）有如下概括和分析："中国自进入以地主制经济为基础的封建社会以后，即陷入一种发展迟滞的状态中，从战国到近代，在长达两千多年的漫长岁月中，社会经济的基本结构形态始终没有任何质的变化，始终没有从原有的发展阶段向前迈进一步而跨入一个新的发展阶段……尽管时间经历了两千多年，而基本的生产方式还依然如故，也只能如故……"① 他认为造成这种"发展迟滞+动荡反复"状态的原因，正是实行封建制度及其经济结构。

傅筑夫先生是研究中国古代经济史的著名专家，斯密的结论与傅筑夫研究的结论相近，说明他对中国经济的关注和思考是有相当深度的。当然，斯密的某些说法与中国的实际也有出入，如从1756年（清乾隆二十一年）至1776年（清乾隆四十一年）二十年间中国的人口就增加了8162，2667人，而不是如斯密说的不增不减。虽然明清时代中国江南地区在诸如纺织业、食品业、印刷业、工具制造业以及造船业等行业都有长足的技术进步，生产和市场规模有所扩大，分工与专业化也得到一定程度的加强，但从宏观层面上分析并没有改变经济停滞的状况。

二、"重农抑商"和"闭关锁国"是中国经济停滞不前的原因

斯密认为，中国政府推行的"重农抑商"和"闭关锁国"的经济政策是经济停滞不前的主要原因，这些政策不仅限制了中国与国外的商业贸易，也失去了学习和模仿他国先进技术的机会。

斯密认为，古代中国和埃及有一个十分相似的地方，就是都强调对农业的重视，而忽视商业的贸易，这导致了中国的对外贸易一直不发达。中国的剩余产品都是由外国人运到国外去的，而不是中国人自己运出去换回自己所需要的产品。

斯密对中国"重农抑商"和"闭关锁国"政策消极作用的认识是深刻的。他指出，在重农抑商政策的导向下，中国人有了积蓄不是作为资本投向工商业，而是要么作为财富窖藏起来，要么投资于土地，这极大地影响了工商业的投资，也影响了国民财富的增长。他指出，中国和印度农业劳动者的地位和工资都比大多数技工和制造业工人要高；而在欧洲则相反，大部分工匠的境遇要优于农业劳动者。当时中国政府的重农抑商的政策阻碍了经济的发展。他还正确指出，中国之所以有"更鼓励发展农业"的政策，是因为中国君主的全部或大部分收

---

① 傅筑夫. 傅筑夫文集（第一辑）[M]. 北京：首都经济贸易大学出版社，2023：491.

入来自地租和地税，这造成中国政府向来不重视对外贸易，而近代欧洲各国经济的迅速发展则根源于制定了有利于制造业及国外贸易发展的经济政策。

斯密主张经济自由主义。在斯密看来，国际的分工和自由贸易不仅能促进劳动生产力的发展，还能使交换双方都得到好处。因为每个国家的自然禀赋不同，自由贸易能使劳动和资本得到合理的配置，自由贸易能用最少的花费换回更多的东西。国与国之间的分工优势的形成，有自然固有的，也有后来获得的，前者如气候、土质、矿藏等，后者如技术水平、劳动的熟练程度等。

斯密还讨论了对外贸易可以通过克服国内市场的狭隘进而推动更深程度的劳动分工。出口可以消除国内没有需求的剩余产品而带回国内有需求的产品。据此，斯密在《国富论》第四篇对中国极端轻视对外贸易对中国经济发展所造成的不利影响做了如下描述和分析："中华帝国幅员辽阔，人口众多，气候多样，从而各地物产丰富，大部分地区之间水运便利，因而仅其国内的广大市场就足以支持大规模的制造业，并允许很可观的分工程度。中国的国内市场从规模上也许不逊于欧洲各国市场的总和。如能在广阔的国内市场之外再加上世界其他国家的国外市场，那么更广泛的外贸必能大大增加中国的制造品，大大提高其制造业的生产力。尤其是如果这种外贸的大部分由中国船只经营，情况更是如此。通过更广泛的航行，中国人自会学到外国所用各种机械的使用和制造方法，以及世界其他国家技术及产业的其他改进。"

斯密的这段关于中国状况的论述十分精彩，也符合中国当时的实际。在中国古代，统治者一向奉行的经济政策是"重农抑商"，如早在战国时期，统治者就提出了农为本、工商为末的口号，商鞅提出："国之所以兴者，农战也"（《商君书·农战》）、"苟能令商贾、技巧之人无繁"（《商君书·外内》）。荀子提出："田野县鄙者，财之本也""工商众则国贫"（《荀子·富国》）。韩非也强调"富国以农""夫明王治国之政，使其商工游食之民少而名卑，以寡趣本务而趋末作"（《韩非子·五蠹》）。秦汉以后，重农抑商论在经济政策上占据了绝对的统治地位。随着社会经济的发展，它越来越成为阻碍社会经济发展的政策障碍。

三、加强分工，扩大市场，改革旧有的法律制度

斯密在《国富论》中是将中国作为一个参照系来论证他的经济发展理论的。正因为如此，他除对中国停滞不前的原因进行分析，还就中国如何发展经济提出建议，即加强分工，扩大市场，改革旧有的法律制度。这些建议，即使在今日看来也颇有启发意义，值得珍视。

斯密提出，中国要发展经济就必须加强分工，但分工受到交换能力的限制，因此，中国在加强分工的同时还要扩大市场。斯密看到，中国领土辽阔，各地物产丰富、人口众多，各省间的水路交通发达，其航行范围的广阔非尼罗河或恒河所能比拟。中国的国土面积很大，国内市场不小于欧洲的市场。所以，中国应该充分地利用本国丰富的自然资源和人力资源，一方面积极开拓广大的国内市场，另一方面也积极对外开放，发展国外贸易。不仅积极开拓国内广阔的市场，同时积极开拓国外广阔的市场，就能促进中国的经济增长。对中国而言，开拓国外市场，除了具有一般的益处，还能学会外国的先进技术。

关于对外贸易的方式，斯密主张中国进行自主的对外贸易，从而更好地发展中国的制造业，提高劳动生产力，增加中国的国民财富。

斯密对中国经济发展的这些建议，既不同于当代一些国家实行的以外贸为主的外向型发展战略，也不同于以自给自足为目标的内向型发展战略，而是一种充分利用这两种资源开拓两个市场，在发展国内制造业、满足国内市场的基础上积极发展对外贸易的战略。用今天的话来说，就是一种以内向发展为基础的双向型发展战略。联系中国近代及新中国成立以来我国经济建设的经验教训，更能感受到两百多年以前斯密所提出的这一建议的远大和高明：中国近代和改革开放前经济建设的深刻教训告诉我们，发展经济，中国必须加快融入世界经济的步伐，积极发展外向型经济，参与世界经济竞争，这才是中华民族复兴的正确之路。

斯密提出发展中国经济的另一重要建议是改革中国旧有的法律制度。斯密分析说："也许早在马可·波罗时代以前，中国已经达到了充分富裕的程度。""但是或许从来没有哪一个国家曾经达到过这种富裕的程度。中国似乎已长期停滞，早已达到与他的法律和制度的性质相吻合的充分富裕的限度。但在其他的法律和制度下，其土壤、气候和位置所允许的限度或许要比上述限度大得多。"

他认为中国社会经济长期处于停滞状态的原因不是土壤、气候等自然禀赋的限制，而是中国封建社会政治法律制度的限制。中国之所以在五百年甚至很久以前财富的增长就停滞了，是因为法律制度的滞后。斯密相信，中国只要摆脱了旧法律制度的束缚，经济就会改变停滞不前的状况，走上迅速发展的道路。斯密把阻碍中国经济发展的深层原因归结为中国传统社会的法律制度，认识是相当深刻的。由于历史条件的限制，斯密未能进一步就这一问题深入分析下去，但能触及这一问题已属不易。

还应指出，斯密是最早注意到制度在经济发展中发挥作用的一位古典经济学家。斯密著名的"看不见的手"机制，就论述了追求自利的个人在市场竞争中需受到道德的约束，这实际上就是能发挥巨大作用的制度系统。

研究制度在经济发展中的作用，中国无疑是一个非常好的案例。直至今天，许多中外学者还在思考着这些问题：为什么中国在历史上曾经是一个经济十分发达的国家，而在 17 世纪以后却落后了？中国在历史上曾有无数的科技发明，为什么没能发展出现代的科学体系？伟大的中国为什么没有能出现像英国那样的工业革命，使中世纪的中国自动进入工业社会？这些问题一直促使着人们去不断地思考。而斯密却在两百多年前就已得出了他的结论，那就是因为中国缺少相应的制度变革。

现代美国新制度经济学家道格拉斯·诺斯（Douglass North）（1920—2015年）经多年深入研究，得出的结论是：由于缺乏一定的社会、政治和法律前提，即缺乏一定的制度安排，古代中国未能产生工业革命；古代中国制度发展的不足，使技术进步成果的积累和潜在的巨大市场未能发挥作用。当代美国经济学家德隆·阿西莫格鲁（Daron Acemoglu）和詹姆斯·罗宾逊（James Robinson）则在诺斯等研究的基础上，进一步分析了制度为什么是重要的、制度影响经济发展和经济增长的机理是什么、不同国家（或地区）的制度差异是什么造成的等基本问题。这些研究和结论其实不过是在重复两百年前斯密已经得出的论断，但后者的研究和分析要更深入和综合一些。

（本文据作者 2016 年 9 月 11 日提交于上海社会科学院举行的"市场经济思想在中国的传播和实践——暨纪念《国富论》发表 240 周年"学术研讨会的论文改写而成。文中所引亚当·斯密的观点，均出自《国富论》，亚当·斯密著，唐日松等译，华夏出版社，2005 年。原载《东方早报·上海经济评论第 221 期》2016 年 10 月 18 日第 9 版）

辑二

西方经济学的范式结构及其演变

　　经济思想史是经济学各学派研究成果随时间序列的汇集，这些具有代表性的成果是经济学家各自创造的观察和解释经济活动的知识，人类社会在各个历史时期都产生过与之相适应的经济学说。人类要生存，首先需要从事生产活动。人类在生产活动中，除了与自然界发生关系，彼此之间还必然结成一定的生产关系（包括生产、分配、交换、消费诸方面的关系），经济思想史所研究的经济学说，实际上就是人们对生产活动中所结成的生产关系的理论认识，正如马克思所概括的，"经济范畴只不过是生产的社会关系的理论表现，即其抽象"，人们"按照自己的社会关系创造了相应的原理、观念和范畴"，"这些观念、范畴也同它们所表现的关系一样，不是永恒的"，"观念的形成都是不断运动的"。[①]可见，这一"理论表现"不是对本质关系"一次成像"的直观反映。恩格斯指出："任何意识形态一经产生，就同现有的观念材料相结合而发展起来，并对这些材料做进一步的加工"，它"把思想当作独立发展的、仅仅服从自身规律的独立存在的东西"，"人们头脑中发生的这一思想过程，归根到底是由人们的物质生活条件决定的"，但经济社会的意识形态一经诞生，"同经济事实的联系就完全消失了"。[②] 经济思想从作为基础的经济事实中探索出来经济观念，是反映经济内容的经济形式，构成经济思维自身方式方法变化发展的辩证运动。直接影响经济思想发展变化的，还有上层建筑的其他领域。主流经济思想的确立影响人的行为，又对经济活动产生强大的反作用。经济内容与经济形式二者关系的

---

①　中共中央马克思恩格斯列宁斯大林著作编译局. 马克思恩格斯文集：第1卷［M］. 北京：人民出版社，2009：602-603.

②　中共中央马克思恩格斯列宁斯大林著作编译局. 马克思恩格斯文集：第1卷［M］. 北京：人民出版社，2009：308-309.

实质，依照恩格斯的看法，这是客观辩证法与主观辩证法之间的内在联系。①

因此，把握经济思想史研究的基本脉络，既要运用历史的和阶级的分析方法，也需要在此基础上，注意对学科内部范畴发展逻辑的分析。国内以往的研究成果多集中在前者，对后者的研究尚十分薄弱。本文试图借助于 20 世纪下半叶尤其是 80 年代以来，科学哲学所提供的范式分析的方法，在唯物史观的基础上，以经济学范式运动的发展逻辑为主线，对西方主流经济思想史相对独立的各学说之间发展变化的联系进行规律性的探讨。

如果说经济学是一门科学，那么从科学哲学的观点看，任何科学的发展都会呈现出"范式→常规科学→危机→革命→新范式"这样一种逻辑演进模式。这一模式的核心就是范式的形成与转换。科学哲学的这一范式理论对当代西方经济学理论的发展，产生了广泛而深远的影响，为考察和评价西方经济学发展史，提供了一个全新并颇具说服力的视角。马克·布劳格（Mark Blaug）于 20 世纪 80 年代出版的名著《经济学方法论》已涉及对这一问题的讨论。② 自 20 世纪 90 年代以来，西方学者对这一相关问题的研究，以 D. M. 豪斯曼（D. M. Hausman）的《哲学与经济学方法论文集》③、劳伦斯·A. 博兰（Lawrence A. Boland）的《批判的经济学方法论》④、布劳格等著的《经济学方法论的新趋势》⑤ 和托马斯·博伊兰（Thomas Boylan）的《经济学方法论新论——超越经济学中的唯名论与唯实论》⑥ 等一批论著为代表。《经济学方法论的新趋势》重点探讨证伪主义哲学家卡尔·波普尔（Karl Popper）、伊姆雷·拉卡托斯（Imre Lakatos）科学哲学

---

① "所谓的客观辩证法是在整个自然界中起支配作用的，而所谓的主观辩证法，即辩证的思维，不过是在自然界中到处发生作用的、对立中的运动的反映，这些对立通过自身的不断的斗争和最终的互相转化或向更高形式的转化，来制约自然界的生活。"参见中共中央马克思恩格斯列宁斯大林著作编译局. 马克思恩格斯文集：第 9 卷 ［M］. 北京：人民出版社，2009：470. "规律是思维对单个事实之间重大联系的概括。"参见中共中央马克思恩格斯列宁斯大林著作编译局. 马克思恩格斯文集：第 4 卷 ［M］. 北京：人民出版社，2009：313.

② 马克·布劳格. 经济学方法论 ［M］. 黎明星，陈一民，季勇，译. 北京：北京大学出版社，1990：39-54.

③ HAUSMAN D M. Essays on Philosophy and Economic Methodology ［M］. Cambridge：Cambridge University Press，1992.

④ 博兰. 批判的经济学方法论 ［M］. 王铁生，尹俊骅，陈越，译. 北京：经济科学出版社，2000.

⑤ 布劳格，巴克豪斯，等. 经济学方法论的新趋势 ［M］. 张大宝，李刚，韩振国，等译. 北京：经济科学出版社，2000.

⑥ 博伊兰，奥戈尔曼. 经济学方法论新论：超越经济学中的唯名论与唯实论 ［M］. 夏业良，译. 北京：经济科学出版社，2002.

的方法论，对西方经济学理论发展的影响以及最新的发展趋势，认为"证伪主义"的遗产包括"支持、批评和重新阐述在经济学方法论中仍占统治地位的思想"①。博伊兰重点论述西方经济学内部不同学派之间关于研究方法论的争论，包括对米尔顿·弗里德曼（Milton Friedman）《实证经济学方法论》批判的批判、批判新古典的均衡解释、批判新古典经济学的数学应用、批判理想化的事实和理想化的方法论等。自 20 世纪 90 年代开始，国内学者陆续关注这一课题的研究，出版和发表了一些研究成果。代表性的著作有杨建飞的《科学哲学对西方经济学思想演化发展的影响》② 和韩永进的《西方经济学方法论：科学哲学方法论与经济学方法论变革研究》③，这两部论著延续了西方学者的研究。在发表的相关论文中④，有的从不同角度概括经济学范式与经济学理论发展的关系；有的就不同经济学研究范式，对不同经济学流派的影响做具体分析；有的重点探讨经济学范式的内部结构；有的借鉴拉卡托斯的研究纲领说，对经济学范式中硬核和保护带之间的关系进行分析；有的对经济学范式运动的形式以及常规经济学发展中出现范式转换需要具备的条件进行了论述。这些研究成果深化了对经济学范式与经济学发展逻辑关系的认识，但从总体来看，还显得十分零散，经济学范式与经济思想发展内在逻辑关系的研究，还需进一步系统化。

本文考察西方经济学范式与其经济学发展内在逻辑的关系，从科学哲学的视角，提供一种经济思想史研究的方法，试图重新梳理解释经济思想史的脉络。这不仅有助于揭示西方经济思想发展内在逻辑的规律性特征，提高学术范式的解释能力，改进西方经济思想史研究的现状，也将有助于当代经济学理论的创新。本文第一部分阐释西方主流经济学的范式结构，第二部分说明其范式运动的形式，第三部分是对其发展历史逻辑的思考。

---

① 布劳格，巴克豪斯，等. 经济学方法论的新趋势 [M]. 张大宝，李刚，韩振国，等译. 北京：经济科学出版社，2000：序.

② 杨建飞. 科学哲学对西方经济学思想演化发展的影响 [M]. 北京：商务印书馆，2004.

③ 韩永进. 西方经济学方法论：科学哲学方法论与经济学方法论变革研究 [M]. 北京：中国经济出版社，2000.

④ 代表性的论文包括：宋冬林. 从范式危机看经济学的发展 [J]. 当代经济研究，1997（02）：2；陆家骝. 论经济学研究的三种逻辑 [J]. 哲学研究，1999（03）：7-11；胡进. 论经济学范式运动的三种方式 [J]. 江汉论坛，2004（04）：10-13；李蓉. 库恩范式理论与西方主流经济学的发展演变：一 [J]. 社会科学论坛，2010（04）：25-30；盖凯程. 经济学批判与批判的经济学：金融危机冲击下的西方"主流"经济学范式危机 [J]. 经济学动态，2010（09）：101-107.

一、西方主流经济学的范式结构

西方主流经济学通常是一个内容相当广泛而松散的概念，泛指大量与经济问题有关的不同的文献、资料和统计报告。它可以包括企事业的经营管理方法和经验，也包括对一个经济部门、经济领域或经济问题的集中研究成果，还包括经济理论的研究和考察。本文所说的西方主流经济学，仅指西方主流经济理论部分的研究。

科学哲学的"范式"理论，即托马斯·塞缪尔·库恩（Thomas Samuel Kuhn）的"范式论"①和拉卡托斯的"科学研究纲领"②，已成为西方主流经济学家们广泛使用的概念。约翰·凯恩斯（John Keynes）认为，经济学研究应注重"研究纲领，这些纲领反映着人们考察宏观经济的许多可能的方式"③。弗里德曼也强调，他"对于科学哲学和合理有效的方法论的研究领域都很有兴趣"。④ 从系统论的角度看，所谓范式是一个有结构层次的系统，包括观念范式、方法规则和基础假设三个层面。其中，观念范式是核心，方法规则和基础假设则居于"外围"。与之相应，经济学范式结构也可分为不同的层次。核心层次由经济学观念范式的基本判断构成，反映特定历史时期的经济学知识体系的价值观念，例如，西方主流经济学的"理性经济人"观念和历史制度学派的"制度文化人"观念，就分别构成了西方经济内部主流和非主流学派在这一层面的主要区别。外围层次则反映了经济学理论的逻辑空间，由核心层次演绎出的

---

① "范式"概念源自希腊文，意指语言学的词根或词源，后来引申为某种思想形态的源头或母体。库恩在1962年发表的《科学革命的结构》中，提出了科学发展的范式理论，即把科学视为由一定的"科学共同体"，按照一套共有的"范式"所进行的专业活动。库恩所说的"范式"，系指在某一学科内被人们所共同接受、使用并作为思想交流的一整套概念体系和分析方法。参见库恩. 科学革命的结构［M］. 金吾伦，胡新和，译. 北京：北京大学出版社，2003：158.

② 拉卡托斯强调说，研究纲领就是一个"范式"。他的"科学研究框架"理论创新之处在于发展了库恩的科学革命和范式不断交替的科学发展观，认为科学是由概念和命题组成的一个有机整体和系统，它不仅有坚硬性和刚性（如"硬核"），也有韧性、弹性、适应性。科学研究纲领在遇到反常事实和理论对手的竞争时，并不是马上被推翻、被淘汰、被放弃，而是通过辅助性假设的调整、增设来消解反常，战胜对手，达到自我修复和进化发展。参见拉卡托斯. 科学研究纲领方法论［M］. 兰征，译. 上海：上海译文出版社，2005：67-73.

③ 斯诺登，文，温纳齐克. 现代宏观经济学指南：各思想流派比较研究引论［M］. 苏剑，朱泱，宋国兴，等译. 北京：商务印书馆，1998：78.

④ 斯诺登，文. 与经济学大师对话：阐释现代宏观经济学［M］. 王曙光，来有为，等译. 北京：北京大学出版社，2000：160.

经济学方法论和基础假设的命题组成，例如，古典与新古典经济学倡导的理性演绎的均衡分析和历史学派倡导的历史归纳的分析法，新古典经济学的"效用价值论"和历史学派的"生产力"理论，分别构成了西方经济学主流与非主流在外围层面上的主要区别。凯恩斯学派的"需求决定供给"的"有效需求不足原理"与古典学派的"供给会自动创造需求"的"萨伊定律"，分别构成了西方主流经济学内部在范式外围层面上的主要区别。在经济学范式的结构层次中，核心决定着外围的逻辑空间，并构成不同经济学派思想体系演绎的前提。

在西方经济学的范式结构中，由经济学观念的基本判断构成的核心层面是相对稳定的。一旦某个范式在历史上某个时期被确立，只要既有的逻辑体系和方法论原则能够在一定的经济分析工具的帮助下，相对合理地解释经济现象，该范式就会得到认可和延续。如果经济分析的逻辑结论和现实的经济经验不相符，尊奉这一范式的学者往往就会通过修正自身对范式的认识，试图将反常的经济现象纳入旧有范式所蕴含的逻辑空间中予以解释。这样，经济思想越发稳定甚至僵化，也导致了其发展的相对静止。这在经济思想的发展逻辑上表现为经济学范式常规发展时期的到来。此时，经济学处于内部结构的演绎和完善的状态，具体表现为从核心层面向外围层面的渐次展开，形成了知识形态的一个稳定发展期。但随着常规经济学的发展，因实际经济发展过程的变化，新情况、新问题在原有范式的逻辑空间之外不断发生和积累，原有的经济学知识结构对实际经济的解释或预测能力日渐衰退。当人们广泛地把理论解释和预测实际经济问题的失败归咎于现有分析范式本身的知识结构问题时，范式转换的革命时期就会到来。这充分证明，经济发展实践中不断出现新情况和新问题，以及试图对此做出更好解答，是促使经济学范式转换的根本原因。

借鉴拉卡托斯的"科学研究纲领"，西方经济学的范式结构也可分为"硬核"和"保护带"两部分。"硬核"（hardcore）是范式中比较稳定的部分，包括上面所谈的核心层面，如西方主流经济学的"经济人"观念均衡分析。"保护带"（protective）作为辅助性假设，有可进行调整的弹性。若其中既有的理论假说被新的经验验证时，"保护带"可以向外延伸；当遭到"反常"案例的反驳时，可以向内收缩。"保护带"直接承受着经验检验的压力，以可调整的弹性来完成保护"硬核"的任务，因此有了上述"常规经济学的发展"。如西方主流经济学的经济主体面临的市场，从具有"完全竞争"性的假说向"不完全竞争"的调整，其面临的世界从具有"无摩擦"性的假说向"有摩擦"世界（"交易成本"）的调整，经济主体从拥有"完全信息"的假说，向拥有"有限信息"的调整。这些调整使西方主流经济学的理论假设与现实更加贴近。又如关于经济发展不确定性研究，西方主流经济学家先是用完全信息假说，将其转化为确定性，被证伪后，理性预期学派则将不确定条件下的经济决策转化为通过一定概率进行选择的确定性决策，以这一新的"保护带"来捍卫其理性"硬核"。再如信息经济学提出了"信息成本"概念，以信息不对称作为其新的假设前提，其中隐含着只要经济主体愿意付出足够的信息成本，就可以获得完全信息的假设前提，从而把基于不确定性的人的认知能力的不足转化为信息成本的约束，以保卫其理论"硬核"。

西方主流经济学理性主义的发展历程也印证了这一点。① 我们可以把西方主流经济学发展轨迹分为三个阶段。第一个阶段从亚当·斯密（Adam Smith）的《国民财富的性质和原因的研究》问世，延续到20世纪30年代初莱昂内尔·罗宾斯（Lionel Robbins）的《经济科学的性质和意义》。第二个阶段是从20世纪30年代中后期约翰·凯恩斯发表《就业、利息和货币通论》（以下简称《通论》）（"凯恩斯革命"）②，到20世纪80年代初货币学派的兴起（"凯恩斯革命的反革命"）。第三个阶段是从20世纪80年代新古典宏观经济学的兴起，方兴未艾。在这些不同的发展阶段，作为核心范式的"经济人"一直是西方古典、新古典和凯恩斯经济学派以及新古典宏观经济学派的"硬核"。关于经济学的"硬核"与其"保护带"辅助性假设之间的关系，布劳格论述："凯恩斯主义者的争论再次表明，经济学家们（像其他科学家一样）将首先调整那些围绕其中心信念的辅助假设，借以颇有特色地捍卫那个核心，以免受所观察到的反常情况的威胁，只有在罕见的场合，当其在各方面反复受到反驳时，他们才会重新思考其基本'硬核'，并改弦更张。"③ 正是因为分析范式的不同，不同的经济学流派各自生活在理论世界里的不同"科学共同体"中，在分析相同的经济想象时，出现不同的研究性结论。

不同的西方经济学流派有着不同的范式结构，凯恩斯经济学派的发展很好地体现了"硬核"和"保护带"辅助假设不断调整这一经济学范式结构变化的特点。在凯恩斯的经济学范式结构中，"有效需求不足"原理是硬核，即"总

① 伊特韦尔，米尔盖特，纽曼. 新帕尔格雷夫经济学大辞典：第2卷：经济理论与理性假说［M］. 陈岱孙，译. 北京：经济科学出版社，1992：73.

② 马克·布劳格评论说："凯恩斯是从众所周知的命题，即经济学是一门假设的、演绎的学科开始的。"参见布劳格. 经济学方法论［M］. 黎明星，陈一民，季勇，译. 北京：北京大学出版社，1990：81.

③ 布劳格. 经济学方法论［M］. 黎明星，陈一民，季勇，译. 北京：北京大学出版社，1990：219.

供给函数与总需求函数相交时的总需求函数"①。总收入和总就业量取决于有效需求，有效需求由消费需求和投资需求两部分组成。收入水平和消费倾向决定消费需求，资本边际效率和借贷资金的成本，即利率决定投资需求。凯恩斯在这些分析的基础上，提出了边际消费倾向递减、资本边际效率递减和货币流动性偏好三大心理法则，作为"有效需求不足"原理这一范式论证的基础。凯恩斯断言，有效需求不足主要是由这三个基本心理法则的作用造成的。一方面，随着收入的增加，消费也会增加，但消费的增加往往不如收入增加得快，这就导致了消费需求不足；另一方面，人们对未来预期的不确定，引起灵活偏好的加强，抑制利率的下降，利率的黏性和预期资本收益的下降交织在一起，又导致投资需求的不足。不确定性是上述边际消费倾向递减、资本边际效率递减和货币流动性偏好三大心理法则发挥作用的前提。这显然有别于马歇尔等新古典学派的"供给自动创造需求"的分析范式，呈现了不同的研究方向。凯恩斯这样评价自己的《通论》："本书的工作对于作者是一个长期的挣扎，以求摆脱传统的想法和说法。"② 凯恩斯认为，古典经济学的错误就在于范式的假设出了问题："我们对经典经济学的批评倒不在于其分析有什么逻辑错误，而在于该理论所暗含的几个假设，很少或者从来没有满足过，故不能用该理论来解决现实问题。"③ 这些"假设"的核心，指的就是古典学派基于"萨伊定理"提出的"总供给恒等于总需求"的原理，它与当时遭遇的现实不符——"我们正处在现代历史中一次最严重经济灾难的阴影之下"④。"凯恩斯革命"的理论意义就在于，它抛弃了古典经济学的萨伊定理及微观个量分析、均衡分析和确定性分析，代之以"有效需求不足"原理为核心的宏观总量分析、非均衡分析和预期不确定性分析，政策上否定了通过自由竞争就能达到完美均衡的自由主义，倡导"国家之权威与私人之策动力量相互合作"⑤，提出了以总需求分析和总需求管理为核心的国家干预理论，主张用国家干预这只"看得见的手"来弥补市场"看不见的手"的缺陷。《通论》的出版，不仅使西方主流经济学完成了从微观向宏观的飞跃，实现了一次革命，而且将古典经济学的货币与实物经济的二分法融为一体，形成了货币与经济一体化的现代宏观经济学模型体系，开创了宏观经济学的新纪元。

---

① 凯恩斯．就业、利息和货币通论［M］．高鸿业，译．北京：商务印书馆，2009：26.
② 凯恩斯．就业、利息和货币通论［M］．高鸿业，译．北京：商务印书馆，2009：325.
③ 凯恩斯．就业、利息和货币通论［M］．高鸿业，译．北京：商务印书馆，2009：3.
④ 凯恩斯．劝说集［M］．蔡受百，译．北京：商务印书馆，1962：105.
⑤ 凯恩斯．就业、利息和货币通论［M］．高鸿业，译．北京：商务印书馆，2009：326.

在凯恩斯经济学范式结构体系中，"市场不能出清"这一辅助假设，构成了凯恩斯"有效需求不足"原理的保护带，以保护其理论"硬核"不受侵犯。其他辅助性假设还包括投资乘数、货币非中性、工资刚性和价格刚性等。当"有效需求不足"原理受到挑战时，凯恩斯学派的成员通过调整辅助假设，保护"硬核"不被推翻。詹姆士·托宾（James Tobin）认为，"凯恩斯的工资和失业理论，还包括一个辅助论据，它表明，货币工资向下弹性"①。20 世纪 70 年代，当西方世界的经济"滞胀"对凯恩斯经济学构成挑战时，凯恩斯学派就是通过调整这些辅助性假设，消解理论中出现的"反常"和危机，以捍卫"硬核"。

拉卡托斯的"正面启示法"和"反面启示法"，对凯恩斯经济学的发展也能给予很好的解释。"正面启示法"表现为通过修改或完善辅助假设，丰富研究纲领，推动研究纲领的深化与完善。乔安·罗宾逊（Joan Robinson）认为，自己的研究是"如何使《通论》一般化，就是说，如何把凯恩斯的短期分析扩充为长期分析"②。"反面启示法"常常表现为，"科学共同体成员"在研究中把反驳的矛头引向"保护带"，通过调整辅助性假设来保护"硬核"。正是通过"正面启示法"和"反面启示法"，凯恩斯学派的成员把凯恩斯的经济学理论发展成一个系统的、具有一定解释力的宏观经济学的研究纲领，例如，凯恩斯学派对不确定性导致的市场非均衡以及形成原因的分析，使得"凯恩斯革命"的研究范式不断完善。凯恩斯在《通论》中强调，由于不确定性的存在，市场经常处于供求非均衡状态，非均衡学派对此做了进一步的发展。产生于 20 世纪 60 年代中后期的 R. W. 克洛尔（R. W. Clower）的"二元决策假说"③ 和 A. 莱荣霍夫德（A. Leijonhufvud）的"非均衡失业"理论④，可视为拉卡托斯"正面启示法"运用的代表。前者假设存在两个部门（企业和家庭），其消费决策和生产决策通常要分别以计划收入和实际收入为预算限制，进行两次决策。这种计划的量与现实的量不一致的情况是货币经济的产物。克洛尔得出结论，货币经济市场的多样性与交易的复杂性，使其充满了经济波动的诱发因素，失业人数比物物交换经济条件下的状况要多，因此当代货币经济体系无法通过自我调节实现

① 托宾. 通向繁荣的政策：凯恩斯主义论文集 [M]. 何宝玉，译. 北京：经济科学出版社，1997：57.
② 罗宾逊. 资本积累论 [M]. 于树生，译. 北京：商务印书馆，1963：5.
③ CLOWER R W. The Keynesian Counter-Revolution：A Theoretical Appraisal [M] //HAHN F H, BRECHLING F P R. The Theory of Interest Rates. London：Macmillan，1965.
④ LEIJONHUFVUD A. On Keynesian Economics and the Economics of Keynes [M]. Oxford：Oxford University Press，1968：102.

一般均衡。传统的一般均衡理论所强调市场机制完美的自我调节能力，根本不能作为描述现实经济世界的有效分析工具，必须被非均衡分析所替代。这种非均衡分析对凯恩斯学派范式与古典经济学派范式的区别，给出了令人信服的解释。

又如从 20 世纪 70 年代起，凯恩斯的经济学理论受到了来自挥之不去的"滞胀"现象对菲利普斯曲线的否定等反常问题的挑战，凯恩斯主义者不断修改其辅助假设，试图更好地解释这些反常现象，以巩固和发展凯恩斯的经济学理论。他们修改《通论》中名义工资刚性的辅助性假设，提出不完全信息条件下"非市场出清的价格、工资黏性"假设。价格黏性被分为以菜单成本、交错调整成本为基础的名义黏性和以厂商信誉、需求非对称性、投入产出表为基础的实际价格黏性。价格黏性的存在，使得市场无法出清，导致市场机制失灵，引致政府干预的必要性，凯恩斯的"有效需求不足"原理因而被维护。在强调黏性价格的模型中，货币就不再是中性的，资本主义的市场经济必然存在着不稳定性（市场始终难以出清而处于非均衡状态）以及大量非自愿失业的人员，这就进一步论证了国家调控经济的必要性。在回应新古典宏观经济学对凯恩斯经济学批评的基础上，新凯恩斯主义学派维护了市场的不确定性、市场非均衡以及国家干预的必要性。这些凯恩斯"经济学范式革命"的成果，正如约瑟夫·斯蒂格利茨（Joseph Stiglitz）指出的："近年来（指 20 世纪 80 年代中后期——引者注）凯恩斯主义显示了强劲的活力，这种活力应归因于凯恩斯主义对理论创新和新的经验证据的适应能力，凯恩斯主义不仅能够吸收自然率假设和附加预期的菲利普斯曲线，还能适应理性预期假设。新凯恩斯主义正在尝试重建凯恩斯主义的微观基础，通过强调劳动市场、产品市场和资本市场的各种不充分性，新凯恩斯主义被其倡导者看作一个'令人振奋的''动态的研究纲领'。"[①] 托宾认为，凯恩斯主义宏观经济学"可以解释反复观察到的经济周期特征，而它的对手却不能"[②]。斯诺登也强调："通过重建凯恩斯主义的微观基础，着眼于消除原凯恩斯主义模型中供给方面的理论缺点，新凯恩斯主义已经确立了一个研究纲领，新凯恩斯主义是对 70 年代卢卡斯所阐述的凯恩斯主义内在理论危机的

---

① 斯诺登，文，温纳齐克. 现代宏观经济学指南：各思想流派比较研究引论 [M]. 苏剑，朱泱，宋国兴，等译. 北京：商务印书馆，1998：39.
② 托宾. 通向繁荣的政策：凯恩斯主义论文集 [M]. 何宝玉，译. 北京：经济科学出版社，1997：60.

有效反应。"①

二、西方主流经济学范式运动的形式

在同一历史时期，西方经济学理论学派中并存的若干研究范式之间的竞争，往往是推动经济学进步的动力。西方主流经济思想史可以视作一部经济学范式经由危机不断革命、不断完善的历史。一个新的分析范式的出现，往往导致一场经济学理论的革命。②

西方主流经济学范式的发展有几种常见的形式。一是对已有范式的继承，即继承传统经济学"经济人"假设的核心硬核，调整其"保护带"。除前面论述过的凯恩斯学派的发展体现了这一范式发展的路径外，古典经济学和新古典经济学也是在坚持"经济人"这一"硬核"的基础上，论证了完全竞争的市场经济是可以实现资源的最优配置的（帕累托最优）。张伯伦和罗宾逊则在坚持新古典经济学"经济人"硬核的基础上，修改了关于市场充分竞争的前提假设，提出垄断竞争和不完全竞争的理论。新制度经济学的创立者罗纳德·哈里·科斯（Ronald Harry Coase）在坚持"经济人"这一"硬核"的基础上，修改了新古典经济学中市场无交易成本的假设，开创了产权经济学研究的新领域。在科斯的影响下，西方经济学的重要分支企业理论的每一次进步也都始于对传统企业理论假定前提向现实还原的修正。新古典经济学中并无单独的企业理论，在厂商理论中假设企业是物质要素的技术关系或生产函数。而现代契约理论的贡献在于以交易成本的存在为前提，创新性地提出了企业是一组合约的联结，更好地说明了企业的性质。富兰克·奈特（Frank Netter）则基于不确定性以及对契约理论关于企业内部所有成员的平等性、同质性假设的修正，提出企业内部成员的异质性和企业外部面对不确定性的假设，把企业看成一种人格化的装置，创建了他的企业与企业家理论。③ 从历史学派到新旧制度学派以及演化经济学的发展过程，则始终坚持"文化人"的"硬核"和历史、制度及演化的分析方法，从侧面印证了西方主流经济学范式发展的这一形式。

自 20 世纪 70 年代以来，阿维纳什·迪克西特（Avinash Dirit）和约瑟夫·

---

① 斯诺登，文，温纳齐克. 现代宏观经济学指南：各思想流派比较研究引论［M］. 苏剑，朱泱，宋国兴，等译. 北京：商务印书馆，1998：18.

② 库恩. 科学革命的结构［M］. 李宝恒，纪树立，译. 上海：上海科学技术出版社，1980：111.

③ 奈特. 风险、不确定性与利润［M］. 王宇，王文玉，译. 北京：中国人民大学出版社，2005：195-209.

斯蒂格利茨调整了西方主流经济学"边际收益递减"和"完全竞争"的辅助性假设，提出收益递增、不完全竞争和产品差异的理论（"迪克西特—斯蒂格利茨模型"），为一系列"新经济学"的突破奠定了基石，这也充分印证了这一范式发展路径的特点。① P. 克鲁格曼（P. Krugman）将这些"新经济学"的发展划分为四个阶段②：第一阶段是 20 世纪 70 年代后期出现的新产业组织理论，构建了分析产业组织与结构的"收益递增—不完全竞争模型"；第二阶段是 20 世纪 80 年代初期以来的新贸易理论，构建了收益递增条件下的国际贸易理论模型；第三阶段是 20 世纪 80 年代中期以来的新增长理论，强调内生的技术进步和知识创新，构建了收益递增条件下的经济增长理论模型；第四阶段是 20 世纪 80 年代末期以来的新经济地理学，试图根据"收益递增—不完全竞争模型"，对经济的空间结构做出新的解释，大大深化了西方经济学的理论研究，例如，新经济地理学将经济地理分析纳入主流经济学的研究范畴，克服了其长期忽略空间因素的弊端，使空间经济学有了突破，并促进新贸易理论研究的进一步深化，即随着经济全球化的推进，经济的竞争主体在很大程度上已不再是国家，而是区域，新贸易理论因而推动了区域经济学的发展。

西方主流经济学范式运动的第二种形式表现为范式内部的部分调整，使其在逐步接近现实方面不断完善，如诺贝尔经济学奖的获得者赫伯特·西蒙（Herbert Simon）早在 1947 年就提出，经济学家应把理论关注的焦点投放在"人的社会行为的理性方面与非理性方面的界限"，经济人的"完全理性"应修改为"有限理性"。③ 西蒙认为，在现实的市场交易中，人们很难对每一项措施将要产生的结果具有完全的了解和正确的预测，往往是在了解情况有限的情况下，依据主观判断进行决策。这样的决策还要受到决策人的技能、价值观、对目标了解的程度、应具备的有关知识的深度以及所需信息资料的完备程度等的影响。要理解"经济人"的行为，就必须理解其内在环境，尤其是厂商和消费者在收集信息、做出推理和进行复杂计算等方面的认识能力的限度。"凯恩斯革命"的本质也是将传统新古典经济学中关于未来可知的"完全理性"前提假设调整为未来不确定的"有限理性"假设④，并以此作为其经济学理论体系的前

---

① 吴易风. 当代西方经济学流派与思潮［M］. 北京：首都经济贸易大学出版社，2005：299.

② KRUGMAN P. Space: the Final Frontier［J］. Journal of Economic Perspectives，1998，12（02）：161-174.

③ 西蒙. 管理行为［M］. 詹正茂，译. 北京：机械工业出版社，2013：111.

④ 凯恩斯. 就业、利息和货币通论［M］. 高鸿业，译. 北京：商务印书馆，2009：326.

提。凯恩斯经济学的非均衡学派进而调整了传统的"一般均衡"的分析范式，认为经济生活中的绝大多数情况会处于"非瓦尔拉斯均衡"状态，只能使用以"价格—数量调节机制"为基础的"非均衡"的分析方法。它强调经济过程中的"溢出效应"，即一个市场的不均衡情况会传递到其他市场，从而使全部市场的均衡状态发生改变。① 非均衡学派强调，凯恩斯经济学的本质就是"不均衡性"，罗伯特·巴罗（Robert Barrow）和赫歇尔·格罗斯曼（Herschel Grossman）提出了著名的"一般非均衡"宏观经济模型，进一步引申和发展了凯恩斯本人的经济学理论和方法。非均衡学派经济分析所注重的信息及信息成本、不确定性以及预期的作用，为后来的信息经济学及经济博弈论的发展提供了某种启发和前提。20 世纪 80 年代后，新凯恩斯主义经济学派理论的发展就得益于非均衡学派的某些理论观念和方法。

范式运动的第三种形式表现为主流经济学科内部不同学派的理论，通过兼收并蓄的方法，以一个统一的新经济学框架体系，将它们融汇其中。经济学范式本身是在连续的发展中进化的，在同一历史时期内可以存在若干研究范式的理论体系，它们之间的矛盾和差别有一部分是可以交融和调和的。不同的经济学理论之间的竞争与融合是经济学发展的动力之一。在西方主流经济学近一个半世纪的发展中，出现过三次影响重大的"综合"，其代表作有约翰·穆勒（John Mill）的《政治经济学原理》（1848 年）、阿尔弗雷德·马歇尔（Alfred Marshall）的《经济学原理》（1890 年）、保罗·萨缪尔森（Paul Samuelson）的《经济学》（1948 年初版）。在穆勒生活的时代，资本主义的各种矛盾已达到非常尖锐的程度，穆勒一方面维护斯密"看不见的手"的市场经济原理，另一方面又试图吸收李嘉图学派和西尼尔的理论成果，提出通过收入再分配的改革，改良资本主义的市场经济。② 马歇尔则试图把当时西方经济学中流行的各种不同理论，如供求论、节欲论、生产费用论和边际效用论等融合起来，充实到他的理论体系中，形成以他为领袖的"新古典经济学"。"马歇尔综合"的理论成果对后世的影响之一便是古典经济学的客观价值论与边际学派的主观效用价值论的互补，发展出一种至今仍为现代西方主流经济理论结构基础的分析框架。客观价值论偏重供给分析，效用价值论偏重需求分析，前者形成了以生产成本为核心的供给理论，后者形成了以效用分析为中心的需求理论。熊彼特认为，马

---

① 贝纳西.宏观经济学：非瓦尔拉斯分析方法导论［M］.刘成生，朱远清，郭上沂，译.上海：生活·读书·新知三联书店上海分店，1990：4.
② 穆勒.政治经济学原理及其在社会哲学上的若干应用：上卷［M］.赵荣潜，桑炳彦，朱泱，等译.北京：商务印书馆，1991：7-8.

歇尔经济学的特点是"试图调和英国'古典学派'（指李嘉图主义——引者注）的分析原理和'边际效用学派'（主要指杰文斯和奥地利学派——引者注）的分析原理，并使二者结合起来（或者使二者妥协——引者注）"①。西方现代主流经济学发展中的"萨缪尔森综合"试图将近半个世纪以来所形成的不同学派的理论成果融汇到凯恩斯的经济学体系之中，使得凯恩斯宏观经济学与古典主义的微观经济学这两个原本互斥的理论范式互补。萨缪尔森坦承："经济学本质上是一门发展的科学。它的变化反映了社会经济趋势的变化。经济学的发展的性质在本版本的每一章中都得到反映。"② 如较之前的 12 版，1992 年的《经济学》第 14 版进行了重要的修改和综合，面对苏联解体后世界新的形势变化，强调市场经济在世界各国的普遍适用性，提出了"市场再发现"的观点。2001 年的《经济学》第 17 版在对新、旧古典经济学，凯恩斯主义，现代货币主义，供给主义和理性预期等学派进行综合的同时，还强调计算机信息技术所引起的经济和经济学领域的创新，网络经济对经济效率和市场力量的影响，并对全球的公共产品——环境问题更加重视。③ 可以说，《经济学》各版本推出的过程，就是从"原始的综合"到"成熟的综合"的过程，萨缪尔森自诩"已成为晚期 20 世纪主流经济学的代言人"。④ 经济学范式转换的这种形态是经济学家构建新理论体系的一种重要方法。历史表明，主流经济学理论每发展到了一定阶段，都需要来一次学科内部不同学派的综合，试图对以往的理论进行整理、扬弃、补充、更新，以此孕育经济学理论更大的创新和发展。

经济学范式运动的第四种形式表现为不同学派研究范式的交汇。新制度经济学是这一范式转换形式的成功案例。以科斯为代表的新制度经济学派是两种范式——新古典的边际分析与制度学派的制度演化分析相交汇的理论产物。相对以托斯丹·邦德·凡勃伦（Thorstein Bunde Veblen）和约翰·肯尼斯·加尔布雷斯（John Kenneth Galbraith）为代表的美国旧制度学派而言，它沿用和承袭了新古典经济学诸如理性人假设、稳定偏好、均衡和最大化分析的核心假设、方法和工具，又汲取了前者强调制度研究的传统及其演化的分析范式。新制度经

① 熊彼特．经济分析史：第 3 卷［M］．朱泱，易梦虹，李宏，等译．北京：商务印书馆，1994：125，130.

② 萨缪尔森，诺德豪斯．经济学：第 12 版［M］．高鸿业，译．北京：中国发展出版社，1992：2.

③ 萨缪尔森，诺德豪斯．经济学：第 17 版［M］．萧琛，译．北京：人民邮电出版社，2004：2.

④ 萨缪尔森，诺德豪斯．经济学：第 14 版：自序："经济学和永葆青春"［M］．胡代光，等译．北京：首都经济贸易大学出版社，1996：12.

济学的代表性人物约翰·R. 威廉姆森（John R. Williamson）多次提到，制度学派代表性人物约翰·R. 康芒斯（John R. Commons）关于冲突、互助和次序三位一体的思想，对新制度经济学合约关系治理的影响。① 科斯明确提出，新制度经济学派是"利用正统经济理论去分析制度的构成和运行"的一种学说体系，目的在于"发现这些制度在经济体系中的地位和作用"。② 道格拉斯·C. 诺斯（Douglass C. North）也强调"新制度经济学是以新古典理论为基础，对新古典理论加以修正与发展，并使其可以自由地讨论和解决迄今未被认识的问题"。"新制度经济学的目标是研究制度演进背景下人们如何在现实世界中做出决定和这些决定又如何改变世界。"③ 在这两种研究范式的交汇上，科斯汲取了康芒斯以交易为单位的制度分析提出的"交易费用"概念，将"交易费用"（交易成本）作为新制度经济学的核心范式，并对其基本内涵进行了系统的阐释。诺斯汲取了制度学派提出的制度演化方法，用来分析制度的变迁，创立了新经济史学，成为西方近来"新政治经济学"运动的五个分支之一。④ 新经济史学也在一定程度上接受马克思的制度阶级分析，研究成果已得到西方主流经济学界的认可，成为其中颇有影响力的一个学派。

新制度经济学还借鉴制度学派的"文化人"假说，对新古典的"经济人"假说进行修正。它批评新古典经济学研究的"人"是一种脱离现实的理念中的人，在许多情况下，人类行为远比主流经济理论中追求"财富最大化"的行为假设更为复杂。它强调"非财富最大化"动机的文化习俗等因素常常约束着人们的行为，主张把习俗规范等外在的社会制度因素内化，成为"经济人"理性选择的内生性变量。诺斯还将诸如意识形态等"非财富最大化"行为引入个人预期效用函数，提出人们往往要在财富与非财富的价值之间权衡，建立了更加复杂，也更接近现实的人类行为模型。经过新制度经济学修正后的"经济人"，

---

① 郑志刚. 新制度经济学的研究方法与交易成本范式 [J]. 南开经济研究，2002（06）：27-31.

② 科斯. 企业、市场与法律 [M]. 盛洪，陈郁，译. 上海：生活·读书·新知三联书店上海分店，1990：252.

③ 诺斯. 经济史中的结构与变迁 [M]. 陈郁，罗华平，等译. 上海：上海三联书店，1991：2.

④ 新政治经济学发展的五个分支中，除新经济史学外，其他四个分支分别是新制度经济学、公共选择学派、规制经济学和产权经济学。在新古典经济学体系中，制度因素被假定为既定的，也是有效率的，认为经济学要分析的仅是既定制度下个人的行为及其结果。新政治经济学则认为，制度因素是经济活动的内生变量，必须被纳入经济学的分析框架之中。新政治经济学被视为对新古典经济学的超越。

其目标不再仅是纯粹的物质利益，而是明确地包括非经济利益和精神满足。这种"经济人"不再用"成本—收益"核算进行决策，而是在若干取舍（包括价值观念和意识形态）之间做出选择，各种选择结果都将对个人经济行为产生不同的影响。现实生活的经验也充分证明，当个人追求自己的特有目标时，他们的行为一般仍要服从并依赖大体相似的整体基本价值观的约束，应该将关于价值观及其如何影响人类行为的分析纳入经济学的分析之中，否则将大大降低理论的合理性，也不能充分地解释现实。从古典经济学的"经济人"假说到制度学派的"文化人"假说，再到新制度经济学派的"经济—文化人"假说的范式转换，既反映了西方经济思想的演变历程，也反映了西方经济学研究的日臻成熟。也正是在这一认识的基础上，科斯批判新古典经济学是"黑板经济学"，称自己的学派是"真实世界的经济学"。①

学科交叉的经济学开放运动构成了经济学范式运动的第五种形式。这种扩张是经济学范式"自我拓展疆域"的表现，也是 20 世纪 80 年代以来经济学发展史上最显著的特征之一。具体而言，它表现为主流经济学研究中引入其他学科的方法。经济实践的广泛性、复杂性以及理论的开放性、创新性，使学科交叉的经济学开放运动有可能成为今后经济学范式运动的方向。新兴起的行为经济学、实验经济学、演化经济学和发展经济学中的"社会资本理论"等，预示了西方经济学范式发展的这一多元化趋向。

行为经济学在研究范式上试图在心理学关于人的行为的研究基础上，讨论经济活动当事人的各种心理活动特征、对各自经济行为选择的影响及其表现出来的相应行为特征，这些行为特征又通过决策后果反映到具体的经济变量之中。行为经济学家揭示，人们常常低估他们自身行为和外生变量对未来效用的影响，夸大未来偏好与现在偏好相似的程度，因而产生了预测偏差。一个人现在的福利不仅受其现在消费的影响，还受其他因素的影响，如受他过去的行为、偏好暂时变动以及环境变化等因素的影响。鉴于预测偏差的广泛存在和环境的多样化，预测的效用不必与实际效用相符，人的行为也不必与正确的"效用最大化"相符。行为经济学的研究成果证实，人们对未来的事件不可能像新古典经济学假设的那样，能计算出一个确定的风险概率，预期具有主观性，而且影响人的行为，使人的行为带有浓厚的非理性色彩。现实中的人们即使明确知道最佳选择方案，也可能无法做出这种选择，而且，人们往往是基于短期利益而非长期

---

① 伊特韦尔，米尔盖特，纽曼. 新帕尔格雷夫经济学大辞典：第 1 卷 [M]. 陈岱孙，译. 北京：经济科学出版社，1992：456.

利益做出选择的。这些行为都与主流经济学的"理性经济人"假设不符，并对主流经济学研究范式进行了重要的拓展，其宗旨就是让经济学更具有现实性和解释力。

实验经济学的主要代表性人物维农·史密斯（Vernon Smith）教授首次把实验这一自然科学的方法引入经济学研究中，并具体提出了经济学实验设计的五项原则，通过实验结果的丰富内涵，揭示了实验检验的必要性，成功地改变了经济学是"非实验科学"的固有观念，为经济学的研究提供了前所未有的复制性和可控程度。自20世纪60年代末以来，实验经济学对经济学学科的影响日益深入和广泛。

演化经济学通过引入复杂性科学与生物学演化的方法，对主流经济学的一般均衡论提出了挑战。在研究范式上，它强调历史性和"变迁过程的无止境性"①，主张用具有历史时间概念的演化模式替代新古典经济学的均衡模式，用"非最优"理论代替"最优"理论，用"有限理性"代替"完全理性"，同时将主流经济学所忽略的诸如制度、文化、习惯等因素，纳入经济学的分析，试图为经济学的发展提供另一种框架，以全新的范式诠释一个不同于新古典的经济学世界。演化经济学因更贴近于现实的经济世界日益受到学界的关注。

发展经济学中的"社会资本"理论不啻是学科交叉这一经济学开放运动的理论成果。发展经济学经历了三个阶段的重大转变。从20世纪50年代初的结构主义思路和内向型发展战略，到20世纪70年代初的新古典主义复兴和外向型发展战略，再到20世纪90年代初的新制度主义思路的兴起和计划经济国家体制改革浪潮的出现。发展经济学沿着"计划至关重要"到"市场至关重要"再到"制度至关重要"的发展路径演进。尤其是自20世纪90年代以来，发展经济学成了多学科交叉研究的交汇点，促使经济学家把研究的视野扩大到传统上的社会学、政治学所研究的人际网络、共同规范、信任和公民社会制度等问题，提出"社会关系至关重要"的论点，进入了一个"社会资本理论"的发展阶段。最初由皮埃尔·布尔迪厄（Pierre Bourdieu）提出的"社会资本理论"无疑是对传统经济学只重视国家与市场两层组织而忽视社区组织的重要补充，以此推进了发展经济学研究的深入和发展。②

---

① 威特. 演化经济学：一个阐释性评述［M］//库尔特·多普菲. 演化经济学纲领与范围. 贾根良，刘辉锋，崔学峰，译. 北京：高等教育出版社，2004：43.
② 吴易风. 当代西方经济学流派与思潮［M］. 北京：首都经济贸易大学出版社，2005：480.

自 20 世纪 80 年代以来流行的法国调节学派也表现出学科交叉的特点。该学派认为，现有的经济学理论都有自身的缺陷。如新古典学派舍弃了时空要素，所提供的仅是一种非历史的经济规律，不能解释资本主义经济的历史演变过程；凯恩斯主义经济理论注重短期宏观经济政策的研究，缺乏对经济增长所带来的各种矛盾的研究；马克思主义的经济学说虽然强调资本的社会关系和积累的历史特殊性，但使用的主体概念过于抽象，如用价值代替价格，故只能应用于总体分析和一般计算，难以应用于具体研究。调节学派试图发展马克思的制度分析，实现其与凯恩斯的宏观经济理论和新古典的微观经济理论的综合。① 调节学派"自下而上"地把工业或科技生产范式、调节模式、积累体制和发展模式四个制度面的区别与联系作为基本的分析工具，从货币信贷关系、劳资关系、竞争形式、国家干预和国际关系的多元综合视角，对周期性危机和结构性危机进行了区别，明确了结构性危机是调节模式及其积累体制作为调节体系的危机，并在更高层次上进一步提出不同于这两种危机形式的"发展模式危机"和"主导生产方式终极危机"的问题，企图开创一种新的经济学理论体系。这些理论观点和研究方法对于理解 2008 年以来西方所爆发的资本主义经济危机，无疑具有一定的启示意义。

三、西方主流经济学发展的历史逻辑

西方主流经济学范式的运动有自己的历史逻辑。依据经济分析范式的不同，西方主流经济学的发展大体经历了前经济学、古典经济学和现代西方经济学三大历史时期，其中的现代西方主流经济学又经历了新古典经济学、凯恩斯经济学和新古典宏观经济学三个时期。

从经济分析范式看，前经济学时期的西方经济学分析范式仍在襁褓中，尚未形成系统的经济学知识体系。这一时期的思想家通常会根据自己经济生活的经验和直觉对各种经济问题发表意见、形成观念，但并没有形成一套稳定的分析范式。古典经济学和现代西方经济学已进入确定的经济学分析范式支配的时期，它们都有着系统的经济学理论体系。古典经济学是由西方经济学分析范式所支配的系统的经济学理论体系。从重农学派到斯密，是古典经济学范式形成和巩固的时期。此后，经过萨伊和大卫·李嘉图（David Ricardo）到穆勒，进入了古典常规经济学发展时期。古典经济学范式的核心集中于客观价值论。基

---

① 贾根良. 法国调节学派制度与演化经济学概述［J］. 经济学动态，2003（09）：56-59.

于这一范式的逻辑，萨伊定律、实物经济与货币现象的两分法以及货币数量论等，被逐步释放出来，形成了系统的古典经济学体系。1870年"边际革命"的核心是用主观心理分析的价值理论取代古典经济学"客观价值"的理论分析，将数学方法引入经济分析，把对效用的"边际增量"分析扩展到价值论和分配论，实现了主流经济学由古典分析范式到现代分析范式的转换。

打破西方主流经济学常规发展时期相对静止状态的是客观经济过程的经验事实对其经济理论的不断验证。当既有的经济学理论无法更好地解释客观经济过程中日积月累的新情况和新问题时，经济学的革命就会发生，范式发生转换。人们终于把理论解释和预测的失败归咎于现有的分析范式本身的缺陷，许多相互竞争的信念、观点和理论派别争奇斗艳。"每一个学派都经常不断地分析其他学派的真实的基础。"① 从经济思想史的发展看，一种新的范式形成并取代旧的范式，需要满足以下条件。第一，新范式蕴含的逻辑空间比原来的旧范式宽泛，"它能解决旧理论曾处理的一切或几乎一切定量上的疑难"，或"可以吸收以前不适合的经验以及大多数或者全部以前已消化的经验"。② "规范的改变使科学家和向他们学习的那些人越来越接近真理"③，哪个学派能够占上风，关键是看谁的研究纲领（范式）更为出色，能解决问题，预见新事实，其应用能给生产带来更多的价值。新的分析范式还必须同经济学知识系统之外的思想形态的主流信仰相契合，"正是这些信仰指导着使用不同标准的人们"④。第二，新范式要同范式转换时期的社会经济发展水平以及社会既得利益格局相适应，使新范式的理论观点获得当时多数人的拥护。无论自觉与否，经济学家不同的理论体系总是代表着不同的经济利益集团，他们有着时代赋予的不同研究任务，因而选择对为之辩护的利益集团最为有利的理论假设和研究范式。特定的经济学范式是特定的历史条件和历史时期的产物。西方经济学研究范式的每一次变革的根源最终都要从其时代所面临的重大经济问题和实践中去寻找。

"凯恩斯革命"就是时代的产物。大萧条及随之而来的工人运动高涨，震撼了资本主义制度，使其面临生死的考验。占主导地位的传统主流经济学既然无

---

① 库恩. 科学革命的结构 [M]. 李宝恒，纪树立，译. 上海：上海科学技术出版社，1980：135.
② 库恩. 必要的张力 [M]. 北京：北京大学出版社，2004：255，279.
③ 库恩. 科学革命的结构 [M]. 李宝恒，纪树立，译. 上海：上海科学技术出版社，1980：142.
④ 库恩. 科学革命的结构 [M]. 李宝恒，纪树立，译. 上海：上海科学技术出版社，1980：252.

力诊断大萧条的病因，自然也开不出救治药方。复兴的西方主流经济学必须修正原先的某些基本前提假设，才能完成自己的历史使命。"凯恩斯革命"修正的仅仅是与国家干预经济政策相抵触的部分基本前提假设，并未伤及西方主流经济学的"硬核"。

自 20 世纪 60 年代末期起，战后西方主要资本主义国家经济发展的"黄金时期"开始显露衰势，直至 70 年代，出现了高通货膨胀率和高失业率并存的"滞胀"。凯恩斯主义一筹莫展。正是在这种经济现实和经济理论的双重困境中，货币学派、供应学派和理性预期学派的经济学家们高举回归古典经济学的大旗，批评长期推行国家干预主义下积极的财政政策和货币政策的副作用导致了"滞胀"。他们提出，只有在刺激供给和提高生产效率上做文章，用"单一规则"的货币供给政策约束政府滥发货币的行为，实施经济自由主义政策，完善市场机制，才能从根本上解决问题。经过新凯恩斯主义和新古典宏观经济学两派的论战和相互吸取，20 世纪 90 年代后，出现了国家干预主义与经济自由主义之间理论政策逐渐缩小分歧的趋势，更多的经济学家都主张维持国家干预和市场竞争二者间的平衡。

由此可见，现实经济实践发展的历史性与必然性蕴含着经济学范式演进的历史性与必然性。这充分证明，经济学理论不可能超越历史的真实凭空设计问题和对象，经济学永远是一门不断创新发展的历史学科。不同经济学流派所依据的不同经济学范式应被视为它们各自主观条件对现实实践及时空差异的一种反映。

理论范式只是经济学家发明的、企图揭示和把握高度复杂的经济活动不确定性中所包含的简单不变性规律的思维工具，不可能穷尽对当下及未来经济变化的完全认识和把握，只可能具有相对的或局部的真理性。任何历史时期都不可能仅存在唯一的经济学范式，任一经济学范式也不可能永恒地存在于所有历史时期。当一国乃至整个世界发生基本经济结构的重大变革时，许多为已有经济学知识或理论所无法真正解释或解决的重大经济问题会不断涌现。经济结构的变革愈具有基本性和彻底性，经济学范式的转换就愈具有颠覆性和革命性。新的历史条件及其形成的新历史时期呼唤新的与之相适应的经济学范式。人类经济史的社会实践是复杂多变的，它们与经济学范式及经济思想发展逻辑之间的关系也必然是复杂、反复（倒退）的而非单一、直线发展的，需要一代又一代人无止境地艰苦探索。

自 2007 年以来，美国次贷危机及其后资本主义世界金融—经济危机爆发，引发了西方主流经济学的范式危机。在对危机的反思中，海曼·明斯基（Hyman Minsky）关于资本主义经济的"金融不稳定假说"凸显，次贷危机被不知所措的主流学派随手贴上了"明斯基时刻"的标签。① 明斯基在坚持凯恩斯经济学基本硬核的基础上，融合了制度经济学、演化经济学和人的易错性分析等其他经济学流派的观点，认为资本主义经济内在地具有因金融发展而生成繁荣泡沫并破灭的倾向，资本主义金融结构中存在的这一致命缺陷出现在每次商业周期中，导致周期性的金融危机和信贷紧缩。② 明斯基坚持认为，政府强有力的经济干预能够"稳定不稳定的经济"。这为危机发生后发达国家政府普遍采取的大规模"救市"应急措施提供了理论依据。但事实证明，政府的强力干预未能遏制金融危机全球蔓延，包括触发主权债务危机，从而折射出西方主流经济学的逻辑困惑和现实悖论。西方主流经济学的范式进入了前所未有的混乱期，主流学派内部对其的质疑声和批判声层出不穷、日益深入。

保罗·克鲁格曼在《为什么经济学家错得如此离谱？（上）》③ 和《为什么经济学家错得如此离谱？（下）》中指出："经济学作为一个领域陷入了困境，因为经济学家们被完美的、没有摩擦的市场体系的幻象所引诱。如果经济学科想要赢回声誉，它就必须接纳一种不那么诱人的景象——市场经济具有很多优点，但也充满了缺陷和摩擦。""经济学科的迷途在于，经济学家作为一个整体误将优美——套上外表华丽的数学外衣——当作了真理。"他认为，此次危机前的西方主流经济学已长期坠入宏观经济学的黑暗年代。因为它坚持脱离现实世界的"经济人"和"完美市场"这两个基本假设，以及在此基础上提出的金融资产的有效市场假设，由此建立的复杂且优美的数学模型完全排除了发生金融危机和经济危机的可能性。"这种浪漫化的和经过净化的经济幻象"导致大多数经济学家尤其对金融市场的泡沫熟视无睹，其结果"足以使经济运行体系遭受突然的不可预测的崩溃"。克鲁格曼提出了主流经济学改革的方向："他们必须

---

① 帕利. 明斯基金融不稳定假说对危机解释的局限性 [J]. 陈弘，译. 国外理论动态，2010（08）：21-28.

② 明斯基强调，他的"金融不稳定假说是对凯恩斯的《通论》基本内容的一个阐释"。参见明斯基. 金融不稳定假说与真实的灾难 [N]. 第一财经日报，2007-08-20；明斯基. 稳定不稳定的经济：一种金融不稳定视角 [M]. 石宝峰，张慧卉，译. 北京：清华大学出版社，2010：9.

③ 克鲁格曼，刘利. 为什么经济学家错得如此离谱？（上）[J]. 银行家，2010（07）：128-131；克鲁格曼，刘利. 为什么经济学家错得如此离谱？（下）[J]. 银行家，2010（09）：136-138.

直面不理想的现实；金融市场远非完美，而是受制于非同寻常的错觉和群体的疯狂。"克鲁格曼对这次危机的反思肯定了行为金融学对信息不对称造成的非理性行为的研究，同时也发出了"重新拥抱凯恩斯"的呼唤。

这次危机伊始，英国女王就向英国的经济学家提出了同样的质疑：为什么全球有那么多的经济学家在从事经济学的研究，却没有人能准确预测到危机的爆发，危机爆发后，为什么又拿不出有效的治理对策？面对质疑，杰弗里·霍奇逊（Geoffrey Hodgson）等 10 位知名学者联名上书英国女王，认为这次金融危机的发生与蔓延充分说明西方主流经济学出了问题，"一些主要经济学家——包括诺贝尔奖获得者罗纳德·科斯、米尔顿·弗里德曼及华西里·列昂惕夫（Wassily Leontief）——都抱怨说，最近几年经济学几乎已成为应用数学的一个分支，并已脱离真实世界中的制度和事件"。"经济学家的受训面太窄，只关注数学技术工具和构建不依赖经验的形式模型，这是我们这一职业失败的主要原因。""这一不大关注现实世界的对数学技术的偏好，让许多经济学家偏离了至关重要的整体性观察的轨道。这导致经济学家们无法对经济学分支领域的过度专业化，以及进一步探讨损害大局观念形成的原因之动力进行反思。""那些知名机构中的经济学家们的教育缺乏心理学、哲学、经济史的内容"，结果便是"'被市场迷惑'"的"主流经济学家广泛宣传的广遭质疑的'理性'和'有效市场假设'"，"大力推进这种简单而鲁莽的市场解决方式"①。

类似的质疑也困扰着临终前的科斯。2012 年 12 月，他在《哈佛商业评论》发表的《从经济学家手中拯救经济学》一文中写道，20 世纪"这个领域（经济学）经历了一次范式转变，它逐渐把自己定位为经济化过程的理论方法，不再把真实世界里的经济生活作为研究对象。在当今的经济学研究中，生产活动已经被边缘化，有关生产的问题在新范式下变成了静态的资源配置问题。当今，企业家和职业经理人不断努力地以低成本向消费者提供新产品，但经济学用于分析商业企业的工具实在太抽象、太脱离实际了，以至无法给他们提供任何相关指导。"②

直到目前，西方主流经济学家尚未对"什么才是解决危机的最佳途径"找到满意的答案。信奉市场自动均衡的新古典经济学与相信国家干预的凯恩斯经

---

① 唐，霍奇逊，等. 全球经济危机的"女王难题"：雪拉·唐、杰佛里·霍奇逊等十位经济学家致英国女王的一封信 [EB/OL]. 搜狐财经，2009-09-17.

② 科斯，廖谋华. 从经济学家手中拯救经济学 [J]. 经济资料译丛，2013（04）：4-5.

济学的交锋仍在继续。克鲁格曼的重新"拥抱凯恩斯"并非根本之策，已有将凯恩斯的总量宏观分析直接嫁接到微观个体行为上，构成无制度分析的新古典宏观经济学的前车之鉴。经济政策失败导致覆舟的核心，在于西方的社会经济制度出了问题，而非只是给定制度框架下，生产函数与瓦尔拉斯一般均衡的技术性问题。在求解未来危机防范的"高难方程"中，世界仍期待着新的经济学智慧的贡献。

当年针对凯恩斯主义的理论危机，彼得·德鲁克（Peter Drucker）曾提出："当前的'经济学危机'乃是基本假设、范例、'体系'的失败，而不是这个或那个理论的失败。"① 科斯在上述论文中也强调："当现代经济越来越制度密集化时，把经济学简单化为价格理论是远远不够的。忽视社会、历史、文化和政治对经济运行的影响，把经济学蜕变成一门研究选择的自然科学，这对这个学科而言无异于自我毁灭。"新兴市场经济国家"为经济学家研究市场经济如何适应具有文化、制度和组织多样性的不同社会提供了一个前所未有的机遇。但是，只有经济学重新回到研究真实存在的人和真实存在的经济体制，新的知识才会涌现"②。随着危机的深化，关于自由市场经济所导致的美国乃至全球贫富差距急剧扩大的问题，已成为当前西方主流经济学界争论的焦点。

法国学者托马斯·皮凯蒂（Thomas Piketty）在《21 世纪资本论》一书中指出，美国不平等程度的扩大助推了 2008 年的金融危机，"美国收入最高的 10%人群的收入份额在 20 世纪两次达到峰值，一次是在 1928 年（在 1929 年经济危机前夕），另一次是 2007 年（在 2008 年危机前夕）"。他强调，"很早就应该把收入不平等的问题重新置于经济分析的核心地位"，但可惜的是，"长久以来，经济学家们都忽视了财富分配问题"③。自 2013 年夏，美国经济学会主办的《经济展望杂志》以"最富有的 1%"为专题，相继发表 6 篇文章，展开激烈的学术论争。这一关于 1%最富有的人口收入占比增大及其原因的论战，从理论、历史、社会文化、价值观念、科技革命和全球化、国际比较，特别是政策和制度

---

① 德鲁克. 走向下一种积极学［M］//贝尔，克里斯托尔. 经济理论的危机. 陈彪如，唐振彬，许强，等译. 上海：上海译文出版社，1985：17.

② 科斯，廖谋华. 从经济学家手中拯救经济学［J］. 经济资料译丛，2013（04）：4-5.

③ 皮凯蒂. 21 世纪资本论［M］. 巴曙松，译. 北京：中信出版社，2014：302-303，16-17. 书名译为《21 世纪的资本》较为准确。此中译本于 2014 年秋季面世，引文见：皮凯蒂. 21 世纪资本论节选：三：收入不平等导致金融危机？［N］. 参考消息，2014-07-09；皮凯蒂. 21 世纪资本论节选：一：收入不平等已成 21 世纪中心议题［N］. 参考消息，2014-06-25.

的角度，探讨了以美国为首的西方国家贫富差距急剧扩大的演变，涉及富人收入的来源、税收累进性质的减退、政策和政府作用的差异、民主制度的有效性、富人阶层的政治寻租及机会均等问题。① 西方主流经济学界这场大争论的领军人物当数斯蒂格利茨，他率先聚焦于占人口 1% 的少数与 99% 的大多数之间过度不平等的对立，提出，席卷全球的金融危机表明，"当今有三大主题响彻全球：第一，市场并没有发挥应有的作用，因为它们显然既无效率也不稳定；第二，政治体制并没有纠正市场失灵；第三，经济体制和政治体制在根本上都是不公平的"。"不公平是政治体制失败的成因和后果，不公平也造成了经济体制的不稳定，经济体制的不稳定又加剧了不平等。"②

战后最严重的金融—经济危机的爆发，迫使世人苦苦寻找西方发达国家贫富差距扩大的根本原因，激起了西方"重新发现马克思"的热潮③，彰显了马克思经济学剖析危机根源的强大逻辑穿透力和现实解释力。马克思科学地论证了资本主义生产方式基本矛盾的对抗性质，其突出表现就是生产相对过剩危机周期性爆发的必然性。这是马克思经济学逻辑一致的理论体系，揭示的资本主义诸经济规律共同作用的结果，例如，北美的马克思主义经济学家约翰·福斯特（John Foster）和罗伯特·麦克切斯尼（Robert McChesney）运用巴兰、斯威齐的垄断资本分析模式解释此次危机的严重性，指出它代表了向资本主义经济停滞历史趋势的回归，是近 30 年工资和收入差距不断扩大所引发的新自由主义主导的增长模式与资本积累之间矛盾尖锐化的表现。资本积累过程出现的断层源自资本主义制度本身，政府扩张性的货币政策干预只能"炮制更大的金融泡沫，它的最终破裂将再次把经济推入谷底"。"如果人类要拥有光明的未来，解决资本积累危机问题（以及一系列更广泛的根源于资本主义制度的社会破坏和环境破坏问题、军国主义和帝国主义），就要求以公平的、可持续发展的制度最终取代资本主义为前提。"④

21 世纪西方经济学的发展必将打破人为设置的学科壁垒，加强经济学与其他学科之间的交流，摒弃传统理性主义封闭的局部性思维，确立向整个社会文

---

① 宋小川 . 政府与市场：西方学界关于最富有人口的争论 [J]. 中国社会科学内部文稿，2014：3.

② 斯蒂格利茨 . 不平等的代价：序言 [M]. 张子源，译 . 北京：机械工业出版社，2013：序言 Ⅶ.

③ 吴易风 . 西方"重新发现"马克思述评 [J]. 中国社会科学内部文稿，2014：1.

④ 福斯特，迈克切斯尼 . 结构凯恩斯主义对国际金融危机解释的局限性 [J]. 王静，许建康，译 . 国外理论动态，2010（10）：20-28.

化开放的综合性的思维方式，顺应复杂科学发展观的新趋势，以便在一定程度上适应人类社会的整体发展。

（原载《中国社会科学》2014 年第 10 期）

历史学派与奥地利学派
经济学方法论的"范式"之争

在经济思想史上，19 世纪中后期爆发了一场关于经济学研究方法论范式的争论，在历史学派和奥地利学派之间展开。在经济学研究方法论范式上，历史学派主张从系统的角度、运用历史归纳的方法去分析经济现象，奥地利学派主张从个体效用的视角运用抽象演绎的方法来研究经济问题。论战的主题是历史学派主张经济学是一门归纳的科学，其原理应通过历史归纳的方法建立；奥地利学派则坚持经济学是一门先验演绎的科学，应通过理性演绎方法确立。回顾检讨这场论战对正确理解这场争论的哲学性质及经济学的方法论都具有一定的理论意义。

一、论战的经过

论战的起因是卡尔·门格尔（Carl Menger）在 1883 年发表了他的名著《对于社会科学，具体而言对于政治经济学的方法探究》（中译本名为《经济学方法论探究》）。门格尔是在 1875 年开始撰写这部著作的。[①] 门格尔撰写此著是因为他发表的《国民经济学原理》一书并没有在历史学派把持的德国经济学界引起反响。在历史学派的经济学家看来，运用抽象演绎方法的经济学研究没有多大的价值，经济学研究应关注经济实践中的问题和经济发展演变的历史。德国经济学界对《国民经济学原理》的冷落让门格尔大感失望，门格尔认为德国经济学家不只是拒绝了他的理论，实际上也拒绝一切经济学理论，这极不利于经济学理论的发展。用约瑟夫·熊彼特（Joseph Schumpeter）的话来说，"他与反对

---

① 哈耶克.导言［M］//门格尔.国民经济学原理.刘絜敖，译.上海：上海人民出版社，2001：14.

者展开了较量，为的是为社会问题的理论分析争取应有的地位"①。为此，门格尔放弃了自己原有的理论研究（计划中的《原理》的第二卷始终没有出版），而投身到为理性演绎的研究范式进行辩护的工作之中，撰写并出版了《对于社会科学，具体而言对于政治经济学的方法探究》（以下简称《探究》）一书。正是这部书的出版，引发了随后长达 20 多年的方法论的大论战。

在《探究》一书中，门格尔向当时在德国居于支配地位的历史学派发难。门格尔的核心观点是反对历史学派提倡的"历史的方法"，认为历史学派所秉持的这一研究范式的错误在于以为通过对历史细节的研究就可以搞清诸如价格形成或货币创造之类的问题，否认了经济现象具有规律性的意义。他认为对历史学派的这一研究范式如不加以否定的话，经济学作为精确的科学就被否定了。门格尔试图在他所主张的经济学理论和历史学派之间划定一条严格的界线，提出经济学理论研究的任务是揭示经济活动的"精确"规律。他认为经济学理论研究的基本方法应是抽象演绎，为了得到科学的论断就必须借助于理性的思考。

历史学派正式出现于 19 世纪 40 年代，代表性人物主要有威廉·罗雪尔（Wilhelm Roscher，1817—1894 年）和卡尔·克尼斯（Carl Nicks，1828—1898 年）。历史学派发展到 19 世纪 70 年代后进入了新历史学派的阶段，主要代表性人物是古斯塔夫·冯·施穆勒（Gustav von Schmoller，1838—1917 年）。历史学派的思想家们对古典学派的研究范式进行了否定，认为古典学派作为研究出发点的前提是抽象的和片面的，如古典学派把经济分析的前提建立在利己主义这个抽象概念上，忽视了精神、道德因素以及利他主义动机等对人的经济行为的影响，以至于把经济学变成了一部单纯的利己主义的发展史。在历史学派看来，与经济领域关系最为密切的法律、国家以及文化也必须作为经济学分析的重要前提。历史学派称自己的研究范式为"历史的方法"（历史归纳法），核心观点是经济学应是一门研究各民族经济发展的特殊道路的科学。因为经济现象是互相联系的有机体，只能用综合、归纳的方法来分析。经济活动是发展变化的，所以经济规律只具有相对性，只能从历史的类比中去发现它的规律。历史类比的方法不仅包括现实和历史的对比，也包括各国经济制度和历史发展道路的比较。历史学派批评古典学派从抽象概念出发用先验演绎的方法推导出一些基本命题并把它宣布为"放之四海而皆准"的具有普遍意义的经济规律在现实经济生活中是不存在的。罗雪尔提出的"历史的方法"类似于生物学中"演化"的方法，

---

① J. A. 熊彼特. 从马克思到凯恩斯［M］. 韩宏，蒋建华，何跃中，等译. 南京：江苏人民出版社，2000：71.

他认为："我虽不能肯定这条通向真理的道路是唯一的或绝对最短的捷径，但这条道路是通向特别美丽而又丰饶的领域的，一旦经过适当的开拓，我相信它将成为很难被轻易放弃的。历史方法……所能提供并且必须提供的东西，正有点像组织学和生物学在今天对生物学所提供的那样的东西。"① 施穆勒高度评价罗雪尔，认为他所著的《历史方法的国民经济学讲义大纲》"是替历史方法提供了最初纲领的一部著作"。② "罗雪尔的贡献到底是巨大的和划时代的……他替所有后起的德国学者开辟了一条新的道路。"③ 大量运用统计资料和统计方法也是历史学派研究范式的一个重要特点，以致施穆勒称自己的方法是"历史的统计方法"。施穆勒提出"历史的方法"是一场方法论范式的革命，借助于这场革命，经济学的未来新时代就要到来。

当面临门格尔的"理论挑战"时，施穆勒在随后出版的由他主编的《管理和国民经济学年鉴》中发表了一篇书评《国家科学和社会科学的方法论问题》予以回应。他反击门格尔的论点，强调提倡历史归纳的方法，认为"这绝不是对理论的放松，而是理论的必要基础"。他抨击门格尔所提倡的研究方法不是"利用现在搜集的历史描述性和统计性材料"，而仅"是通过旧教条主义的蒸馏过千次的抽象定律的再蒸馏"来建构经济学的理论体系是错误的 。④ 他认为经济学研究的前提必须依靠历史的归纳，即根据对各种因果关系的认真研究归纳做出论断。施穆勒说自己在经济学的研究表述中不反对使用演绎法，因为研究表述也需要依靠演绎的方法，他反对的仅是凭着主观假设和理想的目的去进行演绎的论断。他强调经济学的研究首先应重视社会经济问题各方面的史料搜集和整理，在收集大量资料之后，通过归纳才能得出若干结论。正因为过去的正统经济学派没有掌握这些相关的大量资料，他们提出的研究结论大都是没有根据的。施穆勒指出，归纳和演绎这两种方法在经济学的研究中都需要，但二者的使用有着实质性区别。历史学派与奥地利学派的重要分歧在于要不要把历史归纳的研究方法始终贯彻到研究活动中去。施穆勒批评门格尔虽然注重考察了有约束条件下的个人行为，但恰恰偏离了最重要的经济学问题——动态的制度，

---

① 威廉·罗雪尔. 历史方法的国民经济学讲义大纲［M］. 朱绍文，译. 北京：商务印书馆，1981：9.

② 施穆勒. 一般国民经济学大纲［M］//季陶达. 资产阶级庸俗政治经济学选辑. 北京：商务印书馆，1963：364.

③ 施穆勒. 一般国民经济学大纲［M］//季陶达. 资产阶级庸俗政治经济学选辑. 北京：商务印书馆，1963：365.

④ 门格尔. 德国国民经济学的历史主义谬误：序言［M］//凯恩斯. 政治经济学的范围与方法. 党国英，刘惠，译. 北京：华夏出版社，2001：216.

"弄得我们这门科学的领域过于狭隘了，因为他们仍旧认为只要抓住了一两个心理学的命题，或者只要抓住了经济性这样一条，好像理论经济学之道就尽于此矣"①。他称门格尔及其追随者为"奥地利学派"，以示自己和他们的区别。"奥地利学派"这个名称此后逐渐为学界所沿用。

之后，门格尔（1884 年）针对施穆勒的这种"挑战性的轻率批判"写了一本小册子《德国国民经济学的历史主义谬误》进行反击。他在前言的开篇中就定下了否定的基调："在政治经济学领域中，德国国民经济学的历史学派对研究目标及方法的模糊乃是一种缺陷，他（指施穆勒——引者注）在这个学派一开始的论述中就明白无误地暴露出来，而且在几乎延续了 50 年之久的发展过程中没有得到克服。"门格尔抱怨科学的经济学研究正在遭受历史学派的挤压："历史学家像外国征服者一样一步一步踏入了我们的科学领域，给我们强加他们的语言、他们的习惯、他们的学术用语，以及他们的方法，在与他们的特殊方法不一致的每一个研究领域不可容忍地与我们发生争斗。"② 门格尔把发表后的小册子给施穆勒寄去了一本，施穆勒则毫不客气地退回，用不到半页纸的篇幅进行了简短的回应："这本书的第一页，就向我证实了这一点，我承认您一片好心来搞我的东西，向我澄清事情，我也认为，我应该忠诚这场文字之战和自己的原则。……对这些个人的攻击，特别是当我不期待有关后者对我的挑战时，我看也不看就扔进了火炉或废纸篓。"③ 之后，双方各自的门生和追随者纷纷投入论战，一直持续到 20 世纪初，其参战者感到厌倦表示调和才逐渐平息，前后长达 20 余年，论战的影响还波及英、法等国。

二、论战的核心问题

这场论战从表面上看是两派围绕归纳法与演绎法在经济学研究中的地位和作用的争论，但这仅是一种表象。历史学派主张历史归纳法的重要但不否定演绎法在研究表述中的作用，如施穆勒在《一般国民经济学大纲》（1900—1904年）和《国民经济、国民经济学及其方法》（1911 年）中都坦承演绎法和历史归纳法都是经济学研究所必需的，就像右脚和左脚都是行走所必需的一样。奥

---

① 施穆勒. 一般国民经济学大纲 [M] //季陶达. 资产阶级庸俗经济学选辑. 北京：商务印书馆，1963：362.
② 门格尔. 德国国民经济学的历史主义谬误：序言 [M] //凯恩斯. 政治经济学的范围与方法. 党国英，刘惠，译. 北京：华夏出版社，2001：216.
③ 转引自陶永谊. 旷日持久的论战：经济学的方法论之争 [M]. 西安：陕西教育人民出版社，1992：58.

地利学派强调理性演绎法的重要，但也不否认历史归纳的意义（事实上门格尔晚年也一直在从事经济史的研究工作）。那么双方争论的核心焦点何在？若对争论的核心焦点缺乏明确的认识甚至产生混淆，论争中就不免充满混乱和矛盾。难怪熊彼特评论这场大论战基本上是一场意气之争："这场论战，就像所有这类论战一样，对我们来说，可能是完全不得要领的。如果我们愿意，我们就会看到，在争吵的振振辞令与口号的冲突外表之下，没有任何一方曾经真正地全面分析过对手的见解，这个明摆着的惊人事实使得刚才说的那个印象更为加深。这次争吵是关于先后次序以及相对重要性的争吵，只要承认各种类型的工作都自有其所应有的位置，这个问题本来是早就可以解决的。"①

那么，双方论争的本质歧异何在？萨缪尔·博斯塔菲（Samuel Bostaph）指出两派之间的论争本质上是两种研究范式之间的冲突："历史学派主要遵循休谟的唯名论，而要正确地理解门格尔，则最好把它放到 19 世纪的亚里士多德主义/新经院学派的背景下来考察。"② 唯名论与实在论是西方中世纪经院哲学围绕个别与共相的关系争论所形成的两个对立派别。唯名论否认共相具有客观实在性，否认共相为独立存在的精神实体，主张唯有个别事物才具有客观实在性，认为只有个别经验的感性事物才是真实的存在，共相后于事物，共相所表现的仅是个别事物的相似性和共同性，共相只存在于人们的思想观念之中。实在论则相反，断言共相本身具有其客观实在性，共相是先于事物、独立于个别事物而存在的第一实体，共相才是个别事物的本质。共相既独立存在于事物之前，又存在于事物之中和事物之后，个别事物只是共相这第一实体派生出来的个别情况和现象。共相作为人对个别事物的抽象概念，也就存在于人们的理智之中。

大卫·休谟（David Hume）和亚里士多德是 19 世纪历史学派和奥地利学派活跃的这一时代唯名论与实在论两种思潮的代表性人物。历史学派深受休谟唯名论思想的影响，在研究方法上强调历史经验的归纳。施穆勒根本就不承认存在所谓先验共相的"精确规律"，不承认所谓绝对真理的存在，他只承认存在相对的历史规律和相对暂时的经济学真理。因此，他主张概括不同国家民族和发展阶段的历史归纳法才是经济学理论建构的最好方法。历史学派的其他学者也坚持认为，经济学的研究必须从经验主义和整体论的认识出发，运用经验描述性的"历史方法"来处理历史的数据，才能得出相对的经济规律。奥地利学派

① 约瑟夫·熊彼特. 经济分析史：第 3 卷 [M]. 朱泱，易梦虹，李宏，等译. 北京：商务印书馆，1996：96.
② 博斯塔菲. 方法论大论战 [M]//门格尔. 经济学方法论探究. 姚中秋，译. 北京：新星出版社，2007：247.

则深受亚里士多德主义这一实在论思想的影响，认为存在着先验的、共相的经济学普遍"精确规律"，因此抽象演绎的理性主义方法才是经济学理论建构的最好方法。在奥地利学派的经济学家看来，至少有一些经济学的命题是先验的，其相应的结构具有某种内在的简单性和可认知性，这使它们哪怕仅表现在一个例证中也能够被经济理论家所把握。

正因为双方认识方法上的这种哲学范式的歧义，门格尔无法接受历史学派用历史归纳法来理解经济现象并形成经济学理论的观点，认为历史归纳法只适用于经济史的研究对象和范围，经济史不过是经济学科的一个分支，经济学还应有经济学理论、经济政策和公共财政等实用性学科，将仅适用于经济史学科研究的历史归纳法运用到其他经济学分支学科是荒唐的。他认为"经济学理论"的研究就不适合采用历史归纳法，这是因为经济学理论是对于经济现象的一般性质和一般性关系的解释，不同于对单个的等经济现象的描述。"据此，我们就不难理解施穆勒对门格尔的《探究》、对门格尔的'精确'方法所蕴含的对于演绎的普遍性理论的反映了，因为，施穆勒坚持的是具有强烈经验主义色彩的研究取向，除实用的需要之外，他从根本上反对对经济现象的完整的经验复杂性（发生在具体社会背景下的）做任何抽象处理。而门格尔则认为，任何由历史方法所生成的理论根本就不属于真正的理论，因为他所坚持的由概念和因果关系构成的理论，完全不同于历史学派心目中的理论。他所关注的经济现象之本质乃是'原子论式的'一般性'类型'及从其中逻辑地演绎出来的'典型的'因果关系；它们不是集体性的个性及其相应的关系，而这却是历史学派的兴趣之所在。门格尔从来不用'整体主义的'和'上下文主义的'研究理路，他不承认历史学派总结出来的经验性规律。反过来，门格尔所使用的人的自利这一'简单因素'，即他所使用的单一因果论方法在施穆勒看来则是不能接受的，是'违背现实的'，他相信，人的经济行为的动机是多样的，就像在任何经验背景中因果影响也都是多样的一样。"① 博斯塔菲指出了两派论争背后的哲学认识论上的歧义，可惜论争双方都对此缺乏明晰的认知，所涉争论不多，有的甚至就没有涉及，而仅停留在理性演绎法和历史归纳法在经济学研究中谁更重要、次序上谁更优先的表面争论上。

---

① 博斯塔菲. 方法论大论战［M］//门格尔. 经济学方法论探究. 姚中秋，译. 北京：新星出版社，2007：251.

三、对两种范式之争的评论

说门格尔在研究范式上秉持亚里士多德主义的理性主义立场，这合乎门格尔经济理论的实际。亚里士多德主义认为，科学研究的主要任务是揭示主宰着某些本质或范畴的关联的定性规律，这些规律被看成具有某种可以先验的知晓的特有属性，所谓先验的即不需要运用试验和归纳这类方法。奥地利学派的亚里士多德主义的信条可以概括为这个经济世界的"精确规律"独立于我们的思想和推理而存在，我们可以通过我们的认识对这个经济世界的"精确规律"进行客观的理论阐释。这一"精确规律"是普适的，不随历史的变化而变化。门格尔认为对这一"精确规律"的研究和揭示就构成了经济学理论的研究对象和任务。这一经济世界中的"精确规律"类似于几何学或力学中的必然规律，它不同于对于经济事实的单纯陈述。

亚里士多德主义在哲学上，是一种先验论的理性主义，它认为我们能够借助于非归纳的渠道获得一种特殊的知识，即"先验的知识"。哲学上先验论又分主观和客观两大类。主观论者可称为强加论，认为先验的知识是有可能的，因为这类知识的内容仅仅反映由认知主体强加于世界之上的形态或结构。按照这种观点，知识永远不可能是对实在本身的反映，相反，它所反映的是"心智的逻辑结构"，只有通过心智或理论的构造、塑造或模型化，才能洞悉实在。另一种则是反映论的观点，认为对于独立于人的心智而存在的东西我们可以获得先验的知识，原因在于世界的结构本身内在地就具有某种程度的可认知性。在反映论者看来，认知主体和认知客体在某种程度上是事先彼此和谐一致的。当我们承认逻辑学或几何学的证明有效的时候，所涉及的就是这类知识。

与理性主义分主观论者和反映论者相对应，奥地利学派内部所秉持的理性主义立场也可分两种。路德维希·冯·米塞斯（Ludwig von Mises）秉持的是主观主义的路径，门格尔秉持的是反映论的路径。米塞斯一直强调经济学是一门先验的、主观演绎的学科，"赋予经济学在纯知识界特殊和独立地位的是它的特殊定理不受任何经验为基础的证实与证伪的检验……经济定理的正确与否的最终尺度完全在于不借助经验的推理"[①]。"我们从内心领悟所有这一切，正如我们不根据任何经验先验地领悟逻辑学与数学真理一样。……告诉我们什么是自

---

① 伊特韦尔，米尔盖特，纽曼．新帕尔格雷夫经济学大辞典［M］．陈岱孙，译．北京：经济科学出版社，1992：55.

由物品和什么是经济物品的不是经验，而是推理，推理是先于经验的。"① 门格尔则相信，先验的命题反映着实在中存在的那些要素间的结构或关联（"性质"或"本质"）。门格尔强调，经济性实在的世界从来不是谁创造的或强加的，而只能通过我们的理论工作予以发现。门格尔在追寻经济关系的"本质"的时候，竭力想弄清楚这些关系的必然属性，即由这种关系的本质决定而必然呈现出来的那些特征。门格尔提出要探索经济现象的"精确规律"，认为不管在什么样的时代和地点这一"精确规律"都是永恒为真的："物质世界的性质（自然资源的稀缺性）与人性（希望欲望得到较大满足）合在一起，决定了经济世界的基本结构。"② 门格尔强调经济学研究的是经济现象的本质，这就决定了他拒绝采用数学方法，认为数理方法只能揭示经济世界的相互函数关系而无法揭示其本质。正是基于这一认识，门格尔写信给 L. 瓦尔拉斯（L. Walras，边际革命中数理学派的代表性人物）说："我们不仅研究经济现象的数量关系，也研究其性质（或本质）。我们怎能借助于数学方法获得后一类知识（比如价值、租金、利润、劳动分工、金银复本位制等的性质）呢？"③ 门格尔提出经济学的研究要发现并揭示"精确的"经济规律，就必须通过观察经济现象的实际"类型"和"典型关系"去发现经济现象的规律性。经济学理论所致力探寻的就是由"典型关系"所例示的这一精确规律的普遍性知识。为了得出"精确的"规律，需要首先确定"典型的"现象，"典型的"现象就等于个别现象中的某种确定的本质，可以将它们认知为该类型的集中体现。在解决概念或共相的问题时，还需要追寻每一现实现象中"最简单的"构成因素，在探寻经济规律的时候，也需要把现象"隔离"起来，利用得到的"简单因素"再进行抽象演绎的推论。使用这些概念上的"简单构成因素"进行的推理就是在按照其性质进行推理，由此构建演绎的关于因果关系的概念体系必然是合乎现实世界的因果关系的概念体系。概念上的或"理论性"的因果规律就是有关现实的规律，它们是"绝对的""精确的"规律，就是绝对的真理，具有普遍性，就是经济学所要发现和探寻的真理。门格尔认为，人们认识经济规律的过程就表现为抽象演绎的过程。

对奥地利学派而言，一开始就面临着先验（演绎）的理论如何能够具有经验性内容这一问题。如何将先验理性与经验事实相联系、摆脱可能存在的滑入

① 米塞斯. 经济学的认识论问题 [M]. 北京：经济科学出版社，2001：13.
② 怀特. 奥地利学派经济学的方法论 [M] //门格尔. 经济学方法论探究. 姚中秋，译. 北京：新星出版社，2007：302.
③ 怀特. 奥地利学派经济学的方法论 [M] //门格尔. 经济学方法论探究. 姚中秋，译. 北京：新星出版社，2007：303.

脱离实际的先验逻辑演绎的困境构成了所有奥地利学派经济学家必须面对的难题。门格尔坚持认为他的"精确"规律是不可证伪的,是没有例外的,用经验来"验证"这些精确规律从方法论角度看是荒唐的,这就类似于用现实的物品来验证几何学的原理一样。从这一角度看,德国历史学派攻击奥地利学派沉湎于空想的先验主义而无视经验现实的批评的确击中了其理论的要害。对于奥地利学派,尤其是米塞斯所坚持的先验理性主义的主观论立场,保罗·萨缪尔森(Paul Samuelson)尖锐地批判说:"想到过去在经济学中对演绎和先验的论证作用的夸大的宣扬——被弗兰克·奈特(Frank Knight)、被路德维希·冯·米塞斯夸大地宣扬——我对我的学科的声誉感到不寒而栗。幸运的是,我们已经抛掉了这些东西。"① 马克·布劳格(Mark Blaug)也评论说:"在20世纪20年代,米塞斯在货币经济学、商业周期理论以及社会主义经济领域做出了重要贡献,但是,他后来关于经济科学的文字是那样令人不解和特立独行,我们不得不怀疑是否有人会认真对待这些论著。"②

对历史学派而言,强调经济学研究要重视本国及历史发展的阶段与特点,提出国民经济是一个综合的整体,不仅应研究生产技术的发展和"经济制度"的特点,还应研究意识形态、国家政权等对经济的影响,这为综合考察一国经济的发展及制定适合本国特点的经济发展战略无疑提供了一种十分有用和科学的方法论,这是其研究范式上的理论贡献。他们收集的大量资料和提出的各种专题研究推进了经济史这门学科的发展,更为经济学的发展提供了进行理论抽象的基本依据。历史学派对古典经济学研究范式的批评也促使西方主流经济学在研究范式上对理性演绎法和历史归纳法进行兼收并蓄。但历史学派也有其局限性,正如熊彼特指出的那样:"施穆勒经常反对对经济现象进行'隔离'分析——他和他的追随者称之为'隔离方法'——认为当我们对经济现象进行隔离分析时,我们就立即丢失了它们的真际。这种观点当然纯粹是由于施穆勒决意要把历史的专题研究结果当作经济学的唯一饲料,因为历史专题研究的资料及其研究结果,对隔离的任何企图来说,显然是难于驾驭的——事实上,在大多数情况下,如果进行隔离处理,它们将变得毫无意义。"③ 熊彼特承认施穆勒

---

① 布劳格.经济学方法论 [M].黎明星,陈一民,季勇,译.北京:北京大学出版社,1990:104.

② 布劳格.经济学方法论 [M].黎明星,陈一民,季勇,译.北京:北京大学出版社,1990:122.

③ 熊彼特.经济分析史:第3卷 [M].朱泱,易梦虹,李宏,等译.北京:商务印书馆,1996:92.

对奥地利学派的"隔离"演绎方法的批评有其道理，历史分析有它的优势，即"可能从中透露微妙的信息，可能传达对于社会过程，特别是经济过程的深切理解，可能传达对历史远景的某种感觉，或者，如果你希望得到的话，也可能传达关于事物的有机结合的某种意识，这种感觉或这种意识，是非常难于表述的，说不定就不可能表述"①。但"举凡社会治乱兴衰中的一切因素，在施穆勒的经济学中，都要加以处理。……这个学派宣称应研究经济现象的所有一切方面，因此应研究经济行为的所有一切方面，而不仅仅研究它的经济逻辑；因此应研究历史上展现出来的人类动机的总和"，弊端就在于它分析题材时几乎无边无际的扩展，这种"希望只消整理一下历史专题研究的成果，无须借助人们在专题研究以外还须花费的思维活动，就可以把历史专题研究成果与'普通经济学'熔焊在一起，这当然只是一种妄想"。②

19世纪中后期，历史学派和奥地利学派之间的这场论战表面上看是两派围绕历史归纳法与理性演绎法在经济学研究中的地位和作用而产生，本质上则是主张先验理性主义与坚持经验主义的认识论这一研究范式上的分歧。门格尔秉持19世纪亚里士多德实在论的理性主义传统，强调存在着先验的经济学真理，施穆勒则遵循休谟的唯名论经验主义传统，只承认存在着相对的暂时的经济学真理。时至今日，就方法论而论，如何将"理性演绎"和"历史归纳"这两种方法论范式有机完美地结合统一起来，仍是现代经济学需要努力探讨解决的课题。

（原载《财经研究》2011年第7期）

---

① 熊彼特. 经济分析史：第3卷 [M]. 朱泱，易梦虹，李宏，等译. 北京：商务印书馆，1996：93-94.
② 熊彼特. 经济分析史：第3卷 [M]. 朱泱，易梦虹，李宏，等译. 北京：商务印书馆，1996：93.

弗里德曼"经济学假设非现实性"论题的辨析

　　自 20 世纪 30 年代开始，经济学家就经济学的性质与研究方法不断产生分歧和争论。到了 20 世纪中叶，西方经济学界更是爆发了一场旷日持久的关于经济学方法论的论战。引发这场论战的导火线是美国著名经济学家米尔顿·弗里德曼（Milton Friedman）1953 年发表的论文《实证经济学方法论》。在这篇论文中，弗里德曼提出了一个重要的观点，他认为检验一个经济学理论是否有效的唯一标准是其对现实预测与实际数据的比较，而理论假设的现实性则与理论的检验毫不相关。弗里德曼的这一论文发表后立即在经济学界引发了一场有关经济学理论的有效性与经济学假设前提之间关系的论战。在国外，与这场论战相关的研究成果较多，多是从科学哲学与方法论的角度立论。国内的相关研究成果较少，具有代表性的论著是李和平的《弗里德曼论点及其争论研究》。该著搜集整理了国外大量弗里德曼相关论点争论的资料，并从科学哲学对经济学方法论影响的角度进行了探讨，提出"多元性综合分析"说。① 本文拟在前人相关研究成果的基础上从主流经济学研究中存在两种不同范式路径的角度重新检讨这一论战，辨析其中的问题，这对更好地理解经济学的方法论可能会有一定的启示意义。

一

　　弗里德曼撰写《实证经济学方法论》的目的是就当时对新古典经济学的批评进行回应。在《实证经济学方法论》中，弗里德曼列举了一些人们对新古典经济学的批评，其中有一条就是新古典经济学基本假设的非现实性或虚假性。他在论文的第五部分指出，人们把正统经济理论作为一种"非现实"理论，由

---

① 李和平. 弗里德曼论点及其争论研究［M］. 北京：中国经济出版社，2005：21.

此所做出批评的原因是：①它假设人是自私的、唯利是图的，人是"欢乐与痛苦的计算器，其计算速度就像闪电一般"；②它建立在旧的心理学的基础之上，从而必须随着心理学的发展而发展；③它假设人（至少商人是如此的）总是处于一种持续的警觉状态，一旦他们那敏感的直觉嗅到供给与需求状况的变化，竞争是纯粹的，而且商品、劳动力与资本等都是同质的。具体例子就是《美国经济评论》对边际分析问题所进行的连篇累牍的讨论和人们对利润最大化假说的旷日持久的批评。

《实证经济学方法论》一文的思路和主要观点十分清晰，是为新古典经济学辩护，反对那种以"假设的非现实性"为依据对新古典经济学理论的攻击。

弗里德曼认为，判断一个假说能否成立的唯一标准在于该假说的预测能力，而不在于其假说本身的现实性。现实的经济现象十分复杂，人们可以观察到的事实在数量上是十分有限的，所以也可能会出现许多的假说。在这种情况下应该以什么样的标准来选择假说呢？弗里德曼提出只能采纳"简洁性"与"成效性"的原则："一理论越是'简单明了'，在某一既定领域内对现象进行预测所需要的初始知识也就越少；一理论越是'富有成效'，它对现象所做的预测也就越精确，而且该理论进行预测所依据的范围也就越大，同时，为了进一步研究的需要，它所要加以说明的东西也就越多。"[1] 在这里，弗里德曼对理论或假说检验采取的是实证主义的标准。既然理论或假说的终极目的是对尚未观察的现象进行准确的预测，那理论或假说的有效性理所当然也必须是以其预测能力来衡量。这一"尚未观察"的现象包括尚未发生的现象、已经发生但观察尚未进行的现象和已经发生而且观察已经做出但利用理论或假说进行预测的人尚不知晓的现象这三种情况。弗里德曼强调"实际证据永远也不可能检验某一假说的正确性，它只能通过无法将该假说驳倒来显示该假说的正确性。当我们说到某一假说已经在实践中得到了确认时（并不十分准确），我们通常所指的就是这个意思"[2]。弗里德曼承认，社会科学不可能像自然科学那样经受精确的实验检验，而不得不依赖于偶然发生的"实际情况"所提供的证据来进行我们的检验。但他强调社会科学中无法进行所谓的"有所控制"的实验，这并不能反映社会科学与自然科学之间的根本区别。在弗里德曼看来，不能进行受控实验并不是社会科学的独有特色，自然科学中的某些部门（例如，天文学）也同样不能进

---

① 弗里德曼. 弗里德曼文萃［M］. 高榕，范恒山，译. 北京：北京经济学院出版社，1991：198.

② 弗里德曼. 弗里德曼文萃［M］. 高榕，范恒山，译. 北京：北京经济学院出版社，1991：197.

行受控实验。有控实验与无控实验之间的差异充其量不过是一个程度上的差异，没有哪一种实验是可以完全控制的。所以，弗里德曼认为不能进行受控实验并不是通过假说或理论的预测成功来检验经济学命题的障碍："实践所提供的证据是大量的，而且常常是确定的，犹如经过了设计的实验一般。"①

弗里德曼承认创立一个理论假说的过程从来都不是从零开始的。所谓的最初阶段本身也总是要涉及对一系列早些时候提出的、以实际观察为依据的假说所进行的比较。这些假说的含义之间也可能是相互矛盾的，但它成了促进人们构造新假说或修改原有假说的原始动力。他认为人们对假说的构造过程普遍存在着一种误解，即认为可以对假说自身所做的假设进行检验，检验的标准是其"假设"与"现实"之间的一致性："这就等于说假定假说不仅具有'含义'，而且还具有'假设'；这些'假设'与'现实'之间的一致性是检验该假说的合理性的标准。"他认为这一为人们所广泛持有的观点"不仅是根本错误的，而且还成了更多的谬误产生的根源"②。其理由是它不仅没有为不合理的假说向合理的假说的转化提供捷径，相反却混淆了是非，造成了人们对经验证据在经济理论中的重要性的误解，使得人们为促进实证经济学的发展所做的探索迷失了方向，并且阻碍了实证经济学中人们在试验性的假说上取得一致的意见。他提出，那些真正重要而伟大的假说所包含的"假设"是对现实的一种十分不精确的描述性表达："一般说来，某一理论越是杰出，那么它的'假设'（在上述意义上）就越是脱离现实。"这是因为研究者在对具体的现实进行把握的过程中必然优先抓主要矛盾，舍弃一些次要因素，才能抽象出从总体上代表现实原型的模型："如果一假说能够通过极为有限的资料而进行大量的'阐述'，即如果一假说能够从它旨在解释的那一现象周围的大量复杂且详尽的情况中，抽象出共同且关键的因素，并能保证仅在这些有限资料的基础上做出合理的预测，那么，这一假说就是意义重大的。所以，为了意义重大，一个假说在其假设方面必须运用一些描述性的技巧。既然该假说的伟大成功将证明其他许多的有关情况与该假说旨在阐明的现象毫不相关，那么该假说也就不必考虑并说明这些情况。"③ 依照弗里德曼的看法，判断一个理论模型好坏的标准不在于一个理论的

---

① 弗里德曼. 弗里德曼文萃［M］. 高榕，范恒山，译. 北京：北京经济学院出版社，1991：198.

② 弗里德曼. 弗里德曼文萃［M］. 高榕，范恒山，译. 北京：北京经济学院出版社，1991：201.

③ 弗里德曼. 弗里德曼文萃［M］. 高榕，范恒山，译. 北京：北京经济学院出版社，1991：202.

"假设"是不是"现实主义的",而在于这些"假设"对我们已有的目标来说能否提供更好的预测:"唯有通过考察该理论是否应验,即该理论是否取得了足够的预测水平来进行。"①

在阐述了实证经济学的终极目的与理论的检验标准之后,弗里德曼提出了其论点的核心思想,即假设的非现实性是富有意义的理论的必然特征。为了进一步论证他这一观点,弗里德曼还以物理学中的"自由落体公式"假设真空的存在来论证说明假说的检验与假设非现实性之间的关系。弗里德曼提出经济学家应学习像物理学家那样采用的研究方法去从事研究工作,不要求助于假设是否现实,而应该把精力集中于讨论理论模型在哪些条件下可以应用,即说明其假设可应用的条件。他指责那些批评新古典经济学的"最大化假说"是不现实的假设的说法实际上是说它不能恰当地描述某些经济事件,但判断理论是否正确的根据不在于其假设是不是现实性的,而在于利用其理论假设对未来进行预测是否准确。他认为实践已证明了新古典经济学"最大化"理论的正确:"除非商人可以通过这种或那种方法而使其行为近似于成果最大化相一致的行为,否则,他们似乎不可能长久地维持他们的生意。这里不管明显地、直接地决定商业行为的因素是什么——习惯性的反应、随机性的机遇,或难于归类的一些东西——其结果都是一样的。不论什么时候,只要这一决定因素碰巧导致了与合理的、有实际根据的成果最大化相符合的行为,则生意便会兴隆,并进而需求资源以扩大经营;反之,只要这一决定因素不能带来与合理的、有实际根据的成果最大化相符合的行为,则生意将会亏损,且只有从外部引入新资源才能维持存在。"② 他的结论是,检验一个理论不能靠对其假设的现实性进行判断,而要依靠从这一理论的假设所得出的预测与其实际经验数据进行比较看是否相近进行判断。新古典经济学的"最大化"假说之所以被人们接受,正是"来自该假说在特殊问题中的无数次应用,及在这多次应用中该假说的含义与实际情况并没有发生抵触这一事实"③。

弗里德曼还区分了经济学研究中的"描述方法"和"分析方法"。他认为描述方法追求前提假设与现实的一致性和真实性,分析方法则不追求假设前提

① 弗里德曼. 弗里德曼文萃 [M]. 高榕,范恒山,译. 北京:北京经济学院出版社,1991:202.

② 弗里德曼. 弗里德曼文萃 [M]. 高榕,范恒山,译. 北京:北京经济学院出版社,1991:209.

③ 弗里德曼. 弗里德曼文萃 [M]. 高榕,范恒山,译. 北京:北京经济学院出版社,1991:210.

与现实的一致性和真实性。实证经济学应采用"分析方法"，其目的是对变化的经济环境的结果进行有效的分析和预测，而不应去讨论"假设"与"现实世界"之间是否存在对应的关系。他批评最近一段时间以来，人们对新古典最大化假说的批评，就充分说明了在研究方法上存在着"描述方法"与"分析方法"的区别。这些批评者批评的理论依据就是"商人没有，而且确实也不可能像该理论所'假设'的那样去做"。弗里德曼认为这一批评在方法论方面所犯的错误就在于混淆了"描述方法"所追求的准确性与"分析方法"所追求的相关性，从而"构成了大部分经济理论批评的主要内容"①。他认为从"分析方法"看，一个理论或其"假设"不可能是完全归属"现实主义"的。他以"麦子市场"为例，强调任何分析理论都不可能具备"假设的完全现实性"：小麦市场的一个完全"现实性"的理论不仅需要包括决定小麦供给状况的因素，还需要提供用来交易的现金或信用工具的种类、交易者的头发与眼睛的颜色、交易者的祖先及受教育程度、交易者的家庭成员人数、种植小麦的土壤状况及物理化学属性等。如果追求完备的"现实性"，理论根本无法进行建构，也无法进行应用。他以阿尔弗雷德·马歇尔（Alfred Marshall）为例分析"分析方法"的特点，说马歇尔在研究企业经济行为时就首先假设某行业处于完全竞争或完全垄断状态，但这两种状态是对现实世界中情况的理想化抽象，它们在现实经济中是根本不存在的。"描述方面的准确性与分析方面的相关性的混淆，不仅导致了在许多不相关的方面对经济理论所做的批评，而且还导致了对经济理论的误解及在弥补所谓的缺陷方面的努力中的方法性错误。"② 弗里德曼分析说，人们对"完全竞争"与"垄断"概念的解释，以及"垄断性"或"不完全竞争的"理论的发展，就清楚地反映了经济学研究中的这种倾向。他批评说，有人指责马歇尔的以"完全竞争"为假设前提的市场分析理论不符合现实，其错误就在于他们不懂得马歇尔"所追求的是在分析世界开辟道路，而不是使现实世界得到摄影般精确的再现"③。批评者的错误在于用"描述方法"去评论马歇尔的"分析方法"。从"分析方法"看，"正如马歇尔所述，'不同产品（不同部门）之

① 弗里德曼. 弗里德曼文萃［M］. 高榕, 范恒山, 译. 北京：北京经济学院出版社,
　1991：220.
② 弗里德曼. 弗里德曼文萃［M］. 高榕, 范恒山, 译. 北京：北京经济学院出版社,
　1991：221.
③ 弗里德曼. 弗里德曼文萃［M］. 高榕, 范恒山, 译. 北京：北京经济学院出版社,
　1991：222.

间的区分应如何确定这一问题，必须从便于某种讨论的角度来加以解决'"①，而不在于假设与前提的真实与否。弗里德曼承认假说应不断发展，认为如果能够创立一种比马歇尔的假说更为一般化的理论，那将是极为理想的，但不能从假说与现实是不是一致或真实的角度来评论和判断理论的优劣。

他论证的最后结论是，从科学分析的角度看，理论假说只是对现实的抽象或虚假的描述，不能通过比较该理论的"假设"与"现实"是否一致来对该理论进行检验，而"只有通过考察该理论所取得的预测，对我们所要解决的问题来说，是否是足够令人满意的，或者是否是比来自其他假说的预测更令人满意来做出回答"。他认为以往人们揭示理论假设的非现实性与对新古典经济学理论的批评大多是不相关的，因而由这种批评所促动的经济理论也大多是不成功的。②

<h2 style="text-align:center">二</h2>

弗里德曼的《实证经济学方法论》发表后，上述论点不断遭到质疑和批评。这些批评与争论的焦点之一是经济学的假设是否要有现实性。

马克·布劳格（Mark Blaug）在《经济学方法论》中对弗里德曼的假设非现实的观点及其巨大影响有如下概括。"我们必须从这里转到战后经济方法论的中心著作，这就是实际上每个现代经济学家在他或她的职业生涯的某个阶段都阅读过的一篇论方法论问题的文章：米尔顿·弗里德曼的《论实证经济学的方法论》（1953年）。它的中心论题是经济学家不必为使他的假设'现实'而烦恼，这就引起了一场争论的风暴，这场风暴几乎整整十年才消失。"③"弗里德曼的这个论题是那么有名以致甚至成为广为流传的笑话话题。奥布林说在Belfast大学的学生告诉了他以下的故事（在此4年前我在曼谷的一个经济学家集会上听到了相同的故事）：一位经济学家、一位工程师和一位化学家被困在一个沙漠孤岛上，他们有一罐火腿，却没有开罐工具。当工程师和化学家运用科学做各种开罐的试验都失败之后，他们转向一直在一旁面带高人一筹的微笑的

---

① 弗里德曼. 弗里德曼文萃［M］. 高榕，范恒山，译. 北京：北京经济学院出版社，1991：223.
② 弗里德曼. 弗里德曼文萃［M］. 高榕，范恒山，译. 北京：北京经济学院出版社，1991：228.
③ 布劳格. 经济学方法论［M］. 黎明星，陈一民，季勇，译. 北京：北京大学出版社，1990：114-115.

经济学家愤怒地问：'要是你会怎么办？''让我们假设我们有一把开罐刀。'经济学家沉着地答道。"① 布劳格在《经济学方法论》中的"结论"部分谈到"现代经济学的危机"时坦言，"在 20 世纪 60 年代的十年里，经济学深受公众尊敬，经济学工作者春风得意，这一切都达到了登峰造极的地步。然而，到了 20世纪 70 年代，'危机''革命'与'反革命'就充斥了街谈巷议，远远超出了经济学专业中一些主要代言人的自我批评。用华西里·列昂惕夫的话来说：'根据想象、假设，而不是根据观察到的现实不断形成先入偏见，导致了评价和区分学术团体成员实绩优劣的日常价值尺度的混乱。根据这种尺度，经验分析的地位还不如数学公式的推理。'列昂惕夫并且认为，经济学家们对他们所用的数据的质量太不关心，他把这种态度归罪于工具主义的或'如果……则……'理论模式的方法论之灾难性影响。H. P. 布朗比列昂惕夫走得远得多。他提出，现代经济学的根本错误在于，它关于人类行为的假设全都是随意而定的，那些文献则是飞机上吹喇叭——唱高调"②。

对弗里德曼假设非现实观点进行激烈批评的还有著名经济学家赫伯特·西蒙（Herbert Simon）和保罗·萨缪尔森（Paul Samuelson）。

针对弗里德曼认为一个理论越成功其假设就越不现实的论点，西蒙批评说，在弗里德曼的论点中，有关前提与结论的关系可以表述为：只要结论是真的，前提是假的也无关紧要。对此，西蒙批评指出，如果一个理论是有效的，则这个理论必须遵循以经验为根据的有效假设。然后使我们在更坚实的基础上构建一个新的理论。西蒙还指出，真实性是一种动态的追求，不可能一蹴而就，只能逐步逼近。他认为弗里德曼提到的许多物理学家在研究问题时所做的与现实不符的假设并不能使弗里德曼的"非现实性原则"得到证明，例如，伽利略对绝对真空的假设感兴趣并非因为现实世界中不存在绝对真空，而是因为现实世界有时能够充分地近似绝对真空的情况。他提出取代非现实原则的方法论原则——"近似连续性原则"。根据这一原则，如果现实世界的情况能够与针对某一理想型的假设充分地近似，则从这些假设推演出来的结论就近似地正确。这样，假设的非现实性就不再是科学理论的优点，而是一个摆脱不了的缺点——科学家受限于有限的计算能力而不得不做出的让步，然而，近似连续性原则却

---

① 布劳格. 经济学方法论 [M]. 黎明星，陈一民，季勇，译. 北京：北京大学出版社，1990：115.

② 布劳格. 经济学方法论 [M]. 黎明星，陈一民，季勇，译. 北京：北京大学出版社，1990：269.

使这一让步能够被容忍。① 对西蒙而言，理论假设的现实性永远是科学家应该追求的目标。

萨缪尔森则把弗里德曼的假设非现实性原则概括为 F 扭曲。他批评说，前提、理论和推论之间存在一种等价、互相蕴含的关系，因此，如果前提中存在虚假内容，那么这些虚假内容必然波及理论及其推论："认为甚至就可忍受的近似程度而言，在事实上不准确的非现实主义对于一个理论或假说也绝不是一个缺点，这种想法是基本错误的。""在一个理论中，经验正确的炸面饼圈构成了它的价值，而面饼圈子中间不真实的洞构成了它的弱点。我把宣称一个理论由于有缺点才更好视为科学的畸形的堕落，并且我注意到，在幸运的真正的科学中，没人做梦要做这种宣称。"② 他认为世界上确实不存在绝对精确之物，但这不能作为我们放松实证有效性的检验标准的借口——无论经济学的命题是否能被经验观察证明为有效。他得出结论：抽象的理论模型犹如建造建筑物的脚手架，但建筑物自身必须站得住脚。如果抽象模型中包含了违反经验的虚假，则我们就必须抛弃这些模型，而不是掩饰它们的不足。③

西蒙和萨缪尔森之外，库普曼（Koopmans）与莫利兹（Melitz）也是反对利用虚假假设的经济学者。库普曼虽有试图调和两种争论论点的倾向，但也认为经济学应当与任何实证科学一样要通过观察与推理的不断相互作用来取得进步。这也就意味着构筑经济理论与构筑任何实证科学理论一样包含着两个阶段。第一个阶段进行观察，对观察到的事实进行归纳，然后得到基本的假设或前提，假设所包含的某些术语，是分析在经验世界中发现的人、组织、事情、行动或状况的代表或对应物。第二个阶段则是进行推理，是在第一个阶段得到的假设或前提的基础上，通过逻辑规则并在适当之机使用其他数学技术得出命题或结论。有意义的分析需要一些先决条件，这些先决条件是由可与观察现象的术语相联系的定义、陈述或描述来确定的，而这些定义、陈述或描述就是对术语的"解释"。如果没有这些解释，假设只不过是在术语表达的未指明实体之间逻辑关系的空洞陈述。相反，如果某些公理的理论概念缺乏直接的经验意义，那么包含相同陈述的推论也将缺乏意义，并不能被直接观察所证伪。库普曼的结论

① ARCHIBALD G C, SIMON H A, SAMUELSON P A. Problems of Methodology：Discussion [J]. American Economic Review, 1963, 53 (02)：22-36.

② 布劳格. 经济学方法论 [M]. 黎明星，陈一民，季勇，译. 北京：北京大学出版社，1990：123-124.

③ ARCHIBALD G C, SIMON H A, SAMUELSON P A. Problems of Methodology：Discussion [J]. American Economic Review, 1963, 53 (02)：22-36.

是，经济模型的现实性取决于所采用的假设或前提的现实性，假设的现实性又在于其直接含义或派生含义与观察相吻合或者至少不发生矛盾："我们已经熟悉的理论本身能够作为一种给人深刻印象的富有价值的演绎思想体系而存在，这些理论建立在一些似乎经过精心选择的和最接近于复杂现实的前提之上。在人们接受这些理论的情况下，这些理论得出的结论与经济政策问题极为相关，因此这些理论令人惊异地显示出演绎推理的威力。"① 莫利兹也持相同的看法。他认为，即便不精确的假设可以被容忍而且确实显得巧妙，假设的非现实性仍然是一个严重的缺陷。这是因为假设中的每一点虚假要么阻碍对其进行的检验，要么潜在地导致虚假的理论和预测。因此，对一切经济学的假设（无论其所属领域）进行检验都是有价值的，这对经济学意义深远。②

三

仔细分析弗里德曼的相关论述，不难发现其论述中不时充满矛盾和不一致之处。例如，在《实证经济学方法论》中，弗里德曼没有对假说或理论、假设的类型进行明确的区分，甚至是在同种意义上使用了"假说"（hypothesis）和"理论"（theory）这两个术语。在弗里德曼的心中，理论就是永远也无法得到最终证明的"假说"，因而也就不存在一种所谓从假说上升到理论的发展程序。这就不能不引发学者们的质疑和批评。例如，罗特温（Rotwein）就区分了两种不同类型的假说：定律性假说（law hypothesis）与理论性假说（theory hypothesis），并界定定律性假说的前提或假设所指的实体是具有可观察性的，或者以目前的手段而言是可观察的，界定理论性假说所包含的实体具有不可观察性，或者是变量的定义所包含的某些重要含义是不能用观察加以确认的。由于不能被观察到，理论性假说仅能够通过它们针对其他现象所蕴含的含义或所做出的预测来验证，因此理论和假说意味着不同的东西。各种规律有着概括程度的区别，当规律的概括程度越来越高，它们也就会进入理论性假说的领域。正因为假说与

---

① 库普曼. 关于经济学现状的三篇论文 [M]. 蔡江南，译. 北京：商务印书馆，1992：151；KOOPMANS T C. Three Essays on the State of Economic Science [M]. New York：McGraw-hall Book Company，1957：127-143.

② MELITZ J. Friedman and Machlup on the Significance of Testing Economic Assumptions [J]. Journal of Political Economy，1965，73（01）：37-60.

理论不同，所以定律性假说与理论性假说也就不能以同样的方式进行检验。既然理论性假说和定律性假说的验证方法并不相同，为什么还要考虑理论的"有效性"呢？罗特温认为，这首先是由于我们追求能够解释一切现存定律的理论；其次，新的定律其实可以从原有的理论中演绎出，即有效的理论指导我们进行一些从未进行过的实验，这些实验会产生一系列新的"恒定关系"。①

如何评价弗里德曼"假设非现实性"的争论？从科学哲学的方法论的角度看，西蒙、萨缪尔森、库普曼和罗特温等秉持的是科学实在论的立场和观点，弗里德曼所秉持的则是反实在论的立场和观点。从自然科学史的发展来看，整个自然科学的发展史一刻也离不开假设的发展。从亚里士多德对物体运动原因的描述到伽利略的比萨斜塔实验，从托勒密的地心说到哥白尼的日心说，从道尔顿的原子论到门捷列夫元素周期律再到电子的发现、夸克理论的提出，从燃素说到氧化说，从光的粒子说到光的波粒二象性学说，这些发展无一不体现出科学基本假设的以旧换新、层层进步。在这些发展过程中，我们可以发现科学基本假设向现实的逐步"逼近"，这为科学提供了很大的原动力，但也可以发现，在科学假设提出的初期，要求对其现实性进行——检验也很难做到，而如果不放松这一要求，也很难取得科学的进步。

具体到主流经济学理论体系，我们发现存在着两种不同的方法论研究范式：一种类似于弗里德曼所说的"描述性方法"，我们不妨称之为描述性命题，这一命题的建构过程实际上也就是其假设逐渐接近现实性的路径过程。即使就这一研究范式的模型而言，高度的简化和抽象虽然不能要求假设与现实的一一对应，但从本质上讲，模型的假设前提要求与现实世界的本质，或是现实世界"足够好的近似物"相接近，而绝不能是为了理论建构的便利而随意异化对现实世界的抽象。从这一研究范式的发展路径来看，西方经济学学说史上的每一次重大进步都往往要归功于对传统经济学假设前提向现实的还原。例如，马歇尔之后的张伯伦（Chamberlin）和罗宾逊（Robinson）在对市场的认识上修改了马歇尔关于市场充分竞争的假设，提出了垄断竞争和不完全竞争的理论。在西方经济学史上还存在着一个对人的"理性假设"逐步放松和逐步接近现实的过程。例如，"凯恩斯革命"就是否定了传统古典经济学中关于未来是可知的完全理性的前提假设，修正为未来是不确定的有限理性假设，并以此作为其理论体系的前提，演绎出了边际消费倾向递减、资本边际效率递减和货币流动性偏好这三大

---

① ROTWEIN E. On "The Methodology of Positive Economics" [J]. The Quarterly Journal of Economics, 1959, 73 (04)：554-575.

心理法则，创建了宏观经济学体系。这一切诚如凯恩斯所说的："我对经典经济学的批评并不在于其分析有什么逻辑错误，而在于该理论暗含的几个假设很少或者从来没有满足过，故不能用该理论来解决现实问题。"① 西方经济学史的发展一再表明，纯粹的非现实的理论模型发展到了一定的地步，现实性考虑对于现实问题的解决要更有用处。笔者不反对弗里德曼提出的经济学的研究首先是通过抽象假设把复杂多变的现实世界简单化，但纯粹的非现实的理论模型发展到了一定的地步，就必须在认识简单世界的基础上不断通过修正、还原假设前提，以使理论向现实经验世界逼近。经济学进行理论构建所依据的逻辑前提要尽量接近经验世界。还要强调指出，不能因为强调经济学前提假设必须从简化抽象开始就对现实世界不加限制地进行简化和抽象，甚至为了理论建构的便利而高度异化对现实世界的抽象。这也是目前经济学研究中存在着的一种通病。

也不能否认，西方主流经济学研究范式中还存在着另外一种路径，即完全非现实的理论模型发展，这种模型先是假设某些理想状态，然后检查现实与这些模型的差距以便改进现实状况。在这种情况下，现实并不是修正理论的依据，恰恰相反，理论成了改善现实的参照标准，这相当于弗里德曼所说的"分析性方法"。例如，西方经济学中的阿罗—德布鲁一般均衡模型、莫迪尼亚尼—米勒定理（简称 MM 定理）就是这一研究范式的典型体现。阿罗—德布鲁一般均衡模型的核心思想是说明经济体制同经济效益的不相关性。在讨论市场经济时，此模型前提假设一是市场完备，二是不存在不对称信息。只有这两个基本条件得到满足，才会存在这种不相关性。阿罗—德布鲁一般均衡模型是新古典经济学方法论的典范，虽然这个定理的假设和现实"不相关"，但它提供了一个基准，人们可以在此基础上进一步分析和认识经济体制与经济效益之间的关系。MM 定理的核心思想是说明金融工具同效益的不相关性，此定理可表述为：公司不论用举债还是发股的方式融资，从利润的角度看其结果都是一样的。其前提假设条件是厂商与投资者间没有不对称信息、股息与资本所得都不征税、买卖证券无成本。MM 定理的贡献是为人们认识金融工具、金融体制提供了理论基准，即当金融工具同利润不相关时，金融体制同效益也就不相关了。为什么现实中不同的金融工具收益不一样，以 MM 定理为指导，就要寻找现实中是什

① 凯恩斯. 就业、利息和货币通论 [M]. 高鸿业，译. 北京：商务印书馆，2009：326.

么违反了这一定理的假设条件。① 这两个模型的共同特点是假设在某些理想状态设计出模型的内在相关的逻辑关系，然后检查现实与这些理想模型的差距而改进现实状况。它很容易引起人们的批评，即认为这些经济学理论是不现实的或理论的前提假设是不现实的。这也就是弗里德曼所说的，新古典经济学中的这类理论模型的问题不是假设是否现实而是应该说明其假设可应用的条件：一种可能性是当处于其可应用的条件时新古典经济学就可以应用，而在其他情况下就不能应用。在这种情况下，现实性并不是修正理论的依据，相反，理论恰恰成了改善现实的参照标准。它为人们提供了看问题的新视角，指导人们避开细枝末节，把注意力引向关键的、核心的问题，它有助于帮助人们判定在碰到问题时从什么地方入手，比如，看到经济体制问题时，阿罗—德布鲁一般均衡于模型告诉我们经济体制不相关，它帮助我们寻找在阿罗—德布鲁一般均衡于模型之外是什么东西影响了经济绩效，例如，是否合同不完备、是否有不对称信息等。这些模型为我们研究经济问题提供了理论基准或参考系。在经济观察能力的培养中，我们能够训练的部分就在于掌握这些理论基准，有了"基准"，就知道寻找解决问题的方向了，这就是理论基准的作用。

实事求是地说，在西方主流经济学中，这两种研究范式的理论都存在。结合西方经济学史的发展实际来看，在一个新的理论或"革命"的创立初期，为了创新，自由探索、大胆猜想，经济学的前提假设往往会采用与现实不相关的研究方法：马歇尔的垄断与完全竞争的市场理论，就是经济学理论假设中忽视其现实性的案例。在这一时期，经济学家需要根据有关研究问题充分发挥想象力，提出理论假说，然后再回归经济现实，寻求检验，进行证伪。没有被证伪的理论假说就暂时为人们所接受，被证伪了的就会被放弃。依照卡尔·波普尔（Karl Popper）的看法，科学理论的发展就表现为一种不断提出假说、不断进行证伪的动态过程。② 至于这些前提假设是否合乎现实，最初大多无法顾及。类似的例证在科学史中也可以找到许多：爱因斯坦提出狭义相对论的初期很少得到支持，原因是相对论的假设得不到人们的承认，但相对论又被人们广泛接受，原因是其预测准确度超过了牛顿力学等。这就与弗里德曼的观点非常相近。经

---

① 上述两个"不相关性"的理论模型参见钱颖一. 理解现代经济学 [J]. 经济社会体制比较，2002 (S1)：2；许成纲. 经济学、经济学家与经济学教育 [M] //王小卫，宋澄宇. 经济学方法：十一位经济学家的观点. 上海：复旦大学出版社，2006：43, 75.

② 波普尔. 猜想与反驳：科学知识的增长 [M]. 傅季重，纪树立，周昌忠，等译. 上海：上海译文出版社，2005：367-368.

济学发展的方向则是前提假设开始向现实回归，例如，出现了张伯伦和罗宾逊的寡头垄断和不完全竞争的市场理论。弗里德曼未对上述这两种研究范式加以全面具体的区分，就断定"一般说来，某一理论越是杰出，那么它的'假设'（在上述意义上）就越是脱离现实"，无疑有了表述上的模糊不清和逻辑上不严密的缺陷，以第二种研究范式概括一切，也未免失之偏颇。

（原载《经济学家》2010 年第 3 期）

弗里德曼：凯恩斯革命的反革命

美国芝加哥大学经济学教授米尔顿·弗里德曼（Milton Friedman）是现代经济学中新经济自由主义的时代旗手、货币学派的领袖。他 1912 年出生于美国纽约，1932 年毕业于鲁特格斯大学，1933 年获芝加哥大学硕士学位，1946 年获哥伦比亚大学博士学位，1948 年任芝加哥大学教授，1967 年担任美国经济学会会长。2006 年 11 月去世。1976 年弗里德曼由于在"消费的分析和货币的历史与理论方面的成就，以及他论证了稳定经济政策的复杂性"而被授予诺贝尔经济学奖。弗里德曼的主要著作有《实证经济学论文选》（1953 年）、《消费函数理论》（1957 年）、《货币稳定方案》（1959 年）、《1867—1960 年美国货币史》[与 A. 斯瓦茨（A. Schwartz）合著，1963 年]、《货币最优数量论文集》（1969 年）和《自由选择》（1979 年）等。

弗里德曼所开创的货币学派与第二次世界大战后资本主义各国的经济形势变化有着极为密切的关系。第二次世界大战后，凯恩斯主义的扩张性财政政策和货币政策虽然对刺激资本主义的发展、缓和经济危机起了很大的作用，但同时也导致了长期持续的通货膨胀。到 20 世纪 60 年代后期，美国的通货膨胀急剧发展，到 70 年代初出现了经济停滞和通货膨胀并发的"停滞膨胀"局面。正是在这一背景下，弗里德曼坚持市场经济自由主义，主张采取控制货币数量的金融政策以消除通货膨胀，保证经济的正常发展，以此与凯恩斯学派抗衡，并自称这是凯恩斯革命的反革命。

一、"货币至关重要"

首先，弗里德曼的一个思想渊源是古典经济学中亚当·斯密（Adam Smith）的理论。弗里德曼强调斯密是自己思想的导师，他在其名著《资本主义与自由》一书中写道："看不见的手推动进步的效力比看得见的手治理衰退的效力更大。"其次，20 世纪初盛行的货币数量说也对弗里德曼的思想产生重要影响。货币数量说的核心论点是，物价水平的高低和货币价值的大小是由一国的货币数量决定的，物价水平与货币数量成正比，货币价值与货币数量成反比。

20 世纪 30 年代前后形成的早期芝加哥学派的经济理论是弗里德曼思想的另一理论渊源。据弗里德曼自述，在 20 世纪 30 年代的经济大危机后，凯恩斯革命性的著作使得传统的货币理论黯然无光，许多货币学者纷纷背弃了传统的货币数量说。在这种形式下，芝加哥大学是当时少数依然讲授货币理论和政策的大学之一，并在此基础上形成了芝加哥学派的传统。芝加哥学派的主要特点是：①继承传统的货币数量说的传统，重视货币理论的研究；②主张经济自由主义，鼓吹市场机制的调节作用。他们虽然不像传统的货币数量说那样单纯用货币数量来解释物价的波动，但都坚持"货币至关重要"这一理论研究方法，承认物价水平与货币数量之间存在着重要的联系。芝加哥学派坚持自由放任的传统，认为市场机制的自发调节可以使资本主义经济趋向均衡。20 世纪 60 年代后，当凯恩斯经济学日益陷入困境时，芝加哥学派的传统又得以恢复和发扬。货币学派就是这一芝加哥学派的延续和发展。弗里德曼早在 1956 年就提出与当时流行的凯恩斯主义相对立的芝加哥传统，"就是坚持货币至关重要"这一理论研究分析的方法。到了 70 年代，弗里德曼更是明确地强调："过去经常叫作货币数量论的观点……现在就称为货币主义。"其基本观点是在其他条件不变的情况下，一国的"价格水平由货币的数量决定"①。货币主义的"理论基础"就是经过修改的传统的"货币数量论"，也叫"现代货币数量说"。

二、提出永久性收入假说

弗里德曼在经济学研究方法上的最大特点是强调货币分析，"从长期来看，货币主义几乎全盘接受早期货币数量论。它对早期货币数量论的主要贡献就是它对短期后果做了更详细、更深入的分析，并对这些后果做了更详细的整理概括"。货币分析的中心命题是：①货币最要紧，货币的推力是说明产量、就业和物价变化的最主要因素；②货币存量（或货币供应量）的变动是货币推力的最可靠测量标准；③在货币需求稳定的情况下，所观察到的经济不稳定大都可归因于货币管理当局引致的货币供应的波动；④货币当局的行为支配着经济周期中货币存量的变动，因而通货膨胀、经济萧条或经济增长都可以而且应当唯一地通过货币当局对货币供应的管理来加以调节。

弗里德曼与他的合作者斯瓦茨在其名著《1867—1960 年美国货币史》中就是从这一货币分析的角度，探讨解释了 1929—1933 年世界经济危机的波动，从

---

① 弗里德曼. 论货币 [J]. 世界经济译丛，1981（05）：17.

而改变了经济学家和历史学家对 20 世纪这一经济灾难成因的看法。他们认为，商业循环的经济周期同货币存量的变动紧密联系在一起，商业循环纯属货币现象。他们分析指出，1929—1930 年货币存量的最初温和下降转变成了开始于 1930 年年末的银行倒闭浪潮，致使货币存量急剧下降。银行倒闭使通货与存款比率以及准备金与存款比率都上升了，前一比率上升是因为公众失去了对银行偿付存款能力的信心，后一比率上升是因为银行失去了对公众保持银行存款的信心。而联邦储备系统于 1931 年 10 月提高贴现率的行动又进一步加剧了货币存量的下降，导致更多的银行破产。按照弗里德曼的这种解释，萧条变得更严重起来，只是因为联邦储备系统未能阻止货币存量的大幅度下降——1929 年 8 月周期的波峰至 1933 年 3 月周期的波谷，美国的货币存量减少了 35.2%，"以致把否则会是一次缓和的经济收缩转变成一场大的灾难"[1]。弗里德曼认为，政府的"不当"行为使一场普通的衰退演变成该世纪最严重的萧条。联邦储备系统若采取不同的政策，本来是可以避免银行倒闭以及由此引起的货币存量下降和严重的经济收缩的。弗里德曼总结"事实是：那次经济大萧条像大多数其他严重事业时期一样，是由于政府管理不当而造成，而不是由于私有制经济的任何固有的不稳定性"[2]，"大萧条并非私有企业的失败所导致的，而是因为政府并未成功地履行它被赋予的责任"[3]。由于弗里德曼和斯瓦茨著作的影响，此后西方一些教科书中关于 20 世纪 30 年代大萧条的章节逐渐用"政府失败"来代替"市场失败"。

弗里德曼货币分析的另一重要成果是提出了永久性收入假说。弗里德曼提出货币需求是由人们的收入和利率决定的，实证分析证明，货币需求对利率变化的敏感性差，利率弹性很低（为 - 0.115），对收入的弹性较大（一般为 1.394），说明货币需求受利率的影响较小，受收入波动的影响较大。他通过对美国消费数据的大量研究，证明家庭仅根据长期或永久性收入的变化来调整其支出，如用永久性收入来考察，货币需求的变化就不大了。明确货币需求函数的稳定性对分析整个经济社会中的其他重要因素（如货币收入和价格水平）等意义重大。这是由于货币收入或价格水平都是货币需求函数和货币供给函数相互作用的结果，论证并强调货币需求函数具有稳定性，旨在说明要保证货币需求与供给的平衡就必须保证货币供给的稳定性。因此，他反对凯恩斯提出的需

① 弗里德曼. 资本主义与自由 [M]. 张瑞玉，译. 北京：商务印书馆，2004：43.
② 弗里德曼. 资本主义与自由 [M]. 张瑞玉，译. 北京：商务印书馆，2004：43.
③ 弗里德曼，罗丝·弗里德曼. 自由选择 [M]. 张琦，译. 北京：机械工业出版社，2013：72.

求管理，认为应当把管理的重点放在货币供给上，认为货币供给量才是至关重要的经济变量。在货币供给政策应选择哪一个目标上，弗里德曼认为货币政策的长期目标应是物价的稳定。在管理的近期目标和手段的选择上，应选择货币量，手段是基础货币。控制货币供应量的最佳选择是实行"单一规则"——公开宣布并长期采用一个固定不变的货币供应增长率。他说："严格的货币法则优于联邦储备系统的任意的货币管理。"① "通过为自己确立一条稳定的航线并始终保持这一航线，货币当局可以在促进经济稳定方面做出重大贡献。通过以稳定的然而却是温和的货币数量增长为航线，货币当局可以在避免价格膨胀或价格紧缩方面做出重大贡献……稳定的货币增长将创造出一个有利于下述基本力量有效运转的货币环境：进取心、独创性、创造力、勤奋及节俭。而这些基本力量才是经济增长的真正动力所在。"② 他认为公开宣布的目的是减轻人们心理上的不安定感，避免预期效应引起的紊乱，同时也便于将货币当局的行为置于公众的监督之下。他认为长期采用一个固定不变的货币供应增长率可以消除频繁的相机调整而引起的经济波动，以其自身的稳定性抵御来自其他方面的干扰，实现物价、经济长期稳定的目标。

三、反对国家过多地干预经济

弗里德曼经济政策理论的核心是反对国家过多地干预经济，鼓吹经济自由。他认为市场自发力量有使资本主义经济自然而然地趋向均衡的作用，战后资本主义社会经济的大波动都是由政府采取了旨在干预市场经济的错误的财政金融政策造成的。针对凯恩斯的国家干预政策所造成的严重后果，他重新强调资本主义社会要依靠自身的经济力量，充分发挥市场机制的作用，让经济自由运行，达到均衡和经济增长的目标。他特别推崇斯密的"看不见的手"，即市场的价格机制和价值规律的作用，认为这一市场机制既能实现个人经济自由，又能促进社会经济的发展。他认为市场价格机制具有这样三个作用：①它向人们传递各种经济信息情报；②它向人们提供刺激，促使人们千方百计地节省成本，使可得到的各种资源被用于最有价值的目的；③它在实际上决定着从事经济活动的人们的收入。弗里德曼在1979年出版的《自由选择》一书中说："一个主要以

---

① 弗里德曼. 政府在货币中有作用吗？［M］//弗里德曼. 弗里德曼文萃. 高榕，范恒山，译. 北京：北京经济学院出版社，1991：643.

② 弗里德曼. 货币政策的作用［M］//弗里德曼. 弗里德曼文萃. 高榕，范恒山，译. 北京：北京经济学院出版社，1991：516.

自愿交换为特征的经济体，内在地具有促进经济繁荣和人类自由的潜质。可能在这两方面（经济繁荣和人类自由）它都未必能充分发挥出其潜力，但就我们所知，除非资源交换成为组织的首要原则，否则没有哪个社会可以得到繁荣和自由。……自愿交换却是繁荣和自由的必要条件。"①

弗里德曼反对传统的诸如贴现率调整、公开市场买卖政府债券、银行法定准备金比率变动以及对股票市场、分期付款销售、不动产、贮存的货币和信贷供给等加以管制的货币政策。他认为，凯恩斯的"相机抉择"的货币政策只能在很有限的时期内限定利息率和失业率，而实际上这种政策是弊大于利，很难收到预期效果。例如，货币政策生效往往要经过一年或一年以上，这就会引起政策执行者在扩大或收缩货币信贷流量时，难免过了头，从而导致与愿望相反的结果，更加促成经济的不稳定性。又例如，为了压低利息率、刺激投资和其他支出而运用公开市场政策买进政府债券来过度地扩大货币供应量，虽可奏效于一时，但经过一年半载，至多两年，随着公私开支的扩大，人们的收入也相应增加，同时还可能使物价上涨，结果就会使原来下降的利息率重新上升。特别是人们预料物价将继续上涨时，贷款人会要求借款人付给较高利息率，于是利息率将回升，甚至超过原先的水平。这样，通货膨胀越发展，利息率上升趋势就越加强。

弗里德曼也反对凯恩斯主义强调的运用财政政策（如增加政府开支、增减税收，特别是举债支出）来调节国民经济的观点。他断言，过去十多年资本主义世界范围内货币增长迅速，从而加速通货膨胀，其主要原因就在于："第一，政府支出的快速增长；第二，政府的充分就业政策；第三，联邦储备局的错误政策。""绝大多数人希望政府增加支出，可是很少人希望政府增加税负。……能够为政府的高额支出进行筹资的唯一办法就是增加货币供给数量"，"这使得他们不用加大税负，也不用向公众借款就可以增大政府支付，还可以给选民提供福利"②，"在实现充分就业的压力下，联邦储备局的货币政策与政府的财政政策一样，都具有制造通货膨胀的倾向"③。他否定凯恩斯主义强调的"财政政策极端重要"的观点，分析论证了当货币政策与财政政策共同发挥作用时，货

---

① 米尔顿·弗里德曼，罗丝·弗里德曼. 自由选择［M］. 张琦，译. 北京：机械工业出版社，2013：13.

② 米尔顿·弗里德曼，罗丝·弗里德曼. 自由选择［M］. 张琦，译. 北京：机械工业出版社，2013：267.

③ 米尔顿·弗里德曼，罗丝·弗里德曼. 自由选择［M］. 张琦，译. 北京：机械工业出版社，2013：267.

币政策的效果是占主导地位、起支配作用的。弗里德曼通过实证研究来说明他这一观点。他以 1966—1967 年以及 1968—1970 年美国经济的现实为例指出：紧的货币政策与松的财政政策共同实施时，必然引起经济增长率的下降；反之，松的货币政策与紧的财政政策共同实施时，则会产生膨胀性繁荣。可见，货币政策是支配财政政策的，货币政策要比财政政策更为重要。弗里德曼认为，以需求管理为宗旨的财政政策最终都是通过货币量的扩张和收缩来实现其经济调节作用的，而扩张性财政政策对经济的"过头反应"必然导致通货膨胀。

通过以上分析，弗里德曼否定了财政政策在影响宏观经济方面的长期有效性。在他看来，除以"单一规则"为核心的货币政策之外，宏观财政政策对经济活动的干预是有害无益的，因而是不可取的。

四、曾经的"极端"理论

弗里德曼的理论对现代西方经济学的发展产生了重要的影响。例如，弗里德曼在 1968 年作为美国经济学会会长发表的演说中引入了"自然失业率"的概念来反对菲利普斯曲线。凯恩斯主义利用菲利普斯曲线来论证货币政策的作用，在他们看来，如果通货膨胀意味着低失业，那就可以容忍一种适度的通胀来促进就业。弗里德曼反对此说，认为自然失业率是由货币因素之外的实际因素决定的，从长期来看，任何增加货币供给量或降低利率的货币政策都是无效的，反而只能导致通货膨胀的不断加速。通货膨胀的加速最终带来更高而不是更低的失业率。到了 20 世纪 70 年代晚期，事实证明了弗里德曼的正确性。通货膨胀与失业的共同上升，使菲利普斯曲线变得无法识别。1977 年，英国首相詹姆斯·卡拉汉（James Callaghan）在一篇著名讲话中坦言，"我们过去常常认为能通过支出走出衰退……我可以完全坦白地告诉你，那种选择已不存在；而它曾经存在过的时期，也只是通过往经济中注入更大剂量的通货膨胀因素起作用，随之而来便是下一阶段更高水平的失业。那就是过去 20 年的历史"[1]。弗里德曼在 1976 年诺贝尔获奖的演讲中再次提醒人们，菲利普斯曲线已变得向上倾斜了，失业和通货膨胀率在同时上升。从货币学派中诞生的"理性预期"学派进一步论证了政府干预政策在实现其目标方面的频繁失效性。

有意思的是，弗里德曼 20 世纪五六十年代在芝加哥大学开始他的学术生涯时，他的理论却经常被认为是"极端的"且"过时的"，不断遭到排斥。据弗里德曼回忆，在当时像杜克大学那样声誉好的学校也曾拒绝使用他任何著作，

---

[1] 苏琦. 经济危机与中国：从隔岸观火到共渡时艰 [J]. 看历史, 2008 (04)：66-69.

那里的经济系认为他的著作是不值得购买和阅读的。但后来，以至于连凯恩斯主义者阿克塞尔·莱荣霍夫德（Axel Leijonhufvud）也不得不承认，许多杰出的经济学家都认为凯恩斯的著作缺陷甚巨、谬误百出，甚至无须再学——对现在青年一代的宏观经济学家来说，不理解凯恩斯似乎是在专业上取得进步的必要条件，即使不是充分条件。美国凯恩斯主义的经济学家詹姆士·托宾（James Tobin）也认为，现在几乎没有人会主张"货币无关紧要，货币政策与名义国民生产总值无关"①。还有人认为凯恩斯主义宏观经济学不是一场"永久性"革命，而是一个不幸的插曲，是对新古典模型的短暂偏离。如果说现代有人能够取代凯恩斯主义并恢复了古典经济学，这个人当之无愧就是弗里德曼。

弗里德曼所提倡的经济政策也对当代的经济政策产生了重要的影响。例如，七国集团的多数中央银行在过去的几年里都逐渐降低了货币政策的强度和不稳定性。在20世纪70年代，广义的货币（M2）经常以两位数的速度在增长，但到了20世纪90年代后期，货币（M2）就以一位数的速度增长了。这说明更多的金融管理机构正在自觉和不自觉地默默遵循弗里德曼的规则了。保罗·萨缪尔森（Paul Samuelson）流行于全世界的教科书《经济学》可以视作经济学界关于弗里德曼和货币政策观点演变的最好量度。在1955年的第三版中，萨缪尔森指出："今天极少数经济学家把联储的货币政策当成控制经济周期的灵丹妙药。"② 但在1973年的第九版时，萨缪尔森就改写道："财政政策和货币政策都起重要作用。"③ 到了1995年的第十五版，萨缪尔森与他的合著者威廉·诺德豪斯（William Nordhaus）实际上已改变立场向弗里德曼屈服了："财政政策不再是美国稳定政策的主要工具。在可见的未来，联储的货币政策将履行稳定政策的职责。"④

五、"他们给我留下了深刻的印象"

弗里德曼生前多次到中国访问。在他1980年和1988年的两次访问中都曾到过上海。1988年9月的访问是接受时任复旦大学校长谢希德的邀请出席复旦大学主办的"中国的经济改革：问题与前景"成行的。此次访问在上海期间他见到了时任上海市委书记的江泽民同志和谢希德校长。在接受复旦大学授予的名

① 托宾. 十来年的新经济学 [M]. 钟淦恩，译. 北京：商务印书馆，1980：55.
② SAMUELSON P A. Eonomics [M]. 3rd ed. New York：Mc Graw Hill, 1955：316.
③ SAMUELSON P A. Eonomics [M]. 9th ed. New York：Mc Graw Hill, 1973：329.
④ SAMUELSON P A, NORDHAUS W D. Eonomics [M]. 15th ed. New York：Mc Graw Hill, 1995：645.

誉教授后，他还在约 400 名复旦师生前发表了演讲，回答了学生的提问。此次复旦之行给他留下了深刻的印象。在《弗里德曼回忆录》中他这样评价复旦学生："他们给我留下了深刻的印象，这是比我在 1980 年中国之行所见到的更有活力、更有见识的年轻人。"①

弗里德曼出生于一个无产阶级的家庭。他是一个东欧犹太移民家庭 4 个孩子中最小的且是唯一的男孩。父亲在纽约一个工厂工作，家庭处境艰难，又赶上美国的大萧条。弗里德曼读书十分努力，在大学里他的数学和经济学成绩十分出色。他在读书的同时还在当地的饭店做过服务生，在百货公司做过售货员。

弗里德曼和萨缪尔森是芝加哥大学同学，后来他们一位成了凯恩斯主义者，一位则成为反凯恩斯的货币主义者。有趣的是，萨缪尔森是从货币主义者变成了凯恩斯主义者，弗里德曼则是从凯恩斯主义者成为反凯恩斯的货币主义者。两人终生是好朋友。

（原载《社会科学报》2006 年 12 月 7 日第 6 版）

---

① 弗里德曼，弗里德曼. 两个幸运的人：弗里德曼回忆录［M］. 韩莉，韩晓雯，译. 北京：中信出版社，2004：670-671.

演化经济学对主流经济学的挑战及影响

20世纪80年代以来，演化经济学日益受到人们的关注。在演化经济学的形成中，美国的两位学者理查德·R. 纳尔逊（Richard R. Nelson）和西德尼·G. 温特（Sidney G. Winter）发挥了重要的作用。他们合著的《经济变迁的演化理论》是演化经济学形成的重要标志。由于演化经济学与居于主流地位的新古典经济学相比在研究范式上强调"变迁过程的无止境性"[1]，主张用具有历史时间概念的演化模式替代新古典经济学的均衡模式，同时将主流经济学忽略的诸如制度、文化、习惯等因素纳入经济学的分析，这就为经济学的发展提供了一种全新的框架，并以全新的范式诠释一个不同于新古典的经济学世界。演化经济学被认为是对主流经济学理论一次"充满希望、极有希望的挑战"[2]。

一

演化经济学在研究范式上除深受达尔文进化论思想的影响外[3]，也受到了复杂性科学的影响。复杂性科学被称为"21世纪的科学"，其重要代表性人物保罗·西利亚斯（Paul Cilliers）提出经济系统是一个复杂的系统，人的经济行为

---

① 多普菲. 演化经济学纲领与范围 [M]. 贾根良，刘辉锋，崔学锋，译. 北京：高等教育出版社，2004：43.
② 霍奇逊. 演化与制度 [M]. 任荣华，张林，洪福海，等译. 北京：中国人民大学出版社，2007：15.
③ 演化经济学家纳尔逊就认为，"经济学中的演化理论明显地受到生物学中进化论的影响"。演化经济学家把经济学与生物学联系起来，是基于人类也是自然界的组成部分这一认识。他们提出"已经与生物世界脱离联系的社会科学是很危险的，有必要再一次探索这种关联性，但不是要把所有的话语简化为单一层次的分析"。

是复杂系统中的一个要素。① 演化经济学接受复杂性科学思想的影响，并采用复杂性的科学观来分析经济现象。演化经济学与复杂性科学的共同之处是都把"演化"作为学科研究的核心范式。复杂性科学在某种意义上是针对简化论而来的，演化经济学也可视为对新古典经济学简化论的一种挑战与革命。西方新古典经济学在方法论上奉行一种简化论的研究范式，它以理性——个人主义（经济人）——均衡这种简化论的分析框架为基础。这一研究范式认为，个体是独立于其他实体的，作为个体的"经济人"是同质的。这是典型的人类行为的简化论假定的研究范式，它完全排除了对人类经济行为复杂性进行研究的可能。演化经济学提出现实经济是一个复杂的经济系统，强调分析影响系统演化的基本因素（包括系统内部成员之间的差异性、易变性和系统的选择机制），探讨系统的选择机制受内部压力和外部压力的影响过程。演化经济学批评新古典经济学的最大化假说："我们应该记得在几十年以前，管理学家彼得·德鲁克就警告过，任何以企业利润最大化为目标的正式的规则都必定是有缺陷的。我们也许可以确定能够增进企业长期收益的一系列因素，但由于企业与环境的相互作用的复杂性，这些因素是无法加以准确地模型化的。"他们"强调了行为人——环境相互作用的重要性，强调了对行为和选择机制加以详细说明的必要性，也强调了选择对初始条件的敏感性"。他们认为"经济学中的演化理论正在对突变理论和混沌理论的发展给以更多的注视，并寄托其能够增进我们对复杂的社会经济系统的理解"。"值得称道的是，现代演化理论直接地提出了使最大化思想尽可能有效的各种环境条件。只有进一步的详尽的理论考察才能告诉我们更多的东西。"②

演化经济学对主流经济学研究范式的挑战还表现在如何认识经济过程的非线性本质、经济过程的非演绎特性和时间观上。演化经济学家提出，经济世界是一个复杂的系统，时间是不可逆的，内部的关系是非线性的，看不出明显的因果联系，因而也就难以预测。例如，多西（Dosi）和梅特卡夫（Metcalfe）分析指出，个人和组织等行为者目前的行动将对未来决策过程或系统的未来结构及其变化路径产生重大影响。时间不可逆，即使系统发生了变化，导致这种变化的力量已经消失，系统也不会完全回到最初状态，这是经济社会系统的重要

① 西利亚斯．复杂性与后现代主义［M］．曾国屏，译．上海：上海科技教育出版社，2006：8-9.

② 霍奇逊．演化与制度［M］．任荣华，张林，洪福海，等译．北京：中国人民大学出版社，2007：191.

特征。社会经济系统是一个不可逆的历史演化过程。由于经济系统中的不确定性和新奇事件的出现，社会经济发展并不是以目的论的方法展开的，演化过程未必会趋于有效率的和最优的结果。正因为经济系统是一个难以处理的不可逆的复杂系统，现实经济生活中运用主流经济学的分析范式对经济世界的验证、预测和指导政策都暴露出了越来越多的困境和难题。

从 20 世纪 80 年代起，一些演化经济学家开始引入简单的混沌模型替代线性随机方程来讨论经济学的纯理论模型。他们发现，传统的数理经济学方法总是把非线性问题用线性化的方法来处理，假设非线性系统仍然处于稳定的或优化的轨道上运动，但引入非线性力学的方法之后，运动的图像就根本不同了。参数的变化一旦越过线性稳定区，就可能发生分叉现象，产生多周期或非周期的复杂运动。引入非线性思维来分析经济现象，就会发现经济波动的非线性、个人与环境的非线性、制度演化的非线性等许多相关问题，使得主流经济学几十年来都力图证明的市场经济的稳定性、优化选择的合理性等理论均受到了严重的挑战。如今要承认市场经济的不稳定性和经济行为的复杂性，便意味着要重新考虑古典经济学的基本前提假定。①

主流经济学的经济计量模型是典型的演绎推理方法的运用。新古典经济学理论认为，对人类总体行为的理解和预测完全可以通过对孤立看待的"代表性行为者"的理解和预测来达到。但引入演化分析后人们就会发现这是一种"合成的谬误"，它没有认识到在总体行为中所发生的"深层次的"交互作用。演绎推理的方法无法解释经济系统是一个具有强动力的系统，均衡只是一个一个不断被超越的时点、动态系统中的极端现象而非普遍现象。新古典经济学理论强调均衡是经济科学的基本出发点，演化理论则强调非均衡过程才是科学的基础。从演化思想看，经济系统呈现出不规则的特点，不存在简单的规律。这一特点在金融市场，如股票的走势中表现得最为明显。经济问题的解是多重的，一个微小的变化就会导致其中某一个解的实现。科尔曼（Kollman）、米勒（Miller）和佩奇（Page）就分析了当一个系统处在次优的局部均衡之中时，如何在多重均衡的世界中寻找一个更好的解。新凯恩斯主义的多重均衡理论也强调了结果的难以预测性。演化经济学认为，主流经济学的经济计量模型对经济现实的"简化"其实仅是对自然科学的数学上的一种形式模仿而已，由于它大大脱离了经济现实的本质特性，并且其"科学"的外衣极易给人以迷惑，从而给经济学造成了深重的灾难，基于经济计量模型对经济发展的未来进行预测，更使得经

---

① 陈平. 古典经济学的危机和非线性经济学的发展 [J]. 经济学动态，1988（10）: 10.

济学声名狼藉。

从古典经济学、新古典经济学一直到现代主流经济学的发展历程中，经济学都一直接受牛顿时间观的影响。在牛顿看来，时间只是运动的一个外在参数，它同物质及其运动本身并没有内在的联系。牛顿的时间还是一种"可逆的对称时间"，"未来"同"过去"没有区别，对时间只有量的规定而没有质的区别，更没有方向性的规定，它只是标志着运动和变化的量的大小。这是一种脱离了物质运动、独立存在、均匀流逝的绝对时间观。古典经济学到主流经济学受牛顿时间观的影响和自身发展的需要，一直维持着这一机械的时间观，认为时间是同质的、对称的、可逆的——任何一个交易同另一个交易没有任何不同，时间是与经济行为无关的量。在经济理论中则直接表现为均衡思想与均衡分析方法的运用。演化经济学挑战这一观念，认为时间是一维的、不同质的、不可测的、流变的。从这种流变时间的视界去观察真实世界的经济现象，创新就成为研究的主题，并采用动态演化的观点看待经济发展的过程。在演化经济学看来，经济过程不完全受必然性的控制，许多偶然性因素常常会对经济过程起着关键作用，经济过程中充满了不确定性和不可预测性。在演化经济学的视界里，历史和时间是经济过程中直接影响经济绩效的内生变量，二者在制度演化中具有特殊意义。制度的演化是一个由本能、习惯、习俗变化和技术变迁综合作用的结果，是人类对环境变化的适应性反应，这个反应的过程同时是一个学习和选择的过程。技术创新、学习与选择都是在时间中进行，时间是制度演化的纵轴。正如历史不能重来一样，时间也是不可逆的、不同质的。这种独特的时间历史观构成了演化经济学路径依赖理论的哲学基础。

演化经济学家断言，"主流经济学因走向形式主义死胡同而失败的现实"①，终究会为人们所认识。他们提出新古典主流经济学的分析范式受制于利润最大化和均衡这些经典假设，在客观经济世界迅速变化的现实面临着诸多的危机和挑战，比如，新古典经济学在严格的"经济人""最优化""完全理性"等假设条件下与经济现实之间越来越疏远。新古典经济学将复杂的经济整体还原分解为部分之和的研究范式，使其对宏观经济现象的解释显得力不从心，其解释力也大大降低。演化经济学们提出演化范式将"替代"主流经济学的研究范式："在经济学中应用一种演化的方法，似乎含有很多胜过正统经济学和力学范式的优点和进步。例如，它强化了我们对时间中不可逆的、不断前进过程的关注；

---

① 霍奇逊. 演化与制度 ［M］. 任荣华，张林，洪福海，等译. 北京：中国人民大学出版社，2007：13.

使我们关注长期发展，而不是短期的边际调整，既关注数量变化，也关注质量变化；关注变化性和多样化；既关注均衡形势，也关注非均衡形势；关注出现持续的、系统性的错误的可能性，进而关注非最优化行为的可能性。简言之，演化范式为静态约束下力学意义上的最大化这种新古典'硬核'思想提供了一种替代。处于主流经济学核心的理性选择理论依赖于静态假设，依赖于决策环境最终恒常不变的观念和整体理性的思想，而这一切都受到了演化理论的挑战。"① 演化经济学在"理论上和政策导向上都已提供了丰富资料的一个考察方向。沿着这一方向的进一步探索与发展，是我们在 21 世纪改革经济学的最佳机会之一"②。

二

演化经济学在经济理论上的主要成就是使用演化范式分析经济活动，并从单一层级的演化理论扩展到了多个层级的共同演化理论。"共同演化"的分析范式构成了演化经济学挑战主流经济学研究范式的核心。

演化是自然界和社会领域中的一种普遍现象。最早，生物学领域研究了进化和协同演化，后来这一研究方法被越来越多地应用于非生物学领域的研究中，如地质学、天文学等，且其概念被翻译为"演化"和"共同演化"。M. 邹迪尔（M. Jouhtio）对生物学的共同演化的定义是：持续变化发生在两个或多个相互依赖、单一的物种上，它们的演化轨迹相互交织，共同适应，其中物种的相互依赖关系包括共生关系、共栖关系和竞争关系。在物种的竞争过程中，竞争的结果可能是一个物种淘汰或驱逐另一个物种，也可能是演化出不同的细分环境，弱化原先的竞争压力。③ 在人类的经济活动中，也存在类似的机理，例如，在一定的空间范围内所共存的企业种群形成的企业群落，一定地域范围内的行业之间存在着相互影响、相互适应的共同演化关系。

演化经济学借鉴生物学上的"共同演化"分析范式来研究经济活动和经济

① 霍奇逊. 演化与制度 [M]. 任荣华，张林，洪福海，等译. 北京：中国人民大学出版社，2007：74.

② 霍奇逊. 演化与制度 [M]. 任荣华，张林，洪福海，等译. 北京：中国人民大学出版社，2007：13.

③ JOUHTIO M. Co-evolution of Industry and Its Institutional Environment [Z]. Working Paper of The Institute of Strategy and International Business in Helsinki University of Technology, 2006.

行为。劳尔戈德（Norgaard）是第一个明确将共同演化分析范式运用于生态经济领域的学者，他提出共同演化是人类物质、思想和价值观与非人类环境相互依赖、相互交织的变化。① 他批评新古典经济学将自然与社会二分，认为将自然视为科技进步的被动作用对象的观点是错误的，"自然是社会的，社会亦是自然的"②。纳尔逊认为，演化经济学提到的演化"其一般含义包括下面的要素。它关注的焦点是某一变量或一组变量如何历时而变化，如何在理论上理解所观察的变化背后的动态过程……演化理论认为，这些变量或系统要经受某些随机变异或扰动，但也存在着对变异进行系统性筛选的机制。演化理论的预测力或解释力主要在于它对系统性选择力量的详细说明。演化理论假定存在着强有力的惯性趋势使选择过程中的幸存者得以保留，然而在许多情况下，也存在着持续引入新变异的力量，进而为'选择磨坊'提供谷物"③。

引入"共同演化"这一分析范式不仅为演化经济学增加了新的研究内容，更重要的是提供了强有力的分析工具。与达尔文主义对生物演化的解释一样，演化经济学关于社会经济演化的完整分析框架包括遗传、变异和选择，正如生物基因一样，制度、惯例和组织结构等是历史的载体，它通过模仿而传递。纳尔逊和温特在其名著《经济变迁的演化理论》中讨论了类似基因的企业惯例的作用，认为它是企业的组织记忆，执行着传递技能和信息的功能。但企业惯例又不同于达尔文意义上的基因，其突变是有目的的而非随机的，获得的新惯例是可以遗传的。有目的的新奇创造和多样性是人类社会演化的重要特征。新奇的创造取决于个体认知模式的不同和社会制度鼓励创新两方面，这两方面都需要一种知识理论。在纳尔逊和温特的经济演化大纲中，知识就是惯例的核心要素，新奇创生是现有要素组合的结果。新奇创生也有其路径的依赖。选择机制研究的是变异或新奇在经济系统中为什么、什么时候才能被传播。温特采用进化生物学的个体群观念对此加以解释，认为一个个体对创新者是模仿还是反对，依赖于群体中有多少成员已做了这种选择："从个体群层次看来，任何个体的决策，无论是创新、模仿或保守的，都影响到个体群中全部行为的相对频率。"④

① NORGAARD R B. Coevolutionary Agricultural Development [J]. Economic Development and Cultural Change, 1984, 32 (03): 525-546.

② NORGAARD R B. Development Betrayed: The End of Progress and a Co-evolutionary Revisioning of the Future [M]. London: Routledge, 1994: 36.

③ 多普菲. 演化经济学纲领与范围 [M]. 贾根良，刘辉锋，崔学锋，译. 北京: 高等教育出版社，2004: 152.

④ WITT U. Evolutionary Economics: Some Principles [M] // WITT U. Evolution in Markets and Institutions. Heidelberg: Physica-Verlag, 1993: 5.

纳尔逊还认为,演化理论的"范围将包括个体、组织或文化学习和适应的理论。确实,正如将要看到的,我们要考察的许多演化理论的一个特征就是个体学习、组织适应和组织的环境选择,它们同时存在"①。纳尔逊概括演化范式的上述特征:"第一,它的目的是解释变量如何历史变化,或通过说明它是如何达到当前状态来解释为什么它现在是这样的,即运用动态分析;第二,解释的内容既包括产生或再生出变异的随机因素,也包括对现存变异进行系统性筛选的机制;第三,惯性力量的存在为筛选中的幸存者提供了持久的保证。"②

共同演化的分析范式强调经济系统具有明显的复杂系统特征,互动者之间存在互动的反馈机制,具有双向或多向的因果关系,往往呈现出非线性或自组织的形态,一个变量的变化与另一个变量的变化的关系往往不同于简单的因果关系。经济系统演化的动力也是交织在一起的,一个互动者的适应性变化会通过改变另一个互动者的适应性而改变其演化轨迹,后者的变化又会进一步制约或促进前者的变化。在多层级的共同演化中,经济系统的演化将呈现出更多的复杂性和不确定性,使得经济系统变得不稳定,同时也意味着系统本身具有创造新奇、传递新奇和扩散新奇的能力,系统总是处于不断扩展之中。这种正反馈效应构成了共同演化的一大特征。莱温(Lewin)和瓦北达(Volberda)认为,在一个复杂的关系系统中,任何一个变量的变化都有可能是由多种互为因果关系的变量内生引起的。③ 在共同演化的过程中,由于正反馈影响的存在,系统的演化轨迹也存在明显的路径依赖:"今天的'制度'几乎总是表现出与昨天的、常常是一个世纪以前的或更早的制度强烈的联系。"④ 在正反馈机制的作用下,随机的非线性系统可能会受到某种偶然事件的影响而沿着一条固定的轨迹或路径演化下去,形成一种"不可逆转的自我强化趋势"。⑤ 路经依赖还源自个体认

---

① 多普菲. 演化经济学纲领与范围 [M]. 贾根良,刘辉锋,崔学锋,译. 北京:高等教育出版社,2004:154-155.

② 多普菲. 演化经济学纲领与范围 [M]. 贾根良,刘辉锋,崔学锋,译. 北京:高等教育出版社,2004:154.

③ LEWIN A Y, VOLBERDA H W. Prolegomena on Coevolution:A Framework for Research on Strategy and New Organizational Forms [J]. Organization Science, 1999, 10 (05):519-534.

④ 多普菲. 演化经济学纲领与范围 [M]. 贾根良,刘辉锋,崔学锋,译. 北京:高等教育出版社,2004:172.

⑤ WITT U. Evolutionary Economics [M]. Cheltenham:Edward Elgar Publishing Limited, 1993:393.

知结构，当个体认知心智模式越稳定时，对演化的路径依赖程度就越大。① 在经济演化的过程中，时间（历史）、知识（认知）和演化轨迹（路径）交织在一起共同决定系统演化的路径（方向和速度）。因此，路径依赖包含着时间（历史）依赖和知识（认知）依赖。②

共同演化的分析范式强调经济系统演化的制度性差异特征。纳尔逊就考察过制度"演化过程"中的这种差异性特征："不同种类的制度具有不同的演化方式。早期的制度经济学家强调集体决策的作用，现代制度经济学家则强调无计划的自组织。在许多情况下，实际的演化过程看起来要涉及市场、专业组织和政治过程的交互作用。"③ 正是基于这一看法，纳尔逊赞同道格拉斯·诺斯（Douglass North）的看法："第一，不同国家在经济表现上的差异主要源于它们的制度差异及其不同的演化方式。没有什么制度可以在任何地方都称为最优，一些制度在有些国家沿着有益于经济进步的路径演化，但在其他国家则不然。第二，先进的工业国在制度方面极其幸运，我们不能把它们的优异表现归功于任何特殊的美德和智慧，而应是文化及政治的偶然性的结果。"④ 他的结论是，"在现代先进的工业国存在着一种促使技术、产业组织和广义上的制度共演的机制，其运动方向是引发持续的经济进步"⑤。这种制度性差异的共演研究为演化经济学家理解微观行为动机与宏观秩序演化的互动关系提供了新的视角。

演化经济学坚持将个体的行为嵌入更为广阔的文化、历史、政治和意识形态等社会制度环境之中进行研究。从演化经济学嵌入性的理论看，主流经济学的"经济人假设"是一种"社会化不足"（undersocialized）的观念，这种经济人应称为"低度社会人"。"低度社会人"的特点是只把人的行为看作原子式的个人的孤立活动，而不是既定社会关系和结构的产物，无视行为者当下所处的社会环境，无视人与人之间行为互动的事实，因而最终无法把握个人的行为与社会环境之间的真实关系，无法解释行为背后的真实原因。嵌入性不仅具有时

① NORTH D. Shared Mental Models：Ideologies and Institution ［Z］. Working Papers for the Center for the Study of Political Economy of Washington University，1993：7.

② LOASBY B J. Time, Knowledge and Evolutionary Dynamics：Why Connections Matter ［J］. Journal of Evolutionary Economics，2001，11（04）：393-412.

③ 多普菲. 演化经济学纲领与范围［M］. 贾根良，刘辉锋，崔学锋，译. 北京：高等教育出版社，2004：172-173.

④ 多普菲. 演化经济学纲领与范围［M］. 贾根良，刘辉锋，崔学锋，译. 北京：高等教育出版社，2004：173.

⑤ 多普菲. 演化经济学纲领与范围［M］. 贾根良，刘辉锋，崔学锋，译. 北京：高等教育出版社，2004：174-175.

间维度上的含义，也具有空间维度上的含义。杰弗里·M.霍奇逊（Geoffrey M. Hodgson）就认为，任何社会经济现象都不能仅由原子式的独立个体来解释，还必须包括个体间的互动关系（社会制度的环境）。个体和社会制度的环境是共生的，经济学不能抛开个体谈社会制度环境，也不能抛开社会制度环境谈个体，二者间不是一种谁决定谁的单向关系，而是社会制度环境构成了个体的内在和外在约束、个体又能推动社会制度环境演化的双向关系。社会制度环境以一种累积性的方式演变，个体的认知（诸如目标、偏好和价值观等）也随着社会制度环境的演变而发生变化。二者间存在着某种程度上的交互作用，个体与社会制度环境处于共同演化之中。① 波兹曼（Boschma）和弗仁肯（Frenken）强调真实的经济活动必定是在特定时空制约前提下发生和演化的，也是嵌入更为广阔的历史文化、制度背景和地理环境中的，同时本地产业不仅与本地产业技术和制度环境发生互动，还与区域外的国家层面和全球层面的产业技术和制度环境发生一定的联系，尽管这些互动联系在不同的产业和区域上表现的程度不同，但正说明了跨地界多层嵌入演化机制比单一的同一组织和地理层面共同演化更有利于人们认识共同演化的规律。② 纳尔逊还对"国民创新体系"进行了开创性的分析，提出创新和技术变革不仅是单个企业家的事情，而且涉及国家层面上的文化和制度特征。纳尔逊"在这一领域内的工作是目前政策导向的经济研究中最富有成果的工作之一"③。演化经济学的"嵌入性"理论把行为人的选择置于既定的社会关系和社会结构之中，不仅点到了主流经济学"经济人假设"的个人主义方法论的缺陷，也击中了主流经济学研究范式中对人与环境的简单线性认识的要害。

演化经济学利用"共同演化"范式挑战、替代主流经济学的"均衡"范式分析经济现象，已取得了十分显著的研究成果。国际熊彼特协会将2004年度的熊彼特奖授予默尔曼尼（Murmann），就是为了奖励他在企业、技术和国家制度的共同演化研究中的贡献。默尔曼尼尝试性地将产业、技术和制度动态地连接起来进行分析，认为技术和制度的共同演化主要是通过企业群体和国家大学群

---

① HODGSON G M. Institutions and Individuals: Interaction and Evolution [J]. Organization Studies, 2007, 28 (01): 95-116.

② BOSCHMA R A, FRENKEN K. Applications of Evolutionary Economic Geography [M] // FRENKEN K. Applied Evolutionary Economics and Economic Geography. Cheltenham/Northampton: Edward Elgar, 2007: 1-24.

③ 霍奇逊. 演化与制度 [M]. 任荣华，张林，洪福海，等译. 北京：中国人民大学出版社，2007：265.

体的互动来推动的。在他获奖的著作《知识和竞争优势：企业、技术和国家制度的共同演化》中，他检验了 1850—1914 年英国、德国、法国、瑞典和美国合成染料业在国家制度、技术和企业之间的共同演化过程，阐述了不同国家背景下产业演化模式的差异，揭示了德国合成染料能取得领先地位的重要原因是德国的国家制度、产业和市场等对技术创新具有很强的推动力，同时技术的进步又进一步推动了制度的创新。

演化经济学运用共同演化这一范式分析在产业与产业之间的共同演化、制度和组织之间的共同演化、产业与环境之间的共同演化、企业和产业之间的共同演化、技术与制度之间的共同演化等相关问题上都取得了相当可观的研究成果。例如，在技术与制度的共同演化上，纳尔逊发现技术进步的速度和特征都要受到支撑它的制度结构的影响，制度创新也是强烈地以新技术在经济体系中是否和怎样被接受为条件的。制度可以被理解为社会群体所掌握的标准化的社会技术，是一种协调联合操作的知识。在技术创新和扩散的过程中，物质技术和社会技术是相互交织在一起共同发挥作用的：物质技术的复杂结构需要一个团队来运用，团队中成员之间的行动协调需要社会技术的支撑；新的物质技术的发展会带来新的理解、认知和规范等社会技术，社会技术的发展也会给物质技术的发展提供新的机会和线索。[①] 培利坎（Pelikan）进一步分析了技术和制度共同演化的机制。他分析技术变迁对制度的影响一是通过有效利用新的生产方法或新的技术产品形成一个新制度来协调和提高成员间的新技能，二是新技术可能会降低制度的实施成本使得原先无法实施或者实施成本过大的制度得以实施。他还进一步分析制度变迁对技术的影响主要表现为四方面：一是组织的自由程度将影响各种可能的技术创新；二是制度会对技术创新产生激励；三是制度会对旧技术的黏性程度或消亡速度产生影响，影响技术的创新或扩散速度；四是制度会影响技术选择的正确性。[②]

① NELSON R R. On the Uneven Evolution of Human Know-how [J]. Research Policy, 2003, 32 (06)：909-922.

② PELIKAN P. Bringing Institutions into Evolutionary Economics：Another View with Links to Changes in Physical and Social Technologies [J]. Journal of Evolutionary Economics, 2003, 13 (03)：237-258.

三

演化经济学对主流经济学的挑战与革命就在于主张以动态演化的视角理解社会经济过程，以历史动态的观点研究揭示经济发展过程和动力。他们强调制度的演化和选择是典型的非线性、非平衡和非稳态的机制，认为经济世界在某一时间和地点所能观察到的经济现象必须被解释为一种持续不断的在演化过程中转变的产物，演化还意味着在时间进程中新质会突现，强调新技术是经济演化的根本动力，认为共同演化的分析范式有助于更好地理解经济变化的动力，揭示经济变迁复杂现实的面目。因此，他们主张经济学研究必须抛弃主流经济学机械还原论的简化法，抛弃新古典以牛顿力学为理论基础的静态均衡分析，运用系统的、演化的、整体的观点建立动态的经济演化模型。演化经济学由于对时间、历史、制度，对经济发展的影响和对微观个体差异性、技术创新中技术的多样性及创新过程的路径依赖性的重视，从而"为经济学研究开辟了新的视野"① 和方向。演化经济学所创导的研究范式说明经济学在突破了新古典的研究范式之后仍会有极为广阔的发展空间，并且是向着更加真实世界的方向发展。

综观经济思想史的发展，经济学研究范式的每一次转换的根源都要从其时代所面临的重大问题中去寻找。当代经济世界和经济现象的复杂性提示我们理论经济学的发展必须把发展演化作为经济分析的出发点，而不是硬把它塞入新古典的均衡分析的框架中。新古典的均衡分析范式来自几个世纪之前的牛顿模式和笛卡尔二分法的研究范式。几个世纪以来，基于牛顿模式和笛卡尔二分法的理性主义科学观一直占据着理论界的主导地位。在理性主义者的视野里，那就是以经典物理学为代表的自然科学的结构模式，是一种超越历史、永恒不变、最好的科学理论结构。这一思维模式对经济科学的影响就在于人为地设置了经济学与其他人文社会科学之间的鸿沟，还使得经济学为着"科学化"的梦想而在刻意模仿自然科学的过程中沿着纯粹理性公理化的"科学"逻辑走向了封闭和僵化。其结果就是造成了主流经济学从其狭小的"理性世界"出发，只能提供一个关于真实世界的局

---

① 多普菲. 演化经济学纲领与范围 [M]. 贾根良，刘辉锋，崔学锋，译. 北京：高等教育出版社，2004：291.

部而不真实的认识。新古典研究范式的缺陷还在于把演绎的出发点（前提或假设）视为不证自明或来自纯粹的天赋观念、心灵内省的产物，如穆勒，或把演绎的规则看成现实经济活动唯一可靠的范式，用理性逻辑的范式来演绎、设定、剪裁现实经济的过程，如大卫·李嘉图（David Ricardo）。拉卡托斯对这一研究范式的缺陷有过十分深刻的揭示："这种体例一开始是不辞辛苦地列一张公理、引理和（或）定义的清单。公理和定义往往像是生造的，是复杂得神秘不堪的。无从得知这么复杂的东西是怎么钻出来的。跟在公理和定义清单后面的是措辞审慎的定理。其中塞满了繁而又繁的条件，看上去谁也不可能有幸蒙出这样的条件。跟在定理后面的是证明。……按演绎主义体例，凡命题都真，凡推论都有效。……反例、反驳、批评严禁入场。开讲便是化装过的怪物除了……定义，便是羽毛丰满的定理，什么原始猜想啦，反驳啦，证明挨过的批评啦，都给封存起来了，因此，不用担心这个学科摆不出权威气派。演绎主义体例把斗争掩盖了，把冒险掩盖了。全部的来龙去脉都不见了，定理在证明过程中先后改换过的暂用表述命里注定要被埋没，而最终成品也就被捧成了万无一失的神物。"① 新古典研究范式是对边际革命时期经典物理学的类比和模仿。例如，经济学理性主义思维方式在纵向上具有历史时间的封闭性，即架空了制度背景，排除了时间维度的变化；在横向上具有学科领域的封闭性，即脱离了社会、政治、法律和伦理等因素对经济问题的影响而孤立地研究"纯"经济问题。这样一来，西方主流经济学家们的"理性分析"所建立的只能是一个关于理论逻辑世界而非真实世界的经济模型，他们关于现实经济问题的解释多半是片面的而非真实的。时代在发展，物理学在 20 世纪已取得了许多突破性的发展，例如，量子力学、相对论和耗散结构理论的发展。经济学的理论理应随着时代的发展而发展。西方学者尼古拉斯·乔治斯库·罗根（Nicholas Georgescu Roegen）曾批评主流经济学忽略了这一时代科学的重大变化："正当杰文斯和瓦尔拉斯开始为现代经济学奠基时，物理学一场惊人的革命扫荡了自然科学和哲学中的机械论教条。奇怪的是，'效用和自私自利的力学'的建筑师，甚至是晚近的模型设计师，看来都没有及时地察觉到这种没落。"② 现代经济学的发展方向应恢复转到人类的社会实践和历史之中，消除新古典研究范式中理性的至上性和绝对性，意识到理性逻辑认知功能在经济学研究中存在的缺憾，注

---

① 拉卡托斯. 证明与反驳 [M]. 方刚，等译. 上海：上海译文出版社，1987：171-172.

② GEORGESCU-ROEGEN N. The Entropy Law and the Economic Process [M]. Cambridge：Harvard University Press，1971：2-3.

意吸取现代心理学等认知工具和生物学的演化方法来充实现代经济学的研究范式。

演化经济学对现代经济学发展的影响不在于它能否替代新古典的研究范式（这需要假以时日的观察才能做结论），而在于它昭示着经济学研究范式多元化时代的到来。经济学研究应该提倡多元化的研究方法，多样性是进化的动力源泉，失去了多样化研究范式的竞争，经济理论的进化就会停滞。可以断言，21世纪经济学发展的趋势必将打破人为设置的学科壁垒，加强经济学与其他学科之间的交流，摈弃传统理性主义封闭的局部思维，确立开放的综合性的思维方式，顺应复杂科学发展观的新趋势，通过与整个社会文化的复合来开放自己，以适应人类社会的整体发展。而经济学研究范式多元化时代的到来，必然要求经济学研究"复活"长期被压制的文化、信仰、制度、道德和心理等因素应有的理论地位，将理性分析和制度分析、历史分析和心理分析结合起来。马克思也认为，人类的社会经济活动是一个十分复杂多样的综合系统，社会经济问题应被纳入人类实践的宏大背景中加以考察，科学的经济学体系也应是一个开放的学科体系。马克思的这一看法代表着21世纪经济学发展的趋势。英国《经济学家》杂志在对21世纪经济学的走向进行展望时也断言："到2091年，经济学在挫败许多批评的同时，这门已得到公认的学科形式仍将存在。但是，它的研究方法和目的肯定会发生变化。"①

（原载《学术月刊》2009年第11期）

---

① 经济学家.21世纪的经济学［M］.徐诺金，译.北京：中国金融出版社，1992：118.

行为经济学对传统主流经济学的挑战

　　2001 年，美国经济学会将该学会的最高奖（每两年一次，只授予对经济学理论影响最大的 40 岁以下的经济学家）——克拉克奖章，颁发给了加州大学伯克利分校的马修·拉宾（Matthew Rabin）。[①] 这是自 1947 年设立该奖以来，首次授予研究行为经济学的经济学家。同时近年来诺贝尔经济学奖也三次授予行为经济学家［加里·贝克尔（Gary Becker）、乔治·阿克尔洛夫（George Akerlof）、丹尼尔·卡尼曼（Daniel Kahneman）］，这说明非理性经济学由于对新经济现象做出的良好解释已获得了学界的广泛认可。

　　行为经济学的研究主要是以实际调查为根据，对不同环境中观察的人的经济行为进行比较，然后加以概括并得出结论。行为经济学的研究特点是重视对人的非理性行为的研究，打破了主流经济学的界限及视域，在现实人的基础上发展了主流学派的理性经济人概念。行为经济学的创新之处就在于将心理学研究视角与经济科学结合起来，以观察现在经济学模型中的错误或遗漏，并修正主流经济学关于人的理性、自利、完全信息、效用最大化及持续偏好等基本假设的偏失。正因为如此，行为经济学已确立的原理越来越受到和引起理论界、企业以及政府等方面的关注和兴趣。行为经济学的崛起对传统主流经济学基本理论前提提出了严峻的挑战，也进行了拓展。

一

　　传统主流经济学假设人类的行为都是理性的，并且都是自利的。所谓"理性行为"，是指经济人是理性的，他能根据市场的情况、自身处境和自身利益之

① RABIN M. Psychology and Economics [J]. Journal of Economic Literature, 1998, 36 (01)：
11-46.

所在做出近乎正确的判断，并使自己的经济行为适应于从经验中学到的东西，从而使其所追求的利益尽可能最大化。所谓"自利"，是肯定追求自身利益是人做出经济行为的根本动机，这种动机和由此产生的行为有人本身内在的生物学根据。在"自利"的基础上，传统经济学就衍生出一个核心的命题，即只要有良好的法律和制度保证，理性经济人追求个人利益最大化的行为就会无意识地、有效地增进社会的公共利益，从而会导致个人与社会整体福利水平的最大化。亚当·斯密（Adam Smith）虽未明确提出理性经济人假说，但对理性经济人假说的内涵有如下经典的表述："每个人都力求运用他的资本生产出最大的价值。一般而言，他既不打算促进公共利益，也不知道促进多少。他只考虑自己的安全、自己的所得。正是这样，他被一只看不见的手引导，实现着他自己并不打算实现的目标。通过追求他自己的利益，他常常能够，与有意去促进相比，更加有效地促进社会的公益！"[①] 斯密认为，正是这一理性经济人的动机激励和推动着人们去完成他们原本不会去从事的艰巨工作。斯密相信经济秩序服从着一种内在的逻辑，并在一只"看不见的手"的指引下去达到某种确定的目的。而后约翰·穆勒（John Mill）又依据纳索·威廉·西尼尔（Nassau William Senior）所提出的个人经济利益最大化公理对斯密关于人类行为的看法进行了形式化的处理，明确提出了理性经济人假说。正是由于传统的经济学将经济主体与客体进行了抽象的演绎，经济学的框架才得以形成，后来的主流经济学研究都是建立在这一理论基石之上的。

随着边际革命的出现，"经济人"的假设又不断地被抽象化和理想化，达到了登峰造极的地步。"理性"被极端化地理解为仅仅是一种数学的计算，也就是追求效用最大化的工具，"经济人"被转化为一种理性选择的概念，即目标函数的极大化。依据戈森定律，威廉·斯坦利·杰文斯（William Stanley Jevons）、列昂·瓦尔拉斯（Léon Walras）和阿尔弗雷德·马歇尔（Alfred Marshall）等新古典经济学家提出了消费者的理性假说，推导出了消费行为上的效用最大化原则，这一原则要求消费者的理性选择在某种预算约束下将使消费行为扩大到边际平衡点。此后，在维尔弗雷多·帕累托（Vilfredo Pareto）对效用度量问题研究的基础上，约翰·希克斯（John Hicks）把无差异曲线和预算线结合起来，将偏好变成一个可以最大化的指数，从而提出了由两曲线相切点确立的最大化满足的消费结构，避免了对满足的价值判断。保罗·萨缪尔森（Paul Samuelson）又给

---

① 斯密. 国民财富的性质和原因的研究：下卷 [M]. 郭大力，王亚南，译. 北京：商务印书馆，1979：25.

出了经济行为者的理性选择进行经济分析的菜单。在他看来，经济学本身就意味着最大化行为，消费者使效用最大化、生产者使利润最大化。经济人假设在米尔顿·弗里德曼（Milton Friedman）等经济学家那里又获得了进一步的发展。弗里德曼曾提出过一个简单的随机模型，证明一个随机游动花钱的、完全非理性的消费者的消费行为最终会被迫停止于预算线与无差异曲线的切点上，因此，可以假设一些消费者都是效用最大化的理性经济人。在主流经济学中，"理性经济人"已经涵盖了所有的经济行为主体甚至所有的人类行为主体，他们都能够通过成本—收益分析，经过精密的计算和仔细的权衡，对可供利用的实现目标的手段进行最优的选择。这就导致了现代主流经济学形成一个鲜明特点，就是越来越多地使用数学和演绎。

从理论研究的角度看，借助数学模型确有很多优势，如前提假定可以用数学语言描述得一清二楚，逻辑推理的严密精确可以有效防止漏洞和谬误，还可以应用已有的数学模型或数学定理推导新的结果，得到仅凭直觉无法或不易得出的结论。从实证研究的角度看，以经济理论的数学模型为基础可以发展出能用于定性和定量分析的计量经济模型，证据的数量化使得实证研究更具有一般性和系统性，使用精制复杂的统计方法可使研究者从已有的数据中最大限度地汲取有用的信息。[1] 这些优点在某些主流经济学家眼中正是主流经济学的"美丽和魅力"所在。毫无疑问，在一定的情况下，理性经济人假设确实可以减少人类行为的不确定性和复杂性给经济研究带来的困难，能够产生非常动人的数学模型，从而有利于经济学家深入地分析经济问题。但是这种象牙塔里炮制出来的东西因与现实脱节太多，在实际的经济生活中往往显得苍白无力。正如诺贝尔经济学奖得主阿罗指出的那样，理性经济人假设本身是极为虚弱的，它的合理性和显而易见的力量仅来自一些补充性的假设，如完全竞争、市场均衡、充分信息以及同质性假设等。尤其是经济行为者个人之间的同质性假设更是特别危险的，因为它否定了经济行为的根本假设，即经济活动是建立在个人差异引起交易的收益之上的。

正因为理性经济人假设存在严重的缺陷或不足，许多经济学家，包括诺贝尔经济学奖另一得主西蒙（Simon）教授都对其进行了深刻的质疑与批评。西蒙认为理性经济人应该改为有限理性，因为人们在现实的经济活动中要受到许多因素的制约，很难对将要产生的结果进行完全的了解和正确的预测。在进行决策时，还要受到决策人的技能、价值观和知识水平等因素的影响。因此，每个

---

① 钱颖一. 理解现代经济学 [J]. 经济社会体制比较，2002（02）：1-12.

市场行为者都不可能做出完全理性的行为，只能在有限的理性条件下进行经济活动。同时，在现代企业制度下，不同成员有不同的动机和目标，企业可能会选择非利益最大化的目标。因为决策中不但涉及自我利益，还需要考虑社会角色、文化背景和意识形态等因素，所以决策者只能企图寻求一个兼顾市场、利润及公平的"足够好"的结果。制度经济学家也认为除物质利益，人还有安全、自尊和感情等社会性的需求，所以应该将这些非财富最大化行为引入个人的效用函数。人的行为直接依赖于他生活的社会文化环境，个人的动机与目标受其环境的控制和引导，因此制度的作用将非常重要。由于社会环境是十分复杂的，随着交易的增加，其不确定性也会上升，此时的信息就会更加不完整，制度经济学家也同样强调了人理性的有限。在这种情况下，个人只能把注意力放在做决策所必需的细节和计算上，更普遍的决策行为依赖于习俗、直觉、惯例、意志和模仿等，它不具有极大化的特征。贝克尔则在个人效用函数中引入利他主义行为来说明人类行为的一般性，这就拓展了传统"经济人"的假设，将非经济因素纳入经济模型分析中来，同时为家庭制度中普遍存在的利他主义行为模式提供了一个很好的分析视角。

现代心理学和社会学的最新发现也否定了关于人的行为总是或基本上是理性的的看法。蒂博·西托夫斯基（Tibor Scitovsky）在其《人是理性的，还是经济学家错了？》一文中明确指出，传统经济学产生于理性的时代，因而把理性作为它的基本假定之一，但今天已经进入了非理性时代：心理学家和精神分析家揭示了人们实际受隐蔽的、非理性力量的推动，经济学家却好像置若罔闻，仍然坚持人类理性的假定。他进而断言，经济学家没有发现非理性的证据，主要是由于他们不想去发现它。① 以霍尔（Hall）和希奇（Hecht）领导的"牛津经济研究组"和美国经济学家史蒂文·莱维特（Steven Levitt）通过实地调查的方式，也否定了"最大化"的理性行为方式。这些调查从经济学意义上验证了一条心理学法则：耶克斯—多德森法则（yerkes-dodson law），这一法则指出：在低水平压力下，个人并不努力去计算他们的决策，但当压力增大时，他们会倾向于以最大化方式行事，超过了每个点，过大压力会引致迷惑和低水平的决策实绩。阿玛蒂亚·森（Amartya Sen）更是言辞激烈地把"理性经济人"假设斥

---

① SCITOVSKY T. Are Men Rational or Economists Wrong？[M]// Human Desire and Economic Satisfaction: Essays on the Frontiers of Economics. Brighton: Wheatsheaf Books Ltd, 1986: 70-82.

为"理性的白痴"。① 他进而建议建立一种比理性原则更为复杂的理论结构。森在另一部著作中也指出，即使人们能够以理性的方式行动，正统经济学理性经济人的假设也可能是不正确的，因为在这种道路上存在许多障碍，特别是我们都会犯错误，都会陷入混乱，"冷静的理性方式可以充斥我们的教科书，但世界要丰富得多"②。当代心理学的无意识理论也已证明人的行为的动力来自无意识的冲动，而社会学和哲学的发展表明，人的认识能力和态度倾向只有在其所置身的文化传统和其他行为环境中才能得到合理的认识。正是在这一对理性经济人质疑与批评的大潮中，行为经济学应运而生，并对传统主流经济学的理性经济人的假设提出了挑战和进行了拓展，认为这些假设都是不现实的。

二

如上所述，行为经济学的特征是将人们的心理行为特征结合到经济理论的研究中来。行为经济学认为，经济行为是社会中的人在相互作用的过程中以客观化形式外在表现出来的对经济刺激的主观反应。经济刺激，如价格指数、通货膨胀、税收以及经济信息媒介等，是经济行为产生的必要条件，经济行为不是经济刺激的直接映射，其间还需要经过一系列中介变量的作用，这些变量包括个人目标、价值观念、期望、认知方式、收集及整合信息的能力、对经济政治问题的兴趣等。经济刺激通过中介变量的加工制作形成经济行为的意向，而意向的外在显现才是人们所能看到的经济行为。基于这样的观点，行为经济学家认为对经济现象的研究应该从经济行为的发生、发展、演变的内在心理机制以及从心理活动的特点和规律入手，探索一种经济现象与其他经济现象之间的必然联系，寻找经济过程中由此及彼的运动轨迹，揭示经济现象和本质。行为经济学的研究逻辑与传统经济学相反。传统经济学是首先假设理想状态然后放松假定逐步靠近现实状态，而行为经济学则是关注社会经济的现实状态，即"实际发生了什么"，然后寻找出现实状态的深层原因。

行为经济学认为，传统经济学半个世纪以来，一直是将其理论建立在一种死板的假设基础上的，即认为"个人具有稳定和连续的偏好，并用完全理性使

---

① SEN A K. Rational Fools: A Critique of the Behavioral Foundations of Economic Theory [J]. Philosophy & Public Affairs, 1977 (04): 317-344.

② SEN A. On Ethics and Economics [M]. Oxford: Basil Blackwell, 1987: 11.

偏好最大化"，这一行为准则是理性的、不动感情的，人们会合理地"维护自身的利益"，因而经济的运行也具有自身的"理性"，所以经济学应是"没有道德"的科学。由此，一些主流经济学家主张把经济学当成如同物理学一样的科学，主张用实证的方式建立模型或数字方程式。行为经济学认为这种假设是不现实的，并且是在现实的实践中经常受到背离的。行为经济学认为，从李嘉图、马克思到凯恩斯，其实几乎所有伟大的经济学家都是把复杂的心理学纳入自己的思维之中的。经济学必须承认，人也有生性活泼的一面，即人性中也有情感的、非理性的、观念引导的成分。在经济实践中，人本身就不是完全"理性"的，因此经济活动本身也不是完全"理性"的，如储蓄行为中的"夸张贴现"和股票市场上的非理性行为都是很好的例证。大卫·莱布森（David Laibson）认为，经济人完全理性意味着当人们能够预估金钱收入但尚未收到时，他们是能够相当理性地在消费和储蓄上做出规划的，并且在有限的刺激下，愿意储蓄和推迟开支，从而企业可以利用这些储蓄进行投资，推动整个经济增长。但是当钱真的来到时，人们的意志便崩溃了，钱往往立即被花掉，这就是所谓的"夸张贴现"。因为在人们的时间偏好中，短期贴现率往往要大于长期贴现率，夸张贴现率正是抓住这一特征，认为人们并不是合乎理性地在一生中对开支和储蓄统筹安排，而是从年轻到年老都负债。理查德·泰勒（Richard Thaler）[1] 发现，在股票市场上，投资者往往卖出已有利润但股价仍在上涨的股票，又常常死抱着已亏损而且股价持续下降的股票，这两种行为均是非理性行为。又如股票市场不是对公司的现实，而是对投资者情绪做出的反应，人的"表象"思维、心理定式、环境影响往往是人犯下不理性错误的原因。

按照传统经济学家的假设，当人们面对不确定时，他们会根据概率规则形成正确的主观可能性判断，但研究者已经证明了很多人在不确定情况下会做出不合理的判断。阿莫斯·特沃斯基（Amos Tversky）和卡尼曼通过指出人们在判断时依赖于"拇指原则"，即人们是依据经验等应付当前的复杂工作。这些经验往往相当有用，但有时也会导致严重的、系统性的错误，形成偏差，如在一项对贴现交易经纪公司的研究中，泰伦斯·奥德（Terrance Odean）和他的同事布莱德·巴伯（Brad Barber）有一个重要的发现，1991—1996 年，这家公司平均每个账户的年回报率是 17.7%，但那些交易最频繁的 20% 的账户的年平均回报

① 巴伯，奥丁. 个体投资者［M］// 泰勒. 行为金融学新进展Ⅱ. 贺京同，译. 北京：中国人民大学出版社，2017：497；泰勒. 赢者的诅咒：经济生活中的悖论与反常现象［M］. 陈宇峰，译. 北京：中国人民大学出版社，2007：136.

率只有 10%。换句话说，这些最有信心的投资者（说他们有信心，是从他们大量的交易中得出的合理假定）的业绩还远不如那些不如他们"自信"的投资者。像所有的习惯一样，投资习惯也有给人们带来好处的时候，例如，人们习惯于在头脑中把那些为房屋的定期还款之类的东西视为不可动用的，但这样的"头脑计算"的习惯有时也会让人们把钱白白地扔掉。正因为如此，赌徒们在赌钱的时候几乎总是不计后果。

对传统经济学"完全理性"的批评集中在行为经济学家近期取得的"预期理论""过度自信现象"以及"典型性启发"等行为特性的研究上。

预期理论是卡尼曼和特沃斯基在 1979 年发表于《计量经济学》上的开创性论文《预期理论：风险下的决策分析》中提出的。在主流经济学中，评价个体的效用水平通常采用预期理论。由于传统的预期效用理论很少涉及不确定情况下的真实行为，因而在实际运用上具有简便的优势，但传统的预期理论在一定程度上系统性地误导了人们对人类行为的认知。例如，人们在选择彩票时就经常违反这一理论。卡尼曼的实验显示，当被问及是选择 25% 的机会赢得 3000元，还是选择 20% 的机会赢得 4000 元时，65% 的人选择后者。这一结果与传统的预期效用理论推导的结果是不矛盾的。但当这些试验人群被问及是选择 100%的机会赢得 3000 元，还是选择 80% 的机会赢得 4000 元时，则 80% 的人会选择前者。这一结果显然与传统的预期理论的推导相矛盾。按照传统的预期效用理论的定义，在第二个试验中，前一个选择的预期效用为 3000 元，而后一个选择的预期效用为 3200 元，理性行为人应该选择后一个。第二个试验很具有代表性，说明人们更倾向于选择确定性较高的方案。[①]

卡尼曼的预期理论研究的是人们在不确定的条件下如何做出决策的理论，主要针对解释的是传统理论中的理性选择和现实情况相背离的现象。这一理论的核心概念来自认知心理学的"损失厌恶"，即人们对于自身福利水平的减少比增加更加敏感。由于损失规避的特征，效用函数表现在正的增量是凹的，表现在负的增量则是凸的（新古典模型则表现为效用函数所有点都是凹的）。所以，人们在已经亏损的情况下会成为一个风险追求者，而不是一个风险厌恶者。这一点完全不同于新古典理论关于偏好的假定，从而有力地解释了人们决策和行为与数量模型的偏差。

此外，人们在进行决策时往往会选择一个决策参考点来判断预期的损益，而

---

① KAHNEMAN D. Prospect Theory: An Analysis of Decisions Under Risk [J]. Econometrica, 1979 (47): 278.

非着眼于最终的财富状况。在心理预期的过程中，人们会把决策分成不同的心理账户来考虑，常常拥有自信情结，高估已经拥有的商品或服务，并且倾向于增加这类商品或服务的使用次数。还表现出易获得性偏误、小数法则偏误、从众心理和框架效应等一些心理现象。这些都不是理性的行为方式，但是是在客观经济行为当中被证实经常发生的，而行为经济学正是为它们提供了合理的解释。

在心理学及其他社会科学中，对人们过度自信现象的研究开展得很早。李奇登斯坦（Lichtenstein）等学者早在 1977 年就做过相关的试验，他们让试验对象回答简单的是非题，然后请他们自己给出答对率，结果显示：人们倾向于高估自己的答对率，在普通投资者中间过度自信的现象更为明显。人们为何倾向于过度自信呢？在正常情况下，人们应该能从失败中吸取教训从而纠正他们的过度自信。因而过度自信显然是一种根深蒂固的心理现象。过度自信还可以追溯到"典型启发"，即人们试图将事件归类为已知类别中的某一典型类，然后在预测中过分地强调这种分类。这种启发的后果势必使人们倾向于在随机数据中"发现"某种规律，进而导致过度自信。过度自信并不意味着人们对所有的信息都反应过度或都反应不足，事实上，两种效应通常是混合在一起的。

罗伯特·希勒（Robert Shiller）、斯蒂芬·莱罗依（Stephen Leroy）和理查德·波特（Richard Porter）等学者在大量的实证基础上最先提出证券市场上存在"一般过度反应现象"，即投机性资产的市场价格与其基本价值总是有所偏离，而这种偏离在较长的期限内又趋于消失。"一般过度反应现象"的存在使投机性资产的价格比有效市场假设下产生的价格波动要大得多。股票的价格对一些信息或其历史价格反应过度，这种过度反应在投资者逐步清醒后渐渐消失。过度反应现象使有限市场理论遭到严厉的抨击。紧接着，德·庞特（De Bondt）、泰勒、尤金·法玛（Eugene Fama）以及大卫·卡特勒（David Cutler）和姆斯·波特巴（James Poterba）等学者进一步证实了这一现象。他们通过对美国证券市场的实证研究发现，在 3—5 年的期限内观察，股票的前期过度反应逐步恢复，股票的收益呈负的自相关性。莱罗依和波特还发现，被分析家认为具有低盈利增长率的股票在业绩公布时价格会飘升，而被认为具有高盈利增长率的股票在业绩公布时价格会骤降。这一现象与市场反应的假设是一致的，即分析家在做决策时过于注重公司的历史经营状况，预测偏差只能在消息公布后得到纠正。此外，在股票的首次公开发行中也存在过度反应的明显迹象。金融市场中与过度反应相对的是"反应不足"现象。市场上有重大消息时，股价波动平平，而一些较大波动却出现在没有什么消息的日子里。卡特勒、波特巴和劳伦斯·萨默斯（Lawrence Summers）在研究中还发现，许多重要的指数的短期收益具有正的自相关性。这种现象随着研究的逐步深入被越来越多的学者所证实。"反应不足"最常见的就是市场对刚刚公布的信息没有足够的反应力度，随后才逐步修正。

传统经济学假设经济人具有稳定的、前后一致的偏好，并能理性地使其偏好效用最大化。但行为经济学家发现，一件事物可以有很多的面向，人们认知判断可能会随时因环境的改变而改变。还有许多的发现都使人们更加怀疑选择是否能够反映稳定、明确的偏好。在过去几年里，行为经济学家已经广泛研究了"偏好逆转"的现象：当人们遇到一对期望值大约相等的赌博组合时，他们会经常选择其中之一，然而另一个的标价更高。特沃斯基和泰勒列举了这样一个事例：H 赌注有 8/9 的机会赢得 4 美元和 1/9 的机会分文不得，L 赌注有 1/9 的机会赢得 40 美元和 8/9 的机会分文不得。大部分测试者选择了 H 赌注。但是当要求他们给出自己愿意出售赌金的最低价钱时，大多数测试者对 L 赌注订的价格更高。总之，人们会选择更有机会赢得的选项，但对于赢大钱的机会很小的赌金会以高价出售；而传统经济学理论却预言这两种不同的诱因程序应该得出偏好相同的结论。无意的观察、自省及心理学研究都证明时间一致性假设是极端错误的。当我们今天觉得明天最好不要暴饮暴食时，我们可能会倾向于暴饮暴食；当我们今天认为明天必须写一份仲裁报告时，我们却可能拖延。这说明我们追求短期的及时行乐与长期偏好在现实中可能并不一致。

行为经济学家认为，人们常常低估他们自身行为和外生变量对未来效用的影响，从而夸大了未来偏好与现在偏好相似的程度，由此产生了预测偏差。行为经济学家在研究中发现，一个人的目前福利不仅受其目前消费的影响，还受其他因素的影响，比如，受他过去行为、偏好中暂时的变动以及环境中的变化等因素的影响。行为经济学家还规范了人们对未来效用预测偏差的含义，他们认为人们倾向于低估其状态中的变化效果，从而错误地预测了未来偏好，而且会导致动态选择环境中的系统性偏差。预测偏差是广泛存在的，而且产生预测偏差的环境是多样的。人们还经常低估偏好中的短暂变化，低估依赖于先前选择的偏好中的变化。预测偏差意味着预测的效用不必与实际效用相符，人的行为也不必与正确的效用最大化相符。

行为经济学的上述研究成果证实，人们对未来的事件不可能像新古典主流经济学假定的那样计算出一个确定的风险概率，预期具有主观性，而且影响人的行为，使人的行为带有浓厚的非理性色彩。同时，现实中的人们即使明确知道最佳选择方案，也可能无法做出这种选择，而且人们往往是基于短期利益而非长期利益做出选择的。这些行为都与主流经济学的理性经济人假设不符。

　　传统经济学假设人类行为都是自利的，这一自利的行为还会导致个人和社会整体福利水平的最大化。但行为经济学认为，纯粹的自利已无法解释自愿捐献、干旱时的自愿节水、储蓄能源以解决能源危机以及牺牲金钱从而对不公平的待遇进行报复等社会现象，无法解释人类生活中许许多多的"非物质动机"和"非经济动机"。因为人类经济行为的动机不仅仅是"自利"，也有情感、观念导引和"社会目标"引致的成分。因此，很有必要将社会动机的一种形式——利他或是人们对他人福利的关心纳入经济分析中。行为经济学家在实验中发现，由于人们偏离了狭义的自利，他们会选择那些不会最大化自身收入的行为，当这些行为影响他人收入时，人们会在交易中牺牲金钱以惩罚那些对他们不利的人，或是与那些没有要求分配的人分享金钱以及自愿为公共物品做贡献。对此，从已经建立了的"社会偏好"模型来看，它们都是假设人不仅有一种自利的愿望以期得到高收入，而且也会关心他人的收入。

　　现存的"社会偏好"模型可以分为两个范畴，分别是厌恶差异偏好和互惠性偏好。厌恶差异偏好模型假设人们只关心收入分配，他们试图减少自己与他人收入的差异，当他们盈利时会做出牺牲以帮助他人，而当他们亏损时则不会帮助任何人，甚至会伤害到一些人，也就是所谓的帕累托损害的牺牲，这种偏好称为"厌恶差异"。而在互惠性偏好模型中，一方是基于他对另一方是否公正对待他的信念来增加或降低另一方的收入的。行为经济学家还运用了具有二元选择的简单博弈对"社会偏好"模型进行了直接的检验，其结论支持了流行的"拟极小极大偏好"（采用使收益的极小值达到极大的博弈策略），即人们做出牺牲以提高全体特别是最低收入者的收入。另外，行为经济学家还认为互惠性也是人类的动机之一，即人们不愿意做出牺牲以交换商品，除非是为中立方做出牺牲；当其他人不愿意牺牲时，人们也不愿意牺牲以此来达到一个公正的结果。基于以上观点，被视为"厌恶差异"的行为实际上是互惠性和类似极小极大偏好的组合，每个人都愿意做出牺牲以只将类似极小极大的分配给予那些追求这种分配的人，并会做出牺牲以惩罚不公正的人。行为经济学的这一研究结论证明，人的自利是受到限制的，理性经济人假设强调了"自利"是第一位的动力，但这并不能完全排除"非经济动机"的存在。

三

　　几个世纪以来，基于牛顿模式和笛卡尔二分法的理性主义科学观一直占据着理论界的主导地位。在理性主义者的视野里，以经典物理学为代表的自然科学的结构模式似乎是一种超越历史、永恒不变的、最好的科学理论结构。这一思维模式对经济科学的影响就是人为地设置了经济学与其他人文社会科学之间的鸿沟，并且还使得经济学为着"科学化"的梦想而在刻意模仿自然科学的过程中沿着纯粹理性公理化的"科学"逻辑走向了封闭和僵化。其结果是造成了主流经济学从其狭小的"理性世界"出发只能提供一个关于真实世界的局部而不真实的认识。例如，经济学理性主义思维方式在纵向上具有历史时间的封闭性，即架空了制度背景，排除了时间维度的变化；在横向上具有学科领域的封闭性，即脱离了社会、政治、法律、伦理等因素对经济问题的影响而孤立地研究"纯"经济问题。这样一来，西方主流经济学家们的"理性分析"所建立的只能是一个关于理论世界而非真实世界的经济模型，他们关于现实经济问题的解释多半是片面的而非真实的。①

　　行为经济学的诞生和发展正说明了经济学在摆脱了传统的理性经济人假设之后会有极为广阔的发展空间，并且是向着更加真实世界的发展。在马克思看来，人类的社会经济活动是一个十分复杂多样的综合系统，社会经济问题应被纳入人类实践的宏大背景中加以考察，所以科学的经济学体系也应是一个开放的学科体系。事实上，马克思早期转向经济学研究，也就是从历史分析、制度分析、所有权分析入手的，并一直结合着人类学、历史学、哲学等学科的成果与方法展开其经济学研究。马克思的这一研究经济学的方法将代表 21 世纪经济学发展的趋势。② 也就是说，21 世纪经济学发展的趋势必将打破人为设置的学科壁垒，摒弃传统理性主义封闭的局部思维，确立开放的综合性的思维方式，顺应科学发展的新趋势，通过与整个社会文化的复合来开放自己，以更适应人类社会的整体发展。这就要求经济学应"复活"长期被压制的文化、信仰、制度、道德以及心理等"非理性"因素应有的理论地位，将理性分析、制度分析、历史分析和心理分析结合起来。行为经济学的诞生与发展的意义就在于反映了这一经济学发展的新趋势。从西方经济学的发展史来看，经济学的现实主义运动作为一种学术思潮自"李嘉图恶习"在经济学界存在和产生影响以来，就一

---

① 胡乐明 . 经济学的"理性"重建：走向新理性［M］//程恩富，胡乐明 . 经济学方法论：马克思、西方主流与多学科视角 . 上海：上海财经大学出版社，2002：349-350.

② 《经济学家》在对 21 世纪经济学的走向进行展望时也断言："到 2091 年，经济学在挫败许多批评的同时，这门已得到公认的学科形式仍将存在。但是，它的研究方法和目的肯定会发生变化。"参见经济学家 . 21 世纪的经济学［M］. 徐诺金，译 . 北京：中国金融出版社，1992：118.

直沉沉浮浮、曲曲折折地发展着（德国历史学派和美国制度学派的出现曾使经济学现实主义运动出现过短暂的高涨）。在当代，现实主义运动随着二战后经济学形式主义的日益加重，也在 20 世纪 60 年代初出现回潮。以科斯在 1960 年发表的《社会成本问题》为标志，新制度经济学作为现实主义运动的一面旗帜，正引导着现代经济学去探索更加纷繁复杂的"真实经济世界"。

尽管本文揭示了传统的理性主义存在上述重大缺陷，但并不意味着本文完全否定理性主义的研究方法。无可非议，科学从根本上说是一项理性的事业，经济学欲作为一门科学而存在，其本质也必然是理性的。本文的目的在于从行为经济学对传统主流经济学的挑战来论证传统理性主义的局限，并为克服这种"局限"而提供有益的探索。马克思就认为理性的方法固然重要，但它绝不是一个永恒至上、完备无缺的认识工具："人类理性最不纯洁，因为它只具有不完备的见解，每走一步都要遇到新的待解决的任务。"[1] 在《巴黎手稿》中，马克思曾专门对经济学所谓"不证自明"的教条进行了矛盾分析，并就当时经济学外在的、僵死的、静止的逻辑范畴的抽象前提进行了批判。在马克思看来，经济学家从所谓"不证自明"的逻辑前提出发单纯地从事逻辑概念的演绎而不关心对理论前提的批判，其错误在于"它把应当加以论证的东西当作理所当然的东西"[2]。本文的结论是，现代经济学的发展方向应消除理性的至上性和绝对性，恢复对于理性的正确理解，使之回到其应有的合理地位，恢复转到人类的社会实践和历史之中来。同时，还应认识到理性逻辑认知功能在经济学研究中所存在的缺憾，注意吸取现代心理学等非理性认知工具对现代经济学研究方法的补充。

（原载《社会科学》2004 年第 7 期）

---

① 中共中央马克思恩格斯列宁斯大林著作编译局．马克思恩格斯选集：第 1 卷［M］．北京：人民出版社，1995：149.

② 马克思．1844 年经济学哲学手稿［M］．刘丕坤，译．北京：人民出版社，1979：43.

从萨缪尔森的经济学论经济学理论发展的范式逻辑

经济学范式意指经济学这一学科被普遍接受、使用并作为交流思想的一套概念体系和方法。一部经济学说史，就是一部经济学范式不断革命与完善的发展史。经济学发展的历史逻辑具体就表现为经济学范式的转换。经济学范式的转换，除以学派竞争为表现形式的批判与继承的扬弃，还表现为经济学的综合，即对经济学科内部不同学派之间的分歧采取兼收并蓄的办法，使各学派的观点融入一个统一的经济学框架体系之内，这也构成了经济学理论创新的一种方法。这是因为历史上任何理论学说要发展和创新都需要吸收和借鉴前人的思想成果，都要有其理论的渊源。经济学理论的发展和创新也不例外，也会表现出一定的连续性，"综合"正是沟通旧理论和新理论的桥梁之一。因此，经济思想史上经济学范式的运动和发展也必然会表现为这一运动形式。本文以保罗·萨缪尔森（Paul Samuelson）的经济学论为例，对经济学理论发展中的综合创新的研究范式进行论述，并以此纪念这位著名经济学家。

一、萨缪尔森与他的《经济学》

萨缪尔森 1915 年出生于美国印第安纳州的加里市，1935 年毕业于芝加哥大学，1941 年获美国哈佛大学博士学位，同年进入麻省理工学院执教，并成为麻省理工学院研究生部的创始人。2009 年 12 月 13 日，萨缪尔森在马萨诸塞州的家中辞世，享年 94 岁。由于在麻省理工学院执教数十载，萨缪尔森桃李满天下。对于他，他的学生——美国联邦储备委员会主席本·伯南克（Ben Bernanke）评价说，萨缪尔森是"一个道路开拓者、多产的经济学理论家、所知的最伟大的经济学教师"。对这位作为"经济学泰斗"的老师的辞世他深表哀悼。萨缪尔森麻省理工学院的同事、诺贝尔经济学奖得主罗伯特·默顿·索洛（Robert Merton Solow）评价他说，在普通经济学家仍沉浸在计算或分析简单经济学问题时，优秀的经济学家则为人们提供分析事物的工具和思考的方法，在这一点上，没有人能超越萨缪尔森。① 萨缪尔森出生于一个犹太人家庭，家族中还出过多名著名经济学家。其侄子劳伦斯·萨默斯（Lawrence Summers）曾担任过美国财政部长，曾为美国前总统贝拉克·侯赛因·奥巴马（Barack Hussein Obama）的首席经济顾问。其兄弟罗伯特·萨默斯（Robert Summers）、妹妹安妮塔·萨默斯（Anita Summers）也都是知名经济学家。

萨缪尔森是一位才华出众的美国经济学家和现代经济学的集大成者，也是凯恩斯主义在美国的主要代表性人物，例如，他在 1964 年推动了著名的减少个人所得税法案，该法案被广泛认为为美国 20 世纪 70 年代的经济繁荣奠定了基础。1965 年，萨缪尔森当选美国国际经济学会会长。

萨缪尔森在经济思想史上的重要贡献首推 1948 年发表的巨著《经济学》（时年萨缪尔森 33 岁），该书出版后即成为西方经济学说史中继 1848 年约翰·穆勒（John Mill）的《政治经济学原理》和 1890 年阿尔弗雷德·马歇尔（Alfred Marshall）的《经济学原理》之后的第三本流行的经济学经典教科书，并被翻译成 40 余种文字，修订 19 版，全球销量上千万册，70 余年来成为许多国家和地区经济研究、规划的理论根据，到现在也是多国高等学校专业必读教材，是世界各国经济学人探求现代经济学理论的"通行要道"。此后，西方国家大量由不同作者撰写的经济学教科书都在不同程度上或仿效此书或深受此书影响。萨缪尔森在该书出版 50 周年时撰写的序言中不无幽默地回忆说，"有一次，当 X 作者指责并控告 Y 作者有剽窃和侵犯版权行为时，被争吵激怒的法官把诉讼状扔出庭外并且骂道：'管他谁是谁非，他们看起来都是克隆萨缪尔森的'"②。《经济学》一书从微观经济学到宏观经济学、从生产到消费、从经济思想史到经济制度等方面都有新的创见。此书的出版使萨缪尔森名声大振。

作为一本经济学的教科书，萨缪尔森力图使其能随着现实经济的发展反映不断变化的国际经济形势与思潮，且其理论体系与观点也能不断发生变化。萨缪尔森在其《经济学》第 12 版中坦承："经济学本质上是一门发展的科学。它的变化反映了社会经济趋势的变化。经济学的发展的性质在本版中的每一章中都得到反映。"③ 萨缪尔森在其《经济学》第 17 版中继续强调，"自 1948 年本书第一版问世以来，经济学的确已经发生了深刻的变化。经济学原本就是一个活生生的不断丰

① 美国经济学泰斗萨缪尔森辞世 [N]. 新华每日电讯，2009-12-15（05）.
② 萨缪尔森. "看起来"都是克隆萨缪尔森的：《经济学》初版 50 周年纪念本序言 [J]. 书城，2000（10）：10.
③ 萨缪尔森，诺德豪斯. 经济学：第 12 版 [M]. 高鸿业，等译. 北京：中国发展出版社，1992：序 2.

富和发展的有机整体。在日新月异的学界保持《经济学》始终处于前沿的需求，给了作者一种备受鞭策的动力：介绍现代经济学家们的最新见解，并阐明这些见解如何作用于日益繁荣昌盛的世界"①。萨缪尔森坦承"我已成为晚期20世纪西方主流经济学的代言人"。

二、萨缪尔森新古典综合的范式体系

从经济思想史的发展来考察，在西方经济学近一个半世纪内有三次影响重大的研究范式的"综合"创新，其代表性人物及其名著有穆勒的《政治经济学原理》、马歇尔的《经济学原理》和萨缪尔森的《经济学》。穆勒生活的年代资本主义的各种矛盾已达到非常严重的程度，他在1848年出版的《政治经济学原理》教科书中一方面尽量维护"看不见的手"的原理，另一方面又综合其他学派的成果提出了通过收入再分配来改善资本主义市场经济的方案，第一次建立了一种综合的经济学体系，成为19世纪后半叶英语世界中必读的经济学教科书。第二次综合创新体现在马歇尔1890年首版《经济学原理》上，此书到1920年已出了8版。在该书中，马歇尔坚持将微积分和心理学相结合的"边际革命"的理论立场，试图把当时西方经济学的各种不同理论，如供求论、节欲论、生产费用论以及边际效用论等融合起来，并以此为基础形成以他为先导的"新古典经济学"的理论体系。马歇尔的《经济学原理》在19世纪末期到20世纪早期被奉为西方经济学的"圣经"。最后一次综合创新就体现在萨缪尔森1948年首版问世的《经济学》上了，至2005年，此书已出了18版。在经济思想史上的第三次综合创新中，萨缪尔森试图将近半个世纪以来所形成的新古典学派、货币学派、合理预期学派等综合进凯恩斯的经济学体系之中，创建其"新古典综合经济学"的理论体系。在第18版《经济学》中，萨缪尔森宣告："这本书的每一次再版都是一次新生。而每经历一次新生，作者都能借此令人兴奋的契机来展示现代经济学家最前沿的思想，并阐释经济学如何促进世界更加繁荣。"②

萨缪尔森在1955年第3版《经济学》中正式提出了"新古典综合经济学"这一概念，意指他的《经济学》是将凯恩斯的宏观经济学理论和马歇尔的微观

---

① 萨缪尔森，诺德豪斯.经济学：第17版［M］.萧琛，译.北京：人民邮电出版社，2004：前言2.
② 萨缪尔森，诺德豪斯.经济学：第18版［M］.萧琛，译.北京：人民邮电出版社，2008：前言1.

经济学理论"综合成一体"。萨缪尔森《经济学》一书的特点就是将凯恩斯宏观经济学与古典主义的微观经济学这两个互斥的理论范式"综合"成一套互补的体系，同时对数十年来宏观经济和微观经济学的新观点和新发展成果兼收并蓄，使研究诸如消费、投资、收入等国民经济总量及其变化的宏观经济学和把单个厂商、单个消费者和单个行业作为研究对象的微观经济学不再是孤立僵化的两套理论。例如，在萨缪尔森的"新古典综合经济学"体系中宏观上强调以国民收入决定为中心来分析其他总量的决定与整个国民经济的运行，强调总需求对国民收入决定的重要作用的同时也分析了总供给对国民收入决定的作用；在微观上则运用新古典经济学派的边际分析和强调市场经济中价格机制对资源配置达到最优化的作用来补充宏观经济理论，创建一个完整的新的经济学体系。萨缪尔森认为，任何能站住脚的经济学说都不过是对前人认识在某一方面的发展，因而都有其合理的成分或因素。

传统观点认为，新古典学派的理论基础是"供给决定需求"的萨伊定理，它与"需求决定供给"的凯恩斯定理是矛盾和冲突的。但在萨缪尔森看来，凯恩斯的经济学与马歇尔的古典经济学之间的分歧并非像人们所理解的那样大，二者之间有许多共同成分。萨缪尔森认为，古典经济学是建立在工资和价格具有无限伸缩性的假设之上的，依照这一假设就不会存在过剩的产品，从而原始形式的萨伊定理就是正确的。凯恩斯主义者指出由于工会在订立工资协议时的强大力量以及其他原因，工资和价格的下降受到了阻碍，因此工资和价格不能具有无限伸缩性，在这种情况下，萨伊定理就必须以凯恩斯添增的条件为前提。萨缪尔森认为这两种理论体系并不是绝对对立的，这就给他对这两派的"综合"提供了理论上的可能性。萨缪尔森认为古典经济学和凯恩斯经济学可以调和，它们之间仅仅存在程度和现实性的差异，而并非原则性的分歧。因此他说"星期一、星期三、星期五，我可以是一名萨伊定律的侍从，而星期二、星期四、星期六，我却可以是一名凯恩斯分子"①。萨缪尔森在其第 18 版《经济学》中强调说："我们重视作为现代主流的凯恩斯主义学说，因为它能最好地解释市场经济的商业周期。但在理解长期经济增长的动力时，我们认为最好还是采用新古典模型。"② 萨缪尔森坚持自己对经济学各派"折中"的综合使命，"意见明确的经济学家经常为两类：只是右翼和左翼力量的那些人。因此统治者必须招

① 胡代光，厉以宁. 当代资产阶级经济学主要流派 [M]. 北京：商务印书馆，1982：70.
② 萨缪尔森，诺德豪斯. 经济学：第 18 版 [M]. 萧琛，译. 北京：人民邮电出版社，2008：599.

请像我这样的折衷主义的经济学家，以便在坚持党派观念的对手之间给以裁定"①。也正是从这一观念出发，萨缪尔森认为只要国家对经济的干预能实现充分就业，新古典经济学中运用市场机制来调节经济使资源达到最优配置的微观经济理论就仍是适用的。客观地评价，萨缪尔森的上述看法有其合理性，因为凯恩斯虽然对新古典经济学进行了批评，但并不全然否定新古典经济学。例如，《通论》的最后一章中肯定传统理论中的价值和分配理论，认为假定产量一定时新古典理论的分析，诸如私人为自我利益将决定生产什么产品、按什么样的生产要素配合比例进行生产和最终产品的价值如何分配给这些生产要素等仍然是无可非议的。凯恩斯在生前的最后一篇文章《美国的国际收支》中，仍然不忘提醒经济学家们注意，传统经济学的"教导里包含着一些意义重大的永恒真理，这是今天很容易忽视的……"② 萨缪尔森在 1961 年出版的《经济学》（第 5 版）中提出他的"新古典学派的综合"理论就是对凯恩斯理论和古典经济学理论的继承和发展。在 1964 年出版的《经济学》（第 6 版）中又进一步解释"新古典综合"就是总收入决定理论的要素与早先的相对价格和微观经济学的经典理论相结合。他认为用微观经济理论补充宏观经济理论能更好地解释各种经济问题。他试图把当代经济学的争论化解于一个统一的体系内，并形成一个新的体系。

萨缪尔森的"新古典综合"经济理论体系随着时间的推移也在不断地演变和发展，它经历了由"原始的综合"到"成熟的综合"。例如，"新古典综合经济学"的提法在遭到弗里德曼货币主义理论的攻击后，萨缪尔森在 1970 年出版的《经济学》（第 8 版）中将之更名为"后凯恩斯西方主流经济学"。随着 20世纪 70 年代供给学派和理性预期学派对"后凯恩斯西方主流经济学"的攻击，1982 年，萨缪尔森在《经济学》（第 12 版）中对《经济学》做了一次重大修改，在原来的新古典综合理论的基础上把后来形成的主要宏观经济学流派，如货币学派、供给学派以及理性预期学派的思想进一步综合，试图建立一个能为各派都接受的折中体系，并再度更名为"现代主流经济学新综合"。不论萨缪尔森对其学派的名称如何变更，其"综合"凯恩斯主义、新古典经济学和其他经济学流派的性质并未发生什么变化。西方经济学者约翰·沙克尔顿（John Shackleton）和加雷思·洛克斯利（Gareth Locksley）在其合著的《当代十二位经济学家》一书中对萨缪尔森有如下评价："在经济信仰变化莫测的大动荡

---

① 萨缪尔森，诺德豪斯. 萨缪尔森自序：经济学和永葆青春 [M] //经济学：第 14 版.
　北京：首都经济贸易大学出版社，1996：11.
② 凯恩斯. 美国的国际收支 [J]. 经济学杂志，1946（06）：185-186.

中，萨缪尔森多年来坚定地立于科学公正的基石之上。在受到激进的右翼和左翼经济学家挑战时，萨缪尔森坚持了这样的原则，即对于那些引起争论的事实，完全可以不带着赞美或憎恶这类感情色彩来给以阐述。"① 萨缪尔森的经济理论对各国的经济政策的制定有重要影响，诺贝尔经济学奖委员会认为萨缪尔森的"综合是今日各国能用财政政策和货币政策成功地控制衰退或通货膨胀……有些经济学家认为，萨缪尔森的书是他的真正的最大贡献。它在提供世界一种共同经济语言的道路上走了很长一段路"②。

萨缪尔森的"综合"仍存在内在的矛盾和缺陷。首先，凯恩斯主义者之所以坚持"凯恩斯定律"，是因为坚持工资和价格的刚性，而工资和价格的刚性之所以会存在是因为信息的不完全性和工会契约的存在，因此凯恩斯主义者坚持市场失灵，坚持价格刚性和非自愿失业的存在；古典经济学者之所以主张"萨伊定律"，是因为假设工资和价格是具有伸缩性的，因而通过市场调节就可以解决问题，从而反对政府对经济的过多干预。萨缪尔森试图将两者综合在其短期供给原理和长期供给原理之中，但按照萨缪尔森这种综合，价格刚性的假设只有在短期内才可得到证明，而在长期情况下则转变为价格伸缩性，这实质上等于认为在长期条件下必须放弃凯恩斯价格刚性的假设。其次，正如有的学者所指出的那样，萨缪尔森的综合体系一方面以市场失灵为前提，但另一方面在长期条件下市场可以出清，社会总供给曲线的移动是潜在的国民收入的变动。这种说法又与新古典主义自然失业率自身变动原理基本相同，否认了凯恩斯《通论》中的非自愿失业原理，从而把《通论》变成了特例，这实际上等于承认在长期条件下宏观经济学的微观基础不能使用工资契约等微观原理。萨缪尔森的"新古典综合"等于在向新古典经济学靠拢的过程中又逐步抛弃了凯恩斯经济理论的基本逻辑。③

三、萨缪尔森的"混合经济理论"

萨缪尔森在其《经济学》中还力主经济理论的改革。他主张政府积极有为，并提出"混合经济"的理论，认为"所有的社会都是既带有市场的成分也带有指令经济的成分的混合经济"。显然，混合经济理论是对凯恩斯国家干预理论和

① 沙克尔顿，洛克斯利. 当代十二位经济学家 [M]. 北京：商务印书馆，1992：253.
② 王宏昌. 诺贝尔经济学奖金获得者讲演集：1969—1981 年 [M]. 北京：中国社会科学出版社，1986：64.
③ 汪祖杰. 评新版萨缪尔森《经济学》[J]. 世界经济文汇，1994（05）：72-74.

新古典市场理论的综合，内涵是当今资本主义是由市场经济（私人经济）和国家调节相结合的混合经济制度。在这一"混合经济"的制度里，一方面经济中的基本问题仍然由市场来解决，另一方面政府有责任运用货币政策和财政政策来调节国民经济，把个人自由和社会责任、个人福利和社会福利结合起来，以保证充分就业和经济的持续发展，实现社会公平公正。

凯恩斯鉴于1929—1933年资本主义经济危机的发生这一自由市场经济的失败，提出在维护私人资本的基础上由国家调节公私之间合作的干预理论。萨缪尔森在主张恢复新古典学派市场经济理论的基础上再结合凯恩斯的国家干预理论，将"看不见的手"与"看得见的手"结合起来共同调节资本主义经济的运行。萨缪尔森指出，市场机制和控制经济是两种主要的经济组织的模式，认为"当今世界上没有任何一个经济完全属于上述两种极端之一。相反，所有的社会都是既带有市场经济成分也带有指令经济的成分的混合经济。……今天，美国的大多数决策都是在市场中进行的。但政府在监督市场运行方面仍然扮演着重要的角色：政府制定法律来监管经济生活，提供教育和治安等服务，并管制污染等。当今世界各国大部分都实行的是混合经济制度"①。在萨缪尔森看来，混合经济的形式将是工业发达社会未来发展的必然趋势，其优越性在于国家可通过运用货币政策和财政政策来调节国民经济，通过宏观需求管理弥补私人需求的不足，以保证"充分就业"和社会经济的持续发展。

萨缪尔森提出，在混合经济中，国家干预应是在市场机制调节基础之上的干预，干预只能是对市场经济的补充而不能是对市场机制的取代。换言之，经济运作的基本机制仍然是市场调节："市场经济是一部复杂而精良的机器，它通过价格和市场体系来协调个人和企业的各种经济活动。它也是一部传达信息的机器，能将数十亿各不相同的个人的知识和活动汇集在一起。在没有集中的智慧或计算的情况下，它能解决涉及亿万个未知变量或相关关系的生产和分配的问题，对此连当今最快的超级计算机也都望尘莫及。"② 萨缪尔森认为，市场经济之所以有如此巨大的功效，就在于它通过供给和需求的相互作用解决了任何社会都会遇到的三个基本问题，即生产什么和生产多少、如何生产、为谁生产。他认为单个消费者和企业可以通过市场交换来决定生产什么、如何生产和为谁生产的问题，生产取决于消费者的货币选票，如何生产取决于不同生产者之间

① 萨缪尔森，诺德豪斯．经济学：第18版［M］．萧琛，译．北京：人民邮电出版社，2008：7.

② 萨缪尔森，诺德豪斯．经济学：第18版［M］．萧琛，译．北京：人民邮电出版社，2008：23.

的竞争，为谁生产取决于市场对生产要素（土地、劳动和资本）的供给与需求。人们的货币选票影响物品的价格，价格是决定各种物品生产数量的指南，处于完全竞争下的企业家必须找出成本最低的生产方法，否则就会因亏本而被淘汰出局。他认为在微观经济领域，只要市场机制得以充分作用，便能自行实现经济资源的帕累托最优配置。萨缪尔森根据1989年东欧剧变和1991年苏联解体并走向市场经济的新形势在其《经济学》（第14版）微观经济学部分的最后特别增加了"经济趋势的改变：市场的胜利"一章，提出"在全世界，各个国家正发现市场作为配置资源的一种工具的力量"，指出"这些国家相信，只有通过市场来决定价格、产量和收入，人民才会有适当投资动机和努力工作"[①]。萨缪尔森对市场机制充满信心，声称其《经济学》（第16版）的主旋律仍然是"市场再发现"，认为即使"在市场经济国度，市场机制同样也得以重新发现"。[②]

萨缪尔森一方面赞扬市场，另一方面又认为斯密"看不见的手"的学说是建立在完全竞争和没有市场失灵的假定前提条件下的，当存在垄断、外部效应、公共品和信息不对称等情况时，"看不见的手"的效率特性就会被破坏，市场机制并不总是能达到其完美理想的境界，"我们发现存在着'市场不灵'，并且市场也并不总是产生最有效率的结果。市场不灵的一种情况是垄断以及其他形式的不完全竞争。'看不见的手'的第二种不灵表现为市场的外溢效果或外部性：正面的外部性包括科学发现等，而负面的外溢效果应包括环境污染。对市场的最后一种指责是：其收入分配的后果在政治上或道义上是无法接受的。若这些情况中出现任何一种的话，亚当·斯密的'看不见的手'的原理就会崩溃，政府就会试图干预，以弥补'看不见的手'的不足"[③]。因为市场不能解决一切问题，所以应该保持政府在经济中的重要角色。萨缪尔森在《经济学》（第17版）的《告别辞》中特别告诫说："在本书掩卷之际，让我们提议向市场欢呼两次，而不是三次。最后那一次，我们认为应当保留到未来的某一天，即我们的国家乃至世界上每一角落的人都能有好的工作、高的收入、健康的生活和安全的环境，这些才是经济学和经济学家们在即将到来的新世纪中的最有价值

① 萨缪尔森，诺德豪斯. 经济学：第14版［M］. 胡代光，等译. 北京：首都经济贸易大学出版社，1996：序3.
② 萨缪尔森，诺德豪斯. 经济学：第16版［M］. 萧琛，译. 北京：华夏出版社，1999：4.
③ 萨缪尔森，诺德豪斯. 经济学：第18版［M］. 萧琛，译. 北京：人民邮电出版社，2008：25.

的目标！"①

在混合经济的制度下以市场机制为基础的社会资源配置活动中，政府的主要职能有哪些？萨缪尔森提出：政府的主要职能是"矫正市场失灵，对收入进行再分配，稳定经济并促进经济增长"②。从矫正市场失灵的角度出发，萨缪尔森提出政府的首要职能是借助多样化的制度创新来促进经济效率的提高。例如，政府必须制定市场竞争的规则，通过立法手段来保护竞争，消除垄断；政府还必须消除外部效果，当有些企业的乌烟废气威胁着人们的生活和财产权时，政府就应予以校正，同时还需提供公共品，弥补市场供给的不足；市场机制本身不能解决社会公平问题，因此政府必须处理有关分配的问题以解决市场分配的不公，比如，通过实施累进所得税制和转移支付制度向特殊群体实行收入再分配，有时还需要通过提供食品券、医疗补助金和低费住房来补贴低收入群体的消费，保持社会公平程度的合理发展，使得我们的社会"儿童不应因其父母的经济状况而忍受饥饿，穷人不应当因没有足够的钱支付必要的医疗费用而死去，年轻人应该免费接受公共教育，老年人应有最低水平以上的收入安度余生"③。政府还应该通过财政金融政策来影响经济中的总开支水平、经济增长率和产出量、就业和失业水平、物价水平和通货膨胀率，进而对市场机制的自发性与盲目性形成一定的刚性约束，消除不稳定的因素。

作为一个综合主义者，萨缪尔森不仅对"市场不灵"进行了详尽的分析，还对"政府不灵"有系统的阐述："诚如存在垄断和污染等问题时会出现市场不灵一样，政府的干预导致浪费或收入分配的不公平这类政府不灵也同样存在。"④ 对"政府不灵"的系统阐述，构成了萨缪尔森经济学说的一个重要部分。萨缪尔森不仅论证了政府参与经济活动的必要性，也系统阐述了政府干预的缺憾与不足。对于"政府不灵"的表现，萨缪尔森分析其先表现在政府决策可能会缺乏应有的科学性与公正性、出现"寻租"行为的泛滥或立法机关成了财力雄厚的少数人或院外活动者的俘虏。政府不灵的存在提醒我们应审慎地使用"看得见的手"，应在"看不见的手"表现不佳的情况下才能使用"看得见

---

① 萨缪尔森，诺德豪斯．经济学：第 17 版［M］．萧琛，译．北京：人民邮电出版社，2004：519.

② 萨缪尔森，诺德豪斯．经济学：第 18 版［M］．萧琛，译．北京：人民邮电出版社，2008：345.

③ 萨缪尔森，诺德豪斯．经济学：第 18 版［M］．萧琛，译．北京：人民邮电出版社，2008：280.

④ 萨缪尔森，诺德豪斯．经济学：第 18 版［M］．萧琛，译．北京：人民邮电出版社，2008：280.

的手"。萨缪尔森在其《经济学》(第 18 版)第 16 章《政府税收和支出》"最后的话"中强调:"我们对于政府在经济中作用的简要考查,提醒我们应该注意集体行动的责任和不利之处。一方面,政府必须保卫国家的边疆,稳定经济,保护公众健康,并对污染加以管制。另一方面,许多政策也体现了一种将收入从消费者手中转移到政治力量强大的利益集团手中的倾向。这意味着我们应该放弃政府这只'看得见的手',而换成市场那只'看不见的手'吗?经济学不能回答这么深刻的政治问题。它能做的只是考查政府选择和市场选择的优势与劣势,并设计出某种机制(如绿色税或研究开发资助)来弥补'看不见的手'的缺陷,使得这只手可以比在完全放任或无节制的官僚体制这两种极端条件下来得更有效率。"① 萨缪尔森主张政府干预必须适度,干预不足或干预过度都不利于市场机制的有效运行。政府的干预过度不仅不能有效地医治"市场失灵",反会引发其他病症,扭曲市场信号,加剧市场波动,从而更加不利于资源配置效率的优化。也就是说,政府干预绝不能以侵犯市场准则和扭曲市场机制来达到弥补市场缺憾的目的。

四、萨缪尔森对现代经济学理论的贡献与影响

萨缪尔森的"综合"创新还表现在把凯恩斯主义的主要批评者,诸如货币学派、供给学派和理性预期学派的观点也加以吸收综合进自己的经济学体系之中。在《经济学》(第 12 版)中,萨缪尔森宣称"有关宏观经济学的几章现在使用了具有总结性的总量供给和总量需求的方法","我们引入了总供给和总需求(AS-AD),作为理解价格和国民总收入的总体变动的核心方法。宏观经济学中的所有重大问题现在都用这些新的工具加以分析。因此,我们把各种不同的思想流派——凯恩斯主义、古典学派、货币主义、供给学派、理性预期以及现代宏观主流经济学——总合在一起"。② 萨缪尔森提出,货币主义与凯恩斯主义这两个学派的观点已经有明显的趋同性。目前的分歧主要在于侧重点不同,而非基本信念的差别。通过对上述学派观点的综合可以更好地说明包括滞胀在内的资本主义宏观经济的波动以及消除波动的政策建议。

萨缪尔森在《经济学》(第 16 版)中也注意对近数十年来宏观经济学和微

---

① 萨缪尔森,诺德豪斯.经济学:第 18 版 [M].萧琛,译.北京:人民邮电出版社,2008:292.

② 萨缪尔森,诺德豪斯.经济学:第 12 版 [M].高鸿业,等译.北京:中国发展出版社,1992:1-2.

观经济学的新观点兼收并蓄。例如，除将注意力放在经济学核心理论（诸如稀缺、效率、贸易收益和比较优势原则等微观经济学概念以及总供给和总需求、货币地位等宏观经济学概念以及有关经济增长的普遍认可理论和关于经济周期的争议学说），还注意在宏观经济学领域吸收诸如新经济增长理论中强调技术、发明和人力资本重要性的实际经济周期理论等内容，在微观经济学领域吸收介绍了信息经济学、博弈论等新流派。同时还讨论了通过排污（许可证）交易计划将经济学应用于环境保护领域以及评论了改善后的管理机制、欧洲货币一体化等，介绍评论了为体现商品和服务质量迅速提高而进行消费价格计量方法的分析，详细评述了处于经济学最前沿的环境生态经济学、医疗保健经济学、国际经济学或开放经济宏观经济学 3 个领域。他力求讨论吸纳现代宏观经济学的所有流派。

萨缪尔森对各种经济学流派进行综合的同时也有发展和创新，除建立综合体系的尝试之外，他在西方经济学的各个领域几乎都有所建树。他是福利经济学和现代经济计量学的创始人。1939 年，萨缪尔森发表的处女作《乘数分析与加速数原理的相互作用》首创经济波动模型，提出政府开支对国民收入有重大作用，西方经济学界普遍认为这一开创性的研究是他在经济周期理论方面的重要贡献。1941 年，他以《经济理论运算的重要性》长篇论文获哈佛大学博士学位，该论文就是后来他在 1947 年纪念凯恩斯逝世一周年时发表的《经济分析基础》的雏形，该书使萨缪尔森在 1970 年荣获诺贝尔经济学奖。他在坚持并发展凯恩斯主义国民收入决定理论的同时对这一理论也进行了补充和修正，发展成自己的现代收入决定论，同时把政府干预经济的作用也纳入国民收入均衡模型之中。他把总需求理论和总供给理论统一在"新综合"的 AS-AD 的模型中，这一模型通过对马歇尔局部均衡理论方法的运用和创新把凯恩斯的总需求分析切换到总供给分析的角度。萨缪尔森的历史功绩还在于对经济基础理论与方法论的贡献。正是由于他的努力，西方经济学由 20 世纪 30 年代以前依靠文字和图形分析的研究范式转变为支配了以后几十年的诉诸数学和推理进行分析的研究范式，"开创了一个崭新而且持久的典范"①，其分析方法成为大学本科课程的标准，为人类认识自我和探究经济世界提供了新的分析工具，影响了人们看待经济世界的方式。萨缪尔森的《经济学》一书对经济学的形式化和规范化也有重要的影响。借用西方学者的话说："鉴于经济学古典用语中的矛盾、交错和错

---

① 萨缪尔森，诺德豪斯. 金色的诞辰［M］//萨缪尔林，诺德豪斯. 经济学. 16 版. 萧琛，等译. 北京：华夏出版社，1999：3.

误，他在数学中寻求统一和清晰。"①

瑞典斯德哥尔摩经济学院的阿沙·林贝克（Assar Lindbeck）教授为萨缪尔森获得诺贝尔经济学奖颁奖的致辞中中肯地评价了萨缪尔森对现代经济学的贡献和影响："你或许比任何人更多地证明了经济分析严格形式化的好处。因此，事实上你为过去几十年的几代经济学家定下了风格。……在你的'显示的优选次序'理论的基础上，根据可观察行为建设你的消费理论；在许多不同质资本货物的情况中形成资本理论，在均衡情况之外分析动态过程和稳定性，用一种联合乘数和加速系数的模型解释商业循环，在全部均衡分析的框架中研究集体货物的位置，分析最大增长率，用你的'消费贷款'模型研究在各代人之间分配消费，以及分析从贸易得到的利益和关税对收入分布的效应。"② 诺贝尔奖委员会对他评论说："一般说来，萨缪尔森的贡献是，他对提高经济科学的一般分析方法的水平有贡献，超过任何其他当代经济学家。他事实上干脆重写了经济理论的许多部分。他也指出了经济学中各个问题和各种分析技术方面的基本统一性，部分地借助于系统地运用最大化分析方法用于宽广的问题集合。这一点意味着萨缪尔森的贡献跨越许多不同领域。"③

从经济思想史上穆勒的经济学体系和马歇尔的新古典体系发展到萨缪尔森的新古典综合体系，可以视为综合创新这一经济学范式运动的一种代表性形式，也印证了"综合"创新是经济学家构建自己新理论体系的一种重要方法。马歇尔认为，支配生物发展的规律也适用于人类社会，生物的发展只有渐变而没有飞跃，人类社会的发展也如此。在其《经济学原理》一书中，马歇尔以"自然界没有飞跃"作为全书题词，强调"连续原理"是其经济学说的特点，认为不但各经济现象之间不能有严格的区分，而且经济学新旧理论之间也并非格格不入，新理论完全可以从旧理论的"综合"中创造出来。萨缪尔森也强调，"经济学是一门动态的科学"。因此，综合与创新不可分，综合之中也就包括了创新。经济学范式"综合"创新的运动形式的历史事实表明，经济学理论每发展到了一定的阶段后都需要来一次综合，并在综合的基础上试图对以往的理论或知识进行整理、扬弃、补充、更新，以此来孕育经济学理论的新发展。

---

① 王宏昌. 诺贝尔经济学奖金获得者讲演集：1969—1981 年 [M]. 北京：中国社会科学出版社，1986：63.

② 王宏昌. 诺贝尔经济学奖金获得者讲演集：1969—1981 年 [M]. 北京：中国社会科学出版社，1986：59.

③ 王宏昌. 诺贝尔经济学奖金获得者讲演集：1969—1981 年 [M]. 北京：中国社会科学出版社，1986：62.

被誉为"经济学界最后一位通才"的萨缪尔森已经谢世了，在谢世之前他并非了无遗憾。2007年以来国际金融危机的爆发使宏观经济学这一学科经受了巨大的挑战。繁多的议题与疑问也萦绕在萨缪尔森生命的最后一刻。直到目前，经济学家们尚未对什么才是解决危机的最佳途径找出答案。信奉市场均衡的新古典经济学理论与相信国家干预的凯恩斯经济学理论的交锋仍在继续。20世纪30年代的"大萧条"是萨缪尔森经济学理论的重要灵感源泉。经过几十年的"大稳健"，最近的"大衰退"对经济学理论再次形成巨震，以至于有一些欧洲的经济学家，如雪拉·唐（Sheila Dow）等提出这次金融危机的发生与蔓延充分说明经济学出了问题，"许多西方主流经济学家是如何将经济学变成一个与现实世界脱节的学科，也没有看到他们是如何通过不切实际的假设来支持对市场运行机制不加批判的观点"①。在求解未来危机防范的高难方程中，当今世界仍期待着新的智慧贡献。

（原载《世界经济文汇》2010年第3期）

---

① 唐，霍奇逊，等. 全球经济危机的"女王难题"：雪拉·唐、杰佛里·霍奇逊等十位经济学家致英国女王的一封信［EB/OL］. 搜狐财经，2009-09-17.

从马克思到布坎南：关于国家与市场作用的思考

在现代经济中，关于国家与市场的作用一直是经济学中充满争议的讨论话题。重温从卡尔·马克思（Karl Marx）到詹姆斯·布坎南（James Buchanan）以来的理论思考，对我们理解当今中国特色社会主义市场经济中政府的职能定位，仍富有启示的意义。

一

马克思是在分析市场经济弊端的过程中提出了国家对经济应实行计划化的设想。

马克思并没有完全否定市场经济，他肯定市场经济通行的等价交换原则消除了任何特权，实行的是自由和公正的竞争，"是天生的平等派"①。《资本论》对市场经济的规律有很多的论述，"本书的最终目的就是揭示现代社会的经济运动规律"②。例如，在《资本论》中，马克思论述了市场经济的内在规律是价值规律。根据《资本论》中的有关论述，价值规律不仅是价值生产的规律，还是价值交换的规律，即等价交换的规律，它包括价格实现的规律，即根据供求关系价格围绕价值上下波动。因此，供求平衡是市场经济的自然规律。《资本论》论述这一供求规律："供给等于某种商品的卖者或生产者的总和，需求等于这同一种商品的买者或消费者（包括个人消费和生产消费）的总和。"③ "如果用来

---

① 中共中央马克思恩格斯列宁斯大林著作编译局. 资本论：第 1 卷 [M]. 北京：人民出版社，2004：130.

② 中共中央马克思恩格斯列宁斯大林著作编译局. 资本论：第 1 卷 [M]. 北京：人民出版社，2004：10.

③ 中共中央马克思恩格斯列宁斯大林著作编译局. 资本论：第 3 卷 [M]. 北京：人民出版社，2004：216.

生产某种物品的社会劳动的数量，和要满足的社会需要的规模相适应，从而产量也和需求不变时再生产的通常规模相适应，那么这种商品就会按照它的市场价值来出售。商品按照它们的价值来交换或出售是理所当然的，是商品平衡的自然规律。"①

《资本论》还分析了市场经济的特征是货币经济，这是因为商品交换必须借助于货币充当媒介，"货币经济是一切商品生产所共有的"②。商品经济不能没有银行和信用："银行制度，就其形式的组织和集中来说……是资本主义生产方式造成的最人为的和最发达的产物。"③《资本论》还提出了流通中所需要的货币供应量的公式："就一定时间的流通过程来说，商品价格总额/同名货币的流通次数 = 执行流通手段职能的货币量。"④《资本论》在这里分析的是金属货币在流通中的货币量问题，同时也分析了纸币的流通规律，"简单说来就是：纸币的发行限于它象征地代表的金（或银）的实际流通的数量"⑤。《资本论》还分析了在市场经济的条件下，货币发行与物价之间的关系：纸币如果发行量过多就必然会引发货币的贬值，导致通货膨胀。

马克思在《资本论》中强调市场的作用，认为商品经济离不开市场，哪里有商品生产和商品交换，哪里就有市场。市场是商品交换的场所，市场交换的程度和深度标志着市场经济发展和成熟的程度。《资本论》论述了市场经济是竞争的经济和开放的经济。竞争是市场经济的特征，只要存在着商品生产和商品交换就会存在着竞争："社会分工则使独立的商品生产者互相对立，他们不承认任何别的权威，只承认竞争的权威，只承认他们互相利益的压力加在他们身上的强制。"⑥ 市场经济又是开放的经济，离不开对外贸易和世界市场："对外贸易的扩大，虽然在资本主义生产方式的幼年时期是这种生产方式的基础，但在资本主义生产方式的发展中，由于这种生产方式的内在必然性，由于这种生产

---

① 中共中央马克思恩格斯列宁斯大林著作编译局.资本论：第3卷 [M].北京：人民出版社，2004：209.
② 中共中央马克思恩格斯列宁斯大林著作编译局.资本论：第2卷 [M].北京：人民出版社，2004：133.
③ 中共中央马克思恩格斯列宁斯大林著作编译局.资本论：第3卷 [M].北京：人民出版社，2004：685-686.
④ 中共中央马克思恩格斯列宁斯大林著作编译局.资本论：第1卷 [M].北京：人民出版社，2004：139.
⑤ 中共中央马克思恩格斯列宁斯大林著作编译局.资本论：第1卷 [M].北京：人民出版社，2004：147.
⑥ 中共中央马克思恩格斯列宁斯大林著作编译局.资本论：第1卷 [M].北京：人民出版社，2004：394.

方式要求不断扩大市场，它成为这种生产方式本身的产物。"① 这是因为市场经济发展到一定的阶段就必然突破国家的界限，形成世界市场。重温马克思的这些论述，仍然是我们理解市场经济理论的基础。

更重要的是，《资本论》研究和揭示了资本主义市场经济所存在的弊端，认为市场经济无法解决无产阶级的贫困化问题以及生产的无政府性导致的经济危机的必然性和周期性问题。

《资本论》在分析无产阶级的贫困化时指出："社会的财富即执行职能的资本越大，它的增长的规模和能力越大，从而无产阶级的绝对数量和他们的劳动生产力越大，产业后备军也就越大。可供支配的劳动力同资本的膨胀力一样，是由同一些原因发展起来的。因此，产业后备军的相对量和财富的力量一同增长。但是同现役劳动军相比，这种后备军越大，常备的过剩人口也就越多，他们的贫困同他们所受的劳动折磨成反比。最后，工人阶级中贫苦阶层和产业后备军越大，官方认为需要救济的贫民也就越多。这就是资本主义积累的绝对的、一般的规律。"② 发展中国家随着市场经济的改革导致收入分配两极分化不断加剧，多少印证了马克思的这一论断。

《资本论》分析了资本主义市场经济是在盲目竞争和生产无政府状态下运行的，这就使得生产和消费之间经常处于矛盾状态，经济的运行必然会受到经济危机的周期性的破坏。马克思设想在将来的社会主义社会可用"经济计划化"来代替资本主义社会生产内部的无政府状态："社会的生产无政府状态就让位于按照全社会和每个成员的需要对生产进行的社会的有计划的调节。"③ "劳动时间的社会的有计划的分配，调节着各种劳动职能同各种需要的适当的比例"④，可有效地解决市场经济这一弊端。受马克思的影响，凯恩斯主义经济学在坚持市场经济体制的前提下强调国家对经济的计划和干预，使现代资本主义市场经济正在逐渐走出整个社会生产的无政府状态。例如，在 20 世纪 30 年代的资本主义大危机之后，资本主义国家开始利用经济和行政手段对宏观经济进行干预，如国家军事采购、发行公债、控制信贷和利率、鼓励或限制某些产品的生产和

---

① 中共中央马克思恩格斯列宁斯大林著作编译局. 资本论：第 3 卷 [M]. 北京：人民出版社，2004：264.

② 中共中央马克思恩格斯列宁斯大林著作编译局. 马克思恩格斯全集：第 23 卷 [M]. 北京：人民出版社，1972：707.

③ 中共中央马克思恩格斯列宁斯大林著作编译局. 马克思恩格斯全集：第 3 卷 [M]. 北京：人民出版社，1960：384.

④ 中共中央马克思恩格斯列宁斯大林著作编译局. 资本论：第 1 卷 [M]. 北京：人民出版社，2004：96.

消费以及出台一系列法律法规保护劳工利益等。国家干预已涉及资本主义经济的各环节和方面，贯穿于社会生产的全过程之中。二战后，资本主义国家更是纷纷通过制订短期或中长期计划来对市场经济进行综合性调节，如法国 1948 年实行了第一个 5 年计划，到 1992 年已制订了 10 个中长期计划。20 世纪五六十年代，日本、荷兰、英国、联邦德国等也相继实行了经济计划调节，这对于推动战后世界经济的复兴，减少经济周期性的波动有重要的作用。

二

资本主义的自由市场经济理论在马克思《资本论》的批判下，随着 19 世纪末 20 世纪初垄断资本主义的兴起而不断萎缩，尤其是在经历了 20 世纪 30 年代的大萧条之后，其淡出的过程进一步加速。但随着奥地利保守主义经济学家路德维希·海因里希·艾德勒·冯·米塞斯（Ludwig Heinrich Edler von Mises）和弗里德里希·奥古斯特·冯·哈耶克（Friedrich August von Hayek）等组织的"私人讲座"的出现，自由主义市场经济的理论思潮又开始复苏。他们否定马克思的经济理论，否定社会主义计划制度下进行理性的经济核算的可能性，强调市场调节的重要，宣传自由主义的市场经济理论，如米塞斯在其 1922 年出版的《社会主义》一书中认为，资本主义和社会主义之间的"任何中间的社会组织形式"都是行不通的，社会主义的"经济计划化"是"无法实行"的，"资本主义是建立在劳动分工基础之上的唯一可行的社会组织制度"。他也否认有所谓"第三条道路"之类的东西，认为要么不干涉市场的自由运作，要么把生产和分配的管理全部交给政府，即要么是资本主义的市场经济，要么是社会主义的计划经济，除此之外别无他途。米塞斯认为人们对市场机制不能做任何限制，否则将导致灾难性的结局。1944 年，新自由主义的另一代表性人物、英国经济学家哈耶克发表了其名著《通往奴役之路》，对社会主义的"经济计划化"进行了猛烈的攻击。1947 年的 4 月，哈耶克在瑞士沃州贝勒兰山度假村的公园旅馆召开了一次新经济自由主义的会议，会后成立了贝勒兰山学会，学会宗旨就是宣传不受约束的经济自由主义，反对国家对经济的计划和干预。哈耶克还把当时各主要资本主义国家出现的"滞胀"问题完全归咎为国家干预的结果。[①] 米

---

① 哈耶克，李运宽. 无路可逃：失业必然跟随着通货膨胀 [J]. 国际经济评论，1981（02）：19-22.

尔顿·弗里德曼（Milton Friedman）更是表现了对经济自由主义的怀古情绪，大声疾呼实行自由主义的经济政策。他在西方经济学界纪念亚当·斯密（Adam Smith）《国富论》出版 200 周年的宣传活动中宣称，斯密的"看不见的手"学说，"就今天而论，是非常重要和切合的"，"1776 年，斯密关于因干涉市场而妨碍'看不见的手'的作用的告诫今天被政府这种干涉的灾难性后果证实了"①。随着 1974 年及 1976 年哈耶克和弗里德曼分别获诺贝尔经济学奖，经济自由主义思潮更加盛行。一直将哈耶克和弗里德曼视作自己思想教父的撒切尔夫人 1979 年出任英国首相后便宣布实行新自由主义的纲领。一年后，里根当选为美国总统也开始在美国采纳了新自由主义的经济纲领。随后，一些西欧国家也相继表现出了对新自由主义的极大热情。新自由主义登上了"政府经济学"的宝座，开始占据了英美等国主流经济学的地位。

随着 20 世纪 80 年代末 90 年代初的东欧剧变、苏联解体，社会主义的"经济计划化"模式遭受到了前所未有的挫折，也促使新自由主义经济思潮进入了一个更加兴盛的时期。自苏联第一个社会主义制度确立以来，经济发展是依靠市场还是依靠政府一直是一个争论不断的问题。东欧剧变被认为是对这一争论给出的一个最终的现实答案。之后，人们开始摈弃依靠政府发展经济的经济理论，转而更加青睐市场经济的理论和制度。这一切正如艾伦·格林斯潘（Alan Greenspan）所言："尽管具有不同信念的政府潮起潮落，世界经济面目正在继续更前所未有地向面向自由市场的社会发展。在东欧、拉丁美洲和亚洲，情况都是如此。即使是非洲的许多社会主义经济制度，也正在信奉自由市场资本主义。""作为过去半个世纪实验的结果，市场资本主义显然已经变得占优势。"②

三

以布坎南为代表的公共选择学派将新古典的经济分析方法引入对政府行为的分析，加深了人们对政府行为特征的认识，在当代经济学中产生深远的影响。它主张国家干预的经济理论实际上是把政府看成一个慈善的专制者，它完全以社会利益为目标，追求社会利益的最大化。例如，传统经济学理论认为，政府

---

① 胡代光. 剖析新自由主义及其实施的后果 [J]. 当代经济研究，2004（02）：17-21，73.

② 格林斯潘，刘志义. 市场资本主义：自由市场的作用 [J]. 现代外国哲学社会科学文摘，1998（09）：27-31.

能够以减税或补贴的方式鼓励给社会带来好处的经济行为，以课税的办法约束那些对社会产生不利影响的经济行为，能够用诸如财政、货币等政策促使充分就业、物价稳定、经济增长和国际收支平衡等社会公共目标的实现。而布坎南认为这些都是不能成立的。首先，他把古典经济学中经济人假说也引入对政府行为的分析，提出政府也可能是拥有自己独立利益的"巨物"，它会追求自身的利益，比如，财政预算收入的最大化。其次，政府又是由个人组成的，任职于政府部门的官员也有可能是追寻自我利益的经济人，他们也有其个人的利益，有理由把他们假想为追求私利最大化的人。对这些政府的官员来说，其收益可分为两类：一是由其职位本身得到的收入，即薪水与津贴；二是由受贿等方式得到的收益。因此，采取官僚主义干预行为往往是满足个人利益的最佳方式。公共选择学派的另一位代表性人物弗雷德·麦克切斯内（Fred McChesney）提出"政治创租"和"抽租"的概念来说明政府在寻租活动中所扮演的角色。前者是指政府政客利用行政干预的办法来增加私人企业的利润，人为创租，诱使私人企业向他们"进贡"作为得到这种租的条件；后者指政府官员故意提出某些会使私人企业利益受损的政策作为威胁，迫使私人企业割舍一部分既得利益与政府官员分享。由于政府各部门的工作性质具有相当的垄断性，与市场解决办法相比较，官僚干预的解决办法往往会使政府官员私人收益增加，而使社会资源的利用效率降低。

公共选择学派的成员肯尼思·本森（Kenneth Benson）则把寻租看作个人或团体对既有产权的一种重新分配方式。他认为政府的作用在于定义或维护产权，人们可以通过正常的市场交换来处理产权，也可以通过政府来重新定义或分配产权，这既可以增进社会福利（例如，明确界定财产归属，保护市场秩序），也可以损害社会福利（例如，产生人为垄断，限制竞争）。他主张政府在处理产权时应采取保守慎重的态度，因为利用行政手段改变产权，会诱使有关的个人和利益团体争相影响政府决策，从而造成社会资源的浪费。而且，某个利益团体追求一种产权的改变，会引发其他团体形成抗衡。由于社会对产权的要求越来越多，政府机构也相应地越来越膨胀，从而造成更多的浪费。所以，他提出只有当产权的改变仅仅涉及产权当事人的时候，产权的界定才较有效，而政府作为第三者的介入往往会耗费不必要的资源。德怀特·李（Dwight Lee）和丹尼尔·奥尔（Daniel Orr）这两位公共选择学派的学者则从寻租理论的角度研究了政府干预经济政策的延续性问题。他们分析指出，由于寻租的性质，政府干预经济活动呈现这样的规律：一项政府政策造成的市场扭曲越是严重，有关人员和利益团体享受的租或剩余就越多，这项政策就越是难以得到矫正，这是因为任何矫正扭曲的努力都会遇到来自既得利益者的有力抵抗。相反，如果由于其他寻租者的竞争活动，逐渐地，"租"从原先的享受者手中消散了，那么矫正扭曲政策的阻力就会小得多。①

什么样的公共管理才能减少寻租所造成的资源浪费呢？布坎南提出，要对政治过程进行改革，这种改革的途径就是尽量限制政府对经济过程的干预，国家的作用应仅限于以下两点。①提供保护，实施立宪所制定的规则，如保护个人自由不受他人、国家及其他外来力量的侵害。由于每个人都具有利己心，国家要达此目标，就必须身处事外，不能有私利，即成为一个完全中立的外在化的国家。②提供公共品，以适当的方式配置资源。这就要求国家能充分地反映个人的意愿。由于事关资源在私人与政府之间的配置，其配置又取决于决策的规则，故国家应注重供给决策的规则与程序，而不是生产活动本身。很显然，布坎南的国家观与斯密的国家观是一脉相承的。

公共选择理论从个人主义与经济理性出发，通过考察政治市场上各种行为主体的行动，为现实政治过程中的种种现象提供了颇有说服力的解释。这就是说，与普通人相比，政治人并不具有更多的利他意识，不论处于什么地位，人们都是理性地追求自身更大利益的。政府和团体的代理人也都具有私利动机，只要条件允许，这一动机就会发展为"以权谋私"。因此，制定法律规则来约束政治人的利己行为，使之限于合理范围而不至于与他人、社会利益相冲突，是十分必要的。这就是布坎南一再强调的立宪或建立政府规则，正如布坎南在《自由的限度》一书中所说的，我们时代所面临的不是经济方面的挑战，而是制度和政治方面的挑战：我们要发明一种新的政治技术和新的表现民主方式，它们能控制官僚主义特权的蔓延滋长。那就是在民主政治市场中，约束政治家的最终力量来自普通民众，如何保证信息充分，选民珍重自己的权利，是保证政治市场能像经济市场那样有效运行的关键所在。

四

本文回顾了从马克思对市场经济自由主义理论的批判以及从奥地利学派到哈耶克市场经济自由主义理论思潮再次崛起的历史过程。历史的实践已经表明：马克思以完全"经济计划化"来解除自由市场经济弊端的设想是不成

---

① 刘东.微观经济学新论［M］.南京：南京大学出版社，1998：215-216.

功的，计划经济的"公有产权"制度淡化了对人们工作和创造财富的激励；国家"计划"在"信息不对称"的条件下进行，难以避免"计划"的低效率；"计划"还扩大了政府官员对经济资源配置的"权利"，这又是形成官商勾结、政府"寻租"温床的最终根源。这一切正如米塞斯在其《社会主义国家的经济计划》中所批评的那样：一个没有价格的经济体系——社会主义——是否有可能存在？"有很多社会主义者根本就没有搞清楚经济学问题。""他们也从来没有试图对决定人类社会之性质的条件形成清晰的认识。他们充分自由地批评'自由'社会的经济结构，但却从来没有也像这样敏锐地批评备受争议的社会主义国家的经济。在乌托邦主义者描述的光辉灿烂的图景中，经济学实在太贫乏了。他们千篇一律地解释着，在他们所幻想的仙境中，烤鸭会怎样飞到同志的嘴边，他们却从来没有讲过，何以会有这种奇迹。"①在米塞斯看来，"社会主义制度下的经济计算的要害不仅在于，由于没有价格，经济活动主体无法进行计算，问题还在于，由于没有私有财产，所以也不可能有价格……要出现价格和利润，私有财产是必不可少的"②。米塞斯对社会主义计划经济体制弊端的批评是击中要害的，正是由于缺乏明晰的产权界定、竞争性的市场和以利润为基础的交换体系，就不存在真正的价格之类的东西，在这种条件下，作为经济主体的人也就不可能做出有效率的经济决策。米塞斯的这一思想对社会主义者也产生了深远的影响，如国外社会主义市场经济理论的最早主张者奥斯卡·兰格（Oscar Lange）就公开肯定米塞斯："社会主义当然有充分的理由感激米塞斯，这位批评他们事业的'魔鬼辩护者'，正是他有力的挑战迫使社会主义者认识到，恰当的经济核算体系对于引导社会主义经济的资源配置具有重要意义。"③

但马克思《资本论》对自由市场经济制度的批判也并没有因此而过时，深受马克思影响的凯恩斯就和马克思一样坚持认为市场经济制度存在着不可避免的致命的缺陷④，如"胜者全得"的竞争原则会导致市场垄断，收入分配的差距扩大会导致社会利益的冲突，市场无法解决外部性的污染问题导致人类生存环境的损害，特别是经济周期的波动和危机会使国民财富遭到重大损失。由于市场经济体系本身无法克服这些缺陷，政府就必须承担起责任，

---

① 艾伯斯坦. 哈耶克传［M］. 秋风，译. 北京：中国社会科学出版社，2003：107-108.

② 艾伯斯坦. 哈耶克传［M］. 秋风，译. 北京：中国社会科学出版社，2003：108.

③ 艾伯斯坦. 哈耶克传［M］. 秋风，译. 北京：中国社会科学出版社，2003：108-109.

④ 凯恩斯曾阅读过马克思的著作并受其影响。参见 R. F. 哈罗德. 凯恩斯传［M］. 刘精香，译. 北京：商务印书馆，1995：492.

运用宏观经济政策干预和调节经济的运行，以消除或缓解经济周期的波动，促进国民财富的稳定增长。中国经济体制改革的成功和取得的巨大经济成就已成为当代世界经济发展中最辉煌的一页，中国改革取得成功的关键就是没有放弃马克思所强调的对经济的"计划"调节，采取了稳健务实的渐进步骤完成了向市场经济的转轨，转轨之中又不断运用经济政策强有力地控制着宏观经济的稳定运行。中国经济改革的成功也获得了西方主流经济学家的广泛认同。例如，世界银行首席经济学家、美国人约瑟夫·斯蒂格利茨（Joseph Stiglitz）在比较中国和俄罗斯经济转轨的发展道路时对中国的发展道路给予了充分、高度的肯定。1998 年，斯蒂格利茨在芬兰赫尔辛基的联合国大学发表年度演讲时指出，对广大的发展中国家来说，市场机制确实是非常重要的，但不要以为似乎只要实行私有化和自由化，市场就会自动解决经济发展的一切问题。发展中国家要使市场经济平稳地运转，政府就应该实行宏观经济政策，保证宏观经济的稳定，培育市场经济环境，弥补市场机制的缺陷，不能只追求 GDP 指数的提高，还要追求包括健康、教育质量、自然资源和环境保护在内的生活水平的实质提高，追求社会的平等。斯蒂格利茨强调国家对经济发展的干预，认为斯密的"看不见的手"学说中"那只手之所以看不见是因为它根本就不存在——或者就算存在，它也是瘫痪的"[①]。

政府计划和市场万能都不能单独成立解决经济发展中的问题。那么，政府与市场的作用应如何定位？从马克思到现代主流经济学家们的争论都是在围绕着政府与市场的二元模式进行思考，试图解决问题。事实上，政府和市场的关系并不存在非此即彼的极端情况。人们总是在有缺陷的市场和不完美的政府之间进行选择，以寻求两者在某种程度上最佳均衡的结合。从经济分析上说，只有当政府干预失灵的净损失小于市场失灵的净损失时，政府的干预才应该是合理的。因此，政府和市场的关系应当是相互补充的，各自均应吸取对方的优点来改进自身的缺点，提高自身的效率。如何找到二者结合的最佳均衡点，提高经济运行的效率，才是现代经济学目前要重点思考和解决的问题，而不能再像以往那样仅局限在政府与市场二者孰优孰劣的争论上。肯定政府对经济的计划干预，但同时又必须明晰界定政府对经济干预的界限和权力，也就是说，必须建立完善的法制体制对各级政府干预经济的权力加

---

① 斯蒂格利茨. 信息经济学与范式变革 [M] //吴敬琏. 比较. 北京：中信出版社，2002：11.

以约束，才能减少政府干预的弊端和损失。在这一方面，布坎南的宪政思想主张对我们应具有一定的启发性。

（原载《云南大学学报》2007 年第 4 期）

韦伯理论理解中的一个误区

韦伯认为，在中国传统社会中不乏有利于资本主义产生的因素，但中国没有发展出西式理性企业资本主义的根本原因在于缺乏一种像西方新教教义那样的精神心态。简而言之，韦伯认为，现代理性资本主义未能在中国产生的主要原因在于中国缺乏一种独特的、类似于西方基督教新教那样的宗教伦理作为必要的启动力量。

韦伯上述理论的提出时间，是远在半个世纪以前（公元 1916 年韦伯发表了有关中国宗教经济伦理的著作《中国宗教：儒教与道教》），这一理论一直影响着中西方的学者。人们在理解韦伯的这一论点时，往往还加以演绎。韦伯认为儒家伦理不仅是中国未能发展出西方理性资本主义的成因，也是影响近代中国乃至东亚受儒教文化影响地区向现代化发展的障碍，如在 20 世纪 70 年代末期，随着东亚地区儒家文化圈工业的崛起和经济的腾飞，一些中外学者开始重新思考解释东亚工业成功的现象，在对韦伯理论提出的质疑中，就包含上述理解。他们对韦伯的质疑有两个层次：一是以东亚经济发展的"巨大经验现象"来重估韦伯的学说，二是以中国近代资本主义的发展来反驳韦伯理论。显然，这些学者论述中，都体现着在韦伯理论中含有儒家文化是东亚地区现代化和中国走向现代化的阻碍的看法。也就是在这一理解的基础上，他们才用东亚的经济成就和近代中国资本主义的发展来质疑和批驳韦伯理论。笔者认为，在这一对韦伯理论的理解中存在着一个误区。误区在于：以东亚经济的崛起和中国近代资本主义的发展来驳难韦伯，是一个与韦伯理论不相干的命题。韦伯所要论证的核心是新教伦理促成了西方理性资本主义经济组织这一独特现象的出现，而不是笼统地谈经济的崛起和发展之类的问题，更没有涉及讨论如何使未开发国家实现现代化的问题。

一

我们细读韦伯的论著，不难发现，韦伯在《中国宗教：儒教与道教》一书中对中国社会的论断，是关联着"一个在近代的欧洲文明中成长起来的人，在研究任何有世界历史的问题时，都不免会而且只有在西方文化中反躬自问：在西方文明中而且仅仅在西方文明中才显象出来的那些文化现象——这些现象（正如我们常爱认为的那样）存在于一系列具有普遍意义和普遍的发展中——究竟应归结为哪些事件的合成作用呢"①。这是韦伯晚年为其《宗教社会学论文集》所写的《导论》中的开头一句话，也是围绕韦伯学术生涯主要关切的主题来讨论的。在这一主题中，韦伯所关切的是 16 世纪以来现代理性资本主义（韦伯在这里所称的资本主义，是指以科技生产为中心的工业资本主义，而不是凭借政治关系以获取商业利益的官僚资本主义）的经济组织，何以只出现在西欧受加尔文教派影响的某些区域。换句话说，韦伯所做的工作，是要对"现代理性资本主义经济组织的兴起"这一世界史上独特的历史现象提出一种新的解释，而不是讨论如何才有资本主义的发展的问题，更谈不到去讨论如何使未开发国家实现现代化的问题。在韦伯的这一主题中，现代理性资本主义的经济组织和各种非理性形式的资本主义有着根本的不同，这种不同表现在这些非理性的资本主义都缺乏现代理性企业资本主义的决定性特征，即"自由劳动的组织"以及把"家务和生产经营分开"。正是为了凸显"现代理性企业资本主义经济组织的兴起"只有在西欧出现的"独特性"，韦伯才透过广泛的比较研究，探究了中国、印度等社会何以没有"从本身之内"产生"以自由劳动组织为特征的理性资本主义经济组织"的问题。

韦伯在去世那年为其《宗教社会学论文集》所写的《导论》中写道："获利的欲望，对营利、金钱（并且是最大可能数额的金钱）的追求，这本身与资本主义并不相关。这样的欲望存在于并且一直存在于所有的人身上，侍者、车夫、艺术家、妓女、贪官、士兵、贵族、十字军战士、赌徒、乞丐均不例外。可以说，尘世中一切国家、一切时代的所有的人，不管其实现这种欲望的客观可能性如何，全都具有这种欲望。在学习文化史的入门课中就应当告诉人们，对资本主义的这种朴素看法必须扔得一干二净。对财富的贪欲，根本就不等同

---

① 韩水法．韦伯文集［M］．北京：中国广播电视出版社，2000：233.

于资本主义，更不是资本主义的精神。"①

　　显然，韦伯所要讨论的主题是"现代资本主义精神"与"现代资本主义的兴起"，而不是笼统地谈经济崛起和发展。韦伯还清楚地指出过，世界历史上所有文明国家（包括中国）都存在过、发展过资本主义，如向权力政治求机会的政治资本主义、向不合理投机求机会的商业资本主义等。韦伯要讨论的是在西方，也只有在西方出现的一种具有重要意义的资本主义，那就是不向权力政治或不合理投机求机会，而向商品市场求营利，具有自由劳动的理性资本主义的经济组织。这种理性资本主义经济组织的出现又跟家务和生产经营的分离、理性的簿记、可计算的技术、法律与行政上的理性结构等因素相关。韦伯指出，在这一切情况中，问题的中心是西方文化中特有的一种理性主义。韦伯的目的就是证明，具有自由劳动的理性资本主义经济组织的出现，与当时的宗教改革，即基督教新教加尔文教的出现，有着一定的"因果关联"，即认为这种理性资本主义经济组织出现的原动力就是加尔文教义。

二

　　韦伯提出，在西方新教的教义中，有两个最重要的概念，即 beruf——职业（使命）和 askese——禁欲（苦行）。韦伯认为，这两个概念是西方理性资本主义兴起的重要因素。

　　关于"职业"一词，韦伯解释说：在任何情况下，完成世俗的职责，都是为了顺应上帝；尽职是而且仅仅是上帝的意志，因此，任何一种允许的职业在上帝面前都完全一样。② 把"职业"（使命）彻底转向世俗的价值，是加尔文教的贡献。加尔文教的这一观念远离了天主教把"拯救灵魂"作为人的最高使命的教义，开始把世俗的生活作为自己的职责。

　　再看禁欲。关于禁欲的精神，韦伯认为新教徒的禁欲生活是宗教改革后的产物。在此以前，天主教徒中也曾有一些人过着一种非常严格的生活，但加尔文教徒更是把禁欲生活发展为整个教派的信条。加尔文教徒还信仰"神恩选择"之说，觉得自己已是一个被上帝选择有福进入天堂的信徒，因而为了对上帝表示特别的尊敬，就须更加努力。韦伯描述说："圣徒的永恒安息是在彼岸世界，

<hr>

① 韩水法. 韦伯文集 [M]. 北京：中国广播电视出版社，2000：237.
② 韩水法. 韦伯文集 [M]. 北京：中国广播电视出版社，2000：288-295.

而在尘世世界里，人为了确保他蒙承神恩的殊遇，他必得'完成主所指派于他的工作，直至白昼隐退'。按照主之意志的明确昭示，唯有劳作而非悠闲享乐方可增益上帝的荣耀。"①

这种禁欲精神的宗旨就是人应该过一种清醒的、自觉的、秩序井然的生活，克服无节制的享受。或者说，禁欲主义者的生活，是立足于上帝的意志，把自己的生活进行合理安排。韦伯认为，新教徒的职业和禁欲概念再加上宗教改革以后产生的加尔文教的"神恩选择"的信条，就构成了现代资本主义发展的一种重要精神推动力。按照"神恩选择"的信条，加尔文教徒必须过一种禁欲的生活，以便他们能够知道自己已被上帝神恩选择。从这种禁欲生活中又发展出"合理性"的思想。"合理性"也是现代理性企业资本主义发展必不可少的因素。职业、禁欲、神恩选择就构成了现代理性企业资本主义产生的精神动力。这表现在，新教徒们从禁欲生活中积累了资本，职业观和神恩选择又加速了以组织化的劳动为形式的现代企业资本主义的兴起。

我们不妨再做些展开。在加尔文教中，对教徒而言，永久的救赎是人生最重大的事，因此，对他最重要的一个问题是：他如何才能确知自己是否已被上帝拣选为选民？也就是说，用什么来识别救恩的确证？答案是"用一种足以增加上帝荣耀的基督徒行为"，即以职业观念为基础的理性生活态度。这种基督徒的行为可以从上帝的意志知晓，上帝的意志"直接透过圣经，或间接透过他所创造之世界的合目的的秩序（自然法）显示出来"。因此，基督徒现世的生活就必须根据上帝的戒律，并且为了上帝的目的而被组织起来，彻底理性化、规律化。这样，追求救赎的基督徒的生活便具有了在俗世中克服自然状态，摆脱了不合理的冲动，在服从计划意志的支配下，慎重地反省自己行为的伦理意义，并把自己的行为也置于不断的自我节制之下。这便是他所谓的基督新教伦理的"俗世内的禁欲精神"。

韦伯认为，加尔文那种极端的宗教教义所造成的心理焦虑使教徒因向往来世而在俗世内将日常生活理性化，并且渴望救恩与上帝意旨的不可知之间所形成的伦理紧张，使得这种在俗世内将生活理性化的伦理要求系统化，并渗透到一切社会意识中，因而促成"以职业观念"为基础的理性的生活态度"这一现代资本主义精神"。

环绕着这种以职业观念为基础的理性的生活态度（或用一种比较理论建构的说法，即现代理性意识结构），社会生活的经济、技术、科学、教育、法律和

---

① 韩水法. 韦伯文集 [M]. 北京：中国广播电视出版社，2000：314.

行政等方面都朝向目的理性化前进，终于导致现代理性资本主义经济组织的庞大秩序——当然包括资本主义经济关系的法律规范及以之为中心的现代理性法、政治制度的建立这一历史性的突破。而自相矛盾的是，这种秩序一旦建立后，由于建立在理性计算的机械基础上，它便从其伦理动机基础上分离出来，成为自律或自我安定的行为领域。这整个过程就犹如韦伯在其《新教伦理与资本主义精神》一书结束时以冷静而悲怆的语调所说的："当禁欲主义从修道院的斗室被带入日常生活，并开始统治世俗道德时，它在形成庞大的近代经济秩序的宇宙的过程中就会发挥应有的作用。而这种经济秩序现在却深受机器生产的技术和经济条件的制约。今天这些条件正以不可抗拒的力量决定着降生于这一机制之中的每一个人的生活。"①

三

正是为了凸显"现代理性企业资本主义的经济组织的兴起"只有在西欧出现的"独特性"，韦伯才透过广泛的比较研究探究了中国、印度等社会何以没有"从本身之内"产生"理性资本主义的经济组织"。韦伯对中国社会的论断只说中国缺少像基督教新教伦理那种俗世内的禁欲精神，因而在历史上没有"从本身之内"产生理性资本主义的经济组织。在韦伯的这个论点所蕴含的思想中，演绎不出（而韦伯也从未这样说过）一旦西欧产生了理性的资本主义经济组织，这种理性形态的经济组织就无论如何也无法传播到缺少宗教禁欲的经济伦理的地区，这些地区若有这种经济组织，也必须经历相同的精神突破过程。韦伯还曾指出，"凯旋了的资本主义因为奠基在机械的基础上，已经不再需要禁欲精神的支撑"。换句话说，当基督新教伦理那种俗世内的禁欲精神促成了以职业观念为基础的理性的生活态度这一现代资本主义精神，导致了现代理性企业资本主义经济组织庞大秩序的建立这一突破后，现代理性资本主义经济组织的庞大秩序就"与机器生产之技术及经济条件相结合"发展起来，而不再需要禁欲的基督教新教教义提供动机了。也就是说，韦伯所关切的是现代理性资本主义在欧洲的最初发展，而不是在其他地方后来的采借和发展。

所以，那些想以"东亚经济的成功"和"中国近代资本主义的发展"来质

---

① 韦伯. 新教伦理与资本主义精神［M］. 于晓，陈纬钢，译. 北京：生活·读书·新知三联书店，1987：142.

疑或驳斥韦伯的论者，对韦伯理论明显存在误解。韦伯判定具有自由劳动的现代理性企业资本主义经济组织在中国历史上没有"从本身之内"发展出来，是由于在中国儒家伦理中缺乏有利于理性企业资本主义产生的精神因素，但这个判定本身并不表示中国社会无法从"本身之外"采借现代理性资本主义经济组织而跨出现代化的脚步。实际上，韦伯肯定了西方的理性资本主义产生之后，其他地区是完全可以加以采借的，而不需要再经历相同的突破历程，如韦伯在他的《中国宗教：儒教与道教》一书的结尾写道："可以预料，中国人同样能够（也许比日本人更加能够）在现代文化领域里学会在技术与经济上均已获得充分发展的资本主义。这显然不是中国人是否'没有自然禀赋'以适合资本主义要求的问题。"① 在韦伯论点蕴含的脉络中，也很明显地可以推演出理性企业资本主义的经济组织一旦突破发展出来以后，其他地区并不需要特殊的宗教伦理的支撑而重复同一突破发展的过程，即可采借运用这种经济组织。事实上，在韦伯的时代，日本明治维新的历史脚步已显示了这种"自外采借"而跨出现代化脚步的可能性。所以，韦伯肯定了中国也同样具有这种可能。由于东亚社会的经济发展和"中国近代资本主义的发展"是"采借"了西欧现代理性资本主义的经济组织而不是"从自身内"发展出来的，所以以东亚经济的崛起和中国近代资本主义的发展为例证来驳难韦伯逻辑上是不成立的。这是因为上述经验现象跟韦伯的论点具有不相关性，既不能证明韦伯的论点，也不能否认韦伯的论点。用"东亚经济的发展"和"中国近代资本主义的发展"经验现象来构成对韦伯理论的挑战的说法，从逻辑上看，是混淆了韦伯的"儒家伦理导致中国不能产生现代西方理性资本主义"与"儒家伦理能否促使经济的发展"这两个不同的命题，因而存在着范畴混淆的错误。

东亚经济的崛起和中国近代资本主义的发展都是"自外采借"的结果。确切地说，它是自19世纪以来"西方扩张"所带来的冲击导致东亚社会结构变迁的结果。尤其是"四小龙"的经济起飞，更是西方资本主义扩张过程中被整编到世界经济体系里的，只是在这一过程中又受传统儒家文化的影响，形成了一种有别于西方式"资本主义"的新模式（"东亚模式"）而已。如果我们要谈东亚的经济崛起与现代化，或"儒家伦理是否是东亚经济发展之动力"等问题，也就只能在这样的坐标上来谈论"东亚地区在现代化的过程中，形成了怎样的特殊性"或"儒家伦理在东亚的经济成功中扮演了怎样积极的角色"之类的问题。

---

① 韦伯. 中国宗教：儒教与道教［M］. 洪天富，译. 南京：江苏人民出版社，1993：277.

　　附带说明一下，韦伯也并不否定经济对社会发展的重要作用，他对世界各大宗教进行的比较研究，只是试图分析能影响经济发展过程的多元因素，如韦伯在自己的著作《经济通史》中就否认了人们普遍持有的一种观点，即他的研究仅仅是推翻马克思关于在社会变化过程中应优先考虑经济力量的因素这一观点，从而把宗教观念变成社会发展因素的提法。① 他在《新教伦理与资本主义精神》一书的结尾中还写道："这里我们仅仅尝试性地探究了新教的禁欲主义对其他因素产生过影响这一事实和方向；尽管这是非常重要的一点，但我们也应当而且有必要探究新教的禁欲主义在其发展中及其特征上又是怎样反过来受到整个社会条件，特别是经济条件的影响。"②

（原载《同济大学学报》2001 年第 2 期）

---

①　斯温杰伍德，隗仁莲，安希孟. 宗教和社会行为：资本主义与基督教伦理：对韦伯的评析 [J]. 现代外国哲学社会科学文摘，1988（01）：33-36.

②　韦伯. 新教伦理与资本主义精神 [M]. 于晓，陈纬钢，译. 北京：生活·读书·新知三联书店，1987：143-144.

经济学研究应更多地关注财富分配的公平性

——兼论皮凯蒂的《21世纪资本论》

一

　　主流经济学从亚当·斯密（Adam Smith）开始，把经济学的研究中心从重商主义关注的流通领域转向了生产领域，斯密研究分工、交换与市场竞争所导致的经济增长，强调把经济增长作为经济学研究的中心。但斯密同时也强调建立一种公平合理的分配机制，主张工人的工资应"随国民财富的增加而增加"①。关注国民财富的分配问题也是斯密开创的古典经济学的一个显著特点。但自让·巴蒂斯特·萨伊（Jean-Baptiste Say）以后，古典经济学开始更多地强调资本积累对于经济增长的意义。在萨伊看来，根本不存在宏观收入分配规律，经济学只确立价格的"微观"规律，包括确立各种生产要素的价格的规律。在财富分配问题上，萨伊宣称工资、利润和地租有其各自的来源，三者间不存在利益上的对立。从某种意义上说，财富分配实际上是由市场决定的要素价格的副产品，这种"分配"还要取决于企业家的利润和损失，因此也就不能把国民收入的分配问题作为经济学研究的中心。萨伊还依据古典经济学的"货币面纱观"，把货币仅仅理解为一种交换媒介，资本主义的商品交换也就是买同时卖的物物交换，他提出了"供给本身会创造需求"的萨伊定律，为古典经济学强调资本积累是经济增长的基本源泉提供了理论前提，构成了古典经济学的理论基石，对之后西方经济学的发展和经济政策的制定都产生了深远的影响。

---

① 斯密. 国民财富的性质和原因的研究［M］. 郭大力，王亚南，译. 北京：商务印书馆，1972：63.

马歇尔在"萨伊定律"的基础上完善了古典经济学，他在经济学上的贡献是强调生产要素在经济增长中的重要作用，并把生产要素区分为劳动、资本、土地和企业组织四种，用供求论来分析各生产要素的均衡价格，认为生产要素的均衡价格由它们的供求关系决定，由它们各自需求价格和供给价格的相对均衡来形成，生产要素的需求价格和供给价格相均衡时的价格就是它们的报酬。马歇尔在经济学上的贡献除进一步推进了边际效用原理（如提出了供求的边际增量分析和供求的弹性分析）、价格决定、生产成本、短期均衡和长期均衡，还在于运用这一原理分析了许多微观经济问题，建立起了"局部均衡"的理论体系，为当代微观经济学奠定了基础。马歇尔十分重视积累和投资对经济增长的作用，认为投资增加，生产物超过生活必需品，剩余就会增加，这就有了储蓄的能力。特别是"在生产技术方面，只要支撑将来生产而积累的资本有进一步增进时，剩余就会增加，就能从这剩余中积累出较多的财富"①。马歇尔的《经济学原理》代表了这个时期新古典学派的主要成就。

"萨伊定律"也受到了自由主义经济学家们的高度推崇，新古典宏观经济学中的供给学派是"萨伊定律"的当代继承者。供给学派的主要代表人物乔治·吉尔德（George Gilder）就明确强调萨伊定律是供给学派理论的基础："萨伊定律之所以重要，是因为它把注意力集中在供应、集中在刺激的能力或资本的投资方面。它使经济学家们首先关心各个生产者的动机和刺激，使他们从专心于分配和需求转过来，并再次集中于生产手段。"② 供给学派认为，供给之所以能创造需求是因为供给是需求的唯一可靠的源泉，如果没有供给，社会上就没有需求，因为供给是收入的来源，有了收入才能形成支出，需求才能获得满足。供给学派反对政府刺激需求，主张刺激供给，在鼓励投资、扩大生产上做文章。新古典宏观经济学家对于财富分配的忽视还导致了他们错误地认为不平等是良性的，因为它归因于边际生产力的级差、相应的教育水平和技能娴熟程度的差异。例如，当里根总统的首要经济顾问马丁·费尔德斯坦（Martin Feldstein）在回应那些反对里根经济政策的观点时就提出："在本国为什么会有不断增加的不平等出现，是个谜，不仅如此，我们也正在花费时间、精力思考这个问题。但是，如果问及我们是否担心华尔街的人们以及篮球明星正在赚取巨额财富时，我的答案是否定的。"③ 理性预期学派的

---

① 马歇尔. 经济学原理［M］. 北京：华夏出版社，2005：193.

② 吉尔德. 财富与贫困［M］. 上海：上海译文出版社，1985：49，61.

③ Feldstein Quoted in "Grounded by an Income Gap"［N］. New York Times，2001-12-15.

代表性人物小罗伯特·E. 卢卡斯（Robert E. Lucas Jr）也认为讨论收入分配问题是非常有害的，对这些有损于健全经济学的趋势来说，最为引人注意的，而且他认为最有毒害的，就是以（收入）分配问题为焦点。

古典经济学、新古典经济学、新古典宏观经济学的理论存在很大的问题，这一问题就正如凯恩斯批评指出的，其理论前提的假设从来未能在现实的经济生活中被满足过："我们对经典经济学的批评倒不在于其分析有什么逻辑错误，而在于该理论所暗含的几个假设很少或者从来没有满足过，故不能用该理论来解决现实问题。"① 这一"假设"指的就是基于"萨伊定理"所提出的"总供给恒等于总需求"，这一假设与我们所遭遇的现实不符："我们正处在现代历史中一次最严重经济灾难的阴影之下。"② 刺激生产，增加供给，不关注刺激消费，一定会导致有效需求的严重不足，过剩的产品价值自然无法实现。凯恩斯革命的意义就在于 它修正了"总供给恒等于总需求"的假设，提出了以总需求管理为核心的国家干预理论。该理论提出，要使经济达到充分就业均衡，国家必须担负起增加总需求、促进经济增长的责任。凯恩斯的经济学理论不仅说明了"非均衡失业"的存在，也否定了自由放任的理论基础（断定总需求恒等于总供给的"萨伊定律"）。这是西方经济思想发展中一次重要的"革命"，这一"革命"为建立现代宏观经济均衡体系奠定了理论基础。之后的凯恩斯主义者制定了一整套政府调节经济活动的"需求管理政策"，这一政策的核心是国家在经济衰退期间应主动负起投资之责，采取高度扩张的财政和货币政策并实行投资社会化，直至经济恢复繁荣。第二次世界大战后，凯恩斯主义的经济政策在推迟经济危机的爆发、减轻危机的破坏力和推动西方经济的增长等方面起到了一定的积极作用。但自进入20世纪70年代以后，凯恩斯的经济刺激政策导致了严重的负面效应，西方资本主义经济普遍出现了"停滞膨胀"的局面，具体表现为政府赤字庞大、通货膨胀加剧、居民税收负担加重、实际收入水平下降、经济停滞不前等现象。

古典经济学的"萨伊定律"存在理论上的难题，凯恩斯理论的"需求决定供给"也同样存在理论上的难题，即在扩张的货币政策和财政政策的刺激下并不一定会使得实际产量增加，但一定会使货币供应量增加，货币供应量的增加则会导致通货膨胀的出现。政府通过利率干预对货币供应量进行调控，人为地刺激需求还会造成储蓄与投资不相等甚至经济结构的严重失衡。哈耶克曾分析

---

① 凯恩斯. 就业、利息和货币通论 [M]. 高鸿业，译. 北京：商务印书馆，2009：3.
② 凯恩斯. 劝说集 [M]. 蔡受百，译. 北京：商务印书馆，1962：105.

指出，即使货币政策的目标是实现价格稳定，经济也可能出现失衡，因为随着经济增长，如果不想出现通货紧缩，货币供应就必然不断增加："在这种情况下，要稳定价格水平，前提就是货币量要有变化，而这种变化总是会导致真实的储蓄量与投资量之间出现缺口，这样，尽管价格水平稳定了，但却有可能导致偏离均衡缺口。"① 通货膨胀就是由投资大于储蓄造成的，通货膨胀还会导致储蓄下降、投资放缓、技术改进的推延，不利于投资和生产的发展。历史事实也印证了这一点：格林斯潘所推行的国家干预的"需求管理政策"正是 2008 年金融危机爆发的根源之一。②

二

经济学研究中还存在着由大卫·李嘉图（David Ricardo）开启、卡尔·马克思（Karl Marx）和约翰·加尔布雷斯（John Galbraith）等为代表的主张经济学的研究应以国民收入分配的公平性为核心的传统。

斯密是古典经济学家中第一个正确划分资本主义社会结构的人。他根据人们占有的生产资料的条件和取得收入的形式把国民划分为工人、资本家和地主三个阶级。工资、利润、地租构成了这三大阶层的收入，其他收入都是由这三种收入派生出来的。斯密认为，三种收入的公平分配与经济增长密切相关，但国民产出或者财富的增长才是最重要的。李嘉图接受了斯密三个阶级三种收入的学说，认为劳动每年生产的价值必须在劳动者、资本所有者、土地所有者这三个基本阶级之间进行分配，但他又与斯密不同，强调财富的公平分配应放在经济学研究的至高无上的地位上，把国民生产总值在三个阶级之间的公平分配当作他政治经济学研究的主题，明确主张"确立支配这种分配的法则，乃是政治经济学的主要问题"③。在与马尔萨斯（在何为经济学研究的中心这个问题上，马尔萨斯是个正统的斯密主义者）通信中，李嘉图明确地说明了他和斯密的区别："在你看来，政治经济学就是关于财富的性质和原因的研究；而我认为

---

① HICKS J. Money，Interest and Wagews：Collected Essays Economic Theory：Volume Ⅱ ［M］. Cambridge：Harvard University Press，1982：3，114.

② 威廉·弗莱肯施泰因、弗雷德里克·希恩在《格林斯潘的泡沫——美国经济灾难的真相·中文版序》中就认为 2008 年美国次贷危机的爆发正是"美联储不负责任的货币政策日积月累的产物"。

③ 李嘉图. 政治经济学及赋税原理 ［M］. 郭大力，等译. 北京：商务印书馆，1962：3.

经济学应当称为关于如何决定在共同创造产品的阶级之间进行劳动产品分配的规律的研究。"① 李嘉图的功绩还在于他始终一贯地坚持劳动决定价值的原理，指出了工资和利润、地租和利润之间的对立，揭示了资本主义生产发展中存在的利润率下降的趋势。

马克思继承了李嘉图的研究结论，即给定总产出，一个阶级从这个固定的总馅饼中得到的部分越多，必然就意味着其他阶级得到的部分越少，自觉地通过研究收入分配的公平问题来为工人阶级的利益辩护，并作为他研究经济学的主要任务。马克思后来在谈到自己的政治经济学研究的经过时就曾指出，对工人阶级物质利益的关注是促使他"去研究经济问题的最初动因"②。马克思认为"人们奋斗所争取的一切，都同他们的利益有关"③。恩格斯也持相同的见解："革命的开始和进行将是为了利益，而不是为了原则，只有利益能够发展为原则。"④ 因此，经济学的研究必须以利益的分配作为中心。马克思和恩格斯提出资本的积累，必然是无产阶级贫困的积累，当这种积累到一定程度的时候，一定出现无产阶级革命的爆发。正是因为马克思主义的政治经济学高度关注工人阶级的物质利益分配，揭示了无产阶级日渐贫困的原因，《资本论》才"在大陆上常常被称为'工人阶级的圣经'"⑤。

美国经济学家加尔布雷斯是在西方经济学阵营中最深刻地批判主流经济学唯经济增长论的代表性人物，他认为西方主流经济学忽略了对收入分配的公平性这一"公共目标"的关注，是西方经济出现一系列严重问题的症结所在。他指出，在居于正统地位的西方经济学家的著作中，以及在受正统经济理论影响的官员的思想中，"经济增长"似乎成了不可动摇、不可否定的信念。传统的经济学家总是信奉"经济增长"就是"善"，妨碍"经济增长"就是"恶"这一信条，结果在这种判断标准下，人们往往只注重经济量的增长，而忽视了财富分配对人们生活的影响。加尔布雷斯认为，以"经济增长"作为目标必然导致人们为生产而生产，而不问产品的实际效用如何。加尔布雷斯对凯恩斯主义者

---

① 罗斯巴德. 古典经济学［M］. 张凤林，等译. 北京：商务印书馆，2012：129.

② 中共中央马克思恩格斯列宁斯大林著作编译局. 马克思恩格斯全集：第13卷［M］. 北京：人民出版社，1962：7-8.

③ 中共中央马克思恩格斯列宁斯大林著作编译局. 马克思恩格斯全集：第1卷［M］. 北京：人民出版社，1956：82.

④ 中共中央马克思恩格斯列宁斯大林著作编译局. 马克思恩格斯全集：第1卷［M］. 北京：人民出版社，1956：551.

⑤ 中共中央马克思恩格斯列宁斯大林著作编译局. 马克思恩格斯全集：第4卷［M］. 北京：人民出版社，1958：36.

所认为的"商品生产得越多，就越能给人们带来幸福"的经济增长论不以为然。在他看来，生产商品并非越多越好，香烟生产得越多，得癌症的人也越多；酒类生产得越多，动脉硬化的人也越多；汽车生产得越多，则交通事故越多，空气和环境污染也越厉害。加尔布雷斯的这一观点被称为"增长价值怀疑论"。他认为，当前资本主义社会所存在的这种问题和严重危机都是长期推行凯恩斯主义的结果。从这一是非标准出发，加尔布雷斯提倡"信念的解放"，要人摆脱当前西方经济学教科书上对政策目标的解释以及公司高级经理们和政府官员们对"经济增长"的宣传影响，使人们从一切错误的信念下"解放"出来，关注财富的分配，选择正确的"生活的道路"，确定值得争取的"目标"。①

古典经济学和新古典经济学盛行的时代是一个投资短缺的时代，那个时代的经济学家强调把经济增长作为经济学的研究中心。今天则有了很大的不同，是处在一个投资过剩的时代，财富能否公平地分配已严重制约着经济增长和社会的健康发展，因此财富的公平分配更应受到当代经济学研究的高度关注。法国经济学家托马斯·皮凯蒂（Thomas Piketty）经济学研究的理论贡献正是适应了这一时代变化的要求。皮凯蒂的新作《21世纪资本论》的"热销"标志着收入分配的公平性问题已经引发经济学界的高度关注。他强调说："19世纪的经济学家将分配问题置于经济分析的核心地位并致力于研究其长期趋势，这一做法值得称道。"② 皮凯蒂的工作就是试图让收入分配问题以及对长期趋势的研究再次回归经济研究的中心。他明确承认他所追随的就是19世纪经济学家李嘉图和马克思所开创的理论传统："我们从很早起就应该把收入不平等的问题重新置于经济分析的核心地位，并提出19世纪就已经出现的类似问题。长久以来，经济学家们忽视了财富分配问题。……如果不平等问题重新成为中心议题，那我们就必须开始收集足够广的历史数据，以便更好地理解过去和现在的趋势。"③

三

皮凯蒂的经济学研究一直关注国民收入分配的公平性问题，他早年的博士论文研究的就是"财富的再分配"。皮凯蒂在新著《21世纪资本论》中对国民

---

① 加尔布雷斯. 经济学和公共目标［M］. 蔡受百，译. 北京：商务印书馆，1980：217.

② 皮凯蒂. 21世纪资本论：导言［M］. 巴曙松，译. 北京：中信出版社，2014：16.

③ 皮凯蒂. 21世纪资本论：导言［M］. 巴曙松，译. 北京：中信出版社，2014：16-17.

收入分配研究的贡献是揭示了资本主义社会中收入分配的一个基本规律，r>g
时，资本的收益率（r）超过了经济增长率（g）。皮凯蒂在书中收集了大量的历
史数据论证自己的这一结论。他论证说，与 19 世纪相比，21 世纪的资本构成虽
发生了很大的变化，但资本的收益率基本持平。皮凯蒂估计，资本的收益率在
4%~5%。相反，产出增长率则要取决于人口增加，考虑到人口的变化和人均产
出的变化，皮凯蒂发现 21 世纪全球总产值增长率在减缓。例如，1950—1990 年
为 4%，1990—2012 年则已滑落到了 3.5%。鉴于当前的国际经济发展形势，他
预判 2030—2050 年全球总产值增长率将降至 3%，在 21 世纪后半叶可能跌至
1.5%左右[1]。一句话，资本回报率的增长超过了人均资本产出率，资本得到的
越多，贫富差距就会越大，这一切都加速了收入不平等。皮凯蒂发现，在 20 世
纪七八十年代斯堪的纳维亚国家中最富裕的 10% 人群占有了国民财富的 50%，
但到了 21 世纪的第 2 个 10 年，在多数欧洲国家，如法国、德国、英国和意大利
等最富裕的 10% 人群已占有了国民财富的 60%，还有半数的人口几乎一无所有，
最贫穷的 50% 人群占有的国民财富甚至连 10% 都不到。

皮凯蒂研究收入不平等采用的是资本/收入，即资本（财富）与国民收入的
比例。他认为使用资本/收入来讨论收入的不平等问题能够很好地克服传统的基
尼系数将所有的不平等笼统地归在一起不加区分因而不够科学合理的弊端。[2]

皮凯蒂的研究还揭示了资本主义社会中国民收入分配的两条基本定律，第
一条基本定律：$\alpha = r\beta$，α 是国民收入中资本收入的比重，r 代表资本收益率，β
代表着资本/收入。国民收入中资本收入的比重等于资本收益率乘资本/收入。
"换句话说，如果国民财富等于 6 年的国民收入，资本的年收益率为 5%，那么
资本所创造的收入在国民收入中的比重就是 30%。"[3] 第二条基本定律：$\beta = s/g$，
这一法则揭示了 β（资本/收入）等于储蓄率 s 除以收入年增长率 g。假设储蓄
率 $s = 12\%$，增长率 $g = 2\%$，资本/收入 $\beta = s/g = 6\%$，这个国家积累的资本将相
当于 6 年的国民收入。皮凯蒂在这里揭示了一个浅显但重要的事实：储蓄较多
而增长缓慢的国家将在长期积累起更大数量的资本，巨额资本反过来会对社会
财富分配产生重要影响，这种影响就表现为资本带来的收入会越来越多地集中

---

① 皮凯蒂 . 21 世纪资本论 [M]. 巴曙松，译 . 北京：中信出版社，2014：101.

② 皮凯蒂的资本（财富）是一个存量概念，指多年积累的结果，国民收入是个流量概念，
只计算一年之内一国的收入。收入不平等有好的不平等（如努力工作所导致的收入差
距）与不好的不平等（如靠财富或继承得来的财富生息），皮凯蒂认为应对二者加以
区分。

③ 皮凯蒂 . 21 世纪资本论 [M]. 巴曙松，译 . 北京：中信出版社，2014：53.

在少数富人的手里，富人储蓄多，投资机会就多。一个依靠工资生活的工薪阶层其工资增长的速度和其劳动生产率（人均产出）同步增长，由于经济增长包括劳动生产率的增长和人口的增长两部分，这就意味着工资的增长速度要低于经济增长率。皮凯蒂的这一研究否定了"库兹涅茨曲线"的结论：西蒙·史密斯·库兹涅茨（Simon Smith Kuznets）在20世纪中期根据从几个工业化国家中收集到的经验数据提出收入差别和经济发展水平之间呈现倒U形曲线的关系，即分配不均现象在经济发展的起步阶段会不断加剧，但随着经济发展到高级阶段会自动放缓，并最终稳定在一个可以接受的水平上。皮凯蒂的研究发现，库兹涅茨的结论是短暂的。18世纪末至20世纪初，收入与财富的不平等逐步增加：在1913年至1948年间，美国的收入不平等的确有显著下降，但在20世纪70年代中期以后收入不平等又恢复到了1913年的水平；自2010年以来，这一不平等又有所加剧，"自2010年以来全球财富不公平程度似乎与欧洲在1900—1910年的财富差距相似。最富的0.1%人群大约拥有全球财富的20%，最富的1%人群拥有约50%的全球财富，而最富的10%则拥有总额的80%～90%。在全球财富分布图上处于下半段的一半人口所拥有的财富额绝对在全球财富的5%以下"[①]。皮凯蒂计算，在19世纪末私人财富约为6～7年的国民收入，之后因受第一次世界大战的影响，这一数量开始下降，到了2～3年的国民收入水平。到了20世纪50年代之后又开始回升，到了21世纪初私人财富已上升到5～6年的国民收入水平，并呈现出继续上升的趋势。[②] 皮凯蒂认为，美国不平等程度的扩大助推了2008年的金融危机："在我看来，美国收入不平等的扩大一定程度上会引发国家的金融不稳定，这是毫无疑问的。"[③]

虽然有些保守主义的学者对皮凯蒂书中的某些数据和结论提出了诸多质疑，但谁也无法否认西方社会两百多年来贫富差距不断扩大的事实，皮凯蒂之外的许多经济学者的研究也证实了全球财富收入分配不公平加剧的事实。爱德华·N. 沃尔夫（Edward E. Wolff）在其最近的文章中发现，2010年最富有的1%人群平均净资产为1640万美元，相反，最贫困的40%人群平均净资产为负，负值为1，0600美元。[④] 诺贝尔经济学奖获得者约瑟夫·E. 斯蒂格利茨（Joseph E.

---

① 皮凯蒂. 21世纪资本论 ［M］. 巴曙松，译. 北京：中信出版社，2014：451.
② 皮凯蒂. 21世纪资本论：导言 ［M］. 巴曙松，译. 北京：中信出版社，2014：27.
③ 皮凯蒂. 21世纪资本论 ［M］. 巴曙松，译. 北京：中信出版社，2014：303.
④ WOLFF E N. The Asset Price Meltdown and the Wealth of the Middle Class ［Z］. Boston：National Bureau of Econmic Reasearch，2012. 该文献为工作论文，国家经济研究局（NBER）是美国一个私人的无党派组织，致力于对重大经济问题进行前沿调查和分析.

Stiglitz）在其新著《不平等的代价》中也揭示："当我们对收入分配随意进行切分时，就会发现存在着更大的不平等，这种甚至出现在最上层的那 1% 人群内部，其中 0.1% 的人得到的钱比其他人都多。甚至 2007 年，也就是金融危机爆发的前一年，美国社会最上层的 0.1% 的家庭所拥有的收入是社会底层 90% 家庭平均收入的 220 倍。财富分配甚至比收入分配更为不平等，最富有的 1% 人群拥有的财富超过了国家财富的 1/3。""在新千年的最初五年（2002—2007 年）里，上层的 1% 群体攫取了比国民总收入 65% 还要多的财富。当上层的 1% 群体收入惊人时，大多数美国人的境遇实际上变得更差了。"①

为纾解世界财富两极分化的不公平现象，皮凯蒂提出应加强全球国际合作，各国政府亟须强化其承担的社会职能，从征收年度累进税上入手，共同制约财富的分化。为了防止富人避税，皮凯蒂建议各国政府应联合实施一种全球统一的"全球资本税"。这一思路与中国传统儒家的"大同"社会理想理论上有着异曲同工之妙。在中国传统经济思想中，儒家主张通过调节收入分配以实现"谋闭而不兴，盗窃乱贼而不作，故外户而不闭，是谓大同"（《礼记·礼运》）的理想社会，认为公平的收入分配才有利于经济的健康发展，现代经济学的研究成果也深刻地揭示了财富的公平分配更有利于全球的经济增长，支持了皮凯蒂的政策主张。② 很多评论者认为皮凯蒂的这一政策建议是乌托邦式的幻想，不可能实施。但笔者认为，评论一个学者的贡献，不在于他所提出的政策能否马上在当代就得到实施，而在于对于解决目前的问题是否提供了有意义的思路或政策启示。从这一视角看，对皮凯蒂的政策建议应该给予肯定，他的方案不失为一种遏制财富过度集中到少数富人手中、避免社会动荡出现的有效方案。

2007—2009 年的金融危机及占领华尔街运动的爆发进一步激发了人们对财富不平等问题的关注，许多重要的主流经济学家也呼吁当代经济学研究应该更多地关注财富分配的公平性。斯蒂格利茨就认为，"近年来，令人遗憾的是，经济学没有充分关注不平等"问题，他强调经济学研究的核心应该是"研究不平等的起源和后果"③，经济学"实际上是对不平等根本原因的一种探究"④。其他

① 斯蒂格利茨. 不平等的代价 [M]. 张子源，译. 北京：机械工业出版社，2013：3-4.

② 马涛，李绍东. 儒家的"均平"观与现代经济分配和增长理论 [J]. 复旦学报（社会科学版），2010（05）：118-123.

③ 斯蒂格利茨. 不平等的代价：致谢 [M]. 张子源，译. 北京：机械工业出版社，2013（06）：XX.

④ 斯蒂格利茨. 不平等的代价：序言 [M]. 张子源，译. 北京：机械工业出版社，2013（06）：XIX.

几位诺贝尔经济学奖获得者，如罗伯特·索洛（Robert Solow）、保罗·萨缪尔森（Paul Samuelson）、保罗·克鲁格曼（Paul Krugman）等也都发出了相同的呼吁。① 对于《21世纪资本论》，克鲁格曼给予了很高的赞誉。克鲁格曼为《21世纪资本论》写了三篇评论，高度评价皮凯蒂是"收入与财富不平等方面世界顶尖的专家"，皮凯蒂的著作"可能是近十年来最重要的经济学著作"。皮凯蒂的书有力地证明了我们正在倒退回"世袭资本主义"的年代，"《21世纪资本论》的伟大之处就在于，它告诉大家：我们不仅已经踏上了收入水平回归19世纪的道路，而且还正在向'世袭资本主义'回归。在'世袭资本主义'时代，经济的制高点不是掌握在有才华的个人手中，而是被家族王朝所主宰"②。整个资本主义世界正在退到"拼爹的时代"，财富来自世代积累而非劳动创造。虽然经济学界对皮凯蒂书中的某些基本概念和分析方法有这样或那样的看法乃至争论，但此著的出版无疑会促使人们更加关注收入分配的公平性问题，促使经济学的研究重回斯密、李嘉图、马克思的研究传统上。书中，皮凯蒂对中国问题的关注以及他提出的通过实施更加有效的累进所得税来解决中国现实社会中分配不平等的忠告，都应引起我们的重视。

（原载《徐州工程学院学报》2016年第4期）

---

① 斯蒂格利茨.不平等的代价：致谢［M］.张子源，译.北京：机械工业出版社，2013（06）：XX，XXIII.
② 林行止，何帆.解读21世纪的资本［M］.上海：上海人民出版社，2014：112，115.

"经济哲学"研究正名

经济哲学随着中国改革开放的步伐兴起以来，已经走过了 40 多年的历程，虽然在某些中国现代性发展过程中的重大现实问题，如社会公正、公平与效率、分配正义以及某些专题研究领域（如货币哲学、资本哲学等）的研讨上取得了丰硕成果，但至今未能在学科体系上形成共识，也就无法确立学科的体系框架，自然也妨碍了经济哲学学科的深化。例如：有人把经济哲学归属马克思主义哲学的一个分支；有人把经济哲学归结为理论哲学的经济哲学，或作为应用哲学、部门哲学的经济哲学；有人把经济哲学看成一个交叉学科，探讨经济、经济学与哲学的关系；有人把哲学理论知识在经济现象和经济领域的应用归属经济哲学；有人把探讨经济学中的哲学传统定义为经济哲学；等等，不一而足。概念指称和意义混乱，缺乏明确的辨析和界定，导致研究视野模糊。如此一来，自然使人不知"经济哲学"到底何谓。经济哲学研究要想进一步深化，首先必须"正名"，在范畴层面上明确界定"经济哲学"概念的内涵和研究框架。

一、围绕经济和经济学中的"哲学"问题展开

"经济哲学"四个字的主题是"经济"，这就决定了经济哲学研究的学科体系框架应是围绕经济和经济学中的"哲学"问题，研究的主要内容首先是经济学中的哲学问题。经济学尽管早已成为一门独立的学科，但其中仍存在大量的哲学问题，历史上许多著名的经济学家同时也是著名的哲学家，如亚当·斯密（Adam Smith）、约翰·穆勒（John Mill）、卡尔·马克思（Karl Marx）、弗里德里希·奥古斯特·哈耶克（Friedrich August von Hayek）等。哈耶克强调："仅仅是一名经济学家的人，不可能成为杰出的经济学家，比自然科学中的情形更真实的一点是，在社会科学中，几乎没有哪个具体问题能够仅仅依靠一门学科做出恰当的回答……在英国这个经济学长期领先的国家，几乎所有伟大的经济

学家同时也是哲学家。"① 这是因为经济学理论的发展不能没有哲学理念的支持。理论经济学中的许多假设都蕴含着哲学的前提。历史上，哲学对经济学理论的创立、发展及范式革命都有重要的影响。马歇尔就强调经济学不仅是一门研究财富的学问，更是一门研究人的学问，哲学也就是人学。对于经济学家需要哲学思维，凯恩斯的表述更为清晰：经济学研究者"在某种程度上必须是……哲学家。……他必须透过一般了解特殊，并在同一闪念间触知抽象与具体。他必须根据过去，为了未来，研究现在。人类的天性或其社会结构，他都必须心领神会，不容有被漠视的地方"②。从经济思想发展的历史看，只有在经济思维和哲学思维的有机统一中，经济学的大师才得以诞生。

经济学中的人性和理性的假定就深受西方哲学的影响。受西方功利主义哲学家杰里米·边沁（Jeremy Bentham）、托马斯·霍布斯（Thomas Hobbes）人性论的影响，新古典经济学把经济活动中的人设定为个体的、鲁滨孙式的只知追求个人私利的"经济人"。经济人具有理性，能对事物及面临选择的后果进行正确判断，并在利益最大化动机下采取正确的行动。新古典经济学的经济自由主义的主张就是建立在这一"理性人"假设基础上的。他们强调经济人能够准确预测未来和对政府政策变动采取防范对策，导致了政府干预政策的失灵。因此，他们主张政府应充分尊重市场个体的行为选择，鼓励市场竞争，政府的职责是维护好市场的公正与公平。凯恩斯学派则强调人的理性是有限的，市场中又会充满了各种不确定性，企业家的投资决策也要受情感等"非理性"因素的支配。因此，在凯恩斯看来，经济周期和危机在某种程度上就是由企业家对未来是乐观还是悲观的预期所导致的。正是在这一认识的基础上，凯恩斯学派强调经济的非均衡分析。富兰克·奈特（Frank Knight）也是从这一市场的"非理性"（不确定性）出发，肯定了企业家在利润创造上的重要作用。从某种程度上说，一部经济学理论的发展史就是一部关于经济人性和理性探讨的发展史。西方经济理性的现代发展也离不开哲学理性的渗透和影响。

二、研究哲学方法论对经济学的影响

经济哲学还需要研究哲学方法论对经济学的影响。人们要正确地认识客观世界，就必须掌握科学的方法。经济学研究也是如此。受哲学唯理论影响的经济学家在经济方法上多强调演绎法的作用，他们认为要构建一个好的经济学理

---

① 哈耶克. 经济、科学与政治 ［M］. 冯克利，译. 南京：江苏人民出版社，2000：28.
② 凯恩斯. 艾尔弗雷德·马歇尔传 ［M］. 滕茂桐，译. 北京：商务印书馆，1990：11.

论模型来分析解释经济现象，就必须按照抽象演绎法，先提出假设，给定约束条件，再进行实证回归分析，最后得出结论。数理经济学就是这一研究方法的典范：首先构建理论模型，再通过分析各种经济变量之间的函数关系得出研究结论。与此相应，在进行经济分析时，多主张一般均衡分析和静态分析，在经济政策上强调自由放任和自由竞争。与之相反，受哲学经验论影响的经济学家则多强调经验归纳法的重要性，主张以历史演化的方法作为分析认识经济现象和构造经济理论的主要方法，在对经济现象进行经济分析时多强调非均衡分析、动态演化分析，强调经济发展中制度、产权约束的重要性。

古典经济学的大师斯密采取了"抽象分析，再具体化"的方法，从现实的经济生活中提炼出几个或是一些基本的经济学范畴，如分工、商品、交换、价值等，再用其对现实经济运行进行"实证性分析"，构造了一种自由资本主义发展阶段的经济学"逻辑"。大卫·李嘉图（David Ricardo）、穆勒都强调抽象演绎法在分析经济现象上的重要性，如穆勒提出经济学在实质上是一门抽象科学，其研究方法是先验的，只从人类的一个动机——生产财富进行抽象。从这一意义上说，经济学就是一门类似于几何学的先验科学。穆勒认为，政治经济学就是许多理性演绎分析的集合。米尔顿·弗里德曼（Milton Friedman）也持相同观点，认为经济学的理论模型中，"模型是抽象的、完整的，它是一种'代数学'或'逻辑学'"[1]。奥地利学派更是明确提出："像所有其他科学理论一样，经济理论的命题显然是从一系列假设中演绎出来的"，"一旦我们充分理解了这些假设的性质，那么它们在现实中对应的存在就是不容置疑的"[2]，强调的就是经济学研究的对象和任务是经济现象中的一般性质和一般关系，研究目的是建立普遍适用于一切经济现象的一般理论法则。莱昂内尔·罗宾斯（Lionel Robbins）提出经济学的重要原理都是从近于公理的假设中演绎出来的，强调演绎法的合理之处在于凸显了抽象思维在经济认识中的作用，缺点则表现为对理性能力的过分崇拜，理性演绎发展的极致是数理经济学与数学模型的运用，但数学模型对现实的把握是相对的、有条件的，仅靠数学推导很难深刻揭示经济现象的本质和规律。

哲学经验主义也对经济学的研究具有重要的影响，这可以历史学派、制度学派和演化经济学派为代表，他们倡导运用历史演化的方法分析经济现象，强

① 弗里德曼. 弗里德曼文萃 [M]. 高榕，范恒山，译. 北京：北京经济学院出版社，1991：212.
② 霍斯曼. 经济学方法论纲要 [J]. 王欣，译. 经济学动态，1990（12）：12.

调制度和文化在经济发展中的作用。他们批判坚持哲学唯理论的新古典经济学在对经济关系的分析上忽略了宗教、道德、制度等因素的作用，把政治经济学变成了一部单纯的利己主义的自然历史。他们的理论贡献是强调分析经济问题必须结合诸如宗教和伦理道德等文化因素才能得到全面的说明，因为无论生产、分配、分工和交换这些经济活动，还是价格变化、经济危机的发生，都要受到人们或集体的动机、情感和行动的制约，这些问题的解决则有赖于改善人们的心理、道德状况。不同国家文化传统不一样，因此经济学的研究一定要结合各国的不同国情和历史传统，经济研究不仅应研究生产技术的发展和"经济制度"的特点，还要研究意识形态、政治制度等对经济的影响。

在明确上述研究框架主题的基础上，哲学界和经济学界都可以大显身手，哲学家可以从哲学的角度来探讨，形成经济哲学的本体论、辩证法、价值论和历史论等，经济学家则可以从经济学的角度去探讨，形成经济学方法论、经济规律论和经济文化论等相关内容，并在人性和价值考量的基础上，去完成对人类行为的经济学分析，解读重大的经济现象，提供好的政策方案。经济哲学在确定了研究主题和领域后，才会使今后的研究工作更加规范和深化，当然也有助于经济学界和哲学界在经济哲学研究上的"视域融合"，构建起经济哲学的学科体系框架。

（原载《中国社会科学报》2019 年 4 月 3 日第 4 版）

警惕"经济人"的滥用

警惕"未启蒙的利己主义"是 1986 年诺贝尔经济学奖获得者詹姆斯·布坎南（James Buchanan）对中国改革进程中出现的西方经济学中"经济人"假说被滥用和泛化现象的警告。

西方经济学研究中有一个核心前提假定，即人都是自利的，都是追逐个人私利的理性利己主义者，换句话说，"经济人"是人亘古不变的、永恒的本性。几乎所有的西方经济学家都把"人的本性是自利的"这一论断作为研究一切经济问题的出发点。西方经济学家认为这一"经济人"假设是经济学研究中不能存有争议的公理。

尽管一直以来对西方"经济人"假设的争论和抨击不断，但它在经济学理论中的基础性地位一直没有被动摇过，这主要是因为"经济人"假说顺应了西方主流经济学的发展趋势。例如，"经济人"概念的提出为分析人的实际经济行为及其结果——经济现象开辟了道路，方便研究中的推理和模型化，适应了经济学数学化和量化的要求。但在西方，"经济人"假说是被严格限制在经济学理论研究的领域内的。在西方，有着基督教的宗教伦理作为市场经济的道德伦理支撑，维系、协调着资本主义的经济发展。韦伯在《新教伦理与资本主义精神》一书中曾分析指出，西方资本主义的崛起与基督教新教伦理有着割不断的内在联系。但在西方经济学传入中国的过程中，出现了将这一经济学研究中的理论"假说"泛化和滥用的不正常现象，这不能不引起注意。

如某经济学家宣称，"经济人"假设"反复经过检验，颠扑不破"，无须加以论证，就可以由此推论出其他结论，成为我们判断其他结论是否正确的标准。一些人更是从"人的本性是自利的"这一假设出发，公开宣传"人为财死"的"经济人"价值观。由于以往我们对社会主义市场经济道德伦理价值维度的忽略或缺失，并且中国的经济学人掌握了太大的"话语霸权"，在这一"人的本性是自利的""经济人"价值观的驱动下，社会上形成了一种急功近利、推崇自利的价值观取向，诱发了一系列的社会问题，如在国企改革中推行的 MBO 管理层收购的改革，其类型不是像西方那样属于"财富增长型"，而是一种具有中国特色的"财富瓜分型"，也正是在这一"经济人"价值观的影响下，以融资为其本质的资本市场变成了上市公司圈钱的工具。在人与自然的关系上，企业考虑最多的是对自然的掠夺和自身利润的最大化，却很少顾及生态环境的保护和社会成本的剧增，导致中国的环境问题日益严重。在人与社会的关系上，人们追求的是如何向社会和他人索取，很少考虑怎样去回报社会和他人。

其实，在20世纪90年代以后，西方主流经济学家们就已充分意识到了传统"经济人"假设道德伦理的缺失将带来的不利后果，从而把更多的注意力转向了经济学研究中应如何去建设作为市场经济基础的道德伦理问题，如阿马蒂亚·森（Amartya Sen）就认为，"经济学，正如它已经表现的那样，可以通过更多、更明确地关注影响人类行为的伦理学思考而变得更有说服力"①。布坎南批评主流经济学家的"技术主义倾向"和相应的"道德无性"立场，他的观点十分明确："道德败落在任何时候都是可悲的。我指的是使社会之为社会的那些道德共识，它们构成了一个社会制度的基础。同样，一个新的社会要想站得住，也必须找到自己的道德基础。"

目前社会上出现的这种"未启蒙的利己主义"现象应引起人们的警惕。建设社会主义的和谐社会首先需要考虑建设社会主义市场经济的道德伦理的价值维度，即"以人为本"的社会价值观、荣辱观和科学发展观。以往正是这一伦理价值维度的缺失或被忽略，才导致了整个社会的急功近利，导致了人与人、人与自然、人与社会矛盾的加剧。

（原载《社会科学报》2006年4月20日第1版"时评"）

---

① 森. 伦理学与经济学 [M]. 王宇, 王文玉, 译. 北京：商务印书馆, 2000：15.

辑三

道家与范缜

据著名学者陈寅恪考证，范缜的家族世代信奉天师道。陈寅恪在分析两晋南北朝信奉天师道的士大夫阶层对佛教的三种态度时，首先举了范缜的例子，认为"为保持家传之道法，而排斥佛教，其最显著之例为范缜"（《陶渊明之思想与清谈之关系》）。此说新颖独到，是可信的。本文拟就道家思想对范缜的影响，再做些论证。

一

道家自老子创始，至庄子而形成学派，到汉初又演变为黄老之学，曾一度凌驾于儒学之上而成为统治思想。自汉武帝"罢黜百家，独尊儒术"之后，道家虽再没有获得高于儒学的地位，但它已经成为一种颇具特色的思想文化体系，与主流派儒学相互补充，相互渗透，在中国社会中长期绵延不绝，发挥着作用。汉末，从黄老崇拜中产生出道教。从此以后，道家和道教既有差别又互相纠结，往往联络为一方，与儒、佛成三教并立之势，成为中国中世纪社会的三大精神支柱之一。魏晋南北朝时期，"天下多故"，许多文人学士崇尚老庄，并吸收儒学，老庄之学遂脱胎为玄学，其思想与风度都使士人为之陶醉。隋唐以来，道家虽未再形成大的学术派别，未能出现大道家学者，然而道家的精神仍在，并时刻在社会的实际文化生活中表现出巨大的影响力。在中国古代社会，道家思想往往成为异端学者批判现实的理论武器，故受到了人们的喜爱。

道家学说的特点是以"道"为核心，"道"是道家哲学的最高范畴，"合于道"是道家追求的最高理想和最终目标。道家学说的其他部分都是围绕着"道"而逐层展开的。按照道家的描述，从历时上说，"道"先天地生，为万物之源，故老子云"道生一，一生二，二生三，三生万物"（《老子》四十二章）；从共时上说，"道"是天地万物统一共存的基础，它滋养万物，为天下母，为万物宗。万物的性能赖道而有正常的发挥，故老子又说："天得一（一即道）以清，地得一以宁，神得一以灵，谷得一以盈，万物得一以生，侯王得一以为天下正。"（《老子》三十九章）"道者，无之称也，无不通也，无不由也，况之曰道。"（王弼《老子注》）"道"的特质是自然，不是神灵，没有意志，自然无为而又无不为，生养万物而又不私有，成就万事而不恃功，不过是自然化生而已，故云："道法自然。"（《老子》二十五章）但"道"又是实存的、实有的，它无所不在，谁也不能须臾离开它，违背了"道"就要失常，就要遭殃，故庄子云，道恶乎在？无所不在。总之，"道"是囊括人类社会在内的大宇宙的整体性统一和它自身固有的生命力与创造力。道家把宇宙看成一个彼此联络的自然体，它具有生生不息的生命力，能创造出无穷无尽的万事万物，使之彼此相因、相克、相化。因此，"道"就其本性来说，是超越万物的，却又内在于万物。这种天道自然无为的思想，排除了上帝鬼神的作用，把宇宙的创造力归于宇宙本身。这是一种无神论的思想。这一思想构成了道家学者反对佛教神不灭论的理论基础。

慧远在《沙门不敬王者论》中，罗列了当时依据道家无神论的观点反对佛教神不灭论的言论。这些言论反对慧远的"求宗不顺化"的理论，认为自然事物在永恒变化着，人的生命亦是如此，并没有寂静不变的"涅槃"世界。他们说："寻夫老氏之意，天地以得一为大，王侯以体顺为尊。得一故为万化之本，体顺故有运通之功。然则明宗必存乎体极，体极必由于顺化。是故先贤以为美谈，众论所不能异。异夫众论者，则义无所取"（《弘明集》卷五），即认为无穷的变化就是事物的本性，因而人只需要顺应自然的变化，不要去追求什么超生死气化的绝对精神。

汉代的王充进一步发展了道家的"天道自然"的思想，用元气自然论来说明万物的生成。王充公开打出道家的旗帜，承认自己属于道家营垒中的一员，如他在《论衡》一书的《自然》篇中说："试依道家论之""虽违儒家之说，合黄老之义也"。

关于"天道自然无为"，王充论证说："谓天自然无为者何？气也，恬淡无欲，无为无事者也。"（《论衡·自然》）"天道自然无为"的表现是："天动不欲以生物，而物自生，此则自然也。施气不欲为物，而物自为，此则无为也。"（《论衡·自然》）王充认为生物是按照自然发生的规律而产生的，不受超自然力量的支配，这就叫作自然；宇宙世界无意志地产生万物，而万物终于产生，这就叫作无为。王充的贡献在于他用元气论来充实天道自然无为的思想。他认为，"天地，含气之自然也"（《论衡·谈天》），"天地合气，物偶自生矣"

（《论衡·物势》）。人也是元气的产物，人作为"气"的运动的一种存在形式，同万物是一样的，也是"禀气而生，含气而长"（《论衡·命义》）的。用元气自然的思想来论证天道自然无为和人类的生成，这是王充思想的一个显著特点。后来的道家学者就是在这一理论的基础上，提出"生死气化"的理论，断言死后形神俱灭，以反对佛教的神不灭论的。他们说："夫禀气极于一生，生尽则消液而同无。神虽妙物，固是阴阳之所化耳。既化而为生，又化而为死；既聚而为始，又散而为终。因此而推，固知神形俱化，原无异统；精粗一气，始终同宅。宅全则气聚而有灵，宅毁则气散而照灭。散则反所受于天，本灭则复归于无物。反复终穷，皆自然之数耳。孰为之哉？"（《弘明集》卷五《沙门不敬王者论》）他们认为人的生命是由元气组成的，而且人的生命也只有此生，并无来世。人死之后，"形神俱化"，复归于自然，并又指出，精神和形体都是"气"的表现，形神是一个根源，"气"聚集在一起，产生了精神的作用，"气"消失了，精神的作用也就同时消灭了。退一步说，形神即使有两个来源，但当结合在一起，形成人的生命之后，也就不能分离；生命消失时，形神也要同时消灭。故云："人之生，气之聚。聚则为生，散则为死。"（《弘明集》卷五《沙门不敬王者论》）他们还依据"生死气化"的理论，断言人死后归于"气"，从而并没有什么超自然的灵魂世界。从这些材料中，我们可以看出，道家的"生死气化"的学说和形神关系的问题是紧密地结合在一起的，而且已走向了形神一元论。他们根据"精粗一气"的观点，驳斥了当时佛教神学家的形神二元论。同时，他们依据"生死气化"的学说，又否定了"神不灭"的来世说。

东晋末年的戴逵（字安道）也是利用道家"生死气化"的理论来驳斥佛教的因果报应学说的。他和王充一样，也用先天禀气的理论来解释人类寿夭、善恶、贤愚的起源。在《释疑论》一文中，他说："夫人资二仪之性以生，禀五常之气以育。性有修短之期，故有彭殇之殊；气有精粗之异，亦有贤愚之别。"（《广弘明集》卷二十）他认为，个人的寿夭来源于所禀的阴阳之性的长短，个人的贤愚来源于所禀的五常之气的精粗。因此，一个人只要能履行道德规范，就不必讲什么来世的报应。他说："苟能体圣教之幽旨，审分命之所钟，庶可豁滞于心府，不祈验于冥中矣。"（《广弘明集》卷二十）这些论点遭到了佛教徒的反击。在慧远的授意下，周道祖作《难释疑论》，为因果报应说辩护。戴逵又著《答周居士〈难释疑论〉》，进一步提出了"性命自然"的观点。他认为"性命自然"的理论是由"校练名实，比验古今"得来的。其观点是："苟能悟彭殇之寿夭，则知修短之自然。……推渊商之善恶，足明冥中之无罚。等比干盗跖，可识祸福之非行。既能体此数事，然后分命可审，不祈冥报耳。"（《广弘明集》卷二十）在他看来，在实际生活中，积恶的人享受快乐，积善的人反遭祸害。由此可见，三世因果报应的理论是虚假的，是与现实生活的实际相矛盾的。他又进一步指出，生活中的福善一致的现象只不过是偶然的巧合，其中并没有什么必然的神秘力量在支配，自然也就根本不存在什么因果报应了。如"至于善恶祸福，或有一见，斯自遇与事会，非冥司之真验也""或履仁义而亡身，或行肆虐而降福，岂非无司而自有分命乎?"（《广弘明集》卷二十）这就是戴逵依据道家"生死气化"的理论反驳佛教"因果报应"的基本论点。这些论点构成了道家无神论思想的基本内容。

二

范缜深受道家思想的影响，道家的天道自然、生死气化的思想，是他批判佛教因果报应和神不灭论的理论武器。

南朝齐武帝永明七年（489 年），范缜曾与萧子良就有无因果报应的问题展开了一场论战。关于这场论战，《梁书·范缜传》有如下记载：

> 子良精信释教，而缜盛称无佛。子良问曰："君不信因果，世间何得有富贵，何得有贫贱?"缜答曰："人之生譬如一树花，同发一枝，俱开一蒂，随风而堕。自有拂帘幌坠于茵席之上，自有关篱墙落于粪溷之侧。坠茵席者，殿下是也；落粪溷者，下官是也。贵贱虽复殊途，因果竟在何处?"子良不能屈，深怪之。缜退论其理，著《神灭论》。

在范缜看来，人的富贵贫贱的社会现象是元气自然的产物，是由偶然因素决定的，完全是偶然的，这和人的道德品质并没有什么必然的因果联系。所以，当萧子良发难说"你不信因果报应，那世界上为什么会有人富贵，有人贫贱，有人享福，有人受苦"时，范缜就立即反驳说："人生好比是开在一棵树上的花朵，当风吹来，花瓣便纷纷飘落而下。其中有的碰到帘幌，落在锦垫之上；有的则碰着篱笆，落到了粪坑之中。就说你吧，生在了皇族，一生富贵，就像是那飘落在锦垫上的花瓣；而我，一生穷困，就像是那落在粪坑里的花瓣。世上确有富贵贫贱的不同，但这与因果报应又有什么关系呢?"范缜基于道家"元气自然""性命自然"的理论，用花发一树而坠落不同的妙喻，巧妙地驳斥了萧子良，否定了佛教因果报应的存在。在范缜的批驳下，萧子良无言以对。

　　道家的天道自然和生死气化的理论是范缜批判佛教的理论基石。在范缜看来，人是元气自然的产物，"人之生也，资气于天，禀形于地。是以形销于下，气灭于上。气灭于上，故言无不之。无不之者，不测之辞，岂必其有神与知耶？"（《答曹思文〈难神灭论〉》，《弘明集》卷九）元气运行的规律是自然的，它"忽焉自有，怳尔而无；来也不御，去也不追"（《神灭论》），表述的就正是道家元气自然的理论。既然生死是气化的产物，自然死后也就形神俱灭，哪里有什么不灭的"神"与"知"呢？人死后归于气，并没有什么超自然的灵魂世界。既然没有了什么超自然的不灭的灵魂世界，也就不存在什么因果报应了。

　　范缜在中国无神论史上的贡献还在于他第一次运用"质用"范畴解决了形质、神用的从属关系问题，达到了当时无神论解决形神关系理论问题的最高水平。

　　佛教神不灭论的基本命题是形神相异、形神相离。范缜与此针锋相对，提出了"形神相即"的命题，作为自己的立论基础："神即形也，形即神也。是以形存则神存，形谢则神灭。"（《神灭论》）范缜认为，精神依赖于形体，二者并不是并列平行的关系，而是神随形存而存，神随形谢而灭，也就是说，形体是精神现象的物质基础，故形体是第一性的，精神是第二性的。他把形神关系又叫作"形神不二"或形神"不得相异"。在范缜看来，形与神是既有区别而又有联系的不可分离的统一体。但神不灭论者又提出"形者无知之称，神者有知之名。知与无知，即事有异；神之与形，理不容一。形神相即，非所闻也"（《神灭论》）。"即"在这里作"不离"讲。论敌的中心意思是论证"形神非一"，即神是有知的，形体是无知的，故神和形是两种不同的存在物。范缜就此提出了"形质神用"的命题，以回答论敌的辩难："形者神之质，神者形之用。是则形称其质，神言其用。形之与神，不得相异也。"（《神灭论》）范缜在这里明确而深刻地表述了形神两方面的辩证统一关系。这里的"质"指形质，引申有实体的意义；"用"指作用，含有派生的意思。实体是表现作用的，是不依靠作用而存在的；作用是形体所表现的，是依附实体而存在的。"形者神之质"，是说形体是精神所从属的实体；"神者形之用"，是说精神是形体所具有的作用。神是作用不是实体，是从属形这一实体的。质、用不离，用从属于质。形神不离，神从属于形。形与神不是拼凑或组合在一起的两个不同东西，而是一个统一体的两方面，用范缜的话来说，是"名殊而体一也"（《神灭论》）。如果要打个比方，那就是："神之于质，犹利之于刃。形之于用，犹刃之于利。利之名非刃也，刃之名非利也。然而舍利无刃，舍刃无利。未闻刃没而利存，岂容形亡而神在？"（《神灭论》）范缜把形与神的关系比作利与刃的关系，刀刃是实体，锋利是作用。或者说，利是刃的本质，是刃的功能。没有刃，也就没有利。刀刃的锋利是不能离开刀刃而存在的，形与神的关系也是如此。既然没有离开刀刃而独立存在的锋利，哪里又有离开形体而独立存在的精神呢？所以，形神的关系不是两个物之间的关系，而是物与物的属性之间的关系。这就沉重地打击了神不灭论，同时也去除了以往无神论者在形神问题上所具有的二元论的色彩，达到了无神论者在中世纪解决形神问题上的最高水平。

范缜之所以能取得这样的理论成就，得益于道家（玄学）所取得的理论成就以及对他理论思辨能力的训练。

道家在魏晋南北朝时期发展为玄学。从思想来源说，玄学上接汉代道家的自然无为，以三玄（《周易》《老子》《庄子》）为主要经典依据，倡导以无为本的学说，企图用道家的理论来调整失衡的社会关系和知识分子的内心世界。相对先秦和汉代道家而言，玄学更重视对宇宙本体论的研讨。就理论思维的水平而言，玄学的本体论既高于以董仲舒为代表的神学目的论，也高于以王充为代表的元气自然论，如玄学的代表人物王弼发挥老庄"有生于无"的哲学命题，认为"无"是天地万物的本原和存在的根据，"无"兼涵"万有"，包容一切，"无"也就是"全"。王弼在论证这个问题时，引入了"体用"范畴，并发表了独到的见解。王弼认为，"体"有多种含义，有有形之体，如身体之体、形体之体之类；但也有"无形之体"，其含义犹如我们今天所说的"存在"。王弼强调"无形之体"的重要性，认为它是一切有形之物的"本"，"万物虽贵，以无为用，不能舍无以为体也"（《老子注》三十八章）。王弼在抽象的意义上使用"体"这个概念，在中国哲学范畴发展史上是一个理论贡献。"体用"作为一对范畴并用，则是指一物的实体及其功用。王弼认为，万物包含无形之体，而这无形之体又是万物具有功用的依据。故云："有之所以为利，皆赖无以为用也。"（《老子注》十一章）在这里，王弼已提出了"体用"统一的思想观点。这也是他对中国哲学的一个贡献。总的说来，玄学的本体论在理论的思辨上已能从个别上升到一般，从具体上升到抽象，这有助于理论思维水平的训练和提高。范缜就是得益于这种理论思辨水平的训练和提高，在玄学家体用统一范畴的理论成就的基础上，才提出了"形神相即""形质神用"的无神论命题，从而将形神观发展到一个崭新的理论阶段。如果没有玄学家体用范畴的提出及其理论思维水平的提高，范缜要取得那样伟大的理论成就是不可能的。

三

范缜对佛教的盛行给现实政治、社会所造成的危害有着深刻的认识。他以"吾哀其弊，思拯其溺"（《梁书·范缜传》）的救世精神，抨击了佛教的泛滥给现实社会所带来的极大危害。他指出"浮屠害政"已使得"兵挫于行间，吏空于官府，粟罄于惰游，货殚于泥木"（《梁书·范缜传》），造成了国家的政治经济危机。同时，"桑门蠹俗"，佛教还败坏了社会的风尚。他批评说，当时的社会风尚已流于"舍逢掖（丢掉儒家的服装），袭横衣（披上和尚的袈裟），废俎豆（废弃传统的礼器），列瓶钵（摆上水瓶和僧钵），家家弃其亲爱，人人绝其嗣续"（《梁书·范缜传》）的境地。人们的思想情操也已变得"厚我之情深，济物之意浅。是以圭撮（六粟为一圭，四圭为一撮）涉（及）于贫友，吝情动于颜色；千钟委于富僧，欢意畅于容发。岂不以僧有多稌（音徒，稻）之期（期约），友无遗秉（一把禾）之报？"（《梁书·范缜传》）佛教的泛滥，正窳败化着国家的政治、经济，腐蚀着社会的道德、习俗，流弊是无穷的。

范缜批判了佛教对现实社会的侵害，他所向往的理想社会是道家的顺从自然，无为而治。他论述说：

> 若知陶甄禀于自然，森罗均于独化，忽焉自有，恍尔而无，来也不御，去也不追，乘夫天理，各安其性。小人甘其垄亩，君子保其恬素。耕而食，食不可穷也；蚕而衣，衣不可尽也。下有余以奉其上，上无为以待其下，可以全生，可以匡国，可以霸君，用此道也。（《梁书·范缜传》）

范缜认为，只要了解并顺从了天地间"来也不御，去也不追"的自然法则，实行无为而治，就可以臻于理想社会的境地，使得人人都可以满足自己的本性，劳动者安于田野的耕作，统治者保持他们的恬静朴素。种了田就有饭吃，饭是吃不完的；养了蚕就有衣穿，衣服是穿不尽的。在下者用多余的产品奉养在上者，在上者以自然无为的态度治理在下者。这样一来，就可以保全生命，可以赡养父母，可以满足自己，也可以满足大家，可以使国家安宁，可以使君主称霸。这里所勾绘出的完全是道家无为而治而又无不治的理想社会的图画。在这里，他要求统治者顺从自然法则，采取宽大、放任、和缓的无为而治的统治措施，这对广大人民是有利的。他的"匡国""霸君"的主张，也反映了在南朝这样一个民族多难的时代，像范缜这样的进步思想家不愿意偏安江左、希望恢复中原的雄心志愿。

综上所述，可知范缜的反佛，深受道家思想的影响。道家的"天道自然""生死气化"的思想，是范缜批判佛教"因果报应"和"神不灭论"的理论武器。他心中理想的社会也是道家顺应自然、无为而治的社会。之所以如此，除范缜的家族世代信奉天师道，深受道教的影响之外，也与道家（玄学）思想在南朝的地位愈重、影响愈大有关，如在南朝宋文帝刘义隆时，封建皇帝曾亲下旨令，置"玄学"，设老子、庄子、列子、文子博士，以弘扬道家思想，道家的地位大大地提高了。"元嘉十五年（438年），征次宗至京师，开馆于鸡笼山，聚徒教授，置生百余人。会稽朱膺之、颍川庾蔚之并以儒学，监总诸生。时国子学未立，上留心艺术，使丹阳尹何尚之立玄学，太子率更令何承天立史学，司徒参军谢元立文学，凡四学并建。车驾数幸次宗学馆，资给甚厚。"（《宋书·雷次宗传》）由于皇帝的重视和提倡，以宣扬道家思想为主的"玄学"与艺术、史学、文学同时被列入国学。由此也可知道家思想在南朝时的影响进一步扩大了。

（原载《哲学研究》1995年第3期）

试论顾宪成融合朱陆两派及其意义

顾宪成是明末东林学派的领袖。顾宪成的理学思想虽是"恪遵洛闽""以朱为宗",但又是对朱陆两派的思想加以融合的。他对陆王学派大力抨击和斥责的仅是其末流所倡导的心体"无善无恶"说,对陆王学说本身并不否定。本文仅就顾宪成对朱陆两派的融合过程及其在思想史上的意义试加以论证。

一

顾宪成对朱陆两派持融合态度,首先表露在他对两家所持的调和式的批评态度上。

顾宪成师事薛方山,从学脉上说是南中王门,应属王学一派。但他不满意王学末流,欲挽救其学风上的放荡弊端,思想上已由王归朱。但他对王学仍有一定的推崇,并在当时批评王学之风甚激的声浪中,肯于站出来为王学辩解。比如,与顾宪成同时期的唐伯元,是"深嫉守仁新说"的。万历初年,朝廷讨论王守仁从祀孔庙的问题时,唐伯元曾上疏反对,以至于以非毁先儒罪名,被贬为海州判官。后来顾宪成与唐伯元相见时,唐说:"世之谈良知者,如鬼如蜮,还得为文成讳否?"对此,顾宪成不以为然,他说:

> 《大学》言致知,文成恐人认识为知,便走入支离去,故就中间点出一良字。《孟子》言良知,文成恐人将这个知作光景玩弄,便走入玄虚去,故就上面点出一致字,其意最为精密。至于如鬼如蜮,正良知之贼也,奈何归罪良知?(《明儒学案·东林学案一》)

这几句话把王守仁主张致良知的用意阐释得相当透彻,以致唐伯元听后不无佩服地说:"善早闻足下之言,向者论从祀一疏,尚合有商量也。"(《明

287

儒学案·东林学案一》）顾宪成对王学基本上是肯定的。他很称道阳明，说
自己"少尝受阳明先生《传习录》而悦之，朝夕佩习，不敢忘"（《泾皋藏
稿》卷四）。

对于朱、陆两家学术之争，他也常常摆出一种欲加调停的批评姿态。他认
为两家同为"圣学"，其大旨一也："朱子之言，孔子教人之法也；陆子之言，
孟子教人之法也。"（《泾皋藏稿》卷七）他既不完全肯定王学，也不全部肯定
朱学，而认为二者各有所得，也各有所失，各有所长，也各有所短。他批评王
学的得失说：

> 阳明先生开发有余，收束不足。当士人桎梏于训诂词章间，骤而闻良
> 知之说，一时心目俱醒，恍若拨云雾而见白日，岂不大快？然而此窍一凿，
> 混沌几亡，往往凭虚见而弄精魂，任自然而藐兢业。陵夷至今，议论益玄，
> 习尚益下，高之放诞而不经，卑之顽钝而无耻。（《小心斋札记》卷三）

他认为，王学之得，在于其致良知说比较简明可行，直指本体，发明本心，
使学者入门就能明白圣学要旨。王学之失，在于其末流坠入虚玄放荡之中，只
是空谈，不再注意国计民生的社会实际；行为也有失检点，猖狂而无耻，甚至
造成社会的腐烂。在他看来，这种王学末流已背离了王学的宗旨而发展为异端。
他批评朱学说：

> 然则朱子何如？曰："以考亭为宗，其弊也拘。"……拘者有所不
> 为。……拘者人情所厌。（《小心斋札记》卷三）

意思是朱学之弊在于"拘"，即拘谨、保守，缺乏作为，缺乏革新，以致使
"士人桎梏于训诂词章间"，为人所厌。既然朱、王两家都有弊端，都并非尽善
尽美，那就应将二者融合，取长补短，互相发明。这即是他要融合二家的动机
所在。他提出朱、王应互补互救，而不应相互排斥：

> 朱子揭格物，不善用者，流而拘矣；阳明以良知破之，所以虚其实也。
> 阳明揭致知，不善用者流而荡矣，见罗以修身收之，所以实其虚也，皆大
> 功于世教。……是故以之相发明则可，以之相弃髦则不可，以之相补救则
> 可，以之相排摈则不可。（《泾皋藏稿》卷一一）

所以，他十分遗憾朱熹当年得益于其师友者甚多，惟"独于象山先生，似乎交一臂而失之，以致纷纷之疑，迄今未已"（《小心斋札记》卷七）。他认为，"朱子之辟象山，自今人看来，委似乎过当。"（《小心斋札记》卷八）

二

朱、陆两派理论歧义的中心落在主张"性即理"还是"心即理"上，顾宪成也试图对此歧异进行融合。

顾宪成说："性即理也，言不得认气质之性为性也。心即理也，言不得认血肉之心为心也。皆吃紧为人语。"（《明儒学案·东林学案一》）这一段话，前两句是为朱学辩解的，后两句是为王学辩解的。他认为朱熹认"性"为先验的本性，陆九渊认"心"为先验的"本心"，二者并无大的异趣，所以，他一方面坚持朱学的"性即理""性善"，另一方面又肯定陆、王的"心即理"（"良知说"）、"心即善"。

顾宪成这种调和是否成功？我们试剖析如下：

在朱熹的理学体系中，"心"只是由"气"之灵者所构成的"经验心"，即只是"特殊"而非"普遍"，只是"经验主体"而非"先验主体"，故朱熹认为"心"属"气"而与"性"不同："心者，气之精爽""虚灵自是心之本体""灵处只是心，不是性。性只是理。"（《朱子语类》卷五）他认为，"理"是先验的存在，而"心"则是"经验"的、后天的存在。但"心"与"理"既同在一主体中，又要发生关系。这种关系是"心"可以与"理"相合，也可以与"理"相离。先验存在的"理"体现在"心"中即为"性"，故"性"与"理"为一。这种"性即理"就是人性善的根源。"心"与"理"相合时，"心"可以为善；"心"与"理"相离时，"心"又可以为恶。故说"心有善恶，性无不善"（《朱子语类》卷五）。心、性、理三者的关系便是："性便是心之所有之理，心便是理之所舍之地。"（《朱子语类》卷五）

陆、王与朱熹的不同之处是，认为"心"即是"性"，心性为一。在陆、王的理论中，"心"即为最高的实有，又是一种"先验"的主体。他们所说的"心即理也"，是表示本心自具理或性："苟此心之存，则此理自明。当恻隐自恻隐，当羞恶、当辞让，是非在前，自能辨之。"（《语录》）对于"心"是先验的主体，陆九渊论述说："心只是一个心。某之心，吾友之心，上而千百载圣贤之心，下而千百载复有圣贤，其心亦只如此。"（《语录》）对于"心"

又是最高的实有，陆九渊接着论述说："心之体甚大。若能尽我之心，便与天同。"（《语录》）这"体甚大"之"心"据说能"涵万德，生万化"。所以，"心"一方面是道德的创造原理，一方面又是宇宙万物的实现原理。故能尽我之心，即是心与理一。所以，陆九渊又说："万物森然于方寸之间，满心而发，充塞宇宙，无非此理。"故"宇宙内事，乃己分内事。己分内事，乃宇宙内事"（《语录》）。

从以上对朱、陆两家的分析可知，两家的"性即理"与"心即理"说存在某些"共同点"。比如，朱熹在强调"性即理"、性理与心为二的同时，又肯定心与性、心与理有统一的方面，这就与陆、王所强调的"心即理"——心与性和心与理一的观点有了沟通的契机。又如，朱熹强调"理"为"先验的"存在，陆、王也主张"心"具有"先验的"本体意义。这二者之间也有一致之处。顾宪成正是看到了这些相同面，以此来调和双方，具有一定的道理。但从理论体系的构架上说，二者是截然异趣的：朱熹的"性即理"属于哲学上的"理本体论"；陆、王的"心即理"属于哲学上的"主体心性论"，一是客观唯心论，一是主观唯心论，所以从哲学体系构架的根本上看，顾宪成的调和是不会、也不可能成功的。

三

顾宪成对朱、陆学说的融合还表现为他屡屡在双方关键性哲学范畴上力图加以沟通。这里仅举"格物致知"和"知行"两对范畴为例，给以说明。

关于"格物致知"：

顾宪成在"格物致知"问题上，十分推崇朱熹的四项格物穷理的工夫学说。其内容为："或考之事为之著，或察之念虑之微，或求之文字之中，或索之讲论之际。盖谓内外精粗，无非是物，不容妄有拣择于其间。"（《小心斋札记》卷七）顾宪成认为，王阳明的工夫学说实亦不离此四者。他引用王阳明年谱的一些资料，分别论证王阳明的工夫学说"未尝不从念虑入也""未尝不从事为入也""未尝不从文字入也""未尝不从讲论入也"（《小心斋札记》卷七）。最后则得出结论："故夫阳明之所谓知（'致良知'之'知'），即朱熹之所谓物。朱熹之所谓格物者，即阳明之所谓致知者也。总之一般，有何同异？可以忘言矣。"（《小心斋札记》卷一〇）实际上，朱熹"格物穷理"的致知学说与王阳明"致良知"的致知学说是不同的。这种不同主要体现在朱熹的致知学说是偏重于"向外觅理"，由人扩及物、自然，去进行广泛的探索。而王阳明的"致良知"学说则是偏重于"向内觅理"，向主体用功，去发明"本心"，觅取"理"的存在。所以说，朱熹的"致知"路数还是客观唯心论，王阳明的"致知"路数还是主观唯心论。这与他们理论构架的哲学性质是一致的。所以，顾宪成的上述调和也是枉然的，不能成立。

关于"知行"：

"或问：'知行是一是二？以为二者朱子也，以为一者阳明也。孰当？'曰：'朱子云：论先后，知为先；论轻重，行为重。阳明曰：知者行之始，行是知之成。君姑无论知行是一是二，试看两先生之说是一是二。'"（《小心斋札记》卷五）顾宪成在回答知行是一还是二以及王阳明与朱熹的解答何者为正确这一提问时，就又表现出了欲调和双方的态度。他认为朱熹的知行有先后和轻重之说，与王阳明的"知者行之始，行是知之成"无多大不同，故他接着就反诘提问者说"试看两先生之说是一是二？"意思是两家所说是一回事。实际上，顾宪成的这种调和是很牵强的。王阳明的"知行"范畴和朱熹的"知行"范畴，二者的内涵不同，所指亦异。王阳明的"知"是指"良知"，其"行"是指意志的取向，故王阳明可说"知行合一"。朱熹的"知"是指"知解""认知"，其"行"是指"实行""实践"，故朱熹认为"知行是二"。二者的区别是很明显的。顾宪成抹杀二者的区别，正表明了他欲对二者融合的态度。

四

程、朱派在修养工夫上重"修"，陆、王派在修养工夫上重"悟"。顾宪成融合两说，提出"修悟并重"。

程、朱派重"修"，这是与他们主张"向外觅理"的"格物致知"说相联系的。他们认为只有依靠"敬贯动静，涵养于未发，察识于已发"的不断努力，才能促进道德主体修养的完成，故程、朱论学之动人处始终只落在"涵养须用敬，进学则在致知"（《朱子文集·答陈师德书》或《二程语录》卷一一）的"修"的工夫上。这一教法，正如朱熹的高足黄勉斋（名榦）在《朱子行状》中所总结的那样："其为学也，穷理以致其知，反躬以践其实，居敬者，所以成始成终也。"朱熹将穷究一切知识置于首位，证知及涵养本原的工夫居于次要位置，认为居敬的作用，在致知"以察义理之归"，躬行"以致义理之实"。（《朱子行状》）穷理致知是没有穷尽的，居敬的工夫也是没有终结的，所以"修"

也是一个永无止境的过程。

陆、王派重"悟"，这是与他们主张"内向觅理"的"致良知"说相联系的。他们认为修养次第应是先"复其本心，先立乎其大"。"本心"是天所与我的，故心之所发之志自然与天地不隔，而与天道天理相通。但常人因溺于利欲或偏见，而将本心遮掩，故陆王为学只需"发明本心"，突破利欲偏见的关卡。"立乎其大""收拾精神"，于"静处体悟"。故象山说："盖心，一心也。理，一理也。至当归一，精义无二，此心此理，实不容有二。……只存一字，自可使人明得此理。此理本天所与我，非由外铄。明得此理，即是主宰，真能为主，则外物不能移，邪说不能惑。"（《语录》）

顾宪成调和程朱、陆王两派，认为二者都是圣学内容，不可偏废。他说：

> 予窃谓朱子由修入悟，王子由悟入修，川流也，孔子之分身也，一而二者也。由修入悟，善用实，其脉通于天下之至诚；由悟入修，善用虚，其脉通于天下之至圣敦化也。又即孔子之全身也，二而一者也。……是故……当士习之浮诞，方之以朱子可也；当士习以之胶固，圆之以王子可也。何也？能法二子，便是能裹孔子，所以救弊也。（《泾皋藏稿》卷一一）

顾宪成这一段话里含有以下三点见解。第一，朱熹重修，阳明重悟，二者都是孔孟圣学。所以，他说二者分则是"孔子之分身也，一而二者也"，二者合则是"孔子之全身也，二而一者也"。第二，二者是并重的，各有各的功能，哪一方都不可废弃。他分析朱学的"修"的功用在于"善用实，其脉通于天下之至诚"；王学"悟"的功用在于"善用虚，其脉通于天下之至圣敦化"；"修"的功用可以"收敛检束，不为琐"；"悟"的功用可以"摆脱扫荡，不为略"。故以朱学而教，"时而详晓曲谕，不为多"；以王学而教，"时而单提直指，不为少"。二者都是"所以成己""所以成物"之学。第三，他认为修悟并重，双方融合，可以矫正理学末流由单重"悟"或单重"修"所造成的流弊。如当王学末流"士习之浮诞"，坠入于虚无放纵之中时，"方之以朱子可也"，用朱学的重"修"来矫此弊；当朱学末流"士习以之胶固"，坠入于拘谨、保守之中时，"圆之以王子可也"，用王学的重"悟"来矫其弊。所以他说"能法二子，便是能裹孔子，所以救弊也"。

顾宪成对"修""悟"融合的结果，是指出"修"是"入门第一义"，"悟"是"入室第一义"。他说：

有就用力言者，体验省察之谓也，正属修上事，乃入门第一义也，无
容缓也。有就得力言者，融会贯通之谓也，才属悟上事，乃入室第一义也，
无容急也。（《泾皋藏稿》卷一一）

顾宪成把"修"摆在"入门"的位置，强调初学者须从修始，方可入门。
他将"悟"摆在"入室"的位置，强调学者只有在学修的过程中"融会贯通"，
才能登堂"入室"，学修有成。顾宪成对"修""悟"的融合，应说是比较成
功的。

五

顾宪成对朱、陆两派予以融合，其结果除"修悟并重"外，总的说来是不
成功的。尽管如此，这一不成功的融合，在中国古代思想发展史上也还有其重
要的历史意义。

明清之际，是一个"天崩地解"（黄宗羲语）的大动荡时代。在这一历史
时期，既有震撼全国的李自成、张献忠的明末农民大起义，表明农民和地主阶
级的矛盾已达到了白热化的程度，又有清兵入关和明朝覆亡而引起的民族矛盾
的激化，还伴随着资本主义萌芽的出现、发展而产生的市民阶层反抗封建统治
者这一新的政治力量的兴起。在这种错综复杂的社会矛盾和明朝覆亡的痛苦现
实面前，许多理学家对理学末流的空疏、无用进行了深刻的批判，并试图对理
学本身加以反省和总结，以求有新的发展。由此而形成了声势浩大的理学批判
总结思潮。因为要批判、总结和发展理学，故程朱、陆王的门户界限已不十分
明显，且出现了各学派之间注意吸取对方精华以取长补短的融合趋势。其中，
既有宗程朱而批判融合陆王者，也有宗陆王而批判融合程朱者；程朱、陆王两
派内部也都有一些理学家推重张载，哲学思想已开始向张载的唯物主义"气一
元论"转变。也还有一些理学家既批判融合程朱又批判融合陆王，而其思想又
非程朱也非陆王。形形色色，蔚为大观，形成了宋明理学史上一个百家争鸣的
新时期。他们程度不同，角度各异，但都试图对理学加以批判总结和创新。其
中既有新思想火花的闪现，又有旧观念沉渣的泛起。不过从总体来说，还都没
有突破理学思想的藩篱。

综上可见，顾宪成对朱、陆两派所持的互补互通的批评融合态度，使他在
对两派的批评上较少有门户之见，对两派的长短得失能持一种较为公允的客观

态度，分析和肯定了两派在理学中各自应有的理论地位。因此，可以说顾宪成对朱、陆两派的批评融合，实际上已经开启了明清之际理学批判总结思潮之先河。顾宪成之后，理学便逐渐转入了批判总结时期。

（原载《哲学研究》1988 年第 12 期）

救世与启蒙——晚明社会思潮析论

从 16 世纪到 17 世纪，即从明中叶到清初这一历史时期，随着中国后期封建社会总危机的爆发和商品经济的活跃、市民阶层的崛起，出现了一种批判现实、反省既往、立足救世改革的社会思潮。如何概括和评论这一社会思潮，学界已有不少观点。本文拟对这一思潮的定名、理论渊源和历史地位，再谈些不同意见。

一

对这一社会思潮，学术界有的主张叫作资产阶级的早期启蒙思潮，有的主张叫作地主阶级的自我批判总结思潮，也有的主张叫作经世致用的实学思潮，还有的主张叫作个性解放和人文主义思潮，等等。这些提法和理论概括都很有意义，但又有些问题。例如，资产阶级早期启蒙说的概括略有拔高之嫌，因为所谓严格意义上的"资产阶级启蒙"的确切含义是随着近代资产阶级登上历史舞台而出现的思想革命。而在中国的十六七世纪，还不具备这样的社会历史条件。晚明和清初诸大家虽对封建专制主义有所批判，但着眼点仅是针砭明代统治的流弊，还不是严格意义上的反封建。尽管他们批判的言辞相当激烈，理论上却没有摆脱儒家"修齐治平"的框架，批判的目的是救弊，走出一条振兴改革之路。他们的理想社会仍是"三代之制"的模式。这只是封建制度在儒家思想中的理想化，而不是超越儒家的新的理想社会。真正的资产阶级的启蒙思想只有随着资本主义生产方式和资产阶级的兴起才能出现。因此，在这思潮中所经常使用的概念、范畴和命题（如理气、太极、心性、知行、一两、理欲、理势、义利等），虽然根据时代的要求做出了自己的解释和说明，赋予了某些新的含义，但它与理学仍有相同之处，仍然属于地主阶级改革派的哲学意识形态。而"地主阶级的自我批判总结"说的概括，则又忽略了这一思潮中由王学左派及市民文艺理论所提出的一些新概念、范畴和命题。这些内容已成为中国近代思想的理论先驱，因而又具有某些早期启蒙的理论意义。由此可见，"启蒙说"和"批判总结说"都仅概括出了这一社会思潮的某方面，不能兼顾全体，其他诸说也大都如此。

本文提出，这一社会思潮实际上是由救世和启蒙两股思潮汇合而成，故包含救世和启蒙两大方面：救世思潮是指由程朱理学开启的批判改革思潮，包括受其影响的科学思潮；启蒙思潮是指王学左派及受其影响的市民文艺理论思潮。因此主张将这一思潮分作两股思潮来加以概括和评论较为妥当，在命名上则以"救世启蒙思潮"说较为适宜。

救世与启蒙两股思潮在内容与特征上有同有异，异大于同。两者在思想上也有批评和论争。其相同方面表现在都具有强烈的批判精神和救世意识。不论是救世派还是启蒙派，尽管他们之间存在某种差别甚至矛盾，但在针砭时弊上是相同的，都把批判的矛头指向了腐朽的封建制度及其僵死的传统文化。他们的批判精神主要表现在两方面：一是在思想领域，他们全面地对理学或心学末流的流弊进行了批判，其内容遍及哲学、经学、史学、伦理、文学、艺术以及自然科学等方面，从不同的角度冲击着封建主义的传统思想，闪耀着新的思想光辉；二是在社会政治领域，他们针对社会政治的各种积弊，多方面地揭露了当时封建社会的腐朽黑暗和统治阶级的昏庸无道，批判了封建专制主义和各种禁锢人性的陈规与说教。

两者的不同是主要的，表现在社会基础、思想渊源和学说宗旨三方面。就社会基础而言，救世思潮的社会基础是地主阶级的改革派，而启蒙思潮的社会基础则是新兴的市民阶层。就思想渊源来说，救世思潮的代表人物基本上都是尊信程朱的学者，如罗钦顺和吕坤等，他们的救世思想实际上是由程朱理学发展而来；而启蒙思潮的代表人物基本上都是王学左派的人物，如泰州学派中的王艮、何心隐和李贽。就学说宗旨而言，救世思潮主要表现为一种锐意于社会改革的救世主义，他们可谓地主阶级的"补天派"。为了挽救晚明的社会危机，一批先进的思想家，如罗钦顺、王廷相、张居正、吕坤等，不仅在田制、水利、漕运、荒政、赋税、兵制、边务、吏治、科举诸方面揭露了当时的各种弊端，而且还提出了各种改革的方案，有的甚至还亲自发动和参加了社会政治的改革活动。以顾宪成、高攀龙为代表的东林党人面对"天崩地陷"的严峻现实，反对王学末流的谈虚说玄，提倡士大夫"居庙堂之高则忧其民，处江湖之远则忧其君"的为学宗旨。"风声、雨声、读书声，声声入耳；家事、国事、天下事，事事关心"的对联，更是东林党人救世济民崇高理想的生动写照。以陈子龙为代表的复社君子，编印《明经世文编》，其目的是"资后世之师法"。顾炎武的《日知录》和《天下郡国利病书》更是一代"明道救世"之作。晚明的科学思潮是受理学格物穷理说和西学东渐的影响而兴起的。在这一思潮的促动下，中国古典科学技术进入了总结阶段，出现了一批著名的科学家和划时代的科学著作，如李时珍的《本草纲目》、朱载堉的《乐律全书》、徐光启的《农政全书》、宋应星的《天工开物》、徐弘祖的《徐霞客游记》等。这批科学救世的思想家不但提出了许多有价值的科学思想，也开创了重实践、重考察、重验证、重实测的科学新风。

　　启蒙思潮则是随着商品经济的发展和市民阶层的觉醒，在思想文化领域出现的反映市民阶层利益和愿望的启蒙意识。市民阶层的启蒙意识有多方面的表现。在哲学上表现为竭力阐发人的主体意识和人的社会价值，提倡个体解放和人文主义，倡导理欲统一说，从而使"存理灭欲"的封建主义的天理人性论变成具有近代意义的自然人性论。以王艮、何心隐、李贽等为代表的泰州学派蔑视封建偶像崇拜，公开否定以孔子之是非为是非的标准。在伦理道德上表现为抨击封建主义的三纲五常，特别是君为臣纲。何心隐所构想的理想社会是一个"相友而师"的社会。黄宗羲强调臣是"为天下，非为君也，为万民，非为一姓也"。唐甄更自标五伦中"我独阙其一（君臣）也"。在政治上，他们以民本主义为武器，猛烈地抨击封建专制，多方地限制封建君权，甚至提出了君臣共治天下的主张，如黄宗羲在《明夷待访录》中提出"天下为主，君为客"的著名论点，认为"为天下之大害者，君而已矣"。唐甄继黄宗羲之后，指出"天子之尊，非天地大神也，人也"，认为"自秦以后，凡为帝王者，皆贼也"。他们企图通过"置相"（接近于近代责任内阁总理）、"学校"（接近于近代议会）来实现他们的"有法治而后有治人"（黄宗羲语）的政治理想。在经济上，他们反对"崇本抑末"的传统思想，主张"工商皆本"（黄宗羲语），这是商品货币经济的发展和市民地位的提高这一客观现实的反映。在文学艺术上，则表现为反传统的浪漫主义、对封建正统文艺的鄙弃以及对人情欲的重视和歌颂。徐渭的"本色论"、李贽的"童心论"、汤显祖的"至情论"、袁宏道的"性灵说"以及小说"三言二拍"和《金瓶梅》的出现，都是其表现。总之，这些启蒙意识在原则上已不同于地主阶级改革派的救世思想，它是新兴市民阶层利益和愿望在思想文化领域的反映。他们可以说是封建社会内部代表新兴市民阶层的"革天派"。正因为这两个思潮之间有着上述的区别或不同，两派学者之间也就经常有批评，如东林学派的顾宪成批评泰州学派的何心隐辈"坐在利欲胶漆盆中，所以能鼓动得人"（《明儒学案·泰州学案》），王夫之抨击李贽"以佞舌惑天下"

（《名堂昶绪论·外篇》），对他表示蔑视："近世李贽之流，导天下以绝灭彝性，遂使日月失其贞明，人禽毁其贞胜，岂不痛欤！"（《读通鉴论》卷七）

二

如前所述，救世与启蒙两股思潮的思想渊源不同。他们分别源于朱熹的理学和陆九渊的心学。朱、陆的歧义，就是这两股思潮各自发展的内在逻辑渊源。

朱、陆歧异，在本体论上，前者主张"理本论"，后者主张"心本论"；在方法论上，前者主张"道问学"，后者主张"尊德性"。

朱熹主张宇宙的本体是"理"，认为"理"是一种客观存在，是宇宙的最高本体，是形而上者，超越而普遍。陆九渊则认为天地万物之理均在我心中。在他的哲学中，心即是理，心与理完全合一，没有分别，如陆九渊说："心，一心也；理，一理也。至当归一，精义无二，此心此理，实不容有二。"（《象山全集》卷一《与曾宅之》）他的心与理"实不容有二"的话是针对朱熹的理在心外而言的。朱熹的理含有多义，它首先是指一种形而上的本体，"理也者，形而上之道也，生物之本也"（《朱文公文集》卷五十八《答黄道夫》）。这种形而上的本体，在朱熹看来，它是一个"洁净空阔"的世界，它"无形体""无方所""无情意""无造作"，不是实有一物，只是一个"道理"而已（《语录》卷一），即是一种超时间、超空间的理性本体。此"理"至高无上，先天地而生，在天地之上。他论证说："未有天地之先，毕竟也只是理。有理便有此天地。若无此理，便亦无天地，无人无物，都无该载了。"（《语录》卷一）这种"理"具体到万事万物来说，自是万物之"所以然"。万事万物莫不有"其当然而不容已，与其所以然而不可易者"。"天下之物，则必各有所以然之故，与其所当然之则，所谓理也。"（《大学或问》卷一）理还是道德的原则，"性者，吾心之实理"（《语录》卷六十）、"性是实理，仁义礼智皆具"（《语录》卷五）。总之，朱熹的理有本体、理性、规律、法则等多种含义。但总的说来，它是"所以然"与"所当然"的统一，前者是自然规律，后者是伦理法则。在他看来，"所当然"来源于"所以然"，伦理法则来源于自然规律，其本质则是宇宙的理性。朱熹的这一"理本论"的学说，深刻地影响到了晚明的救世思想家们。他们进一步提出了"天下间惟理与势为最尊，虽然理又尊之尊也"（《呻吟语》卷五）的命题，认为"庙堂之上言理，则天子不得以势相夺"（《呻吟语》卷五），这是在明确主张"理"高于"势"。这里的"理"，既是宇宙的理性，结合社会政治而言，又是政治理性的原则、天下人心的公意。吕坤解释说："道（理）者，天下古今公共之理，人人都有份的。"（《呻吟语》卷五）这里的"势"，主要是指政治上的权势。救世思想家认为，在现实生活中，理与势之间经常发生着矛盾和冲突。作为一位儒者，在这一理与势的矛盾冲突中，只能选择"以理抗势""以理矫君"，用"理"来限制皇权君势，坚持原则，甚至在"以理抗势"中不惜一死，绝不苟且偷生。因为在他们看来，"理"尊于"君"、尊于"势"，天子之势也须屈从于"理"，故儒者只可从"理"而不从"君"，从"理"而不从"势"。这种"以理抗势"的学说成了救世思想家们批判现实政治黑暗，力图救世解弊、改革社会实践的内在精神动力。

陆九渊主张"心即理"，故他强调主体的自觉。他多次教育学者要"自立"，自作主宰。他说："请尊兄即今自立，正坐拱手，收拾精神，自作主宰，万事皆备于我，有何欠阙。"[1] "此理本天所以与我，非由外铄。明得此理，即是主宰。真能为立，则外物不能移，邪说不能惑。"[2] 这一强调主体自立、自觉、自作主宰的精神，后经王阳明的发挥，成了晚明启蒙思想家反对以"孔子之是非为是非"，冲击封建礼教束缚的思想武器，如王阳明倡导"良知"说，强调"心本体"，认为"心外无理""理从属于心"，重内在主体能动性的发挥。他由此出发，否定了孔子的神圣地位。他在《答罗整庵少宰书》中说："夫学贵得之心，求之于心而非也，虽其言之出于孔子，不敢以为是也，而况其未及孔子者乎？"（《阳明全书》卷二《传习录》中）他还认为真理"非孔子可得而私也"（《明阳全书》卷二《传习录》中）。启蒙思想家李贽就是在这一思想的基础上进一步否定了以"孔子之是非为是非"的封建礼教的意识形态。

在方法论上，朱、陆一主"道问学"，一主"尊德性"。对此歧异，黄宗羲曾概括说："先生（陆九渊）之学以尊德性为主，谓先立乎其大者而后天之所以与我者不为小者所夺。夫苟本体不明而徒致功于外索，是无源之水也。同时紫阳（朱熹）之学则以道问学为主，谓格物穷理乃吾人入圣之阶梯。夫苟信心自是而惟从事于覃思，是师心之用也。"（《宋元学案》卷五十八）朱熹主张"道问学"，重视向外格物穷理的工夫。他认为"天下之物莫不有理"，乃至"一草一木亦皆有理"。"道问学"强调了一种对万事万物之理的穷究精神。"上而无极、太极，下而至于一草一木、一昆虫之微，亦皆有理。一书不读，则缺了一书道理；一事不穷，则缺了一事道理；一物不格，则缺了一物道理。须著逐一

---

① 陆九渊. 陆九渊集 [M]. 北京：中华书局，1980：456.

② 陆九渊. 陆九渊集 [M]. 北京：中华书局，1980：10.

件与他理会过。"（《朱子语类》卷十五）依朱熹的意见，从宏观世界到微观世界，都有"理"存焉，故都应"格"，应努力不懈地去追求探索新的知识，以"求得事物当然之理"，即求得对事物规律的认识，如"问：所谓一草一木亦皆有理，不知当如何格？曰：……一草一木，岂不可以格？如麻麦稻粱，甚时种，甚时收，地之肥，地之硗，厚薄不同，此宜植某物，亦皆有理"（《朱子语类》卷十八）。这种格物说已有着实验科学的意味。宋以后中国科学技术的长足进步与这一学说的提倡不无关系。这一学说影响了晚明救世思想中科学思潮的兴起。随着"西学东渐"，朱熹的"格物之学"又被发展为"质测之学"，传统的古典科学与西方的实验科学相结合，促使中国古代科学的发展进入了一个辉煌灿烂的新时期。

陆九渊主张"尊德性"，为学强调"先立乎其大"，即"发明本心"，提倡一种大丈夫精神。他认为"心之体甚大，若能尽我之心，便与天同"。他说过："宇宙便是吾心，吾心即是宇宙。"（《象山全集》卷二十二《杂说》）"万物森然于方寸之间，满心而发，充塞宇宙，无非此理。"（《象山全集》卷三十四《语录》上）孟子所说的"四端"，只是指示那先验的"心之体"的几个例证："孟子就四端上指示人，岂是人心只有这四端而已。"（《象山全集》卷三十四《语录》上）这种"本心"是内在的，本来就有的，它是道德智慧的不竭源泉，因此为学之方，就在于要"切己相反""发人之本心"。他认为人若能直透到念虑萌发的本心之源处，自然就能辨得是非，晓得义利，然后才有头脑，才能树立价值标准。若缺少发明本心的工夫，便是不知学。人不知学，"虽日日博学之、审问之、慎思之、明辨之、笃行之，然不知博学个什么？审问个什么？慎思个什么？明辨个什么？笃行个什么？"（《语录》）反之，本心既明，则道理只是从我心中流出，读书只是本心的一个印证，此即陆九渊所谓的"学苟知本，《六经》皆我注脚"之意。他还提出人生的目标是如何"做人"，而不是如何"作书"，"若某则不识一个字，亦须还堂堂正正地做个人"①。他还提倡一种"激励奋进，冲决罗网，焚烧荆棘，荡夷污泽"的精神。这都表现了他对人格精神的推崇和对儒家经典的轻视。这一切，就陆九渊本人来说，是为了完成个人的修德，但他不主立说、不信传注的主张，客观上对儒家的经学教条存在着一种理论上的冲击作用。晚明的启蒙思想就是由此发展而走到了对封建礼教的叛逆。

---

① 陆九渊. 陆九渊集 [M]. 北京：中华书局，1980：447.

三

晚明的救世启蒙思潮在中国哲学史上具有重要的历史地位，它一方面完成了对中国传统哲学（主要是宋明理学）的批判总结，一方面在启蒙思想中又孕育着近代思想的某些因子，它是中国古代传统哲学通往近代新学的桥梁。这可以从两方面来看：

一方面，救世思想家们根据时代的需要，对腐朽的封建制度及其僵死的传统文化进行了深入的批判。这一批判涉及了社会政治、哲学、伦理、文学艺术等各方面，从不同的方面冲击着封建主义的传统思想，多方面地揭露了当时封建社会的腐朽黑暗和统治者的昏庸无道，闪烁着新的时代光辉。在批判社会政治的同时，他们高唱一种社会改革的救世主义，针对时弊提出了各种改革的救世方案，在哲学文化批判的同时，他们对传统哲学的许多范畴、概念、命题等给予新的解释和说明，赋予了符合时代发展需要的新含义，如他们对理气、心性、理欲、理势、义利等关系的阐释和界定，都达到了前所未有的中国古代哲学的最高水平。其强调格物致知、重实的科学精神，又深深地影响了晚明自然科学的复兴。它和"西学东渐"相结合，促使中国古代的科学发展进入了一个灿烂辉煌的时期，出现了一大批著名的科学家和划时代的科学著作。在这一科学思潮中不但提出了许多有价值的科学思想，还开创了重实践、重考察、重验证、重实测的时代新风。可以说，如果没有救世思想家对理学末流空疏学风的批判，就不可能出现张居正的社会改革以及由它带来的万历时期短暂的社会稳定和经济繁荣，也不可能有陈子龙等复社君子对《明经世文编》这一救世实学巨著的编撰，更不可能有晚明科学发展的辉煌成就。

另一方面，在启蒙思想中又孕育着近代社会的某些因子。在政治文化上，他们对君主专制弊端和僵化了的传统旧礼教、旧观念的批判，导致了一次新的思想解放的洗礼，影响到了近代的改良派或革命派，出现了清朝晚期的维新变法和孙中山领导的革命。维新派和革命派在反对封建主义的斗争中都把启蒙思想家对封建专制和文化的批判作为理论武器来使用。在哲学上，以泰州学派为代表的启蒙思想家竭力阐发人的主体意识和社会价值，力主理欲统一说，揭露了封建道德"以理杀人"的虚伪本质，从而使封建主义的天理人性论变成了具有近代意义的自然人性论。这一自然人性论成了康有为、梁启超维新派思想家人性论的理论基础，他们蔑视封建偶像崇拜，公开否定以孔子之是非为是非，这一观点更成了近代革命思想家反对封建思想、对尊孔派进行批判斗争的理论武器。在文学艺术上，文艺启蒙思想家所完成的从理到情、从情到欲的审美观念的转变以及倡导反映市民阶层思想情趣的"俗"文艺和对一切封建正统"雅"文艺的鄙弃，又深深地影响到了"五四"时期的新文学运动。"五四"时期的新文学运动就正是处在这样一个"俗"文艺凯歌行进的时代。胡适的《文学改良刍议》中所谓的"白话文学为中国文学之正宗"（《新青年》第 2 卷第 5 号），陈独秀在《文学革命论》中提出的所谓"三大主义：曰，推倒雕琢的阿谀的贵族文学，建设平易的抒情的国民文学；曰，推倒陈腐的铺张的古典文学，建设新鲜的立诚的写实文学；曰，推倒迂晦的艰涩的山林文学，建设明了的通俗的社会文学"（《新青年》第 2 卷第 6 号），以及后来郑振铎撰《中国俗文学史》，等等，都是大张旗鼓地为"俗"文艺"正名"，为从雅到俗的时代潮流开拓路途。然而，这一从雅文艺到俗文艺的滥觞，却是从晚明的文艺启蒙思潮开始的。

中国近代资产阶级的新学，正是中国古代哲学经由晚明救世启蒙思潮这一桥梁和接受西学影响后二者相融合的产物。

（原载《哲学研究》1996 年第 2 期）

论薛瑄与明代的关学

宋明理学从其产生到终结的逻辑行程，大体经历了气本论、理本论和心本论三个阶段。以张载为代表的关学、朱熹为代表的闽学以及王阳明为代表的心学，便是这三个发展阶段的代表学派。随着明中叶资本主义萌芽的进一步兴起，理学加速了分化瓦解。以王艮、李贽、戴震为代表所承续的王学传统，成了近代早期启蒙思潮的先驱；以罗钦顺、王廷相和王夫之为代表所承续的朱学传统，开始由"理"向"气"回归，形成了明中期以来的唯物主义哲学思潮。薛瑄在理学史上的贡献就在于他最早融合关闽、修正朱学，并开始向张载气学复归，开启了这一唯物主义思潮的先河。

一

薛瑄为明初北方河东学派的领袖，其门徒遍布山西、河南、关陇一带。在思想上，他虽谨守"朱学矩矱"，为明初朱学的主要代表，但又接受张载关学的影响，着意于融合张朱。这种融合具体表现在他的理气论和人性论上。

张载的气本论代表了宋明理学发展的第一阶段。它由"气本""气化"的"天道"宇宙本体论始，以"性""心""礼""诚"的"人道"伦理学终。朱熹的理本论则不同：张载是由外而内，由宇宙论到伦理学，朱熹则是由内而外，宇宙论服务从属于伦理学。"应当"的人世伦常等于必然的宇宙规律。所以，"天理"的观念便构成了朱熹庞大体系的根本核心。在朱熹的哲学体系中，"理"为本体，它既是万事万物之所必然的宇宙规律，又是人们所应当遵奉的伦理法则。"理"在逻辑上先于万事万物的现象世界，并构成了万事万物的本体存在。由于张载的关学和朱熹的闽学存在着如此巨大的差异，因此二者在理气论、人性论上都存在着严重的分歧。张载主张"太虚即气"（《正蒙·太和篇》），"道"（理）为"气化"之规律："由气化，有道之名。"（《张载语录》中）二者的关系是："气"是"道"（理）的实体，"道"是"气"的妙用，有"太虚"即有"气"，有"气化"即有"道"，"道"不离"气"。在人性论上，张载虽首次区分"天地之性"和"气质之性"，并由此而备受程朱等的推崇，但实质上这种"性"论仍与张载的以"气"为本体、"天道"与"人道"合一的思想统一。在张载看来，"天地之性"与"气质之性"是同一气化过程的两种属性。"天地之性"是人未成形以前"太虚之气"的本性，它清澈统一、洁而无瑕。人经"气化"成形之后，才形成了人现实的"气质之性"。它包括人"耳目口腹之欲""饮食男女"等后天的生理本能，和人由于气禀之偏全而产生的"才与不才""贤与不肖"的矛盾差异。修养的目的就是自觉地节制"耳目口腹之欲"，以"变化气质"，复反、保全其"天地之性"，"永葆善性"。朱熹则不同，他认为"未有天地之先，毕竟是先有此理"（《朱子语类》卷一）。在理气关系上，"理"为本体，"气"依附于"理"，"理"派生"气"（《朱子语类》卷一）。在人性论上，朱熹虽继承张载，将人性二分，但又扭转了张载人性论的进路，将属于"太虚之气"本性的"天地之性"改造为先天道德本体的"义理之性"。"义理之性"是对张载"天地之性"的改造，它对个体来说是先验的必然要求和规范。人之所以异于物者，就在于能够贯彻履行这种"义理之性"，从而"全其性"。朱熹也继承了张载的"气质之性"说，又加以改造，认为"气质之性"是指"天理"堕在气中的"人性"。"义理之性"是先天的、纯善的；"气质之性"是后天的，善恶相混。朱熹虽强调二者的合一，但与其理气为二的矛盾相应，"义理之性"的"理"与"气质之性"的"气"也实难统一。

薛瑄的思想出自朱熹。他在理气论和人性论上都未脱离朱学窠臼。在理气论上，薛瑄也主张"理"为宇宙的本体，"太极即理也"（《读书续录》卷一），"太极者，理之别名，非有二也"（《读书录》卷六）。在理气关系上，他主张理为本、气为末，理在先、气在后。他说："理是天地万物之极至处""理无所不有。如天地之初，都无一物，只有此理，而天地万物自能生。假使后世天地万物一时俱尽，而此理既常存，又自能生万物"（《读书录》卷六）。他以宫室与宫室之理为喻，说明这一道理："如未有此宫室已有此宫室之理，及有此宫室而理即在宫室之中；如未有天地万物已有天地万物之理，及有天地万物而理即在天地万物之中。"（《读书录》卷一一）他主张理静气动，理为气之主宰："理万古只依旧，气则日新。"（《读书续录》卷一一）"天地间只一动一静，而理为之主。万化皆由是出，万物皆由是生。""消息盈虚，皆气之流行，而理为之主也。"（《读书续录》卷四）太极与众理的关系，犹如"月映万川"："先儒'月映万川'之喻，最好喻太极。盖万川总是一月光，'万物统体一太极'也；川川各具一月光，'物物各具一太极'也。其统体之太极，即各具之一本；其各具之太极，即全体之万殊，非有二太极也。"（《读书录》卷九）这都是朱熹的说法。连"月映万川"之喻，也是直接袭用朱熹的陈说。在人性论上，他尊崇朱熹，步朱熹思想后尘。他赞同朱熹的"性即理"说："万事万物，一理贯之，理即性也。"（《读书续录》卷一〇）性的具体内容是仁义礼智信的道德规范，故人性善："只是一个性字，分而为仁义礼智信。"（《读书录》卷八）"性本善，反之而恶。……而本善常在。"（《读书续录》卷八）他把人性一分为二，盛赞朱熹，如云："孟子言性善，扩前圣之未发。程子'性即理也'与张子皆论'气质之性'，又扩孟子之未发。至朱子，会萃张、程之论性至矣。"（《读书续录》卷七）关于"本然之性"与"气质之性"的相互关系，他沿用朱子所谓性气"不杂""不离"的观点："本然之性，纯以理言；气质之性，兼理气言。"（《读书录》卷五）"以不杂者言之，谓之本然之性；以不离者言之，谓之气质之性。"（《读书录》卷七）"论性不论气不备。言孟子论性善，固得性之本原，然不论气，则不知有清浊、昏明之异，故未备。"（《读书续录》卷九）这一切都是朱熹人性论的转述。

但是，更可引起注意的是薛瑄思想中也接受许多张载的影响，反映出他已开始由朱学向张载哲学复归的致思趋向，这才是更重要的，它代表了薛瑄思想的特征。在理气论上，他接受张载的气一元论，公开批驳了朱熹"理先气后"说：

> 或言："未有天地之先，毕竟先有此理。有此理便有此气。"窃谓理气不可分先后。盖未有天地之先，天地之形虽未成，而所以为天地之气，则浑浑乎未尝间断止息，而理涵乎气之中也。……以至"化生万物，万物生生而变化无穷"，理气二者盖无须史之相离也，又安可分孰先孰后哉？（《读书录》卷三）

薛瑄对朱熹理本论的批判，就反映了他向张载气本论的复归。其方法是打破了朱熹认为"理"是纯粹的、抽象的，派生气与万物的宇宙本体说，代之以理气合一，在空间上"无间"，在时间上"无息"（《读书录》卷四）的浑然一体说。他说："理只在气中，非气之外悬空有太极也。"（《读书续录》卷二）"理气混合为一，元无间隔。"（《读书续录》卷二）"理气浑然而无间，若截理气为二，则非矣。"（《读书续录》卷一）他对张载的气本、气化学说还有很好的发挥。请看：

石壁上草木，最可见生物自虚中来，虚中则实气是也。

天地之初，人物无种，纯是气化；自人物有种之后，则形化虽盛，而气化亦未尝息。自今观之，人与禽兽、五谷之类，凡有种者皆形化，至若昆虫、草木之类，无种而生者尚多。试以一片白地验之，虽掘至泉壤，暴晒焚烧其土，俾草木之遗种根蘖皆尽，然一得雨露滋泽，风日吹呴，则草木复生其处，此非气化而何？又若腐草为萤，朽木生蠹，湿气生虫，人气生虱之类，无非气化也。（《读书录》卷四）

这完全是张载"太虚即气"（"虚中则实气是也"）气化学说的发挥，这里已完全排除了"理"的本体和主宰地位，唯物主义的性质是十分明显的。难怪有的学者已认为"薛瑄是一位具有唯物主义倾向的理学家"①。这都真实地反映出薛瑄向张载关学复归的致思趋向。在人性论上，薛瑄也坚持和贯彻气一元论的思想观念。他认为性气合一不分："人之性与气，有则一时俱有，非有先后也。"（《读书录》卷二）"气外无性，性外无气，是不可'二之'也。若分而'二之'，是有无气之性，无性之气矣。故曰'二之，则不是'。"（《读书续录》卷一二）因之，"气质之性即本然之性随在气质中者，初非二性也"（《读书录》卷九）。这些观念和张载的思想是相通的，他们都坚持用"天人一气"的思想来说明人性，由此将"天道"与"人道"沟通合一。

薛瑄在学风上也尊崇张载。他的主要著作《读书录》，就是仿照张载的《正蒙》，以《太极图说》《西铭》《正蒙》之义疏编纂而成。他主张下学而上达，内外兼修，但重点是放在"下学"上，即在外在的人事日用中用功。他所谓的人事日用，是指君臣、父子、夫妇之类的伦理纲常。他要求人们从这些人事日用的小事做起，依照封建道德的要求，"恭行践履""一语、一默、一坐、一行，事无大小，皆不可苟处也"，"处置悉使合宜"（《读书录》卷二）。"工夫切要在夙夜、饮食、男女、衣服、动静、语默、应事接物之间，于此事事皆合天则，则道不外是矣。"（《读书录》卷二）这实际上就是"以躬行礼教为本"（《明儒学案·师说》）的关学宗旨。薛瑄一生为人严谨，崇尚气节，从不苟和，忠实地践履着这一精神。薛瑄曾因力抗太监王振，入锦衣卫狱。但他宁死不屈，狱中仍"读《易》，不辍"，被时人赞叹为："真铁汉也！"（《薛文清公年谱》）他在《读书录》里说："绝谋利计功之念，其心超然无系。"这种超然而十分高尚的道德境界，就来自薛瑄平日"躬行礼教"自强不息的努力。薛瑄主张"为

---

① 薛瑄. 薛瑄全集 [M]. 太原：山西人民出版社，1990：3.

学最要务实，知一理则行一理，知一事则行一事"（《读书录》卷三），不尚空谈，这都是关学"经世致用"朴实学风的再现。

融合关闽是薛瑄思想的基本特点。对此，明人就已有所认识。田赋在嘉靖年间"跋重刊《读书录》后"有云："文清公平生读书，以诚敬为主，本以关、闽诸子为法绳，以古圣贤为归宿。"（《读书续录》附录一）这种融合当然是不会成功的，它造成了薛瑄思想的内在矛盾。但这种融合在明代理学史的发展上又具有重要意义。薛瑄对朱学的修正和开始向张载哲学复归的这一致思趋向，直接开启了明中期以来以王廷相、罗钦顺、王夫之为代表的唯物主义思潮。他们仍是理学，反映了朱学的分化和向张载哲学的复归。薛瑄理所当然地受到了这些后哲们的推崇。这一点时贤多有论及，此不赘述。这里所要强调的是，薛瑄对明代关学的中兴所发挥的重要作用和二者的思想联系。

二

明代的关学主要是"三原学派"。"三原学派"是以三原人王恕为宗师，其弟子多出自陕西关中。著名的有韩邦奇、王之士和其子王承裕，承裕又有弟子马理，邦奇有弟子杨爵。吕柟虽是薛瑄再传弟子薛敬之的门生，但同时又受教于三原马江、本邑周尚礼门下，与三原学者的学术联系甚密，也可谓三原学派的主将。他们大多数人虽和薛瑄没有直接的师承关系，但因关中距河津"一苇可航"，故三原学者大都接受薛瑄修正朱学向关学复归的思想影响，进而完成了关学在明代中兴的宏业。

"三原学派"的创始人王恕，字忠贯，号介庵，晚年又号石渠，生于明永乐十四年（公元1416年），卒于正德三年（公元1508年），享年九十二岁。自明英宗正统十三年（公元1448年），王恕三十二岁登进士第，选庶吉士，至明孝宗时，在官五十余年，官至吏部尚书加太子太保。卒后赠左柱国太师，谥端毅。王恕为官刚正清廉，勤政爱民。年八十四岁时著《石渠意见》《石渠老人履历略》，年九十一岁时，还著有《玩易意见》，"其耄而好学如此"。（《明儒学案》卷九）他致仕后，致力于学术讲授，于立德立功之外又能立言，开创了闻名千古的"三原学派"。

黄宗羲曾评论王恕说："先生之学，大抵推之事为之际，以得其心安者，故随地可以自见。"（《明儒学案》卷九）关学学者大都是艰苦为学，无师而成，且又遍览群书，不守门户之见，能够掌握多门科学知识。王恕效法薛瑄，在朱学占据统治地位的历史条件下，对朱学一方面表示推崇，一方面又加以批评和修正，向张载复归。他在《玩易意见》和《石渠意见》两书中，对朱熹的《周易本义》和《四书章句集注》多有批评。如他在《石渠意见》中论"一阴一阳之谓道，继之者善也，成之者性"一段时说："《意见》以为道者，化育之道也。独阴不生，独阳不成，故一阴一阳乃为化育之道。继续也，犹言交媾也，言阴阳交媾，而为胚胎，无有不善，故曰继之者善也。成谓成形也，言已成形而五性具焉，故曰成之者性也。然继之者善，不离乎阴阳，成之者性，亦不离乎阴阳。《本义》以继之者善为阳之事，以成之者性为阴之事，未敢以为然。"（《王端毅公文集》卷九）王恕批评朱熹《周易本义》的解说是牵强的。他认为宇宙生生不息，万物化育，都是阴阳二气结合的产物。因此，不能把善和性相割裂，单独地分为阳或分为阴。显然，这是张载《横渠易说·说卦》中"阴阳天道，象之成也""天地人一，阴阳其气，刚柔其形，仁义其性"思想的发挥。这也和张载的"两不立则一不可见，一不可见则两之用息"（《横渠易说·说卦》）的辩证思想相合，较朱注也更为精到而切合本义。又如，他在解释"显诸仁，藏诸用，鼓万物而不与圣人同忧，盛德大业至矣哉"一段时说："《意见》以为万物之生也，是彰显造化之仁；万物之成也，是收藏造化之用，用即仁也。生之曰仁，成之曰用……初非有二也。鼓万物而不与圣人同忧，言造化以一气鼓动万物，使之各遂其生成者，一自然而已，初曷尝有心哉！"（《意见拾遗》）王恕释《易》的造化即"一气鼓动万物"的"自然"而已。这是张载《横渠易说》中所提出的"天人一气"宇宙本体论的再现。显然，王恕释《易》，批评朱熹，是奉张载思想为圭臬的。关学学者吕柟，则上承薛瑄、薛敬之和王恕，公开标帜反对程朱的"理本论"，主张张载的"性气一元论"。如"先生曰：圣贤每每说性命来，诸生看还是一个，是两个？章诏曰：自天赋与为命，自人禀受为性。先生曰：此正是《易》一阴一阳之谓道一般。子思说自天命便谓之性，还是一个。朱子谓气以成形，而理亦赋，还未尽善。天与人以阴阳五行之气，理便在里面了，说个亦字不得"（《明儒学案》卷八）。"本泰问夜气。曰：……孟子此言气字，即有性字在。盖性字何处寻，只在气上求，但有本气与役于气之别耳。非谓性自性，气自气也。"（《明儒学案》卷八）吕柟不赞成朱熹的理气论，他认为理在气中，不能分为二，说性就有气。"陈德文因问夫子说性相近处，是兼气质说否？先生曰：说兼亦不是，却是两个了。"（《明儒学案》卷八）理气不是两个，连"兼"字也说得不当。这是对张载以气本论为基础的人性论的继承和发挥。冯从吾对他高度评价曰："论者谓关中之学自横渠张子后，惟先生为集大成云。"（《关学编》卷四《泾野吕先生》）

王恕对朱熹的《四书章句集注》也多有批评，指出其不当。朱熹是以他的理学思想去解释经书的，故多有牵强附会的流弊。王恕则就人情之常去解释经书，纠正朱的流弊。他的意见大都符合情理，较之《集注》为优。如对《中庸》的"诚"，朱熹解释为"诚者，天理之本然也"（《四书章句集注·中庸章句》），即为绝对道体的实理。王恕则以实践的精神，解释"诚"为实，不是理，而是"言人之心无不实"。人心之实，就是人心不虚假，是即是，非即非。人心之实，还表示坚持自己的志向，行动起来始终如一。他说："诚者，自诚也，而道自道也。诚，实也，言人之心无不实，乃能自成其身，而道之在我者，自无不行矣。《注》以诚与道对言，以人与物为二事，《意见》以为'而'之一字，以连上接下言，分而为之，恐非也。""诚者，物之终始，不诚无物，是故君子诚之为贵。《意见》以为物犹事也，盖言人之诚实者，做事自然有始有终，不诚实者则虽有所为，始勤终怠，所以成不得事，故曰：不诚无物。故君子以诚之为可贵也。若依《集注》，则上下不贯穿，未敢以为是。"（《石渠意见拾遗卷上》）他对成己成物的解释也非常好。他说："诚者，自成也。"不是如朱熹《集注》中所说为物的自成，而是人的自成，"成己，仁也；成物，知也。仁知皆吾性固有之德而无内外之殊。然己内也，物外也，成己成物，则合内外之道而一之者，诚也。诚之成己成物，随时措之，无不得其宜也"（《石渠意见拾遗卷上》）。这些见解都有其独到深刻之处，也更切合"夫仁也者，己欲立而立人，己欲达而达人"（《论语·雍也》）的道德境界。这表明王恕对朱熹持批评而不迷信的理性态度，表现了关学学者所具有的平实风格。

黄宗羲曾评论三原学派"其门下多以气节著，风土之厚，而又加之学问也"（《明儒学案》卷九）。《四库全书总目》也评论三原学派具有"崇高气节，不为空谈"（卷六三），"无矜奇吊诡之习"（卷九六），深刻地揭示了三原学者学风质直正派、学务精专而务实的关学风范。

"关学世有渊源，皆以躬行礼教为本。"（《明儒学案·师说》）黄宗羲曾评论王恕说，"先生崇礼风义之士，故一时后进在朝者……皆慷慨喜事，以先生为宗主"（《明儒学案》卷九）。三原学派学者虽然不多，著述不广，思想流传不长，但他们都能恪守关学"以躬行礼教为本"的宗旨，坚守礼义，重道不重死。他们为人处事都能守正不阿、百折不回，具有一种刚毅的气概。《明儒学案》评王承裕说："讲学于宏道书院，弟子至不能容。冠婚丧祭，必率礼而行。三原士风民俗，为之一变。"评马理说："绰绰然于进退之间，石渠称其爱道甚于爱官，真不虚也。"论韩邦奇说："先生……涵养宏深，持守坚定……则又一薛敬轩也。"（卷九）杨爵的生平，更能体现三原学者高尚的人格风采。杨爵一生，曾多因敢直言而下狱。如他于嘉靖二十年（公元 1541 年）辛丑上封事，陈说当朝政治的混乱，力斥奸臣当道，"为国臣蠹，所当急去"，批评嘉靖时政昏庸荒政，因而触怒世宗，被下系镇抚使，受尽各种拷刑。在狱五年，他读书赋诗不辍，常以张载《西铭》"与物同体"气象自励："今日早起，朗诵君子之所以异于人者一章，即觉襟怀开洒，心广体胖，有《西铭》与物同体之气象。此心易至昏惰，须常以圣贤格言辅养之，便日有进益。"（《明儒学案》卷九）他也仍念念不忘对"礼"的躬行践履："士之处世，须振拔特立，把持得定，方能有为，见得义理，必直前为之，不为利害所怵，不为流俗所惑可也。"他虽身陷囹圄，但对自己因直言遭祸毫不后悔，声言："吾为言官，天下事皆所当言。往时一疏，上为朝廷，下为苍生，宗庙社稷万万年深长之虑，岂自作孽者？"故史传评论他有"刚大之气，百折不回"。（《明儒学案》卷九）

三原学者为学都能讲求经世致用，继承张载"学贵有用""务为实践"的学风旨趣。《明儒学案》说王恕"志在经济"（卷九），多有善政。王恕之论"井田"，就反映了他务实的政治识见。"或问：井田之法，今可行乎？《意见》以为不可。曰：何也？曰：今之时，人稠地狭，人人授田百亩，其可得乎？曰：何必百亩？或五十亩，或七十亩，使彼此均一，即井田之意。曰：户口年年有消长，苟欲均之，必须年年取勘分授，经画疆界。若然，则官民不胜其烦劳，又且妨误农业。受田之人必曰：此田今年属我，明年不知又属何人？由是人怀苟且之心，怠于耕作粪壅，田必瘠矣。曰：十年一分可乎？曰：十年一分，止可均一次，其后户口有消长，则又不均矣。"（《明儒学案》卷九）《明儒学案》曾论韩邦奇说："先生天禀高明，学问精到，明于数学，胸次洒落，大类尧夫，而论道体乃独取横渠。"论王之士说："以为蓝田风俗之美，由于吕氏，今其乡约具在，乃为十二会，起会者百余人，洒扫应对，冠婚丧祭，一一润泽其条件，行之为谨，美俗复兴。"（卷九）被誉为"关学之冠"（《关中四先生要语录》）的冯从吾和集大成者（《明儒学案·师说》）的吕柟，在为官期间，"减丁役，劝农桑，兴水利，筑堤护盐池"（《明史·吕柟传》），体恤民间疾苦，"兴利除害若嗜"（《明儒学案》卷八），并推行《吕氏乡约》，兴办学校教育。为学反对空谈，主张切合实际。他说："我欲仁，斯仁至矣。今讲学甚高远，某与诸生相约，从下学做起，要随处见道理。事父母这道理，待兄弟妻子这道理，待奴仆这道理，可以质鬼神，可以对日月，可以开来学，皆是切实处做来。"（《明儒学案》卷八）"今讲学甚高远"，批评的是陈白沙和王阳明。白沙讲虚静，阳明讲致良知，在关学学者看来，都不免好高骛远，不切实际，易使学者流于空疏之弊。因此，他主张为学"务实为要"（《关中四先生要语录》），"一一体贴在身上""从切实处做来"(《明儒学案》卷八)。这与张载所开创的关学学风是一脉相承的。

总之，从明初的薛瑄到三原学派，表明了关学在明代从依附朱学、修正朱学向张载回归的曲折发展，它们不论在关学史上还是在理学史上，都有其不可抹灭的历史功绩和地位。

（原载《孔子研究》1991 年第 3 期）

论《理学宗传》对理学的总结及其历史地位

一

　　《理学宗传》共二十六卷，清初大儒、河北容城人孙奇逢撰。此书完成于康熙五年（公元 1666 年），前后曾三易其稿，逾时三十年之久。《理学宗传》在编纂体例上，主要有以下四个特点：

　　第一，宗传的设立，首选重要的理学家为大宗，称为主；次选历朝诸儒为小宗，称为辅："是编有主有辅""十一子其主也，儒之考，其辅也"（《理学宗传·义例》），主辅结合，形成经纬式的整体结构。《四库全书总目提要》曰："奇逢原书，录周子、二程子、张子、邵子、朱子、陆九渊、薛瑄、王守仁、罗洪先、顾宪成十一人，以为直接道统之传。人为一篇，皆前叙其行事，而后节录其遗文，凡三卷。又取汉董仲舒以下，至明末周汝登，各略载其言行以为羽翼理学之派，凡四卷。"在众多的宋明理学家中，孙奇逢选取了上述十一位重要的理学家作为《理学宗传》的大宗，其中宋朝七人，明朝四人。大宗之外，孙奇逢又从汉朝至明朝的"诸儒"中选取了一百五十六人，作为《理学宗传》之辅。其中，汉儒选有董仲舒等五人，隋儒选有王通及其门人五人，唐儒有韩愈及弟子李翱等三人，宋儒有杨时、胡瑗、张栻、吕祖谦、蔡元定、真德秀等五十四人，元儒有刘因、许谦、许衡等十八人，明儒有曹端、陈宪章、湛若水、王艮、何塘、罗钦顺、吕坤、鹿继善、刘宗周等七十一人。这种主辅结合的经纬整体结构，将宋明时期重要的理学代表人物囊括已尽，并依其地位，在安排上轻重有别。突出了各家各派学统的正辅和主次。

　　第二，《理学宗传》在体例上还强调内外有别，界限分明："是编有内有外。""十一子与诸子，其内也；补遗诸子，其外也。"（《理学宗传·义例》）

补遗为附录一卷，收录张九成、杨简、王畿、罗汝芳、杨起元和周汝登诸人。其中多是王学人物。孙奇逢认为，上述诸人思想上已儒释不分，接近或已"杂于禅"，故将其作为附录处理，以示正宗和旁门有别。孙奇逢的门人、清初理学大臣汤斌对《理学宗传》的这种《春秋》笔法曾有一评论。他说："近世学者或专记诵而遗德性，或重超悟而略躬行，又有为儒佛合一之说者，不知佛性之言心言性，似与吾儒相近，而外人伦、遗事物，其心起于自私自利，而其道不可以治天下、国家。吾儒之道，本格致诚正以为修，而合家国天下以为学，自复其性谓之圣学，使天下共复其性谓之王道。体用一原，显微无间。岂佛氏所可比而同之乎？容城孙先生，集《理学宗传》一书，自濂溪以下十一子为正宗，后列汉隋唐儒考、宋元儒考、明儒考，端绪稍异者为补遗。其大意在明天人之归，严儒释之辨。"孙奇逢在《理学宗传·汤序》的儒释之辨上，章法极严。例如，张九成虽是程门大弟子杨时的学生，但由于他"善谈禅理"，故"以禅归之"（《理学宗传》卷二十六），只能列于别殿。杨简虽是陆九渊的高足，但他主张"不起意"说，已"邻于虚无"的佛学之论，故只能打入另册。王畿虽是王守仁的大弟子，但倡"四无之说"，认为"心非有非无，相非实非幻，才著有无实幻，便落断常"，已深染禅气，"何怪乎人以禅学名之"（《理学宗传》卷二十六），故也只能作为补遗，进不了理学正殿。对此"儒释之辨"的意义，奇逢曾予以强调，论曰："或问补遗诸公，皆世所推为大儒者也，而谓其为近于禅。夫诸公居官立身，皆卓然自见。即议论有疑于禅者，亦借禅以为用。所谓不以世间法碍出世间法，不以出世间法坏世间法，庸何伤？曰：夫子恶乡愿之乱德，为其以似而乱真也。毫厘之差，千里之谬，其谁能辨之？曰：四十而不惑，盖四十以前，犹不见自信，则所以致审于毫厘之间，不遂成千里之谬者，所关匪细故也。儒释之界，其流虽远，其源却近。……其流弊将至儒释同归，而不可解矣。吾辈不能辞以辟之，而助其波，扬其焰，宁不得罪于圣人。"（《理学宗传》卷二十六）

第三，《理学宗传》还注重对理学源流的辨析。关于源，孙奇逢在"诸儒"之中，选录汉儒董仲舒、隋儒王通和唐儒韩愈、李翱诸人，其用意是将他们视作理学的"端绪"或先驱。孙奇逢在《理学宗传》叙中点明了此意，他认为，"学以圣人为归。无论在上在下，一衷于理而已矣"。而此理学之"宗"，是由"汉隋唐三子（按：即董仲舒、王通和韩愈）衍其端，濂洛关闽五子（按：即周敦颐、程颢、程颐、张载和朱熹）大其统，嗣是而后，地各有其人，人各鸣其说。虽见有偏全，识有大小，莫不分圣人之一体焉"。孙奇逢明确提出，"汉隋唐三子"是开理学端绪的先驱。这三子中，除董仲舒尚有可议外，韩愈为理学先驱之一已是定论，王通为理学先驱之一的见解也能成立。据笔者所见，在王通的思想学说中，已粗具作为理学核心理论的"存天理、去人欲"或"以道统人心"学说的理论雏形。因此，若简单地将此视为"杂收不复甄别"或"义例有欠"，实为不公，此乃由未识奇逢之深意所致。而此却正是《理学宗传》的特点之一。关于流，孙奇逢特标出"程门弟子"若干人，"朱门弟子"若干人，"王门弟子"若干人，将其学统师承关系及流派的传衍交代得明明白白。认为他们"虽见有偏全，识有大小，莫不分圣人之一体焉"，故将各家各派兼收并蓄，并峙于理学发展史上，而无轩轾。既标明了学统，也避免了朱陆异同的无谓纷争。

第四，孙奇逢在《理学宗传》每家传记、语录的眉端都做了许多批注。这些批注，每一条都很短，但有其意义：或提纲挈领，点明脉络；或标举宗旨，指示精神。每人篇目又有总评，或引前人评论，或直抒见解，集中反映了奇逢的理学观点。这些观点的内容在本文第二大部分将有进一步的讨论，这里从略。这种批注与总评的体例也是《理学宗传》的一大特色。它既对读者的理解有益，也为研究者提供了方便。

二

孙奇逢一生以理学家自处。在学脉宗派上，他调停于朱、陆之间。其自述云："某幼而读书，谨守程朱之训，然于陆王亦甚喜之。"（《夏峰集》卷七《寄张蓬轩》）在本体上，他宗程朱，倡"本天"说，"儒者之学，乃所以本诸天也"（《理学宗传·叙》）。在工夫上，他又推崇陆王，认为王阳明在"辞章汩没之后，有扫荡廓清之功"（《理学宗传》卷九），"余颇爱其简易透彻"（《理学宗传》卷二十六）。对朱陆之争，他主张摒去门户之见，道其长而不讳其短。这种调停的态度，在《理学宗传》的"眉批"或"总评"中多有表露。这里略举两例。

其一，《理学宗传》卷二十三载，崔文敏谨守程朱门户，抨击陆王之学为"禅""异端"。奇逢评曰："文敏谨守程朱之学，品行自无可议。独于子静、阳明，必以为禅学，为异说，则刻矣。夫二人者，且不必论其学术，荆门之政，有体有用；宁藩之事，拚九死以安社稷。吾未见异端，既出世而又肯任事者也。未免为伤恕。"

其二，明儒吕柟，为学主张"以格物为穷理，及先知而后行"（《明儒学案·河东学案二》），虽以朱为宗，但对朱陆之争持一种调停共存的态度，"有疑阳明之学者，则曰：'讲其学而行非，勿信可也；不讲其学而行是，信之可也。'""有问朱陆之学者，则曰：'初时同法尧舜，同师孔孟，虽入门路径微有不同，而究竟本源其致一也'"。（《理学宗传》卷二十三）奇逢对吕柟的上述态度十分推崇，他称赞说："学者须有一段高明广大之意，方能容纳群言，折中圣统。公于朱陆异同，王湛学术，千万人之疑端，纷纷聚讼无已时者，平平数言，各归无事。此其识度过人远矣。文成之学兴，公独尊所闻，行所知，屹然不变，而其言如此，其不党同伐异，益见学力之深。"（《理学宗传》卷二十三）

在奇逢看来，朱陆两派都是源于孔孟圣学之体，而为互补互辅之分流，自应共存，两派都有其理论意义和价值。而后世学者倡水火相争，抵牾至今，实属荒唐："愚谓阳明之致知，非阳明之致知，孔子之致知也；紫阳之穷理，非紫阳之穷理，孔子之穷理也。总不谬于孔子而已矣，何至相抵牾、分水火乎？"（《理学宗传》卷二十二）他对朱熹、阳明的得失，评论得也较为客观、得体："门宗分裂，使人知反而求诸事物之际，晦翁之功也。然晦翁殁而天下之实病不可不泄，辞章繁兴，使人知反而求诸心性之中，阳明之功也。然阳明殁而天下之虚病不可不补。"（《夏峰先生语录》）因此，他主张两派应超出门户之见，平心静气，取长补短："诸儒学问，皆有深造自得之处，故其生平各能了当一件大事。虽其间异同纷纭，辩论未已，我辈只宜平心探讨，各取其长，不必代他人争是非求胜负也。一有争是非求胜负之心，却于前人不相干，便是已私，便是浮气，此病关系殊不小。"（《夏峰先生语录》）奇逢的门人赵御众对其师的这种立场和态度，曾概括有云："先师之学，以天为归，以孔为的，以至诚为全量，以慎独为工夫，以知明处当为力行之实地。其所以信独见而化异同者，总之以孔子印诸儒也。自考亭、象山之辨，聚讼未息，而姚江之义相继而起。或者以先师为非考亭之学者，先师不辨也。盖自志学以至属纩（古代汉族丧礼仪式之一），无一日非穷理之事也。或者以先师为遵姚江之学者，先师亦不辨也。盖自与鹿忠节（鹿善继，字伯顺，号乾岳，明末著名政治家，教育家，孙奇逢的挚友）完交，讲明良知，无一日非格致之事也。或者又以先师为考亭、姚江调停两可之说者，先师亦不辨也。盖穷理为孔子之穷理，致知为孔子之致知，苟不同脉，何以调停？若果异端，谁为两可？但当看其是孔非孔，不当问其谁朱谁王。"（《夏峰集·旧叙》）赵御众把孙奇逢的理学思想摆在朱王之争中去考察，认为他非朱非王，亦朱亦王，欲合朱王为一堂。这个结论是正确的。

奇逢之所以对朱陆调停，是因为理学在明末，其末流的空疏无用流弊已达极致，引起了许多进步思想家的抨击，可谓穷途末路。并且这一时期的中国社会正处于大变动之中，外有欧洲资本主义势力的叩关，内有资本主义萌芽的发展。清兵入关和明朝的覆灭，又激化了民族间的矛盾。社会在变，理学也需变，只有变革才能发展。奇逢身处这不得不变之际，调停朱陆，反思理学，就是试图批判总结，取长补短，融二者于一炉，为理学找到在新的历史条件下的发展前途。这即是奇逢三十年呕心沥血、辛勤修撰《理学宗传》的目的所在。他把这种变革叫作"贞元之变"，"先正曰，道之大原出于天，神圣继之。尧舜而上，乾之元也；尧舜而下，其亨也；洙泗邹鲁，其利也；濂洛关闽，其贞也"。（《理学宗传·叙》）儒学自尧舜至宋，在总体上形成一元亨利贞的大圆圈。若再"分而言之，上古则羲皇其元，尧舜其亨，禹汤其利，文武周公其贞乎？中古之统，元其仲尼，亨其颜曾，利其子思，贞其孟子乎？近古之统，元其周子，亨其程张，利其朱子，孰为今日之贞乎？"（《理学宗传》叙）上古一个圆圈，中古一个圆圈，近古一个圆圈，三个圆圈各有自己元亨利贞的发展规律，一圈紧扣一圈，构成了整个学术思想发展的大圆圈。这个大圆圈有元、亨、利、贞四大阶段。奇逢所处的时代，无论从大圆圈来说，还是从近古小圆圈来说，都处在加以总结、以图发展的"贞"的阶段。奇逢大有当今之世，总结发展理学，舍我其谁之概。

三

孙奇逢的《理学宗传》在总结理学史上做了一定的工作，有一定的贡献，在历史上应占有一定的地位。

在《理学宗传》之前，具有一定体例而称得上理学史著作的，首推南宋朱熹的《伊洛渊源录》。此书依学统师承关系分别按人物立卷，始于"濂溪先生"，终于"尚书邢恕"，凡十四卷。其中虽载各师友、门人的传授、言行政事，但每卷的例目多寡不一，且均以资料的名称分类，从中看不出学统师承的清晰脉络。故体例有些草率和粗疏。

17世纪，理学进入了批判总结时期。这一时期有周汝登的《圣学宗传》，该书是继朱熹之后的又一部理学史著作。它上自伏羲、神农、黄帝、尧、舜、禹、汤、文、武、周、孔、孟、荀，中经董、杨、王、韩、穆、胡、周、程、邵、朱、陆，终至王学诸子，凡十八卷。虽人物详明，且按学统师承关系分别立卷，但卷内不分例目，于人物生平、学行、著述，综为一篇，颇有芜杂之嫌。且内容时有错讹，叙述欠精，体例也不够严密。

在《理学宗传》之后，有黄宗羲的《明儒学案》和《宋元学案》。两大学案代表了我国学案体学术史著作的最高成就。《明儒学案》是黄宗羲的得意力作，体例十分严密，如书中之各家各派，凡有所授受者，分别单独立案。大部分案卷均以地域命名。它还十分强调按各家各派的学术宗旨编选材料，其材料来源一律取自各家之全集，从中"纂要钩元"，而"未尝袭前人之旧本"。（《明儒学案·凡例》）《宋元学案》在体例上对《明儒学案》又有所继承和发展，是我国学案体中最为完备、体系结构也最为严密的代表作。

通过上述对理学史著作发展的回顾，我们对《理学宗传》的历史地位，可做如下认识：

第一，《理学宗传》较全面地论述了起自 11 世纪、止于 17 世纪六百年中理学发展的历史，对这一时期重要理学家的生平、思想，以及在理学史上地位的论述，都较平实、公允，较少门户之见，在论述过程中，又注意标举出有较大影响的理学派别，并溯其师承，使理学派系的传衍得到说明，尤其是对理学先驱人物的发掘和论述，更具有开创意义。

第二，在学案体理学史著作的体例上，《理学宗传》上承《伊洛渊源录》《圣学宗传》，下启黄宗羲的两大学案。它相对《伊洛渊源录》和《圣学宗传》而言，繁简与裁断都较优，体例也较严整和完善，它对较后的黄宗羲的两大学案多有积极影响。黄宗羲曾称赞《理学宗传》"别出手眼"。（《明儒学案》卷五十七）黄宗羲还接受《理学宗传》以眉批或总评的形式表述自己理学观点的影响，在《明儒学案》每卷卷首的序中，集中表述自己的理学观点或对案主的评论意见。黄宗羲为清初王学之殿军，但在理学史观上，却主张兼收并蓄，综括百家，力求反映理学史的全貌，对学术分歧，也基本上能采取公允的态度。这中间恐不能说完全没有受到孙奇逢欲合朱陆为一堂理学态度的影响。我们可以进行如下概括：《理学宗传》的历史地位在于它是从《伊洛渊源录》始到《宋元学案》止的理学史著作发展中不可或缺的一个中间环节。

第三，黄宗羲的两大学案卷帙浩繁，合计长达 344 万字，使初治理学者有浩如烟海、望而却步之叹。相反，《理学宗传》删繁就简、篇幅适中，且提纲挈领，主辅清晰，内外有别，能使读者短时间内获得对理学全貌简要的概括和了解。笔者认为，初治理学或欲了解理学，应以先读《理学宗传》，次读黄宗羲的两大学案为宜，这样可先获得对理学主脉及枝干的认识，再逐步深入细碎之中，循序渐进，可获事半功倍之效，得益不浅。

当然，《理学宗传》也有不足。例如，它对理学历史发展的线索勾勒得还不十分清晰，对理学产生的时代背景及基本特征没有完整的说明。

（原载《河北学刊》1989 年第 5 期）

从《天演论》看严复与赫胥黎社会发展观的不同

严复自号"天演哲学家",人们也叫他"严天演"。他是中国近代思想史中资产阶级主要的启蒙思想家。他代表了近代中国向西方资本主义寻找真理所走到的崭新阶段,他通过翻译赫胥黎的《进化论与伦理学》等资产阶级思想家的著作,在中国思想界起了一种振聋发聩的启蒙作用,给中国人带来了一种新的资产阶级世界观,产生了广泛的影响和发挥了长远的作用。

本文着重探讨严复与赫胥黎在社会发展观上的不同以及严复的社会发展观在当时历史条件下所发挥的进步作用。

严复翻译《天演论》,确切地说是在"做""天演论"。他不是"斤斤于字比句次",逐字逐句地"直译",而是根据中国的现状和需要有所选择、侧重和发挥。正如他所说,"将全文神理融会于心""取明深义""取便发挥",求其"达旨"。① 这本书能产生巨大的影响,原因也就在这里。它对外国思想介绍翻译,没有生搬硬套,而是力求服务于当时中国的需要。严复"做"的《天演论》,已确实不同于赫胥黎的原书《进化论与伦理学》。因此,本文在谈到有关赫胥黎的思想时,一律依据《进化论与伦理学》(科学出版社 1971 年版新译本)一书,有关严复的思想部分则一律依据严复译的《天演论》中严复所加的表述自己思想观点的"按语"及其他有关资料。

赫胥黎是 19 世纪一位英国的生物学家,他是达尔文进化论的忠实维护者和宣传者。恩格斯曾给达尔文学说予以很高的评价,把"达尔文发现有机界的发展规律"与"马克思发现了人类历史的发展规律"相提并论。② 在社会发展观上,赫胥黎认为人类社会的发展过程不同于自然界的发展过程。这是因为在自然界是"物竞天择"的进化规律在起作用,自然界没有什么道德标准,是优胜

---

① 严复.天演论:译例言 [M].北京:商务印书馆,1981:xi.

② 中共中央马克思恩格斯列宁斯大林著作编译局.马克思恩格斯选集:第 3 卷 [M].北京:人民出版社,1995:574.

劣败、弱肉强食、竞争进化、适者生存。而人类社会则不同，在人类社会的发展过程中，是伦理规律在起作用，人类社会的发展过程就是伦理发展的过程。他认为人类具有高于动物的"本性"，能够相亲相爱，互助互敬，它与自然界的"生存竞争"不同，并且相"对抗"。赫胥黎说"伦理本性……它必然是与宇宙本性相对抗的"①，"社会进展意味着对宇宙过程每一步的抑制，并代之以另一种可以称为伦理的过程"②。在自然界是"生存斗争""最强者和自我求生力是最强者趋于蹂躏弱者"③，而在人类社会，则"是那些伦理上最优秀的人得以生存"④。赫胥黎进而对人类社会所起作用的"相亲相爱、互助互敬"的"伦理本性"又进行了具体的描述："它要求每个人不仅要尊重而且还要帮助他的伙伴以此来代替、推开或践踏所有竞争对手；它的影响所向与其说是在于使适者生存，不如说是在于使尽可能多的人适于生存。它否定格斗的生存理论。它要求每个得以享受一种社会利益的人，都不要忘记那些曾经艰苦地创立它的人们所给予的恩惠，并且注意自己的行为不致削弱允许他生活于其中的那些组织。法律和道德训诫的目的是遏制宇宙过程和提醒每个人对社会所应有的责任。"⑤ "社会伦理的进展并不依靠模仿宇宙过程，更不在于逃避它，而是在于同它做斗争。这样使小宇宙对立大宇宙，并且使人征服自然以达到他的更高目的。"⑥ 一句话，由于人类社会的这种本性，人类不同于生物，伦理学不同于进化论，社会的发展因而也就不同于自然界的发展。这就是赫胥黎在《进化论与伦理学》一书中所表述的社会发展观。

严复在社会发展观上是用"物竞天择"的生物学规律来解释社会发展和历史进化的，他不同意赫胥黎的社会发展观。他是一位社会达尔文主义者。

他翻译赫胥黎的《进化论与伦理学》为《天演论》，书名只用了原书名的一半，也就表明了译述者不同意作者把自然规律（进化论）与人类关系（伦理

---

① 赫胥黎.进化论与伦理学：序言 [M].《进化论与伦理学》翻译组，译.北京：科学出版社，1971：3.
② 赫胥黎.进化论与伦理学 [M].《进化论与伦理学》翻译组，译.北京：科学出版社，1971：57.
③ 赫胥黎.进化论与伦理学 [M].《进化论与伦理学》翻译组，译.北京：科学出版社，1971：57.
④ 赫胥黎.进化论与伦理学 [M].《进化论与伦理学》翻译组，译.北京：科学出版社，1971：57.
⑤ 赫胥黎.进化论与伦理学 [M].《进化论与伦理学》翻译组，译.北京：科学出版社，1971：57.
⑥ 赫胥黎.进化论与伦理学 [M].《进化论与伦理学》翻译组，译.北京：科学出版社，1971：58.

学）分割、对立起来的观点。他在译述《天演论》中特别强调了"物竞天择"，即生存竞争、自然选择的理论："物竞者，物争自存也……天择者，存其最宜者也。"① 同时，他又进而引申了这一理论，认为"物竞天择"的生物进化规律也同样适应于人类社会的发展，把生物进化的规律搬进了人类社会："自达尔文出，知人为天演中一境，且演且进。"② 又如"夫群者，生之聚也。合生以为群，犹合阿弥巴而成体。斯宾塞氏得之，故用生学之理以谈群学"③。他在《天演论》中还不断通过按语对赫胥黎的社会发展观加以批评。例如，他在译述了赫胥黎的"人心常德，皆本之能相感通而后有，于是是心之中常有物焉以为之宰，字曰天良。天良者，保群之主，所以制自营之私，不使过用以败群者也"一段话后，又用按语的形式批评了赫胥黎，表述了自己的不同看法："赫胥黎保群之论，可谓辨矣。然其谓群道由人心善相感而立，则有倒果为因之病，又不可不知也。盖人之由散入群，原为安利，其始正与禽兽下生等耳，初非由感通而立也。夫既以群为安利，则天演之事，将使能群者存，不群者灭；善群者存，不善群者灭。善群者何？善相感通者是。然则善相感通之德，乃天择以后之事，非其始之即如是也。其始岂无不善相感通者，经物竞之烈，亡矣，不可见矣。赫胥黎执其末以齐其本，此其言群理，所以不若斯宾塞氏之密也。"④ 严复在这里两次所提到的斯宾塞，是一位资产阶级的社会学者，也是一位社会达尔文主义者。严复赞同斯宾塞认为"物竞天择"的进化规律对人类社会也适用的观点："于此见天演之所以陶熔民生，与民生之自为体合。体合者，进化之秘机也。"⑤ 因此，严复认为赫胥黎所说的人类有"善相感通"的同情心、"天良"的相爱互助，团结"保群"，也只是"天演"的结果，而不是原因。人与禽兽一样，之所以"由散入群"，形成社会，完全是出于彼此为了自己安全利益的需要，并不是由于一开始人就有所谓与动物不同的"天良"和"善相感通"的同情心。所以，生存竞争、优胜劣汰、适者生存的自然进化规律，也同样适用于人类种族和社会。在社会发展观上，严复是真心推崇、拥护斯宾塞而贬低、反对赫胥黎的："赫胥黎氏是书大指，以物竞为乱源，而人治终穷于过庶。此其持论所以与斯宾塞氏大相径庭，而谓太平为无是物也。……夫种下者多子而子夭，种贵者少子而子寿，此天演公例，自草木虫鱼，以至人类，所随地可察者。斯宾塞

---

① 赫胥黎. 天演论 [M]. 严复, 译. 北京：华夏出版社, 2002：19.
② 严复. 天演论·察变：按语 [M]. 北京：商务印书馆, 1981：4.
③ 严复. 天演论·演恶：按语 [M]. 北京：商务印书馆, 1981：89.
④ 严复. 天演论·制私：按语 [M]. 北京：商务印书馆, 1981：32.
⑤ 严复. 天演论·最旨：按语 [M]. 北京：商务印书馆, 1981：36.

氏之说，岂不然哉?"①

不言而喻，赫胥黎的社会发展观也好，严复的社会发展观也好，都是不正确的。赫胥黎的社会发展观在本质上是一种先验的唯心史观。因为人类社会根本不存在先验的"伦理本性"，人类的伦理道德是根源于人类社会的物质生产发展之中的，是各个时代人类社会实践的产物。从来就没有什么先验的伦理本性、"天良"之类的东西。严复反对赫胥黎的这一先验唯心史观的论点，这是对的。但他也未能科学地解决这一问题，而是走向了另一个极端——把生物进化的自然规律盲目地搬进了人类社会。人类的特点是能进行生产。一般的生物只能适应自然，而人类则能够和自然斗争，进行生产，创造文明。他更不懂得，人类的生产包含着两方面的关系：人与自然的关系——生产力，人与人的关系——生产关系。生产关系的总和组成社会的经济基础，在这个基础上，建立起社会的上层建筑。因此，社会发展的基本规律就是生产力与生产关系、经济基础与上层建筑矛盾运动的规律。这一切，正如恩格斯所指出的："想把历史的发展和错综性的全部多种多样的内容都总括在贫乏而片面的公式'生存斗争'中，这是十足的童稚之见。"②

但毋庸讳言，严复进化的社会史观却在当时中国的历史条件下产生了巨大的积极作用。这需要联系到当时的历史实际，辩证地看待这一问题。

严复是在中日甲午战争后的巨大刺激下着手翻译《天演论》、宣扬他的"物竞天择"的社会进化观的。甲午战后，帝国主义列强趁火打劫，纷纷割划势力范围，要求瓜分中国。中国当时面临着被帝国主义各国大规模入侵宰割的危亡局面。而当权的顽固派依然故我，不肯改革。封建士大夫们抱残守缺，夜郎自大，愚昧无知，空谈夷夏。严复通过《天演论》和"物竞天择"社会史观的宣传，欲唤醒每一位中国人，必须赶紧认识、顺应和运用这一客观的进化规律，不可再像顽固派和腐儒那样，盲目自大地谈论什么华夏高于夷狄的废话，不可再麻木不仁，自以为了不起，自以为历史悠久、人口众多、地大物博便不会亡国灭种。他举出澳洲的无针土蜂因有针的蜂迁入后不数年便全部灭种的事例论证说："嗟乎! 岂惟是动植而已，使必土著最宜，则彼美洲之红人，澳洲之黑种，何由自交通以来，岁有耗减? 而伯林海（今通译白令海，在亚洲东北角与北美洲西北角间。——原编者注）之甘穆斯噶加（今通译堪察加，半岛名，东

---

① 严复. 天演论·最旨：按语 [M]. 北京：商务印书馆，1981：35-36.
② 中共中央马克思恩格斯列宁斯大林著作编译局. 马克思恩格斯选集：第 3 卷 [M]. 北京：人民出版社，1995：572.

临白令海。——原编者注），前土民数十万，晚近乃仅数万，存者不及什一。"①
他接着大声疾呼："物竞既兴，负者日耗，区区人满，乌足恃也哉！乌足恃也
哉！"② 因此，不能再无所作为，坐等灭亡。只有赶紧行动起来，发愤图强，救
亡图存，命运才能依然操持在我们手里。他在《天演论》中再三强调说："万类
之所以底于如是者，咸其自己而已，无所谓创造者也。"③ 严复进一步指出，生
物进化是受外界环境变迁的逼迫而发生的，外界环境变迁的压力越大，生物进
化发展得也就越快。中国现在正处于外国侵略的逼迫和压力之下，更应该变法
维新，尽快取得进步。对付外国侵略，不能闭关自守，只能与之斗争，自强自
立，才能在生存竞争中取得胜利。他再三强调说："可知外物之来，深闭固拒，
必非良法，要当强立不反，出与力争，庶几磨厉玉成，有以自立。至于自立，
则彼之来皆为吾利，吾何畏也。"（《有如三保》）"慎守力权，勿任旁守，则天
下事，正于此乎而大可为也""则我何为而不奋发也邪？"（《原强》）"国之兴
也，必其一群之人……人人皆求所以强而不自甘于弱。"（《国闻报缘起》）

　　严复用达尔文的生物进化学说去论证社会进化论，这比康有为等到陈旧
的武库中去寻找出什么"公羊三世"之类来宣传进化论，要令人信服得多，
所产生的影响也大得多，因而给了当时的中国人以振聋发聩的启蒙影响和难
以忘怀的深刻印象，它立即成为当时正涌现的资产阶级、小资产阶级知识分
子和革命派的重要精神食粮，煽起了他们救国图存的爱国热情，走上了革命
的道路，这正如当时的革命派所公正指出的："自严氏之书出，而物竞天择之
理，厘然当于人心，中国民气为之一变。即所谓言合群、言排外、言排满者，
固为风潮所激发者多，而严氏之功，盖亦匪细。"（《民报》第 2 号《述侯官严
氏最近政见》）

　　《天演论》的作用还不止于此，其代表了中国近代知识分子向西方学习所达
到的一个新的阶段。人们读了《天演论》，不只是获得了一些新的知识，还打开
了眼界，开创了向西方学习的新纪元。从此以后，中国近代的知识分子获得了
一种新的观察一切事物和指导自己如何生活、斗争的观点、方法和态度，亦即
资产阶级的全新世界观和人生态度。正如胡适所说的："自从《天演论》出版以
后，中国学者才知道，（西方）除枪炮兵船之外，还有精到的哲学思想供我们采

① 严复. 天演论·人为：按语 [M]. 北京：商务印书馆，1981：14.
② 严复. 天演论·人为：按语 [M]. 北京：商务印书馆，1981：14.
③ 严复. 天演论·察变：按语 [M]. 北京：商务印书馆，1981：4.

用。"① 严复的译著赢得了寻求真理人们的欢迎。康有为称赞道:"《天演论》为中国西学第一者也。"② 梁启超也称其"是最早读《天演论》译稿的一个人,《天演论》还没有出版,他就加以宣传,并根据《天演论》做文章了"③,并称赞严复"于中学西学皆为我国第一流人物"④。自《天演论》出版后的数十年间,"自强""自力""自立""自存""自治""自主""竞存""适存""演存"以及"进化"等词盛行不已,直到今天还能看到它们的某些残余。这就充分地说明了《天演论》所介绍给中国知识分子的斗争、进化、自强、自立的资产阶级的世界观在当时产生的影响之深刻与深远。它正迎合了当时的一代青年知识分子要踢开封建羁绊、蔑视传统权威,追求一种新生活的人生需要,并给予了他们斗争的思想理论武器。这也就是《天演论》在当时历史条件下能长久风行、发挥出了难以估量进步作用的主要原因所在。

附记:

此文是我读研究生时(1983年)经张先生批改过的一篇作业,当时曾得到他的肯定和表扬。因旧稿上面有张先生精心批改的标记和评语,故我一直收藏至今。

我是1982年9月从西北大学本科毕业后考入张先生门下的,是他招收研究生的首届开门弟子。入学不久,张先生就为我们开设了一门"中国近代思想专题"的专业课,主要讲授严复译的《天演论》。听课的除我之外,还有我的学兄梅兴柱君。我们的另一位导师陈慎同先生也时常来旁听。上课的地点是张先生的家中书房。记得当时张先生坐在沙发上,我们环坐在他的对面。授课中,张先生从严复讲到康、梁,从达尔文讲到赫胥黎、斯宾塞,既为我们讲解了严复译的《天演论》的内容以及在当时的影响与贡献,又附带说明了中西哲学的不同特点与文化交流。这门课一周两次,大约讲授了一个月的时间。这些虽然已过去近十年了,但先生诲人不倦的授课情景仍历历在目,时常浮现在我的眼前。1985年研究生毕业后,我又有幸被先生留在身边工作,更能经常聆听到他的教诲,一直到他仙逝。因此,先生的思想学问、道德风范均给我留下了难以忘怀的深刻印象。先生逝世后,我悲痛之余,曾写了两篇文章向读者评介他(一篇刊载在《孔子研究》1991年第4期;另一篇刊载在《河北学刊》1991年第4

① 胡适. 五十年来中国之文学 [M]. 上海:申报馆,1923:5.
② 中国史学会. 戊戌变法:第二册:康有为与张之洞书 [M]. 上海:上海人民出版社,1957:525.
③ 王栻. 严复传 [M]. 上海:上海人民出版社,1976:43.
④ 王栻. 严复传 [M]. 上海:上海人民出版社,1976:99.

期），以寄托我的哀思。这次又适逢编印纪念张先生的文集，我便决定将收藏多年的此文编入，以志对先生的深情怀念。

（原载《张恒寿先生纪念文集》，河北教育出版社 1993 年版）

张恒寿与中国思想史研究

张恒寿先生（1902 年 3 月 24 日—1991 年 3 月 7 日）是我国著名学者，生前曾担任中国哲学史学会顾问、河北省历史学会会长。他一生从事中国古代史与中国思想史研究，著有《庄子新探》（湖北人民出版社 1983 年出版）和《中国社会与思想文化》（人民出版社 1989 年出版）等书。我跟随张先生研讨中国思想史多年，先生的治学精神给我留下了不可磨灭的印象。

一

在中国思想史研究的方法上，张先生十分重视马克思主义理论的指导作用，反对简单化、公式化的教条主义学风，强调实事求是的科学态度。20 世纪 50 年代，中国哲学史的研究受极"左"思潮的干扰，存在着简单化、公式化的倾向。例如，在当时曾流行两种简单化的研究"公式"：一是认为"唯心主义总是代表历史上反动和没落阶级利益的，而唯物主义总是代表历史上进步的阶级利益的"；二是认为"凡是正统的经过帝王提倡的哲学，一定是反动的；凡是属于'异端'的哲学，一定是进步的、革命的"。对这两种公式，张先生最先提出了批评意见，发表在 1957 年 2 月 4 日《人民日报》上的《关于中国哲学史中唯心、唯物斗争和阶级斗争关系问题》一文，具体反映了他的见解。在他看来，这两个简单化公式在当时学术界的应用，阻碍了我们对中国哲学发展的具体了解。张先生指出，在马克思主义的科学唯物主义创立以前，旧唯物主义具有很大的历史局限性，不能保证他们对社会历史解释的正确性。例如，王充是宇宙论上的自然主义者，所以在社会观上又很容易是一个命定论者。一个社会观上的命定论者，当然不可能是一个积极的社会改革者。他还进一步提出，虽然从逻辑上说，一个人的社会观、历史观是从世界观上衍生出来的，但从实际上看，一个人的世界观却往往是为他的社会观服务的，而不是他的社会观为他的世界观服务。因此，我们在分析历史上哲学家的阶级立场时，应该以他的社会理论为主，以他的世界观为辅；应该以他的社会斗争、社会理论来确定他的阶级立场，从而寻求两者间的固有关系。张先生又认为，应该把一个思想家所创立的思想理论和由于统治者所需提倡的思想理论区别开来，这样才能明晰思想斗争和政治斗争的线索。这是因为历史上不论是什么样的统治阶级，都需要随着时代发展的需要，去寻找一些新的理论作为维系人心的工具。历史上，对于统治者最方便、最有利的办法，莫过于把历史上已具有影响的理论拿来，稍微改变一下它的重点，让它成为欺骗人民的最好武器。因此，历史上若干本来具有相当进步意义和改良愿望的思想，反而变成了反动阶级的统治工具。所以我们哲学史研究中的重要工作，除了对哲学本身进行细密的分析，还要从政治利用和学说本身中找出其间的矛盾和统一，找出一个有一定进步性的学说如何转变为反动性学说的关键。张先生的上述见解符合中国古代哲学思想的实际。在当时公开发表出来，需要一定的理论勇气和胆识。

二

从事中国思想史研究，既要擅长理论思维，又要擅长考证。张先生二者兼备，因此他的论著显得扎实，功底深厚，且有一定的理论深度。出版于 20 世纪 80 年代的《庄子新探》一书即体现了张先生治学的这一特点。

《庄子》三十三篇传统上被分为内、外、杂三部分，从宋代苏轼以来，其中的真伪就颇受怀疑。有的认为大部分篇章都是庄周手笔，有的则认为只有少数篇章可信；有的认为内篇为庄子自著，外、杂篇多系伪作，有的则认为内篇绝非庄子思想，倒是外、杂篇中某些篇章更像庄子的作品。众说纷纭，莫衷一是。张先生依据《庄子》的内容，广泛征引古今论著，加以对照、比较、分析和鉴别，提出了《庄子》最先可能是由淮南王刘安的门客加以编纂整理的论断，并认为《庄子·天下》篇较准确地概括了庄子的思想特点和行文风格。在此基础上，张先生拟立了三个标准，作为考察全书的支点："（一）考察《淮南子》以前的典籍，有没有明引'庄子曰'云云，而明见于今本《庄子》者。""（二）考察先秦古书中有没有虽未明引'庄子曰'三字，但察其大意，确实是指庄子学说，而且在今本《庄子》内无可怀疑者。""（三）依据《天下》篇所述庄周思想、作风，考察它和今本《庄子》各篇有没有显然符合之处。"依此标准，张先生认为，内七篇基本上都是庄子的早期作品。外篇十五篇可分为三组，有的为秦统一前夕道家左派之作，有的多是道家右派之作，有的为庄子嫡派或庄子后学作品。杂篇十一篇也可分为三组，有的如《庚桑楚》等基本上为先秦作品，有的如《让王》等早在宋代已被视为伪作，杂篇中《天下》篇独成一类，思想内容辨析精到，但非庄周自著，当是荀子以后、司马谈以前，介于儒道之间的学者所作。

　　张先生在上述对《庄子》考证的基础上，对庄子思想做了纵深开掘。他不同意比较流行的庄子代表"没落奴隶主阶级"的说法，认为庄子是属于"坚持隐士立场""比较接近下层民众的知识分子"。对于庄子的天道观，以前学术界主要有客观唯心论、主观唯心论和唯物论三说，而每一说都认为"道"是庄子哲学中代表宇宙本体的最高概念。张先生则认为，"道"在《庄子》各篇中所含的意义和所占的位置不尽相同。大体来说，《庄子》中有关本体的论述有三种形态：第一种是确认贯通于阴阳万物中有一个根本的东西或总的历程，称为"天""真宰""造物主"等，还没有"道"这一名称（如《逍遥游》《养生主》《德充符》《田子方》等篇）；第二种是以"道"为生天生地、神鬼神帝的最高实体，以《大宗师》中"夫道有情有信"一段最典型，但这一意义的"道"字，并不遍见于全书各篇；第三种和第一种的认识一样，但用了"道"这一名称，实指其不得不然的道理（如《知北游》篇）。张先生认为，第一、第三种才是庄子派哲学的特色，第二种则是属于老子派哲学的特点。这两者的区分，不在于用不用这一"道"字，而在于这个根本的东西是在万物之中，还是在万物之外、之上。因此，带有泛神论形式的自然主义天道观，才是庄子的主导思想。对庄子的人生论，张先生坚持两点论的分析方法，认为庄子既有消极悲观的浓厚色彩，也有积极乐观的一面。庄子讲命定，又追求精神自由。庄子的"命"既有俗浅的前定命运观念，又有从全宇宙必然关系着眼的必然观念。庄子人生理想的核心是"心不死"，也就是摆脱了"名利束缚，而具有更超越、更有意义的心理、生活"，它与那种沉溺于钩心斗角、追逐名利的"近死之心"正相对立。庄子的生死观也很复杂，既有对生死持超然态度的自然主义，又有灵魂不死的游仙思想。比较起来，自然主义是庄子的主导思想。关于庄子的认识论，张先生也提出许多新的创见。他认为《齐物论》对是非生死、大小寿夭的相对看法，是庄子哲学中比较高的原则，但他并不认为在一定范围内一切大小长短都不存在。庄子的特识在于认为这种寻常范围中的大小比较不能离开所比较的相关东西而独立存在，更不能作为衡量全宇宙的绝对标准，而这一点恰为我们以往的论者所忽略。张先生认为，不能说庄子是绝对不可知论者，因为庄子肯定了每个人都有自己的是非直觉。庄子一方面否认人有知道事物的绝对知识，一方面又承认人有当下直觉的相对知识，这两者在庄子的体系中是不矛盾的。这就澄清了庄子思想评价中的一种混乱。张先生还认为，庄子的神秘主义和主观唯心主义有一定区别。庄子没有否定外物的存在，甚至没有否认外物本身彼此间有区别。他所否认的是人能对宇宙全体有全面的认识，所怀疑的是人所做的一切区别未必即外物本来的区别。这种怀疑仍在认识论的范围内，而不在本体论的范围内。因此，它的神秘主义只是达到主观与宇宙合一的幻想，而不是认为宇宙为精神所创造，更不是什么"主观把客观吞噬了"。这一批评是中肯的。总之，《庄子新探》材料丰富，考证周详，言之有据，见解深刻而精辟。因此，此书一出版就受到国内外的普遍重视。

三

张先生晚年对宋明理学的研究倾注了大量的心血。他敢于对理学研究中存有歧义的重要理论问题进行探讨，勇于创新，提出并坚持自己的独到见解。在《略论理学的要旨和王夫之对理学的态度》（《中国社会科学》1982 年 4 期）和《论宋明哲学中"存天理、去人欲"说》（《哲学研究》1986 年 3 期）二文中，张先生表达了不同意当时流行的理学是只讲义理而不讲功利的迂腐空疏之学的定性看法。他认为理学的"共同精神"在于：①认为世界是真实而不是虚幻的，人的道德在宇宙中有其根源，应以身心性命的修养践履为本，达到优入圣域的境界；②认为道德修养不局限于内省修身范围，必须和人伦日用、治国淑世的事业结合起来，完成有体有用之学。张先生认为，这个粗略的概括可以作为衡量某一学者或某一思想体系是否属于理学的标准。基于这一标准，张先生认为王夫之的基本主张属于理学范围，他非但不反理学，且尊重程朱仅次于张载。这两篇文章发表后，在学术界引起了积极的反响，为该问题的深入研究开辟了一个新的思路。

关于"理欲"关系，张先生不同意把理学的"存天理、去人欲"等同于宗教式的禁欲主义。相反，理学家是反对"禁欲主义"的。他们认为饮食男女的基本欲求是性之自然，属"天理"而不属于"人欲"，是应肯定保存而不是要否定消灭的。这一理欲学说虽然在不同的时期、不同的理学家那里多少有一定程度的差异，但总体说来，它是继承儒家积极入世的乐观精神，在现实中实现理想，主张以理御欲、以公统私、以道心（仁）支配人心、以仁为最高价值的伦理本位的学说。因此，它不是要求出世的禁欲主义，也不是单纯的节欲主义。

这一学说从张载、二程开始，到朱熹时得到了系统说明，又经过罗钦顺、王夫之等的补充发展，到了相当圆满的程度。张先生认为，在时下所举的反理学人物中（陈确、王夫之、李贽、戴震等），只有李贽强调情欲、倡导私心，是和朱熹、王夫之等所倡导的理性主义根本对立的，其余人的观点虽有不同，但都属于理性主义的范围。对后世人们为什么会造成对"存理去欲"说的误解，张先生也做了精到的辨析。他认为，一是由于理学家的言论常有不一致之处，也有对理性提得过高的地方，容易引起人们的误解。二是因为当权者对理学采用"阳崇之而阴摧之"的卑劣手段，一方面把理学奉为官方哲学，将其中有利于统治的教条作为钳制民众的思想武器；另一方面则对理学中具有的反暴君、权臣、戚宦、小人等进步因素加以阉割，对一些真要将理学思想在政治上实行的臣僚（如真德秀、魏了翁等）予以罢黜、打击，这样就使人们对于作为统治阶级意识形态的理学与理学家的思想混而为一，因而也就不断遭到进步思想家的抨击。延至五四时期，反理学成了近代思潮的主题，便逐渐形成了上述的误解。

张先生依照他上述对理学的基本见解，对理学的重要代表人物，如二程、朱熹、薛瑄、顾宪成、王夫之等进行了讨论，其中不乏精辟之处，如他认为朱熹提出的"天理为主人心听命"学说，在理论上就是一个很大的贡献。他还从系统论和心理科学的角度，对之进行分析。认为"人心"和宇宙中的其他现象一样，本身也是一个"系统"。"人心"中有各种欲望冲动、情绪知觉等，彼此的要求不同，有时互相冲突，因此必须有一个主导的因素支配一切，才能起平衡调节作用，对内完成人格的统一，对外有助于社会的和谐。朱熹所说的"天理"为主，就是说要用修养等方法，使道德理性成为支配一切行为的统帅。这一思想和近代的心理科学也是相通的。又如他对二程异同、薛瑄人格风范和顾宪成救世精神的评论，对王夫之天人关系学说的探讨，都新见迭出，给人启迪。

四

张先生学识渊博，学贯中西，融古通今，晚年还在孜孜不倦地认真研读康德、爱因斯坦和马斯洛、皮亚杰等西方科学家、哲学家的著作。他对爱因斯坦的人生观和孔子思想做了比较研究，撰有《从〈爱因斯坦谈人生〉说到孔子、儒家的性与天道》一文。他认为这两位哲人都推崇道德，都不信有人格的上帝，但又有一定的宗教情感。在他看来，中西文化可以融通，只要各自去短扬长，互相学习，便可创造一种比较完善的世界文化，为人类的前途做出贡献。他认为，与西方文化相比较，东方文化有它的缺点。例如，西方文化强调自然和人的区别，提倡人类控制征服自然的精神，这就促进了自然科学的发展，产生了近代世界的文明，而这一点则为东方文化所缺乏。中国儒家哲学历来重视"天人合一"，认为文化之事即自然之事，文化中之道德生活亦为自然生活的表现，主张道德本身离不开宇宙本体。这种学说从整体的观点看，肯定了天人本相联系而非彼此孤立，自有它一定的道理，但还应吸取西方注重对自然进行科学研究的优点。他主张，中国儒家哲学在发扬重视天人合一和道德修养的优良传统外，还要注重对自然本身的分析研究，对传统的格物致知学说多加利用，而不要仅停留在主体良知、本心的反省上，这样中国哲学就会有新的发展，其精神也就可以和西方现代文明相接轨，并为后工业的文明设立一个基础。

张先生还注意融汇古今，沟通传统与现实，立足现实文化建设的需要而弘扬传统文化的精华，古为今用。他认为，在中国传统文化的各种思想中，最有影响、最有生命力的是儒家思想。而儒家传统中，能继承、发挥孔孟主要精神的，是宋明理学，但在宋明理学中，能和现代化相接轨的，又属程朱理学。他认为，近年来我们接受西方文化的影响较辛亥革命前深远多了，对于传统文化的研究也深刻多了，但对于传统学术和现代文化的接轨问题，还没有圆满解决。他认为，中国前进的方向必然要以民主、科学为两大支柱，而传统思想中最适宜和两者接轨融洽的是继承儒家孔孟传统的张载、朱熹、王夫之的哲学，再加上黄宗羲的政治思想。今后要发展科学文化，而发展科学文化一定要在传统文化中找一个有相当联系的思想才容易成功，这样在传统中就只有程（伊川）朱（熹）一路比较接近。从遥远的前途看，应该重视儒家整个哲学（包括程朱在内）的研究，尤其是从建设社会主义初级阶段的文化看，似乎可以说对伊川朱子的思想体系加以研究发展，从而与近代文化接轨，这是有现实意义的。

张先生的上述意见是针对近年来社会上刮起的金钱拜物教的歪风和西化派全面否定传统的思潮而提的。金钱拜物教导致了民族精神文明水平的下降，出现了自我中心、赤裸裸追求一己私利的道德危机。张先生对此痛心疾首，对全盘否定传统的"西化派"也予以了抨击。正是在这一背景下，张先生对现代新儒家对中华民族传统文化的维护和发扬以及谋求中国文化现代化所做的努力和贡献，表示了称赞和认同。

张先生还是一位多才多艺的学者，于诗、于书法，都有很深的造诣。他的诗通达而有灵性，他的书法苍劲，宛如其人。这方面的修养丰富了他的哲学思维，同时也加重了他的东方型学者的气度。

张先生虽然已离开了我们，但他那亲切的音容和道德学问中所包含的刚毅自强的精神将永远铭刻在我们心中。

（原载《孔子研究》1991 年第 4 期）

儒家伦理主体哲学的历史命运

　　伦理主体是人的主体性建构（知、情、意的心理建构）的重要组成部分之一。在中国思想发展史上，儒家的一大理论贡献就是它创建了人的伦理主体哲学，充分肯定、发扬了人主体性的伦理性方面。那么，它今天的历史命运如何？它与我们目前所进行的社会主义现代化建设事业又是否有矛盾冲突？这是大家都十分关注并急需探讨、解决的重要问题。我们不揣冒昧，拟就这一问题谈谈自己的看法。

一

　　儒家的伦理主体哲学强调了人的主体中具备了人之所以异于动物的道德理性，强调了作为个体的存在价值、意义就在于人与人伦理关系的和谐，强调了个体自我的道德实践。我们可以将儒家伦理主体哲学的内容简要概括为三点。

　　第一，在中国思想发展史上，它最早肯定、发扬了人的主体性中的伦理理性方面。

　　在殷商时代，殷民族非常迷信上天"帝"的存在，认为上天的"帝"统治着、主宰着宇宙和人间的一切。故他们遇事就向上天的"帝"占卜请教，并时常祭祀，以对上天的"帝"表示虔敬之情，从而祈福免灾。在这种宗教神学思想的控制下，人失去了自我的主体性，仅仅成了神的附从、奴婢。儒家创始人孔子最先将人们的着眼点从天上转到了人间，并进一步点出了人的主体的道德理性（仁）的存在。孔子认为，这伦理的"仁"的存在非常重要，它是人之所以为人的本质所在。"仁者，人也"，孔子所创建的"仁学"，其核心就是"立人道之常，立人道之极"，去探讨一个人应如何去做人、如何与社会人际关系保持和谐的道理。"仁学"也就是关于人的学问。所以，儒家的伦理主体哲学的根本特征是人文主义和理性主义。

孟子进而发展了孔子的伦理主体思想，将人的主体中的道德理性简要归结为"四心"（恻隐、羞恶、恭敬、是非）（《孟子·告子》）的存在。孟子在此所说的"心"，既不是一种毫无具体内容的纯粹意识，也不是创造宇宙万物的本体之源，而指的是人主体心理中所具有的恻隐、羞恶、恭敬、是非的道德潜能的实感，也即人的主体中的道德理性。人们依凭这一道德理性在处理社会的伦理关系时就能知忠尽忠、知孝尽孝、知义尽义，恪守一定的道德规范，维系社会人际关系的和谐。故孟子又称此"心"为"良知""良能"。

孟子认为，伦理主体的存在与否是人禽之辨的关键。作为一个人，如果连最起码的恻隐、羞恶、恭敬、是非的道德理性都不具备，那他就不是严格意义上的"人"，只能是一具"躯壳"或"臭皮囊"，他无法去进行自主的道德践履，更谈不上去建立道德的尊严和人格的完善。

第二，它十分强调个体自我的道德实践。孔子说过："为仁由己，而由乎人哉？"（《论语·颜渊》）"仁远乎哉？我欲仁，斯仁至矣！"（《论语·述而》）其强调的就是个体自我的道德决断和实践。在孔孟看来，既然在一个人的主体中已具有道德理性，所剩下的工作就是循此道德理性并认真地加以实践。

儒家将主体的伦理修养的人格完善看作一个无限的不断的过程，应当用"苟日新，又日新，日日新"的意志去努力践行，其理想目标是成"圣贤"。它反复强调，一个人能不能成"圣贤"，关键在于能否践履人的主体中的道德理性，并认为尧、舜、常人、桀、纣的差别就在于对这一道德理性能否去实践或实践的多少。

孟子强调"践仁以知天"。他认为"天人合一"是人生道德修养的最高境界，一个人能不能达于这一境界，要看他能否践行主体中的道德理性的"仁"。如果能"践仁"，就可以"知天"，达到"天人合一"的境界。

《中庸》更是将人的伦理主体的实践性强调到无以复加的程度。它认为一个人只要能尽己之性，就能尽他人之性，尽物之性，最终达于"天地之化育""与天地参"的崇高境界。

儒家当中，最能表明这一"天人合一"道德境界的还属张载的《西铭》。在"民吾同胞，物吾与也"的崇高境界里，个体的"小我"通过伦理主体的道德实践，最终与宇宙、社会的"大我"完全融合为一。

正是这一"小我"与"大我"合一的道德境界，给中国几千年来的旧知识分子提供了安身立命的精神食粮，在历史上发挥了重大的积极作用。被鲁迅先生称赞为"中国的脊梁"的无数优秀人物的成长都得益于这一精神的滋养。

儒家的伦理主体哲学不是宗教，但它仍能给人一种信仰上的心灵慰藉。在此点上，它又高明于宗教。相对宗教而言，它不讲天国地狱、生死轮回，它既不称许人今世的荣华富贵，更不承诺人来生的偿报与幸福。它认为人生的责任就是去践行主体中的道德理性，在社会上去做一番救世济民的事业。你这样做了，或没有这样做，在内心深处就会自动自发地产生一种"安或不安之感"（孔子），"悦心或不悦心之感"（孟子），"好之或恶之之情意"（《大学》）。你这样做了，你就会安之、悦之、好之，如上天国；反之，则不安、不悦、不好，如下地狱。你若能明白这一道理，去主动践行道德理性，完成道德的宏业，则是当下的解脱。一句话，它所给人的偿报就是人在成己成物的道德实践中主体心理所产生的快乐幸福之感。

第三，儒家的伦理主体哲学强调以理节欲，重视道德气节和人格的完善。

因为人主体的"心"本身是一个复杂的系统，其中既有道德理性的存在，又有各种欲望的冲动，所以必须强调以理节欲，使道德理性在主体的"心"中始终居于主导、支配一切的地位，这样才能起到平衡调节的作用，对内完成人格的统一，对外有助于社会的和谐。儒家强调"以理节欲"，就是要使道德理性成为支配人的一切行为的统帅。

"以理节欲"所能达到的最高境界就是"随处天理流行"的境界。所谓"天理流行"就是道德理性始终呈现在我的生命之中，实现在我的日常生活之中。对自己的一切行为，甚至思想深处的意念都处处用道德理性来加以衡量判断，用道德理性来加以指导，以达于"廓然大公"的境地。

儒家还十分重视人的道德气节和人格完善。孔子就曾强调一个人必须保持自我的道德气节，叫人"不降其志，不辱其身"（《论语·微子》），甚至"三军可夺帅也，匹夫不可夺志也"（《论语·子罕》）。一个人即使在贫与弱的情况下，也绝不能丧失自己的气节："衣敝缊袍，与衣狐貉者立而不耻。"（《论语·子罕》）孟、荀继承发扬了孔子的这一精神，孟子主张"说大人，则藐之，勿视其巍巍然"，荀子主张"志意修则骄富贵，道义重则轻王公"。他们都以自己的道德尊严和气节蔑视王公的富贵与权势。甚至一个人在生死的关头，也不能因贪生而偷生，丧失自己的道德气节，"志士仁人，无求生以害仁，有杀身以成仁"（《论语·卫灵公》）。

孔子说过："君子谋道不谋食，忧道不忧贫。"（《论语·卫灵公》）"士志于道，而耻恶衣恶食者，未足与议也。"（《论语·里仁》）"不义而富且贵，于我如浮云。"（《论语·述而》）在这里，孔子强调的是人格的完善。儒家对于人生所重视的不是富贵，不是权势，不是名利，更不是耳目口鼻之欲的满足，而是人的道德理性的发扬，人的道德尊严的确立。孔孟教人践道的最高原则是"杀身成仁""舍生取义"，以生命的牺牲换取自我道德理性的发扬和人格美的光辉闪耀，其积极影响是十分明显的。文天祥的绝命词"孔曰成仁，孟曰取义。惟其义尽，所以仁至。读圣贤书，所学何事？而今而后，庶几无愧"就是最好的例证。

儒家的伦理主体哲学和近代德国大哲学家康德的道德哲学十分相像，二者都强调人的伦理主体的存在。康德认为，正是人心中的道德法则（主体中的道德理性）"把作为一个灵物看的我的价值无限提高了，在这个人格中，道德法则就给我呈现出一个独立于动物性，甚至独立于全部感性世界以外的一次生命来"①。在此点上，儒家的伦理主体哲学可与康德的道德哲学相媲美。但在强调伦理主体的实践和修养方法的缜密上，儒家思想比起康德思想还要更加完备。

二

儒家的伦理主体哲学是唯心主义的。它没有也不可能科学地解决人的道德理性的根源问题。马克思主义认为，人的道德理性是人主体中所具有的一种在进行道德评价时认识社会现实和自我本身的高度发达的理性能力。它是人类理性的凝聚，根源于人类的社会生产实践之中。它是人们在社会生产实践之中不断地用人类的经验丰富起来的，是社会生产关系在人的心理结构中长期积淀的成果。用列宁的话来说，它就具体表现在"决不相信空话，决不说昧心话"上。②虽说表面看来它似乎是超社会的，似乎是先验的，而实质上，它仍是历史的成果和社会生产实践的产物。正是这种生产实践将人与动物界区别开来，使人超越于一切动物的感性世界，而具有了主体的理性（当然包括道德理性）。

儒家伦理主体哲学的唯心主义形式并不能掩埋它合理的内核。它的价值就在于它确立并发扬了人的主体的道德理性的存在，强调了主体的道德实践，以此使人和一切动物的感性世界区别开来了，进而显示出人的主体的伦理价值，放射出人性尊严的光辉。它的意义在于它"接触到了人类主体性行为的核心和道德教育以建立意志结构的重要性"③ 这一问题。

① 康德. 实践理性批判 [M]. 关天运，译. 北京：商务印书馆，1960：164.
② 中共中央马克思恩格斯列宁斯大林著作编译局. 列宁全集：第 33 卷 [M]. 北京：人民出版社，1957：443.
③ 李泽厚. 批判哲学的批判 [M]. 修订本. 北京：人民出版社，1984：432.

马克思主义固然强调人的社会关系对人的道德观念的决定性作用，但从来也没有否定人的主体的道德理性的存在。列宁曾说："决定论思想确定人类行为的必然性……但丝毫不消灭人的理性、人的良心以及对人的行为的评价。"① 中国儒家的伦理主体哲学和马克思主义正可以在肯定主体的道德理性这一点上寻找到接榫点。我们认为，在历史唯物主义的指导下，应该批判地继承儒家伦理主体哲学的合理内核，用来丰富和发展马克思主义的伦理主体哲学。马克思主义必须与中国传统文化的精华相结合，才能"中国化"，从而更好地为中国人民所接受，进而积淀在中华民族的文化心理结构中，在中国真正扎下根来（不可忽视，在中国现代民众的文化心理结构的深层，传统儒家哲学仍占有重要的地位）。中国儒家文化中的精华也只有用马克思主义加以批判、改造，融会到现代文化、现代意识和现代生活之中，才能找到它在今天的出路。这就是儒家伦理主体哲学的历史命运。

三

儒家的伦理主体哲学与今天的社会主义现代化建设事业是否相矛盾冲突呢？我们认为，在用马克思主义做指导对它进行了批判、扬弃以后，它非但不与现代化的建设事业相矛盾，而且还将成为我们从事现代化建设事业的动力。

人的道德理性的健全，是社会发展所不可缺少的。社会是由人组织起来的，社会的一切问题都是以人为中心的，我们今天的现代化建设事业也是由人去推动和完成的。人是社会的主体。如果一个人失去了道德理性，只知损公、损人利己，甚至堕落为犯罪分子，又怎能参加现代化的建设？而那些有很高的道德修养、以国家和社会为重、以他人利益为重、用共产主义的道德准则来支配自己的一言一行的人，才是我们今天所需要的现代化事业的建设者。

不仅如此，伦理主体的问题还有它的永恒性和普遍性。原始社会需要它，奴隶社会、封建社会、资本主义社会也需要它，我们今天的社会主义社会和未来的共产主义社会，也还是需要它，虽然在不同的历史时代和不同的阶级那里，它会具有不同的内容，但属于人的意志心理结构的道德理性是不能没有的。伦理主体的普遍性就体现在社会上各个阶层、各个职业对它的需求上。工人需要

---

① 中共中央马克思恩格斯列宁斯大林著作编译局. 列宁全集：第1卷［M］. 北京：人民出版社，1984：139.

建立伦理主体，农民、科学家同样需要，领导干部更是需要。担负着领导一个工厂、领导一个地区或部门的责任，其伦理主体的建立也就更为重要，它将直接关系到广大人民的利益与幸福。作为教育工作者，伦理主体的建立更是非同小可，因为身为人类灵魂的工程师，教育工作者将关系到一代人的健康成长。总之，不论从事何种职业的工作者，都需要有自身的道德修养，才能更好地去为社会、为人民工作。

　　当前，党中央号召我们要建设社会主义的精神文明。对儒家伦理主体哲学的精华应该批判地加以吸收，为建设社会主义的精神文明服务，丰富和发展社会主义的新文化。

（原载中国社会科学杂志社《未定稿》1987 年第 7 期）

谈谈理学家的 "以理抗势" 精神

　　说到理学，人们首先想到的是 "理学是维护封建专制的思想工具"，是 "以理杀人的武器"。诚然，理学有上述方面的消极意义。但理学中还有 "以理抗势"、反对封建君主集权专制和在人格上讲求铮铮风骨、浩然正气的积极一面。

　　这种 "以理抗势" 的精神，可以看作先秦儒家 "以德抗位" 精神的延续或发展。儒家认为，道与王、道统与政统的关系在现实中常常存在着冲突或矛盾。在这种冲突或矛盾中，儒者坚持道最尊、道德至上，故倡导 "以德抗位" 和以学术批导政治的干政精神。关于这种道与王的矛盾，孔子曾提出 "以道事君"（《论语·先进》）的原则。孟子则进一步提出了 "以德抗位"，他说："天下有达尊三：爵一，齿一，德一。"（《孟子·公孙丑下》）孟子这里所说的 "爵" 是指权位，"齿" 是指血缘辈分，"德" 代表着儒家的仁义礼智道德原则。他认为爵、齿和德作为不同类型的价值标准，适用于不同的领域。"朝廷莫如爵，乡党莫如齿，辅世长民莫如德。恶得有其一以慢其二哉？"（《孟子·公孙丑下》）孟子认为，在政权系统里，以权力占有的多寡和爵位的高低为标准；在社会生活中，则以辈分年纪为尊；在理国治民的政治原则上，应当以德为本。孟子还认为，德与爵相比，德更重要："故将大有为之君，必有不召之臣。欲有谋焉则就之。其尊德乐道不如是，不足与有为也。"（《孟子·公孙丑下》）他把权势地位称作 "人爵"、仁义道德称为 "天爵"，说："古之人修其天爵，而人爵从之。今之人修其天爵以要人爵，既得人爵，而弃其天爵，则惑之甚者也，终亦必亡而已矣。"（《孟子·告子上》）所以，"天爵" 的 "道德" 高于 "人爵" 的 "权势"。假如需要在二者之间进行选择的话，儒者只能先道而后势；假如二者发生矛盾或冲突，儒者只能 "以德抗位" "以道抗势"。所以他又说："古之贤王好善而忘势，古之贤士何独不然？乐其道而忘人之势。故王公不致敬尽礼，则不得亟见之。"（《孟子·尽心上》）荀子在孟子上述认识的基础上，又进一步提出了 "道高于君" "从道不从君" 的命题。

　　理学家继承了先秦儒家的这种精神，并将其发展为 "以理抗势" 之说，主张用"天理"来限制皇权君势，要敢于"犯颜直谏"，敢于"强君矫君"，甚至不惜一死。在这种"以理抗势"的精神中，包含了限制君主集权专制和民本主义的思想。

关于"以理抗势"，明儒吕坤的论述较为透彻和完备。吕坤说：

> 天地间惟理与势为最尊。虽然，理又尊之尊也。庙堂之上言理，则天子不得以势相夺。即相夺焉，而理则常伸于天下万世。故势者，帝王之权；理者，圣人之权也。帝王无圣人之理，则其权有时而屈。然则理也者，又势之所恃以为存亡者也。以莫大之权，无僭窃之禁，此儒者之所不辞，而敢于任斯道之南面也。（《呻吟语》卷一《谈道》）

吕坤对理与势关系的认识大致有如下三点：其一，天地间理与势为最尊，然二者相较，理又尊于势，所以天子之势也必须服从儒者之理；其二，君主享有权力的合法性需要由道来验证，君主运用权势，也必须遵循理的准则，所以政治生活中的决定性因素不是权势而是天理；其三，儒者应为王者师，以"理"来引导君主遵行理的准则，即"君子之事君也，务引其君以当道，志于仁而已"（《孟子·告子下》）。基于这种认识，理学家都不赞成绝对的君权主义。如理学的开创者之一程颐曾说"'弗损，益之'：不自损其刚贞，则能益其上，乃益之也。若失其刚贞而用柔说，适足以损之而已。非损己而益上也。世之愚者，有虽无邪心，而唯知竭力顺上为忠者，盖不知'弗损，益之'之义也"（《程氏易传·损卦》）。程颐主张人臣应保持"刚贞"的态度，坚持原则，不用柔顺取上，在"理"与"势"发生冲突时应"以理抗势"。他自己是这么主张的，实践上也是这么做的。例如，在他充任崇政殿说书期间，能"以天下自任，论议褒贬，无所顾避"，结果被反对派奏劾"污下憸巧，素无乡行，经筵陈说，僭横忘分"（《伊川先生年谱》），在元祐二年（1087年）被罢。另一位理学的重要代表人物朱熹也是如此，他一生为恤民而以理抗暴之事甚多，我们仅举一例：南宋淳熙九年（1182年），朱熹时任浙东常平茶盐公事，他去浙江台州，访得台州知州唐仲友违法扰民、贪污淫虐的种种罪恶，便立即上书弹劾，但唐仲友党羽众多，又是当朝宰相王淮的姻家，在朝廷内势力极大。然而朱熹不顾自身安危，坚持以理为重，以民为重，他的前三次上疏均被王淮藏匿，未达御前，反被唐仲友反咬一口，处境十分危险，但朱熹不为权势所屈，又连续三次上疏，直至胜利才罢休。朱熹曾说"臣赋性拙直，不能随世俯仰"（《朱文公文集》卷十一《戊申封事》），典型地反映了理学家以理抗势的精神。查阅一下史籍，这种敢于以理抗势者在历代理学家中都不乏其人，如明代后期以敢于"为民请命""以理抗君"而著称于世的海瑞，也是理学的信徒。

理学家反对君主绝对集权，主张"以理抗势"，故又大力倡导"民本"之论。他们要求统治者以民为本，注重改善人民的生活，实行较为开明的君主政治。他们还认为，"'民为大，社稷次之，君为轻''民为邦本，得乎丘民为天子。'此大义正理也"（《陆九渊集》卷五《与徐子宜书二》）。方孝孺说："天之立君，所以为民，非使其民奉乎君也。"（《逊志斋集》卷三《君职》）"人君之职，为天养民者也。"（《逊志斋集》卷五《甄深论》）所以，人君虽享有天下至高之权力，但也负有养济天下人民的义务和重任。方孝孺还抨击后世之君主忘记了天立君的本意，不守养民之职，反本末倒置，困民以自奉："后世人君知民之职在乎奉上，而不知君之职在乎养民，是以求于民者致其详，而尽于己者卒怠而不修。赋税之不时，力役之不共，则诛责必加焉。政教之不举，礼乐之不修，强弱贫富之不得其所，则若罔闻知。呜呼！其亦不思其职甚矣。……如使立君而无益于民，则于君也何取哉！"（《逊志斋集》卷三《君职》）理学的这些民本思想上承孟子、下开黄宗羲对君主集权专制猛烈批判的民主启蒙思想之先河。

随着清代封建专制集权的高度加强和"文字狱"的盛行，清代汉学家与理学家相比，已失去了敢于"以理抗势"的精神和气魄。汉学家焦循对理学家"以理抗势"精神的非议就透露了这种消息。焦循在《雕菰楼集》卷十《理说》中云"明人吕坤有《语录》一书，论理云：'天地间惟理与势最尊，理又尊之尊者也，庙堂之上言理，则天子不得以势相夺，即相夺而理则常伸于天下万世。'此真邪说也！孔子自言事君尽礼，未闻持理以要君者。吕氏此言，乱臣贼子之萌也"。这段话又重复写在他的《论语通释》"理"字下，可见是他最为得意的理论。二者相较，理学家是"持理以要君者"，汉学家则是"自言事君尽礼"。前者所重在"理"，理高于君；后者所重在"礼"，以"事君"为至高无上。这反映了汉学家学术政治的一种转向。

"以理抗势"的精神在人格上则表现为浩然正气、铮铮风骨。因此，它具有崇尚道德气节、重视伦理主体精神和人格完善的积极意义。它把人的道德气节和人格完善看得重于权势和名位，甚至重于生命。这种精神使中国知识分子获得了理想追求的思想动力，对国家、民族和社会事业产生了强烈的责任感。尤其是在国难当头、民族生死存亡之际，这种崇尚气节之风哺育出了无数的民族英雄和志士仁人，如文天祥、史可法。即使是在与现实邪恶政治权势的斗争中，它也产生了不可忽视的积极作用，甚至形成了对抗朝政逆流的一股不可忽视的社会力量。例如，明末的"东林清议"之风就是如此，面对以魏忠贤为首的阉党邪恶势力，他们绝不变节以换取暂时的富贵荣华，坚守着"富贵不能淫，贫贱不能移，威武不能屈"的儒者精神，对抗邪恶，赴汤蹈火，视死如归。

理学家的"以理抗势"精神在历史上起过积极的作用，但也给我们留下了深刻的历史教训。因为"以理抗势"精神的核心是以学术批导政治，以伦理转化政治、干预政治，其作用实在软弱无力。在"理"与"势"的矛盾冲突中，他们的结局往往都是悲剧性的：程颐的下场是贬任他职，后又遭党祸受到编管涪州等处分；朱熹的结局是被免去侍讲，后被视为"逆党"而"无所容其身"（《宋史·朱熹传》）；吕坤则"疏入不报"，托病辞官，隐居林下二十余年，再不被起用；东林党的铮铮风骨也不过是"一堂师友，满门热血"而已。所以，"以理抗势"是软弱、不现实的，只有否定封建伦常，发展"以势抗势""权力制衡"的民主政治体制，才是中国的政治出路所在。这也就是理学家"以理抗势"的悲剧性结局留给我们的历史教训。

（原载中国社会科学杂志社《未定稿》1989 年第 4 期）

附 录

作者已出版著作发表文章目录

著作：

《吕坤思想研究》，当代中国出版社 1993 年版

《范缜评传》（与潘富恩合作），南京大学出版社 1996 年版

《吕坤评传》，南京大学出版社 2000 年版

《儒家传统与现代市场经济》，复旦大学出版社 2000 年初版；经济科学出版社 2021 年修订版

《理性崇拜与缺陷——经济认识论批判》，上海社会科学院出版社 2000 年版

《传统的创新——东方管理学引论》，河北人民出版社 2001 年版

《新编经济思想史（第 1 卷）：中外早期经济思想的发展》，经济科学出版社 2016 年版

《经济学范式的演变》，高等教育出版社 2017 年版

论文：

《明儒地理分布的统计》，《河北师院学报》1985 年 1 期

《论吕坤的理学思想及其特点》，《晋阳学刊》1986 年 1 期

《吕坤对理学批评的评析》，《中州学刊》1987 年 5 期

《儒家伦理主体哲学的历史命运》，《未定稿》1987 年 7 期

《董仲舒社会政治变革主张评议》，载于《全国首次董仲舒哲学思想讨论会论文集》，河北人民出版社 1987 年 12 月版

《王充社会史观评析》，《河北师院学报》1987 年 2 期

《试论顾宪成融合朱陆两派及其意义》，《哲学研究》1988 年 12 期

《论理学的基本特性与反理学问题》，《晋阳学刊》1988 年 1 期

《儒家文化内倾性格评议》，《河北师院学报》1988 年 2 期

《试谈理学家的"以理抗势"精神》，《未定稿》1989 年 4 期

《论吕坤理学思想的特点》，《史学月刊》1989 年 2 期

《孔子"忠恕"和仁学新论》，《河北师院学报》1989 年 1 期

《试探荀子的性恶论在当时社会变革中的进步性》，载于《赵国历史文化论丛》，河北人民出版社 1989 年 4 月版

《论〈理学宗传〉对理学的总结及其历史地位》，《河北学刊》1989 年 5 期

《理学中"以理抗势"精神评议》，载于《洛学与传统文化》，求实出版社 1989 年 1 月版

《论吕坤的主体意识》，《孔子研究》1990 年 3 期

《吕坤论定静的修养学说》，《朱子学刊》1990 年 1 辑

《薛瑄与三原学派》，《运城高专学报》1990 年 1 期

《论吕坤理气观的内在矛盾性》，《河北师院学报》1990 年 1 期

《从荀子思想看儒家文化的开放性》，载于《河北省哲学社会科学"七五"规划课题成果论文集》，河北教育出版社 1990 年 12 月版

《论薛瑄与明代的关学》，《孔子研究》1991 年 3 期

《张恒寿与中国思想史研究》，《孔子研究》1991 年 4 期

《论吕坤对理想人格的追求》，《河北学刊》1991 年 3 期

《论张恒寿研究中国思想史的特点及其贡献》，《河北学刊》1991 年 4 期

《论吕坤的〈闺范图说〉》，《河北师院学报》1991 年 1 期

《论先秦儒家忠孝观的批判与继承》，载于河北史学会编：《历史与现实论稿》，中国文史出版社 1991 年 9 月版

《吕坤的自然、当然和偶然说》，《中州学刊》1992 年 5 期

《论吕坤对世俗迷信的批判》，《史学月刊》1992 年 2 期

《论吕坤的格物与知行说》，《河北师院学报》1992 年 1 期

《李贽与儒学》，《河北学刊》1993 年 5 期

《从〈天演论〉看严复与赫胥黎社会发展观的不同》，载于《张恒寿纪念文集》，河北人民教育出版社 1993 年 9 月版

《从尊孔到批孔——略论毛泽东的孔儒观》，载于《毛泽东与中国传统文化》，河北人民出版社 1993 年 9 月版

《论吕坤"德主法辅"的治国思想》，《河北师院学报》1993 年 1 期

《论〈明经世文编〉的实学思想》，《河北师院学报》1994 年 1 期

《论吕坤的〈实政录〉及其影响》，载于《三晋文化论丛》，山西人民出版社 1994 年 5 月版

《范缜〈神灭论〉发表年代的考辨》（与傅恩合作），《复旦学报》1995 年 1 期

《道家与范缜》，《哲学研究》1995 年 3 期

《论范缜的社会政治思想》，《孔子研究》1995 年 2 期

《论范缜与曹思文关于形神问题的争论》，《解放军外语学院学报》1995 年 2 期

《中国古代哲学中的直觉思维》，《思维与智慧》1995 年 3 期

《古代的中医学与范缜的神灭论》，《河北师院学报》1995 年 4 期

《论何承天的科学思想》，《河北师院学报》1995 年增刊

《论磁山文化的特征与源流》，《河北学刊》1995 年 4 期

《救世与启蒙》，《哲学研究》1996 年 2 期

《董仲舒思想研究的新定位》，《河北学刊》1995 年 4 期

《儒家管理思想刍议》，《河北学刊》1995 年 5 期

《儒家的义利之辨与经济发展》，《河北师院学报》1996 年 4 期

《从方法论的角度看董学的当代意义》，《中华文化论坛》1996 年 3 期

《论理学与晚明的科学思潮》，《孔孟月刊》（台湾）1997 年 35 卷第 2 期

《论〈六韬〉的经济思想及其现代意义》，载于《姜太公与齐国军事文化》，齐鲁书社 1997 年 8 月版

《儒家人本论与现代管理》（与叶世昌合作），《世界经济文汇》97 特刊

《陈亮主张"义利双行"说质疑》（与叶世昌合作），载于《孔孟月刊》（台湾）35 卷第 8 期；《中国哲学史》1997 年 4 期

《论儒家的自由经济思想》，《传统文化与现代化》1998 年 6 期

《论明清实学中的自由经济思想》，《开封大学学报》1998 年 4 期

《现代儒商论》，《中华文化论坛》1999 年 3 期

《"亚洲价值"与东南亚金融风暴》，《开封大学学报》1999 年 1 期

《吕坤经济思想述评》，《同济大学学报》1999 年 4 期

《司马迁与儒家》，《朱子学刊》1998 年 1 辑

《儒家伦理与中国商业伦理的形成》，《孔孟学刊》（台湾）2000 年第 38 卷第 9 期

《先秦儒家对商人的态度意识及其后世影响》，《管子学刊》2000 年 3 期

《李达在民主革命时期的经济思想》，《河南师范大学学报》2000 年 6 期

《论司马迁的自由经济思想及对儒道的态度》，《河北学刊》2001 年 1 期

《韦伯理论理解中的一个误区》，《同济大学学报》2001 年 2 期

《经济学的创新需要哲学的支持》，载于《哲学与经济学世纪对话》，东华大学出版社 2001 年 11 月版

《制度悖论：我国城镇分配领域混乱现象的分析》，《河北学刊》2002 年 1 期

《从郭店楚简〈老子〉看老子的经济思想》，《孔孟月刊》（台湾）2003 年第 45 卷第 5 期

《论陆贾的经济思想及其对汉初经济政策的影响》，《世界经济文汇》2002 年 3 期

《孔子中庸观与马克思经济学、西方经济学的综合》，《山西财经大学学报》2002 年 6 期

《东方管理引论》，载于《古今智慧与企业文化》（第一辑），天津古籍出版社 2002 年 5 月版

《传统儒学与中国当代经济伦理》，《河北学刊》2002 年 5 期

《中国传统"以德治国"思想的经济学分析》，《河南大学学报》2003 年 1 期

《中国为什么没有发展出现代科学体系》，《云南大学学报》2003 年 4 期

《行为经济学对传统主流经济学的挑战》，《社会科学》2004 年 7 期

《"经济人"与人文关怀》（与肖绣文合作），《当代经济研究》2004 年 7 期

《建立有中国特色的东方管理学模式》，《人口与经济》2005 年特刊

《论中国传统经济思想与现代经济学理论的创新》，《学习论坛》2005 年 1 期

《"经济人"与人文关怀》，《社会观察》2005 年 2 期

《货币：商品乎？符号乎？》，《中国经济哲学评论》2004 年货币哲学专辑；社会科学文献出版社 2005 年 3 月版

《明清时期晋商顶人力股制的经济学分析》，《世界经济文汇》2005 年 4/5 期

《实验经济学方法论面临的难题》，《学术月刊》2006 年 2 期

《证伪主义、历史主义与经济学的科学标准》（与吴桂英合作），《社会科学》2006 年 3 期

《唐庆增与其〈中国经济思想史〉》,《经济思想史评论》(第一辑) 2006年 6 月版

《从马克思到布坎南》,《云南大学学报》2007 年 4 期

《山西票号内部激励机制的经济学分析》,《中国金融史集刊》(第二辑),复旦大学出版社 2007 年 8 月版

《儒家"均平"分配思想的再评价》,《儒学与实学及其现代价值》,齐鲁书社 2007 年 9 月版

《〈资本论〉与市场经济理论的反思》,《中国经济哲学评论》(2006 年资本哲学专辑),社会科学文献出版社 2007 年 10 月版

《论中国古代货币价值理论的特点》(与宋丹合作),《贵州财经学院学报》2009 年 4 期

《经济学的科学特征是解释还是预测》(与张洋合作),《上海财经大学学报》2009 年 4 期

《演化经济学对主流经济学的挑战》,《学术月刊》2009 年 9 期

《论中国古代货币范畴的特点》(与宋丹合作),《财经研究》2009 年 11 期

《从萨缪尔森的经济学论经济学理论发展的范式逻辑》,《世界经济文汇》2010 年 3 期

《大分流:18 世纪中西方经济发展道路的反思》,《贵州财经学院学报》2010 年 3 期

《弗里德曼"经济学假设非现实性"论题辨析》,《经济学家》2010 年 3 期

《儒家的"均平"观与现代经济分配和增长理论》,《复旦学报》2010 年 5 期

《论中国古代货币思想的特点》(与宋丹合作),《经济思想史评论》第 6 辑;经济科学出版社 2010 年 9 月版

《中国的哈耶克:顾准市场经济思想及比较》,《福建论坛》2010 年 9 期

《儒家传统与东亚模式的反思》,《贵州社会科学》2010 年 11 期

《马克思主义经济学研究范式创新的理论及现实意义》,《上海财经大学学报》2010 年 6 期

《假定的现实性与易处理性之间的权衡——围绕〈实证经济学方法论〉争论的评析》(与郑浩合作),《贵州财经学院学报》2011 年 4 期

《历史学派与奥地利学派经济学方法论的"范式"之争》,《财经研究》2011 年 7 期

《孙中山的货币革命论及现代启示》，《河北经贸大学学报》2011 年 6 期

《演化经济学与主流经济学研究范式的比较与互补》（与龚海林合作），《福建论坛》2012 年 1 期

《"凯恩斯革命"与主流经济学的关系》，《南都学坛》2012 年 6 期；《高等学校文科学术文摘》2013 年 1 期转摘

《论秦晋法家与齐法家经济思想及异同》，《上海财经大学学报》2013 年 1 期

《汉初"盐铁会议"与桑弘羊留给后人的启示》，《福建论坛》2013 年 4 期

《先秦与古希腊经济思想的比较》，《徐州工程学院学报》2013 年 5 期

《唐中叶刘晏理财与两税法改革的再评价》，《上海财经大学学报》2014 年 3 期

《西方经济学的范式结构及其演变》，《中国社会科学》2014 年 10 期

《〈荷马史诗〉与〈诗经〉所展示的东西方古代经济形态的比较》，《贵州社会科学》2015 年 7 期

《〈荷马史诗〉与〈诗经〉所反映的东西方早期社会制度与经济观念的比较》，《河北师范大学学报》2015 年 6 期

《经济学研究应更多关注财富分配的公平性——兼论皮凯蒂的〈21 世纪资本论〉》，《徐州工程学院学报》2016 年 4 期

《中西方古代货币价值论的特点及对货币制度的影响》，《世界经济文汇》2016 年 6 期

《〈理想国〉与〈礼记〉社会经济思想特点的比较》，《复旦学报》2017 年 1 期

《〈资本论〉对西方经济学研究范式的超越》，《财经问题研究》2017 年 8 期；《中国社会科学文摘》2018 年 1 期转摘

《孔子与苏格拉底经济思想特点的比较》，《武汉科技大学学报》2018 年 3 期

《中国传统经济思想与中国发展道路的历史关联》，《财经问题研究》2019 年 5 期；《中国社会科学文摘》2019 年 8 期转摘

《中西方传统经济思想特点的比较》，《学术月刊》2019 年 2 期

《历史、演化与分流——"中西方传统经济思想的比较与中国发展道路的历史关联"中的几个重要问题》（与王大伟合作），《上海大学学报》2020 年 1 期

《中国传统经济思想与发展道路的历史文化根基》，《学术月刊》2020 年 3

期；《中国社会科学文摘》2020 年 9 期转摘

《中西方传统财富观的特点及对近代发展分途的影响》，《中国经济史研究》2021 年 6 期

《先秦和古希腊财富观对中西方传统经济观的影响》，《财经问题研究》2021 年 10 期

《中国传统人口经济思想的特点与启示》，《学术月刊》2022 年 7 期；《中国社会科学文摘》2023 年 3 期转摘

《国家本位与家庭本位：中西方传统经济思想理论成就的特点与启示》，《社会科学》2023 年 6 期

《儒商精神的特质及其在经济发展中的作用》，《求索》2022 年 6 期

《中国传统经济思想中政府与市场关系的探讨与启示》（与李卫合作），《社会科学战线》2024 年 2 期

报纸时评：

《重温中国近代市场经济思想》，《社会科学报》1999 年 11 月 18 日

《文化传统与制度创新》，《社会科学报》1999 年 12 月 23 日

《构建中国现代经济学体系的基本前提》，《解放日报》1998 年 10 月 28 日

《应该更多地关注一下公平》，《社会科学报》1998 年 6 月 25 日

《我国企业集团化发展中的误区》，《社会科学报》1998 年 12 月 24 日

《也谈政府职能的转变》，《解放日报》2001 年 4 月 1 日

《"政府失灵"如何避免》，《上海工商》2001 年 4 期

《制度创新：未来上海经济增长的强劲动力》，《上海工商》2002 年 2 期

《中国人口如是论——与张五常教授商榷》，《社会科学报》2002 年 7 月 11 日

《财富、诚信与境界》，《上海证券报》2003 年 10 月 11 日 7 版

《做响自主品牌刻不容缓》，《文汇报·文汇时评》2004 年 12 月 9 日 5 版

《企业家精神：民企发展成败的关键》，《文汇报》2005 年 8 月 25 日"文汇时评"5 版

《警惕"经济人"的滥用》，《社会科学报》2006 年 4 月 20 日 1 版

《服务性政府的神圣职责》，《文汇报》"中国时评"2006 年 11 月 8 日

《凯恩斯革命的反革命》，《社会科学报》2006 年 12 月 7 日 5 版

《经济学人的利益纠葛》，《社会科学报》2007 年 4 月 9 日 4 版

《上海民国时期企业家创业的精神动力》,《东方早报》2012 年 7 月 2 日

《亚当·斯密论中国与启示》,《东方早报·上海经济评论》2016 年 10 月 18 日 8 版

《资本积累和贫困积累的矛盾是导致危机的根源——再读马克思主义政治经济学》,《社会科学报》2017 年 7 月 27 日 3 版

《"经济哲学"研究正名》,《中国社会科学报》2019 年 4 月 3 日 4 版

《深化财税体制改革:构建统一大市场的关键》,《社会科学报》2022 年 5 月 8 日

后　记

这部文集，真实地记录了我的学术历程。

1982 年 7 月，我从西北大学历史系本科毕业，应届考入河北师院（现河北师范大学）历史系，师从时年已届 80 岁高龄的张恒寿先生进行中国古代思想史的学习，选定明儒吕坤作为硕士论文选题。1985 年毕业后，我被先生留在身边工作，继续从事明代理学研究。这一时期的主要研究成果是将硕士论文扩充为《吕坤思想研究》一书（当代中国出版社 1993 年版）。此书后经修改完善以《吕坤评传》（南京大学出版社 2000 年版）书名收入匡亚明教授主编的《中国思想家评传丛书》。北京大学哲学系张岱年教授（主持我硕士论文答辩的主席）和复旦大学哲学系潘富恩教授都欣然为《吕坤思想研究》作序，对我多有勉励。1991 年张恒寿教授仙逝后，1993 年 9 月我考入复旦大学哲学系攻读中国哲学专业博士学位，指导教师是潘富恩教授，论文继续研究明代理学，后经修改完善，书名为《救世与启蒙——晚明社会思潮析论》（复旦大学出版社出版）。在这期间，我从事明代理学和中国哲学研究成果的部分论文就收录在这部文集的"辑三"中。

这一时期对我学术研究影响很大的除导师恒寿和张岱年先生外，还有李泽厚先生，读大学时我拜读过他的《美的历程》和《批判哲学的批判》，从此我对他推崇备至。记得 1984 年的春季，我陪恒寿老师去北京参加学术研讨会，李先生也参加了会议，经恒寿老师介绍，李先生同意在会议后约个时间在他煤炭部文工团家属宿舍（李先生夫人在文工团工作）家中做一次约谈。约谈中我向他请教像我这样刚进入学术圈的年轻学子应该从哪些方面打好学术研究的基础，他告诫我说一是研究视野要宽广，见林比见树重要，一个人一辈子只研究一个问题，过于狭窄。比如，一棵树，你虽可以将此树描述得十分详尽，但很难将这棵树的特点说清楚，但对见过丛林的人就不同了，他看这棵树一眼，就能从诸多方面概括出它的特征，因为他有很多参照。李先生列举了德国卡尔·马克思和马克斯·韦伯作为例子。当时国内还很少有人知道韦伯。他说，韦伯没有来过中国，但他的学术视野宽广，有西方的参照，他谈中国文化、经济和宗教的论著比国内国人自己的著作更能给人启迪。二是要强化培养自己的判断力。他说一个人的学术功底就反映在判断力上，判断力强的人进入某一领域很快就能发现问题，做出自己的判断，拿出有见地的学术成果。有的人判断力弱，发现不了问题，学术研究也往往人云亦云，很难有所建树。我之后从中国古代思想史转向哲学再转向经济学，与李泽厚的这次访谈关系很大。

1995年6月，我博士提前半年毕业（一般读三年我是两年半），随后申请进入复旦大学经济学博士后流动站，申请研究选题是《儒家传统与现代市场经济》，联系导师是叶世昌教授。这是我学术生涯的一个重要转折点。《儒家传统与现代市场经济》出站报告完成后，感谢流动站站长伍柏麟教授将之收入由他主编的《经济学博士后、博士论丛》（复旦大学出版社2000年版）。此著获教育部"第三届中国高校人文社会科学研究优秀成果奖"（2003年），经修订后由经济科学出版社再版（2021年），获"上海市第十六届哲学社会科学优秀成果奖学科学术优秀成果奖著作类一等奖"（2023）。流动站出站后因在经济学院任教，鉴于国内经济学学界的研究已走向了数学化、模型化和碎片化，我便将自己的研究定位在经济思想背后的哲学基础，并发表了诸多论文，申请到了国家社科基金项目"经济学范式与经济思想史发展逻辑的专题研究"（2008年），课题成果以《经济学范式的演变》为书名被选入"国家哲学社会科学成果文库"（2016年）（高等教育出版社2017年版），并获"上海市第十四届哲学社会科学优秀成果奖学科学术优秀成果奖著作类一等奖"（2018年）。文集中的"辑二"收入了相关研究的部分论文。

鉴于自己的研究长期积累于思想史领域，学术兴趣一直聚焦在了中西方传统经济思想的比较。研究中我深深体会到中西方传统文化和发展道路有着不同的文化根基，我试图揭示这些不同的文化根基，打通古今，发表了一系列论文，部分论文就收入在文集"辑一"中。我作为首席专家承担的国家社科基金重大项目"中西方传统经济思想的比较与中国发展道路的历史关联"即将完稿，希望尽快奉献给学界和读者。

文集中各文的注释，采用了发表时的格式。

马涛

2023年6月